KB001380

VOCABULARY

THE iBT TOEFL SERIES

VOCABULARY

박정토플연구소 지음

박정 iBT TOEFL Vocabulary

2010년 12월 13일 1판 1쇄 인쇄
2010년 12월 17일 1판 1쇄 발행

지은이 | 박정토플연구소
펴낸이 | 박정
펴낸곳 | PJBOOKS
판매대행 | TOMATO
등록번호 | 제6-0622호
주소 | 서울 동대문구 답십리1동 469-3 월드씨티빌딩 501호
전화 | 0502-600-4925
팩스 | 0502-600-4924

ISBN 978-89-91068-46-9
파본은 교환해 드립니다(정가는 표지에 있습니다).

토마토출판사 홈페이지(www.tomatobooks.co.kr)

TOEFL은 영어로 의사소통을 하는 능력을 평가하는 시험입니다. 의사소통에서 가장 필수적인 요소는 바로 어휘력입니다. 특히 iBT TOEFL은 Reading 지문과 Listening 지문의 길이가 길기 때문에 빠르고 정확한 지문의 이해를 위해 풍부한 어휘력을 갖추어야 합니다. 또한 Speaking과 Writing의 다양한 문제 유형에 원활하게 대처하기 위해서도 상당한 어휘구사력을 갖추어야 합니다.

그렇다면, iBT 토플 Vocabulary는 어떻게 준비해야 할까요?

첫째, 엄선된 기출단어 학습은 모든 영어시험 준비에 필수적입니다.
둘째, 동의어군을 통한 단어학습은 토플에 효과적입니다.
셋째, 어근별 학습으로 어휘력의 기초를 닦아야 합니다.
넷째, 예문을 통한 학습으로 어휘구사력을 키워야 합니다.
다섯째, 주제별 단어학습은 토플의 배경지식 습득에 효과적입니다.
여섯째, 암기학습을 통해 시험 준비를 철저하게 해야 합니다.
일곱째, 그룹스터디를 통해 여럿이 함께 공부하는 것이 보다 효과적입니다.
여덟째, 눈으로만 하지 말고, 듣고 소리 내어 따라 읽어야 합니다.

박정Vocabulary는 토플 대표브랜드 박정어학원의 명성을 지켜온 명강사들이 직접 제작에 참여하여, 위의 여덟 가지 사항을 이 책 한 권에 담고자 하였습니다. Part I에서는 기출 어휘들을 어근별로 정리하고 각 단어마다 동의어군, 난이도 표기 및 예문을 실었습니다. Part II에서는 주제별로 어휘를 정리하고 단어마다 간단한 개념설명과 활용 예를 덧붙였습니다. 별책부록에서는 최신 핵심 기출 어휘들을 별도로 정리하고, 동의어군과 간단한 활용문구 및 난이도 표기를 실었습니다. 부록으로 주요 단어 암기카드를 만들어, 시험 준비에 만전을 기하도록 하였습니다. 또한 박정온라인어학원 사이트(www.everclass.com)의 게시판을 통해 그룹스터디 가이드 및 mp3 파일을 제공합니다.

토플을 준비하는 이들에게 이 책 한 권이 완벽한 토플 Vocabulary 길잡이가 되기를 바라는 마음으로 책을 만들었습니다. 이 책의 제작과 감수를 지휘해 준 민현정 부원장과 조성준 부사장에게 깊은 감사를 드리며, Vocabulary의 정리와 감수에 적극 참여해 주신 박정어학원 Reading 강사님들, 특히 김문주 강사님과 강상흥 강사님께 커다란 감사를 드립니다. 또한, 책의 편집과 출판을 맡아주신 토마토출판사와 김경철 님에게도 감사를 드립니다.

박 정

CONTENTS

● ● ● ●

Part 2	주제별 어휘

1. 개념으로 익히는 필수 어휘

CONTENTS

2. 주제별 필수 어휘 플러스⁺

iBT TOEFL 소개

iBT TOEFL 처음 만나기

iBT TOEFL이란?

TOEFL(Test of English as a Foreign Language, 토플)은 미국의 ETS가 미국의 학교에서 공부하려는 외국인을 대상으로 실시하는 영어능력 평가시험이다. 토플은 PBT(paper-based test)로 시작하여 CBT(computer-based test)를 거쳐 현재의 iBT 방식으로 발전하였다. iBT(internet-based test) 토플은 인터넷을 기반으로 하며, 개인의 실제 의사소통 능력을 보다 정확하게 측정하는 데 그 목적을 두고 있다. CBT 토플은 PBT 토플에 영작문을 추가한 문제를 컴퓨터에서 CAT(computer-adaptive test, 개별 응시생에 맞는 난이도의 문제 출제)방식으로 실시한 평가방식인데, 지금은 iBT 토플에 의해 완전히 대체되었다. 하지만, PBT 토플은 인터넷이 취약한 지역을 위주로 일부 지역에서 여전히 실시되고 있다.

iBT TOEFL 준비하기

시험영역	Reading, Listening, Speaking, Writing
시험 소요시간	약 4시간
시험 횟수	ETS에서 지정한 날짜에 응시할 수 있으며, 1년에 30~40회 정도 실시
총점	120점(각 영역별 30점)
시험 장소	지역별로 대학교, 고등학교 및 일부 기관에 설치된 ETS의 Test center
시험일	일부 금, 토, 일요일에 시행

접수 방법	① 온라인 접수 www.toeflkorea.or.kr (3~4개월 단위로 시험 신청 등록) 　– 시험 응시 전 시험 응시가능일과 각 지역의 Test center 확인 　– 시험 응시일 7일전까지 ETS 사이트에서 등록. 　– 상시 등록이 가능하며 등록 확인을 위해 E-mail 발송됨 ② 전화 접수 　– 프로메트릭코리아(1566-0990)으로 전화를 걸어 담당자를 통해 등록 　– 통화 가능시간: 월~금 am 9:00~pm 17:00
결제 방법	– 신용카드(VISA, MASTER, American Express 등 국제 사용 가능한 카드에 한함) – 수표(Electronic Check, Bank Check) – 우편환
시험 문의	– 전화: (미국) 1-609-771-7100 / 팩스: (미국) 1-610-290-8972 – e-mail: TOEFLSupport4Korea@ets.org
시험 취소 및 날짜 변경	– 프로메트릭코리아로 전화하거나 ETS사이트에서 등록 취소 또는 날짜변경 가능 – 응시일로부터 3일 전까지 날짜 변경이 가능하며 $40의 비용 발생 – 시험 응시 날짜 3일 전까지 취소할 경우 $85 환불 받을 수 있음
시험 응시 비용	US $ 170(변동될 수 있음)
시험 준비물	– 사진이 포함된 공인된 신분증 원본(주민등록증, 운전면허증, 여권, 군인신분증) – 접수 등록 번호(Registration Number) – 시험장소 마다 환경이 달라 사물함이 부족할 수도 있으니 그 외 소지품은 적게 가져갈 것
점수 확인 및 리포팅	① 온라인 점수 확인 　– 응시일로부터 15일(비영업일 제외) 후 ETS 사이트상에서 점수 확인 가능 ② 우편발송 　– 온라인 점수 확인과 별개로 우편을 통해 각 영역별 피드백이 적힌 성적 통지서를 받을 수 있음 ③ 리포팅 　– 4개 기관까지 성적 리포팅이 가능하며 시험 응시일로부터 15일 후 성적발송, 7~10일 정도 소요 　– 추가 리포팅 시 ETS사이트에서 토플성적 리포팅 신청서(TOEFL Score Report Request Form) 작성하여 신청(리포팅 비용 $17) 　– 성적 유효기간: 2년
참고 사이트	www.toeflgoanywhere.org/kr(ETS사가 제공하는 토플준비 도우미 한국어사이트) www.youtube.com/TOEFLtv(ETS사가 운영하는 토플관련 동영상 사이트)

※ 토플 시험일자 및 시험장소는 www.pjenglish.com의 토플지식인(퀵 버튼 메뉴)에서도 확인할 수 있다.
※ ETS가 제공하는 모의토플테스트를 www.pjenglish.com에서도 응시할 수 있다.

iBT TOEFL 5대 특징

1. **Speaking 평가 개설 및 문법 평가 방식의 변화**
   iBT의 가장 커다란 특징은 Speaking 평가를 도입한 것이며 PBT, CBT와는 달리 별도로 평가하지 않고 Writing 과 Speaking에서 응시자의 문법 활용 능력을 평가한다.

2. **통합형 문제 출제로 Writing과 Speaking을 종합적으로 평가**
   읽기-듣기-쓰기, 읽기-듣기-말하기, 듣기-말하기 등의 여러 언어영역을 통합한 유형의 문제를 출제하여 통합적 사고 능력을 종합적으로 평가한다.

3. **발음의 다국적화 및 실제 상황 반영**
   Listening 평가에서 기존의 '짧은 대화'가 없어지고, '긴 대화,' '강의 및 토론'으로 구성되어 있으며, 실제 여러 영어권 국가들의 교실, 기숙사 등 캠퍼스 환경과 유사한 상황을 제공하기 위해 미국식 발음 외에도, 영국과 호주 식 발음이 등장하기도 한다. 또 화자의 억양이나 목소리, 어조를 파악해 화자의 태도나 의도를 파악하는 문제도 출 제된다.

4. **Note-taking 허용**
   학생들이 교실에서 필기를 하며 강의를 듣는 것처럼, 토플 시험 응시자에게도 이와 비슷한 환경을 제공하기 위해 Note-taking을 허용한다. 메모지는 감독관이 나눠주며, 시험이 끝난 뒤 회수한다.

5. **지문의 장문화, 700단어 이상**
   Reading과 Listening 의 지문이 예전보다 많이 길어졌으므로, 이를 잘 소화하기 위해서는 고도의 집중력과 인내 력이 필요하다.

iBT TOEFL의 구성

시험 영역	출제 문항 수	점수	소요시간
Reading	지문 3~5개(지문 당 길이: 700단어): '더미' 지문이 있을 때는 지문 5개 지문 당 12~14문항 Part 1 → 지문 1개 - 20분 Part 2 → 지문 2개 - 40분 Part 3 → 지문 2개 - 40분	30점 만점	60~100분
Listening	대화 2~3개, 각 5문항(대화 길이 3분) 강의 4~6개, 각 6문항	30점 만점	60~90분
휴식시간 10분			

Speaking	독립형 2문항(Independent tasks) 통합형 4문항(Integrated tasks)	0~4(Speaking), 0~5(Writing) 으로 평가 후, 30점 만점으로 다시 환산	20분
Writing	통합형 1문항 - 20분 독립형 1문항 - 30분		50분

※ '더미'란 기본 출제 문제 이외에 추가되는 문제로 성적평가에는 반영하지 않으며, Reading이나 Listening 중에서 한 영역에서만 출제된다.

iBT 와 PBT의 점수 비교

iBT	PBT	iBT	PBT
120	677	81~82	553
120	673	79~80	550
119	670	77~78	547
118	667	76	540~543
117	660~663	74~75	537
116	657	72~73	533
114~115	650~653	71	527~530
113	647	69~70	523
111~112	640~643	68	520
110	637	66~67	517
109	630~633	65	513
106~108	623~627	64	507~510
105	617~620	62~63	503
103~104	613	61	500
101~102	607~610	59~60	497
100	600~603	58	493
98~99	597	57	487~490
96~97	590~593	56	483
94~95	587	54~55	480
92~93	580~583	53	477
90~91	577	52	470~473
88~89	570~573	51	467
86~87	567	49~50	463
84-85	563	–	–
83	557~560	0	310

iBT TOEFL 접수에서 시험까지

① ETS사이트(www.ets.org) 회원가입

② 사이트상에서 시험일과 응시 장소 확인
  - 한미교육위원단을 포함, 고려대, 연세대, 국민대 등 각 지역별 대학교와 고등학교 중에서 선택할 수 있으며 응시환경, 시설, 교통 등에 대한 사전조사 필요

③ ETS사이트 또는 전화로 시험 접수

④ 시험 당일에 신분증, 등록번호와 간편한 소지품만 챙겨 응시 장소 사무실에서 응시자 확인, 기밀 서약서(confidentiality statement)작성, 사진촬영으로 응시자 신분 확인

⑤ 신분확인 후 감독관이 Note-taking을 위한 필기구와 종이 제공(시험 중 종이가 부족하면 손을 들고 감독관에게 요청)

⑥ 감독관의 지시에 따라 입실하여 지정된 좌석에서 시험 시작

⑦ 문제가 있을 경우 손을 들어 감독관에게 알리되 자리에서 이탈 또는 컴퓨터를 조작할 경우 부정행위로 간주될 수 있으니 주의해야 함

⑧ 외투를 입고 시험을 치르는 중에 옷을 벗을 경우 부정행위로 간주되므로 시험실 입장 전에 사물함에 넣거나, 혹은 옷을 입은 상태라면 시험 종료 시까지 입고 시험 응시해야 함

⑨ Reading, Listening 영역이 끝난 후 10분간의 휴식이 주어지며, 이 때 시험실 밖으로 나올 수 있음

⑩ Speaking 영역이 시작되기 전에 헤드셋의 마이크가 제대로 작동하는지의 확인을 위하여 반드시 화면에 제시되는 지시에 따라 확인

⑪ Writing 영역은 반드시 typing하여 작성

⑫ 시험 종료 후 화면에서 종료 메시지를 확인하고 필기도구, 신분증 등을 챙겨 Note-taking 종이를 반드시 감독관에게 제출

이 책의 구성과 학습방법

이 책의 구성

●● Part 1 - 어근편

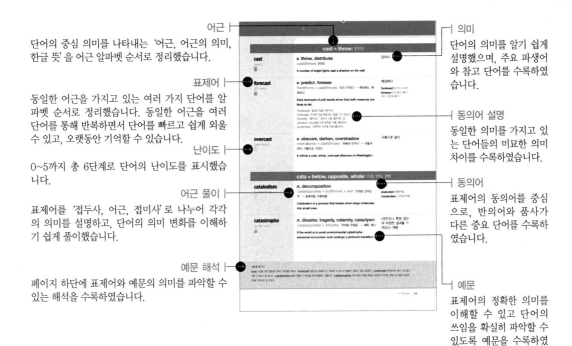

단어의 중심 의미를 나타내는 '어근, 어근의 의미, 한글 뜻'을 어근 알파벳 순서로 정리했습니다.

표제어

동일한 어근을 가지고 있는 여러 가지 단어를 알파벳 순서로 정리했습니다. 동일한 어근을 여러 단어를 통해 반복하면서 단어를 빠르고 쉽게 외울 수 있고, 오랫동안 기억할 수 있습니다.

난이도

0~5까지 총 6단계로 단어의 난이도를 표시했습니다.

어근 풀이

표제어를 '접두사, 어근, 접미사'로 나누어 각각의 의미를 설명하고, 단어의 의미 변화를 이해하기 쉽게 풀이했습니다.

예문 해석

페이지 하단에 표제어와 예문의 의미를 파악할 수 있는 해석을 수록하였습니다.

의미

단어의 의미를 알기 쉽게 설명했으며, 주요 파생어와 참고 단어를 수록하였습니다.

동의어 설명

동일한 의미를 가지고 있는 단어들의 미묘한 의미 차이를 수록하였습니다.

동의어

표제어의 동의어를 중심으로, 반의어와 품사가 다른 중요 단어를 수록하였습니다.

예문

표제어의 정확한 의미를 이해할 수 있고 단어의 쓰임을 확실히 파악할 수 있도록 예문을 수록하였습니다.

연습문제

3일마다 총 10개의 Test를 수록하여 단어의 의미와 동의어 학습을 확인할 수 있도록 하였습니다.

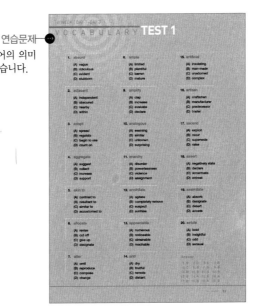

●● Part 2 - 주제별 어휘

1. 개념으로 익히는 필수 어휘

토플 시험의 주요 빈출 주제 23가지를 엄선
하여 정리하였습니다. 개념 및 활용 예를 통
해 단어의 의미만으로 암기하기 어려운 단어
를 이해하기 쉽도록 설명하였습니다.

2. 주제별 필수 어휘 플러스

각 주제별 단어를 품사별로 정리하여 시험 전
최종 점검을 쉽게 할 수 있습니다.

● ❊ 별책부록 – iBT 핵심 기출어휘 900

표제어ㅣ

iBT 시험에 출제 되었던 핵심 단어 900개를 알파벳 순서로 수록하였습니다.

난이도ㅣ

0~5까지 총 6단계로 단어의 난이도를 표시했습니다.

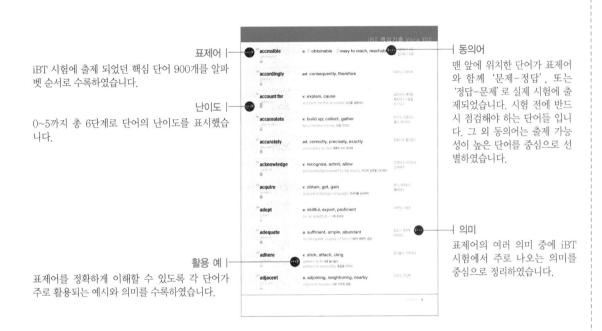

활용 예ㅣ

표제어를 정확하게 이해할 수 있도록 각 단어가 주로 활용되는 예시와 의미를 수록하였습니다.

ㅣ동의어

맨 앞에 위치한 단어가 표제어와 함께 '문제-정답', 또는 '정답-문제'로 실제 시험에 출제되었습니다. 시험 전에 반드시 점검해야 하는 단어들 입니다. 그 외 동의어는 출제 가능성이 높은 단어를 중심으로 선별하였습니다.

ㅣ의미

표제어의 여러 의미 중에 iBT 시험에서 주로 나오는 의미를 중심으로 정리하였습니다.

연습문제▶

3일마다 총 10개의 Test를 수록하여 단어의 의미와 동의어 학습을 확인 할 수 있도록 하였습니다.

학습 방법

1. 어근편(초급)

영어 공부를 다시 시작하거나 iBT 공부를 처음 시작하는 학생들에게 더욱 도움이 됩니다. 5주간 30일씩 날짜 별로 학습할 수 있습니다. 1일~2일치의 분량을 매일매일 꾸준히 공부하며, 반드시 중간에 Self-Test를 해야 합니다. 30일 분량을 다 마친 경우에는 다시 처음부터 하루 학습 분량을 늘려가며 반복 학습하는 것이 가장 효과적입니다.

2. 주제별 어휘(고급)

iBT 시험공부를 일정 기간 한 후에 가장 마지막으로 점검하는 과정입니다. 단어의 난이도가 높고 전문 용어가 많기 때문에 '어근편'과 'iBT 핵심 기출어휘 900'을 모두 공부한 이후에 학습하는 것이 효과적입니다. 단어만 외우기보다는 iBT Reading과 Listening의 지문을 공부하면서 병행하는 것이 학습에 더욱 도움이 됩니다.

3. iBT 핵심 기출어휘 900(중급)

iBT 중급 이상의 학습자나, 시험을 바로 앞두고 있는 학생들에게 적합합니다. 하루에 30개의 단어를 30일 동안 공부하여 총 900개를 정리할 수 있습니다. 표제어만 900개이고 동의어가 대부분 3개씩 정리되어 있기 때문에 실제로 학습하는 단어는 훨씬 많습니다. 시간이 없는 경우에는 맨 앞의 동의어만을 외우도록 하고, 가능한 한 표제어와 모든 동의어를 외워야 시험에서 더 좋은 결과를 기대할 수 있습니다.

●●● 그룹 스터디

단어 공부는 스스로 하는 것보다 스터디를 하는 것이 가장 효과적입니다. 스터디는 2명 이상이면 충분히 가능합니다. 서로서로 점검할 수 있는 기회를 만드는 것이 단어 스터디의 목적입니다.

1. 스터디 팀 구성
단어 스터디는 구성원이 많고 적음이 중요하지 않습니다. 팀원이 2명만 있어도 열심히 하려는 의지만 있다면 가능합니다.

2. 하루 분량 정하기
스터디 기간에 따라 하루 학습 분량을 정합니다. 15일/20일/30일 등 스터디 기간을 정하고 하루에 2~3일치를 학습합니다. 스터디는 개별학습보다 조금 더 많은 양을 다루는 것이 좋으며, 같은 책을 여러 번 반복해서 학습하는 것이 훨씬 효과적입니다. 반복해서 학습하는 경우에는 하루 분량을 조금 더 늘리는 것이 좋습니다.

3. 단어 Test 방법 정하기
구성원들의 선호에 따라 정하는 것이 좋습니다. 예를 들어, 초급자의 경우에는 표제어와 의미를 중심으로 Test하는 것이 좋으며, 중급 이상의 경우에는 표제어와 동의어를 Test하는 것이 좋습니다. 하루 Test 분량은 20~30개의 문제가 적합합니다. 문제 출제자에 따라서 문제 출제 방식을 다르게 하는 것도 효과적인 학습법 중에 하나입니다. 같은 출제 방식으로 계속 하다 보면 각자 Test에 대한 요령이 생기기 때문에 특정한 방법을 정하지 않는 것도 도움이 됩니다. 박정어학원 홈페이지(www.pjenglish.com)에서 다양한 단어 Test지를 참조하여 학습하면 더 많은 도움을 받으실 수 있습니다.

4. 스터디 팀원별 Test 순서 정하기
매번 같은 사람이 Test를 만드는 것이 아니고, 팀원들이 돌아가며 문제를 출제해야 합니다.

5. 벌금 정하기
단어 Test 점수에 따라 벌금을 정하는 것이 학습의 능률을 높이는 데 가장 큰 도움이 됩니다. 그 외, 문제 출제자가 문제를 출제하지 하지 않은 경우, 스터디 모임에 결석한 경우 등 여러 가지 벌금 수칙을 정하는 것이 좋습니다.

박정 iBT TOEFL VOCABULARY

PART 1
어 근 편

Part 1
어

근

편

ad, abs = off, apart: 떨어져 있는

abhor
[æbhɔ́ːr]

v. loathe, hate, detest
ab(away) + hor(shudder): 몹시 싫어하다

While most celebrities are drawn to the camera, there are the reclusive few that abhor interviews.

몹시 싫어하다

horror 공포, 전율
horrify 무섭게하다, 소름끼 치게 하다

---

abnormal
[æbnɔ́ːrməl]

a. unusual, odd, exceptional, extraordinary
ab(away) + normal(정상적인): '정상적인 것에서 멀리' → 비정상적인

Since it was the only time a recording was banned, the recording ban is onsidered to be an abnormal case.

비정상적인

↔ normal, ordinary

ac(r) = sour, sharp: 신, 날카로운

acrid
[ǽkrid]

a. bitter, sour, acrimonious
acr < acer(sharp) + id: '날카로운' → 1. (맛, 냄새가) 톡쏘는, 얼얼한 2. (행동이나 기질이) 신랄한, 격렬한, 매서운

While the homes are not in direct danger from the fire, people are still evacuated to avoid exposure to the acrid smoke.

톡 쏘는

---

acid
[ǽsid]

a. harsh, sharp, acrid
ac(sharp) + id: 신, 강렬한

China has recently become the world's largest emitter of carbon dioxide, one of the main causes of acid rain.

신맛의

acid rain 산성비

---

acrimonious
[æ̀krəmóuniəs]

a. bitter, pungent, severe
acr(sharp) + monious: 날카로운

Her voices sounded acrimonious, as if she had been arguing with her father.

신랄한

| 예 문 해 석 |

abhor 대부분의 유명 인사들이 사진촬영을 하는 반면에, 인터뷰를 싫어하는 소수의 은둔형 인사들도 있다. abnormal 녹화가 금지된 시절이 그 때문이었기 때문에, 녹화금지는 비정상적인 경우라고 여겨진다. acrid 집들이 화재로부터 직접적인 위험에 처해 있지는 않지만, 사람들은 여전히 독한 연기에 노출되지 않기 위해 대피해 있다. acid 중국은 최근에 산성비의 주요 원인 중의 하나인 이산화탄소의 최대 배출국이 되었다. acrimonious 그녀의 목소리는 마치 아빠와 다투고 있는 것처럼 신랄하게 들렸다.

acute [əkjúːt] ≡	**_a._ critical, intense, keen** acu(sharp) + te: '날카롭게 된' → 1. 날카로운, 예리한 2. 급격한, 격렬한, 심각한 An acute understanding of public opinion is vital for any lawmaker.	날카로운
exacerbate [igzǽsərbèit] ≡	**_v._ worsen, intensify, deteriorate** ex(out) + acerb(sharp) + ate: '밖으로 날카롭게 하다' → (고통, 병, 원한 등을) 더욱 심하게 하다, 악화시키다 This argument will exacerbate the already tense relations between the two neighborhoods.	악화시키다

ad, al = to, toward, near: ~을 향하여, 근처에

address [ədrés] ≡	**_n._ speech, talk, discourse** ad(to) + dress < directus(direct): '~로 똑바로 향하다' → ~에게 말 걸다, 연설 The Gettysburg Address awakened a new sense of responsibility in the population.	연설 cf. address 주소
adjacent [ədʒéisənt] ≡	**_a._ near, nearby, adjoining** ad(to) + jac(lie down) + ent: '가깝게 놓인' → 가까이 있는, 이웃의, 인접한 The developer hoped to enlarge his available land by purchasing adjacent properties.	가까운
adjoining [ədʒɔ́iniŋ] ≡	**_a._ neighboring, nearby, adjacent** ad(to) + joining: '가깝게 결합한' → 접속해 있는, 인접하는, 이웃의 China is a nation adjoining to Vietnam.	접속해 있는 **joint** 접합, 관절 **conjoint** 연합의, 합동의 **disjoin** 분리시키다
administer [ædmínəstər] 	**_v._ govern, manage, conduct** ad(to) + minister(serve): '임무에 봉사하다' → 관리하다, 다스리다 When a patient is suffering, a doctor will usually administer some sort of painkiller.	다스리다, 통치하다 **minister** 성직자, 목사, 장관 **Prime Minister** 수상, 국무총리

| 예 문 해 석 |
acute 의원에게는 여론에 대한 예리한 이해가 필수적이다. **exacerbate** 이러한 논쟁은 두 이웃사회 간의 긴장관계를 악화시킬 것이다. **address** Gettysburg 연설은 사람들에게 새로운 책임감을 일깨워 주었다. **adjacent** 개발자는 인접한 부동산을 구입하여 사용 가능한 토지를 확장시키기를 희망했다. **adjoining** 중국은 베트남과 인접국이다. **administer** 환자가 고통스러워한다면, 의사는 대개 진통제를 투여할 것이다.

admire [ædmáiər] ≡	***v.*** esteem, wonder at, respect ad(to) + mir(wonder) + e: '∼에 놀라다' → 감탄하다, 숭배하다 We admired David's brave attempt to fly across the ocean.	감탄하다, 존경하다
adore [ədɔ́:r] ≡	***v.*** worship, esteem, cherish ad(to) + ore: 숭배하다 Wealthy older men usually expect to be adored by their spouse, and often don't want to share the attention with a baby.	숭배하다
allure [əlúər] ≡	***v.*** appeal, attract, entice al < ad(to) + lure(bait): '∼에게 미끼를 주다' → 꾀다, 유인하다, 매혹하다 The allure of power has been the downfall of many great men.	매혹하다

(a)esthe = feel: 느끼다

an(a)esthetic [ænəsθétik] ≡	***a.*** painkiller, narcotic, sedative, opiate an(not) + (a)esthe(feel) + tic: '느끼지 못하는' → 마취의 The usual dosage of anesthetic for an adult whale is beyond lethal for a newborn.	마취의
(a)esthetic [esθétik] ≡	***a.*** beautiful (a)esthe(feel) + tic: '느끼는, 감각적인' → 미적인, 미의 Many women choose products for their aesthetic appeal as well as their functionality.	미의
(a)esthetics [esθétiks] ≡	***n.*** the study of the idea of beauty (a)esthe(feel) + tics: 미를 연구하는 학문 Today, many students who study aesthetics should have a sense of creativity.	미학

| 예 문 해 석 |

admire 우리는 대양 횡단 비행을 하려는 데이비드의 용감한 시도를 존경했다. adore 부유하고 나이든 남자들은 대개 그들의 배우자로부터 사랑받기를 기대하며, 종종 자식들에게 그 관심을 빼앗기고 싶어 하지 않는다. allure 권력에 대한 유혹이 많은 훌륭한 사람들의 초래하였다. an(a)esthetic 다 자란 고래에 대한 일반적인 마취제의 투여량은 새로 태어난 고래에게는 치사량을 넘는다. (a)esthetic 많은 여자들이 상품을 고를 때 기능성 만큼이나 미적 아름다움에 신경을 쓴다. (a)esthetics 요즘 많은 미학도 들에게 창조적 감각이 요구된다.

ag, act, ig = act, do, go, drive, conduct: (행동)하다

act [ækt] ≣	**n.** performance, deed, conduct act: '행동하다' → 행동, 행위 The act of forgery is punishable by a large fine.	행위
agent [éidʒənt] ≣	**n.** ① element ② representative agent < agere(do): '행위하다' → 행위자 → 화합물 → 대리인 The pharmaceutical companies sent agents to tell doctors about the danger of low-cost generic drugs.	① 화합물 ② 대리인[점]; 중개인[물]
agile [ǽdʒəl] ≣	**a.** quick and active, nimble agile < agere(do, move): '하다, 움직이다' → 동작이 빠른, 기민한 Most athletes are agile and nimble.	몸이 재빠른
agitate [ǽdʒətèit] ≣	**v.** stir, shake, disturb ag(do) + it(go) + ate: '행동하러 가게 하다' → (마음을) 뒤흔들다, 선동하다, 동요[흥분]시키다 America agitated for a brand new deal to improve the domestic economic situation.	선동하다
antagonize [æntǽgənàiz] ≣	**v.** oppose, resist, withstand ant(against) + agon(struggle) + ize: '반대하여 싸우다' → 대항하다, 반대하다 Germany has been hesitant to antagonize Russia with further steps toward NATO enlargement.	대항하다 **antagonist** 경쟁자, 적 **agonistic** 호전적인, 토론을 좋아하는 **protagonist** 주창자, 투사, 지도자
navigate [nǽvəgèit] ≣	**v.** negotiate, mediate, deal nav(ship) + ig(drive) + ate: '배를 움직이다' → 항해하다, 조종하다 → 진행시키다, 통과시키다 Jungle terrain is almost impossible to navigate without prior experience.	통과시키다

| 예 문 해 석 |

act 위조행위는 상당한 벌금형에 처해진다. **agent** 제약회사들은 의사들에게 대리인을 보내 저가의 상표 없는 일반의약품의 위험성에 대해 말했다. **agile** 대부분의 운동선수들은 빠르고 날렵하다. **agitate** 미국은 국내 경제상황을 개선시키기 위해 완전히 새로운 정책을 선동하였다. **antagonize** 독일은 더 이상의 NATO 확장 조처로 러시아에 적대화 시키는 것을 꺼려하였다. **navigate** 정글 지역은 사전 경험 없이 방향을 찾는 것이 거의 불가능하다.

react [riːǽkt] 	***v.*** respond, act, proceed, behave re(again) + act(do): '다시 행동하다' → 반응하다, 대답하다 Consumer groups react to the government's mortgage rescue scheme.	반응하다
agriculture [ǽgrikʌ̀ltʃər] 	***n.*** farming, cultivation, tillage agri(field) + culture(cultivation): '밭의 경작' → 농업, 농학 In today's modern technological world, it is easy for students to forget the vital role of agriculture.	농업 agronomy 농업경제학 agrology 농업토양학
agrarian [əgréəriən] 	***a.*** agricultural, farming agr(soil) + arian: '땅에 관한' → 토지의, 농지의, 농업의 In a developing country, biotechnology can revamp a primitive agrarian economy.	농업의

al, ali, alter=other, anohter, change, else, elsewhere: 다른, 바꾸다, 다른 곳에

alien [éiljən] 	***a.*** foreign, strange, exotic ali(other) + en: '다른' → 외국의, 이국의 Because of their alien appearance, non-native species are often easy to recognize.	외국의
alienate [éiljənèit] 	***v.*** antagonize, anger, annoy, offend ali(other) +enate: '다르게 하다' → 멀리하다, 이간하다 It is important not to alienate potential customers.	이간하다
alter [ɔ́ːltər] 	***v.*** modify, reform, vary 라틴어 alter = other of two(둘 중 다른 것) → 다른 것으로 변경하다, 바꾸다 Altering the term of a government bond will affect the price.	바꾸다 alternate 번갈아 일어나다 alternative 대안, 양자택일 altruism 이타주의 altruistic 이타적인

| 예 문 해 석 |

react 소비자 단체들은 정부의 주택담보대출 구조 계획에 반응하였다. **agriculture** 오늘날 현대적 기술세계에서는 학생들이 농업의 중요성을 잊기 쉽다. **agrarian** 개발도상국에서는 생물공학이 원시적인 농업경제를 쇄신했다. **alien** 이질적인 모양 때문에, 토종이 아닌 종들은 종종 쉽게 발견된다. **alienate** 잠재 고객들을 소원하게 만들지 않는 것이 중요하다. **alter** 정부채권 기한의 변경은 가격에 영향을 미친다.

alt, ol, ult = high, grow: 높은, 자라다

abolish
[əbáliʃ]

v. eliminate, do away with
ab(away) + ol(grow) + ish: '자라온 것을 없애다' → 〈법률, 제도, 관습 등을〉 폐지하다, 없애다

The judiciary committee voted to pass a bill that that seeks to abolish the death penalty.

폐지하다

abolitionist 노예 폐지론자

---

altitude
[ǽltətjùːd]

n. height, elevation
alt(high) + itude: '높은 것' → (산의) 높이, 고도

Human lungs become more efficient when living at high altitude.

높이

altar(높게 올린 것→제단)
alto(높은 음→남자의 가장 높은 음)
exalt(밖으로 높이다→지위를 높이다, 기분을 높이다)

---

exalted
[igzɔ́ːltid]

a. superior; highly respected
ex(out) + alt(high) + ed: '밖으로 높여진' → 지위가 높은, 고귀한 → 기뻐 날뛰는 → 고양된, 고상한

Ancient civilizations exalted their leaders, often treating them as equal to gods.

지위가 높은

---

am(or) = love, liking, friendliness: 사랑, 좋아함

amateur
[ǽmətʃùər]

n. nonprofessional, outsider
am(love) + ateur: ~을 좋아하는 사람

The trning street is not for amateurs, but for professionals.

비전문가

---

amiable
[éimiəbəl]

a. friendly, affable
ami(friend) + able: '친구 할 수 있는' → 상냥한, 붙임성 있는, 친절한

Unlike his unpredictable and abrasive brother, John's amiable nature meant that he was seldom disliked.

상냥한

amicable(친구처럼 행하는 →우호적인)
enemy(친구 아님→적)
inimical(in + imi(ami) + cal) 적대하는, 반목하는

---

amiability
[èimiəbíləti]

n. friendliness, gentleness
ami(friend) + ablility: '친구가 될 수 있음' → 상냥함

Amiability is one of the keys to working with small children.

상냥함

| 예 문 해 석 |
abolish 사법위원회는 사형제 폐지를 위한 법률을 통과시킬 것을 가결하였다. altitude 인간의 폐는 고지대에서 살 때 더욱 효율적이 된다. exalted 고대문명사회에서는 그들의 지도자를 칭송하였는데, 종종 신과 동등하게 대하였다. amateur 이 훈련용 도로는 아마추어들을 위한 것이 아니라 프로들을 위한 것이다. amiable 예측할 수 없고 거친 형과는 달리, 존의 온화한 성품은 그가 거의 미움을 받지 않았다는 것을 의미한다. amiability 상냥함은 어린 아이들과 일하는데 있어서 중요한 것 중의 하나이다.

amity [ǽməti] 	***n.*** peace, friendship ami(friend) + ty: '친한 사이' → 우호, 친선 It was nice to see the old hostility give way to amity.	우호
amorous [ǽmərəs]	***a.*** sensual, erotic am(love) + orous: '사랑의' → 호색적인, 바람기 있는 While feeling especially amorous he decided it was time to propose marriage.	호색적인

amb = go, walk: 가다, 걷다

ambitious [æmbíʃəs]	***a.*** enterprising, spirited, daring, eager amb(go) + itious: '~를 향해 가는' → 야심찬, 패기있는 Legislators consider the president's agenda ambitious but doable.	야심적인
amble [ǽmbəl]	***v.*** stroll, ramble amb(go) + le: '가다' → 느리게 걷다 Even with a relatively late 5.30pm start at the park, there will be plenty of time to amble back into central Dublin for a meal and a drink.	느릿느릿 걷다
preamble [príːæmbəl]	***n.*** introduction pre(before) + amb(go) + le: '미리 가다' → 서론, 전문 The US Vice-President's address at the forum is a preamble to the support for new priorities.	서론

ambi, amphi = both, more than one: 양쪽의

ambiguous [æmbígjuəs]	***a.*** unclear amb < ambi(both) + ig(drive) + uous: '양쪽으로 몰고 가는' → 두 가지 뜻으로 해석할 수 있는, 애매한, 모호한 The wording of the law was sufficiently ambiguous to leave room for multiple interpretations.	애매한 **ambidextrous**(양손이 숙달된 →양손을 다 잘 쓰는, 솜씨 좋은)

| 예 문 해 석 |

amity 오랜 적대감이 우호 친선으로 무너지는 것을 보니 좋았다. amorous 유난히 사랑을 느끼자, 그는 청혼을 할 때라고 결심하였다. ambitious 의원들은 대통령의 공약이 야심차지만 가능하다고 생각했다. amble 다소 늦은 5시 30분에 공원에서 출발하더라도, 식사와 술을 위해 Dublin 중심가로 느긋하게 되돌아가기에 충분한 시간이 있을 것이다. preamble 미국 부통령의 회의 연설은 새로운 우선사항에 대한 지원 서론이다. ambiguous 법안의 자구는 여러 해석의 여지를 남기기에 충분히 모호하다.

ambivalent [æmbívələnt] 	**a.** unsure, undecided, hesitant, mixed ambi(both) + val(vigor) + ent: '두 가지 힘이 함께 있는' → 양면가치의, 애증을 함께 느끼는 Religious fundamentalists have conventionally been ambivalent about Zionism.	애증을 함께 느끼는 equivalent(똑 같은 힘이 함께 있는→동등한, 대응하는) prevalent(이미 힘이 있는→우세한, 널리 퍼진)
ambivert [æmbivə̀:rt] 	**n.** undecided, hesitation ambi(both) + vert: '양쪽 성향 모두 가진' → 양향 성격자 The ambivert person is the person who is introverted and also outgoing.	양향 성격자 introvert 내향적인 사람 extrovert 외향적인 사람
amphibian [æmfíbiən] 	**n.** animals can live both on land and in water amphi(both) + bian: '양쪽 모두에서 사는' → 양서류 Dr. Jo is the world's leading authority on amphibians and reptiles.	양서류

amp = big: 큰, 대규모의

ample [æmpl] 	**a.** ① plentiful ② sizable, vast, large ample < amplus(am < ambi(both) + plus): '양쪽 모두 가득 찬' → (남을 정도로) 충분한, 풍부한 With ample resources to satisfy domestic need, it is now time to consider exportation.	① 풍부한, 충분한 ② 상당한 크기의
amplify [æmpləfài]	**v.** increase, enlarge ampl(large) + ify(make): '크게 하다' → 확대하다, 증대하다 How is the acoustic guitar amplified?	확대하다

| 예 문 해 석 |

ambivalent 종교적 근본주의자들은 시오니즘에 관하여 전통적으로 애증이 엇갈려 왔다. ambivert 양향적인 사람은 내성적이면서 또한 외향적인 사람이다. amphibian 조 박사는 양서류와 파충류에 관하여 세계적인 권위자이다. ample 국내 수요를 충족할 만큼 충분한 자원과 관련하여, 이젠 수출을 생각할 때이다. amplify 어쿠스틱 기타는 어떻게 소리를 증폭하는가?

DAY 2

anim = mind, spirit, life, breath: 마음, 정신, 삶, 생명력

animated [ǽnəmèitid]	***a.*** lively, spirited, excited, enthusiastic, passionate anim(life) + ated: '생명이 있는' → 생기가 있는 This picture could just as deservedly have been nominated for best animated feature or best children's film.	생기가 있는
animosity [ǽnəmάsəti]	***n.*** hostility, hatred anim(mind) + osity: '반대의 마음' → 적의 People have nothing but rage and animosity toward the local government.	적의
animus [ǽnəməs]	***n.*** animosity, hostility anim(spirit) + us: '미운 마음' → 적의, 미움 The source of the animus had long been forgotten, but the rivalry continued.	적의
equanimity [ìːkwəníməti]	***n.*** equability, equilibrium equ(same) + anim(mind) + ity: '같은 마음' → 평정, 균형 Why can't we have the same equanimity about people who try to make absurd choices?	평정
magnanimous [məgnǽniməs]	***a.*** generous, kind, noble magn(great) + anim(mind) + ous: '큰 마음의' → 도량이 큰, 관대한 David was magnanimous when speaking about Brian and their past meetings.	관대한

| 예 문 해 석 |
animated 이 영화는 최고 만화영화 혹은 아동영화 후보로 마땅히 추천되었을 수도 있었다. **animosity** 사람들은 지방정부에 대하여 오직 분노나 적의를 갖고 있다.
animus 적대감의 원천은 오랫동안 잊혀 왔지만, 경쟁관계는 지속되었다. **equanimity** 왜 우리는 현명하지 못한 선택을 하는 사람들에 대하여 똑같은 평정심을 가질 수 없을까?
magnanimous 데이비드는 브라이언과 그들의 과거의 만남을 얘기할 때 관대했다.

unanimity
[juːnəníməti]

n. total agreement, consent

un < uni(one) + anim(mind) + ity: '한 가지 마음' → 만장 일치, 전원 합의

The law orders all judges and prosecutors to attempt to achieve unanimity in their decisions.

만장일치

magnanimity(큰 마음→도량이 큼, 관대함)

pusillanimity(작은 마음→겁많음, 소심함, 우유부단)

unanimous
[juːnǽnəməs]

a. agreed, united, in agreement, harmonious

un < uni(one) + anim(mind) + ous: '한 마음의' → 합의의, 동의하는

The jury made a unanimous decision to release the defendants.

합의의

---

anni, enni = year: 해, 1년

---

anniversary
[æ̀nəvə́ːrsəri]

n. a memorial day, a commemoration day

anni(year) + vers(turn) + ary: '해 마다 바뀌는' → 기념일

Yesterday was the first anniversary of our opening.

기념일

annual
[ǽnjuəl]

a. yearly

ann(year) + ual: '해 마다의' → 한 해 한 번씩의

The annual precipitation in this area has been slowly declining.

매년의

annals(해를 적은 것→연대기, 연보)

biannual
[baiǽnjuəl]

a. twice a year, half-yearly

bi(two) + ann(year) + ual: '한 해에 두 번의' → 1년에 두 번

The chief of the department receives bonuses biannually.

1년에 두 번의

biennial
[baiénəl]

a. every other year, in alternate years

bi(two) + enni(year) + al: '2년 마다의' → 2년에 한 번씩

The university will be hosting its 20th biennial Southern Writers Symposium today and tomorrow.

2년에 한 번의

| 예 문 해 석 |

unanimity 그 법은 모든 법관과 검사들로 하여금 만장일치로 그들의 결정을 내리도록 명령했다. **unanimous** 배심원단은 만장일치로 피고들을 석방하는 결정을 내렸다. **anniversary** 어제는 개업 첫 기념일이었다. **annual** 이 지역의 연중 강우량은 서서히 감소하고 있다. **biannual** 국장은 일 년에 두 번 성과금을 받는다. **biennial** 대학은 오늘과 내일 2년 마다 개최되는 제20회 서부 작가 심포지엄을 개최할 것이다.

centennial [senténiəl] 	***a.*** hundredth anniversary cent(hundred) + enn(year) + ial: '백년 마다의' The government will celebrate its centennial anniversary with a military parade down the main street.	백년마다의 **century**(백년→세기) **millennial**(천년 마다의) **perennial**(해마다의→장기간 계속되는, 영원한)
millennium [miléniəm] 	***n.*** a period of one thousand years mill(thousand) + enni(year) + um: '천년 마다의' → 천년간 Many hoped that the new millennium would usher in a period of unprecedented prosperity.	천년간

anthro(po), andr = man, human beings: 사람의

android [ǽndrɔid] 	***n.*** a robot that looks like a human being andr(human beings) + oid(~같은 것): '사람 같은 것' → 인조 인간 In famous films, an android is a robot that looks like a human being.	인조 인간
anthropocentric [ænθrəpouséntrik] 	***a.*** stroll, ramble anthropo(human) + centric(center): '사람 중심의' → 인간 중심의 The environmental policies of the government are very anthropocentric.	인간 중심의
anthropology [ænθrəpálədʒ] 	***n.*** cf. paleoanthropology 고인류학, 화석 인류학 anthropo(human) + logy(학문명): '사람을 연구하는 학문' → 인류학 Anthropology has been described as the study of behavior of human predecessors.	인류학
anthropomorphic [ænθrəpəmɔ́:rfik]	***a.*** something has characteristics like those of a human anthropo(human) + morph(형태) + ic: '사람의 형태를 한' → 의인화된, 인격화된 Anthropomorphic animals are a staple of children's literature.	의인화된

| 예 문 해 석 |

centennial 그 도시는 주도로에서의 군사 퍼레이드로 100주년 기념을 할 것이다. millennium 많은 사람들은 새 천년이 전례 없이 풍요로운 시기로 이끌어지기를 희망했다. android 유명한 영화들을 보면, 인조인간은 사람처럼 보이는 로봇이다. anthropocentric 정부의 환경정책은 매우 인간 중심적이다. anthropology 인류학은 인간 조상들의 행위를 연구하는 것으로 묘사되어 왔다. anthropomorphic 의인화된 동물들은 아동문학의 주요 요소이다.

ant, anti = against, opposite: 반대하는, 반대의		
antagonist [æntǽgənist]	***n.*** opponent, enemy ant(opposite) + agonist(경쟁자): '반대편의 경쟁자' → 적대자 Once again, his old antagonist had returned to make things difficult.	적대자
antarctic [æntáːrktik]	***n.*** around the South Pole ant(opposite) + arctic(북극): '북극의 정반대' → 남극 The antarctic regions are the most inhospitable on Earth.	남극 지방
antibiotic [æntibaiátik]	***a.*** anti(against) + biotic(생물의): '생물의 반대' → 항생의 Some types of antibiotic are used to promote growth in farm animals.	항생의
antitoxin [æntitáksin]	***n.*** anti(against) + toxin(독소): '독의 반대' → 항독소 Without an effective antitoxin she won't survive anthrax.	항독소

apt = fit, ability: 맞다, 적응시키다, 능력		
adapt [ədǽpt]	***v.*** adjust, alter, modify ad(to) + apt(fit): '~에 알맞게 하다' → 적합하게 하다, 적응시키다 With polar ice melting, species like the polar bear will either adapt or die.	적응시키다 apt 알맞은, 적당한 aptitude(적합한 것→경향, 소질) inapt 적합하지 않은
aptitude [ǽptitùːd]	***n.*** fitness, property apt(fit) + i + tude(성질, 상태): '적합한 성질' → 성질, 습성 Your personal aptitudes and abilities will be considered for promotion.	습성
inept [inépt]	***a.*** incompetent, incapable in(not) + ept < aptus(suitable): '알맞지 않은' → 적합하지 않은, 부절적한 Inept law enforcement made for a gangsters paradise.	적합하지 않은 ineptitude(알맞지 않은 것 →부적당, 부조리, 어리석음) inaptitude 부적합, 부적당, 서투름

| 예 문 해 석 |

antagonist 다시 한 번, 그의 오랜 적대자가 돌아와서 상황을 어렵게 만들었다. **antarctic** 남극지역은 지구상에서 사람이 살기에 가장 어려운 곳이다. **antibiotic** 어떤 항생제들은 가축의 성장을 도모하기 위하여 사용된다. **antitoxin** 효과적인 항독소가 없다면 그녀는 탄저병과의 견뎌낼 수 없을 것이다. **adapt** 극지방의 해빙으로 인해, 북극곰과 같은 종들은 적응을 하거나 죽게 될 것이다. **aptitude** 당신의 개인 적성과 능력이 승진에 고려될 것입니다. **inept** 부적절한 법 집행이 폭력배의 온상을 만들어냈다.

adept [ədépt]	***a.*** skillful, able, skilled, expert, practised	숙달한
	ad(to) + ept(fit): '~에 알맞은' → 숙달한, 정통한	
	An ideal software developer will be adept at several programming languages.	

arch, archi = first, chief: 처음의, 첫째의

archaeology [ὰːrkiάlədʒi]	***n.***	고고학
	archaeo(first) + logy(학문): '원시 시대를 연구하는 학문' → 고고학	
	Discovering a previously unknown species is one of the thrills of archaeology.	
archetype [άːrkitàip]	***n.*** epitome, prototype	전형
	arche(first) + type(kind): '원래의 형태' → 전형, 원형	
	The book is regarded as the archetype of epic poetry.	
architect [άːrkitèkt]	***n.*** designer, planner, draughtsman	건축가
	archi(chief) + tect(건축가): '주된 건축가' → 건축가	
	The architect on the project recommends that we revise our plans for the landscaping.	

archy = ruler: 통치자, 지배자

anarchy [ǽnərki]	***n.*** lawlessness, revolution, riot, disorder	무정부 상태
	an(without) + archy(ruler): '지도자가 없음' → 무정부 상태, 정치적 혼란	
	Because of the anarchy of production under capitalism, crises of overproduction are inevitable.	
hierarchy [háiərὰːrki]	***n.*** grading, ranking, social order, pecking order	계급제
	hier(sacred) + archy(ruler): '신성한 지배자' → 성직자 계급 제도 → 계층제, 계급제	
	Government hierarchy ensures that everyone has a boss to whom they must answer.	

| 예 문 해 석 |

adept 이상적인 기술개발자라면 여러 프로그래밍 언어에 숙달되어 있을 것이다. **archaeology** 이전에 알려지지 않았던 종의 발견은 고고학을 흥분하게 하는 것 중의 하나이다. **archetype** 이 책은 서사시의 전형이다. **architect** 그 프로젝트를 담당하는 건축가는 조망을 위해 계획을 수정하여야 한다고 충고하였다. **anarchy** 자본주의 하에서 무절제한 생산으로 인해, 과잉생산으로 인한 위기는 불가피하다. **hierarchy** 정부의 위계질서는 누구든지 복종을 해야 하는 상사가 있도록 한다.

matriarchy [méitrià:rki]	*a.* matriarchal society matri(mother) + archy(ruler): '어머니의 통치' → 여가장제, 모권제 It is clear from the evidence that the ancient society was organized as a matriarchy.	여가장제
monarchy [mánərki]	*n.* autocracy, monocracy mon(one) + archy(ruler): '한 명의 통치' → 군주 정체, 군주제 The French Revolution changed France from a monarchy to a republic.	군주 정체
patriarchy [péitrià:rki]	*n.* a patriarchal system patri(father) + archy(ruler): '아버지의 통치' → 가장 제도, 부권사회 Patriarchy is a system in which men have all or most of the power and importance in a society or group.	가장 정치

ard, ars = burn: 타다, 열망하다

ardent [á:rdənt]	*a.* enthusiastic, keen, eager, avid, zealous ard(burn) + ent: '타는 듯한' → 불타는 듯한, 열렬한 Only the most ardent fans were willing to brave the chilling temperatures at last night's final game.	불타는 듯한
arduous [á:rdʒuəs]	*a.* ① strenuous ② difficult ard(burn) + uous: '열정적인' → 분투적인, 고된 The path to recovery from a terrible accident is long and arduous.	① 정력적인, 끈기 있는 ② 몹시 힘드는

art = skill, craft: 솜씨, 능력

artifact [á:rtəfæ̀kt]	*n.* object arti < art(skill) + fact(make): '기술로 만든 것' → 인공물, 공예품 Mexico put on display selections from the largest private collection of archaeological artifacts donated to the government.	인공물

| 예 문 해 석 |

matriarchy 고대 사회가 여가장제로 이루어졌다는 것은 증거가 있어서 분명하다. **monarchy** 프랑스 대혁명은 프랑스를 군주정치 체제에서 공화정치 체제로 만들었다. **patriarchy** 가부장제는 사회나 단체에서 남성이 모든 또는 대부분의 힘이나 중요성을 소유하고 있는 시스템을 말한다. **ardent** 가장 열정적인 팬들만이 어제 밤 마지막 경기에서 추위를 무릅쓰고 관전하려고 했을 겁니다. **arduous** 끔찍한 사고로부터의 회복의 길은 길고도 고된 여정이었다. **artifact** 멕시코 정부는 정부에 기증된, 개인의 수집으로서는 최대 규모의 고고학 유물 중에서 몇 개를 선택하여 전시하였다.

artifice [á:rtəfis]	**n.** technique, skill	기술
	arti < art(skill) + fice(make): '기술로 만들기' → 기술	
	The plan would never have succeeded without this key piece of artifice.	

artisan [á:rtəzən]	**n.** craftsman	기능공
	arti < art(skill) + san: '기술에 숙련된 사람' → 장인(匠人), 기능공, 기계공	
	A skilled artisan can produce surprisingly wide variety of beautiful and useful objects.	

aster, astr, astro, sid = star: 별, 별의

asteroid [ǽstərɔ̀id]	**n.** a very small planet	소행성
	aster(star) + oid(~같은 것): '행성 같은 것' → 소행성	asterisk(별처럼 생긴 부호 →별표(*), 각주 부호)
	Asteroids are small rocky celestial bodies found especially between the orbits of the planets Mars and Jupiter.	astrology(별을 연구함→점성술) astronomy(별의 법칙 연구 →천문학)

astronaut [ǽstrənɔ̀:t]	**n.** a person who is travelling in space	우주 비행사
	astro(star) + naut(~사람): '별을 향해 가는 사람' → 우주 비행사	
	An astronaut must undergo extensive training to prepare for the unusual circumstances of outer space.	

astronomy [əstrɑ́nəmi]	**n.** the scientific study of the stars or planets	천문학
	astro(star) + nomy(rule): '별의 법칙 연구' → 천문학	astronomer 천문학자
	When gazing at the beauty of the night sky it is easy to understand the allure of astronomy.	

consider [kənsídər]	**v.** view, regard, ponder	~라고 생각하다, 여기다
	con(completely) + sider(star): '완전히 별들을 조사하다' (어떤 일을 결정할 때 별점을 침) → 고려하다, 숙고하다 → ~라고 생각하다, 간주하다	sidereal(별의→항성의, 성좌의)
	We do not consider views about our performance voiced by others in the international community.	

| 예 문 해 석 |

artifice 이 한 개의 핵심 기술이 없었다면 이 계획은 결코 성공하지 못했을 것이다. **artisan** 솜씨 좋은 기능공은 놀랍도록 다양한 아름답고 유용한 물건들을 만들어 낼 수 있다. **asteroid** 소행성은 특히 화성과 목성 사이에서 발견되는 작은 돌로 이루어진 우주 물체들이다. **astronaut** 우주 비행사는 우주 공간의 비정상적인 환경에 준비를 하기 위해 광범위한 훈련을 거쳐야 한다. **astronomy** 밤하늘의 아름다움을 바라보면, 천문학의 매력을 이해하기 쉽다. **consider** 우리는 우리 행동에 대한 여러 국제사회에서의 발언을 중요히 생각하지 않는다.

considerable

[kənsídərəbəl]

a. ① great, substantial, large, extensive, many
② important, significant ↔ imperceptible (변화, 차이 등이) 근소한

consider(think) + able: '고려할 수 있는' → 주목할 만한, 중요한 → 수량, 정도 등이 주목할 만한 → 어지간한, 적지 않은, 상당한 → 많은, 다수/다량의

Secretary Clinton tried to assure Beijing's leaders that their considerable investment in Treasury bonds would remain safe.

① 〈수량 등이〉 상당한; 적지 않은
② 〈사람, 일이〉 주목[고려]할 만한, 중요한

---

considerate

[kənsídərit]

a. thoughtful
con(completely) + sider(star) + ate: '생각할 수 있는' → 이해심이 많은, 마음씨 좋은

It is important to be considerate when considering another's religion.

이해심이 있는

---

desire

[dizaiər]

v. wish, want, hope, urge
de(down from) + sire<sid(star): '별에서 크게 바라다' → 소원하다, 희망하다

Desire is rooted in autonomy, freedom and selfishness.

몹시 바라다

---

disaster

[dizǽstər]

n. calamity, catastrophe
dis(away) + aster(star): '별에서 떨어지기' → 길조의 별에서 떨어지기 → 천재 (지변), 재해, 재난, 참사 → 뜻밖의 [큰] 불행, 큰 불운 → 완전한 실패, 실패작 → 구제 불능인 사람, 몹쓸 인간

The Government's strategy regarding teenage pregnancy has been a disaster.

재해

calamity: 큰 고통과 슬픔을 가저오는 재해/불행. catastrophe 보다 뜻이 약함.

catastrophe: 개인이나 특정 집단의 비참한 결과를 가져오는 재해.

disaster: 개인이나 사회 전반의 큰 재해로 생명/재산의 손실이 따름.

---

inconsiderate

[ìnkənsídərit]

a. thoughtless, insensible
in(not) + consider(think) + ate: '생각하지 않는' → (남을) 고려하지 않는, 배려심이 없는

It is worse than inconsiderate to park in front of a fire hydrant.

남을 배려할 줄 모르는

| 예 문 해 석 |

considerable 클린턴 장관은 중국 지도자들에게 재무부발행채권에 대한 상당량의 투자는 안전할 것이라는 것을 확신시키려 노력했다. considerate 다른 사람의 종교를 생각할 때 남을 배려하는 것이 중요하다. desire 욕망은 자율, 자유, 이기심으로부터 나온다. disaster 정부의 십대 임신관련 전략은 처참하다. inconsiderate 소화전 앞에 주차하는 것은 남을 배려하지 않는 것보다도 더욱 나쁘다.

DAY 3

auc, aug, aux = increase: 증가시키다

auction
[ɔ́:kʃən]

n. a public sale

auc(increase) + tion(~것): '(가격을) 증가시키는 것' → 경매

An ultra rare copy of the comic book that introduced Superman to the world hits the auction block today.

경매

---

augment
[ɔːgmént]

v. increase

aug(increse) + ment: 증가시키다, 증대하다

If we do not augment our forces soon, we will surely lose the battle.

증가시키다

august 큰, 거대한, 당당한, 존귀한(Augustus 황제의 이름에서 유래)

---

auxiliary
[ɔːgzíljəri]

a. assistant, helpful

aux(increase) + iliary: '(옆에서 남을) 보조하는' → 보조의

Experimenting with auxiliary security forces, even under ministerial control, is a gamble.

보조의

aud, ey = hear: 듣다, 들리다

audible
[ɔ́:dəbl]

a. able to hear

audi(hear) + ble: '들릴 수 있는' → 들리는

Audible warnings are necessary to protect blind passengers.

들리는

---

audience
[ɔ́:diəns]

n. spectator, company, crowd

audi(hear) + ence: '듣기, 들음' → 청중, 관객

There was a full of audience in Carnegie Hall.

청중

---

auditorium
[ɔ̀:ditɔ́:riəm]

n. audience seat

audi(hear) + torium(장소): '듣는 곳' → 청중석, 관객석

All large universities have an auditorium for holding banquets and other fundraising activities.

청중석

| 예 문 해 석 |

auction 슈퍼맨을 세상에 알린 극히 희귀한 그 만화책은 오늘날 경매 시장에 큰 히트를 쳤다. **augment** 우리가 즉시 병력을 증파하지 않는다면, 우리는 분명히 전투에서 패배할 것입니다. **auxiliary** 보조 경비 병력으로 시험한다는 것은, 정부 내각의 감독 하에 하더라도, 도박일 뿐이다. **audible** 청각 경보는 시각장애인 통행자들을 보호하기 위해 필요하다. **audience** 카네기 홀은 청중들로 가득 찼다. **auditorium** 모든 커다란 대학들은 연회 및 기타 모금행사를 실시하기 위해 강당을 갖고 있다.

obey [oubéi] 	**v.** submit to, surrender to, give way to ob(to) + ey(hear): '~에 귀를 기울이다' → 복종하다, 순종하다 Personally, I don't care if you obey the law or not, but there will be consequences.	복종하다

aut(o) = self: 자기, 자신

authentic [ɔ:θéntik] 	**a.** genuine authen < author(창조자, 저자) + tic: '(진짜) 창조자의 것의' → 진짜의, 진실의 You can tell it is authentic because of the color of the emblem.	진정한
autobiography [ɔ̀:təbaióɡrəfi] 	**n.** one's life story auto(self) + bio(life) + graph(write) + y: '스스로의 삶에 대해 쓴 것' → 자서전 He had such a boring life that it's not hard to imagine why no one bought his autobiography.	자서전
autocrat [ɔ́:təkræt]	**n.** dictator auto(self) + crat(governer): '스스로 다스리는 사람' → 독재자, 전제군주 Now that the Venezuelan president is no longer checked by term limits, he has solidified his role as an autocrat.	독재자 aristocracy(aristo(best) + cracy(govern): (귀족의 다스림→귀족정치, 상류사회) bureaucracy(bureau (authority) + cracy: (관청의 정치→관료정치) democracy(demo(people) + cracy: 대중정치, 민주정치 gerontocracy(geron(old men) + cracy: 노인정치, 원로정치 meritocracy: (장점의 정치→능력주의, 엘리트사회) nepocracy(nepo(relative) + cracy: (친척의 정치→족벌정치) plutocracy(pluto(wealth) + cracy: 금권정치

| 예 문 해 석 |

obey 개인적으로 나는 당신이 법을 준수하든 말든 관심이 없지만, 그 결과가 따를 것입니다. authentic 당신은 상징의 색깔 때문에 그것이 진짜라고 할 수 있습니다. autobiography 그는 매우 지루한 인생을 살았기 때문에, 왜 아무도 그의 자서전을 구입하지 않는지 상상하기란 어렵지 않다. autocrat 베네수엘라 대통령은 더 이상 임기에 제한을 받지 않고 독재자로서의 역할을 굳혔다.

autocratic [ɔ̀ːtəkrǽtik] 	***a.*** dictatorial auto(self) + crat(governer) + ic: '스스로 다스리는 사람의' → 독재적인 The revolutionists' goal is to remedy the abuses of autocratic government.	독재의
autograph [ɔ́ːtəgræf] 	***n.*** signature auto(self) + graph(write): '자신에 대해 쓰기' → 서명, 자필 The art of the autograph has become a sport in itself.	서명
automatic [ɔ̀ːtəmǽtik] 	***a.*** mechanical, automated, mechanized auto(self) + matic: '스스로 하는' → 자동의, 기계적인 Click this button to automatically regulate the brightness and contrast of your picture.	자동의
autonomous [ɔːtánəməs] 	***a.*** independent, self-ruling, sovereign auto(self) + nom < nomy(rule) + ous: '스스로 규칙 있는' → 자치권이 있는, 자치적인, 자율적인 The parliament formally unified the autonomous region's two local governments.	자치권의
autonomy [ɔːtánəmi] 	***n.*** independence, freedom, sovereignty auto(self) + nomy(rule): '스스로 규칙을 지키는' → 자치 The government decided against giving more autonomy to the states.	자치 astronomy(별들의 법칙→천문학) economy(가정 규칙→가정 관리→경제, 절약) taxonomy(taxis (arrangement) + nomy (분류 법칙→분류법, 분류학)

band, bond, bund, bind = bind: 묶다		
bind [baind] 	***v.*** oblige, require, engage, compel bind: '묶다' → 매다, 결박하다 If we don't properly bind the books, they won't last very long.	결박하다

| 예 문 해 석 |
autocratic 혁명가들의 목표는 독재정부의 권력 남용을 고치려는 것이다. autograph 사인의 예술은 그 자체로 놀이가 되어왔다. automatic 그림의 밝기와 대조를 자동 조정하려면 이 버튼을 클릭하십시오. autonomous 의회는 자치 구역의 두 지역정부를 공식적으로 통합하였다. autonomy 정부는 주에 좀 더 많은 자율권을 주는 것에 반하는 결정을 하였다. bind 제대로 묶지 않는다면, 책들은 오래 보존되지 못할 것이다.

| **bond**
[bɑnd]
 | ***n.*** link, tie, connection
band(족쇄)의 다른 형태. 고대 영어 bindan(묶다)의 파생어.
'묶는 것' → 끈, 줄, 족쇄, 결속

There are tangible signs that the republic is successfully breaking its' bonds with Moscow. | 묶는 것

band(묶는 것→끈, 띠; 집단, 무리) |
| **bundle**
[bʌ́ndl]
 | ***n.*** bunch, group, collection, mass, pile
bund(bind) + le: 묶다

The oranges are tied up in a bundle of twenty. | 묶음 |

bat = strike: 치다, 때리다

abate [əbéit] 	***v.*** moderate, decrease a(to) + bat(strike): '~에 치다' → 누구러뜨리다→ 완화시키다 If they don't abate the cost of my health care I will have to do without.	완화시키다
battle [bǽtl] 	***n.*** fight, attack, action, struggle, conflict bat(strike) + tle: '때림, 침' → 전투, 싸움 The battle of free speech can never be completely resolved.	전투
debate [dibéit] 	***v.*** argue de(down) + bate(beat): '아래로 치다, 이기다' → 논쟁하다, 토론하다 ※ 옛날에 토론의 목적은 결정에 있는 것이 아니라 상대방을 패배시키는 데 있었음. An intense debate is going on within the Israeli government.	논쟁하다 argue: 상대방의 주장을 논박하기 위해 이유/증거 등을 제시하며 자기 주장을 펴다 debate: 공공 문제를 찬반으로 나누어 공식 토론하다 discuss: 어떤 문제를 다방면으로 검토하며 토론하다 dispute: 감정을 담아서 말다툼하다, 논쟁하다

| 예 문 해 석 |
bond 공화당이 모스크바와의 관계를 성공적으로 단절하였다는 명백한 신호들이 있다. **bundle** 오렌지는 20개 단위로 묶여져 있다. **abate** 그들이 내 의료보장비용을 낮추지 않는다면, 나는 의료보장 없이 살아야만 할 것입니다. **battle** 자유 연설의 전쟁은 결코 완전하게 해결될 수 없다. **debate** 이스라엘 정부 내에서 강한 논쟁이 벌어지고 있다.

bel = fight, war: 싸움, 전투

bellicose
[bélikòus]

a. belligerent, warlike
bel(fight) + licose: '싸움을 좋아하는' → 호전적인

Despite a relatively weak army, the government's bellicose nature often intimidated neighboring countries.

호전적인

rebel
[rébəl]

n. revolutionary, insurgent, secessionist
re(again) + bel(fight): '전쟁을 다시 하다' → 반역자, 반항자

Once again, rebel forces have begun bombing the capital city.

반역자

rebellion
[ribéljən]

n. resistance, rising, revolution, revolt, uprising
re(again) + bel(fight) + lion: '싸움을 다시 하는 것' → 반란, 폭동

The ruthless and brutal suppression of rebellions is criticized by world governments.

반란

ben(e), bon = good: 좋은

benediction
[bènədíkʃən]

n. blessing, benefit
bene(good) + dict(speak) + ion: '좋게 말하기' → 축복, 축복의 기도

The Pope's hands were raised in benediction.

축복

diction 말씨, 어법
dictate(말하게 하다→구술하다, 지시하다)
dictator(지시하는 사람→독재자)
malediction(나쁘게 말하기→저주, 악담)
contradict(반대하여 말하다→논박하다)
indicate(안으로 말하다 →지적하다, 암시하다)
predict(미리 말하다→ 예언하다)

benefactor
[bénəfæktər]

n. patron, sponsor
bene(good) + fact(make) + or(사람): '좋게 만드는 사람' → 은인, 후원자

Many of the most successful capitalists eventually turn into benefactors.

은혜를 베푸는 사람

| 예문해석 |
bellicose 상대적으로 약한 군사력에도 불구하고 정부의 호전적인 태도는 종종 이웃 국가들을 위협하였다. rebel 다시 한 번, 반군들이 수도를 폭격하기 시작하였다.
rebellion 잔혹한 행동을 보이고 있는 반군은 전 세계 각국 정부로부터 비판을 받고 있다. benediction 교황의 두 손이 축복을 알리며 올라갔다. benefactor 많은 대부분의 성공한 자본가들은 결국에는 자선가로 변신하였다.

beneficial
[bènəfíʃəl]

a. advantageous, profitable

bene(good) + fic(make) + ial: '좋게 만드는' → 유익한, 이로운, 이익이 되는

Foods, such as vegetables and fruits, have vitamins which are beneficial to our health.

이익이 되는

fiction(만들어진 것→허구, 소설)

artificial(기술적으로 만들어진→인위적인)

efficient(밖으로 만드는→효율적인)

magnificent(크게 만들어진→웅장한, 화려한)

superficial(위에 만들어진→표면의, 피상적인)

---

benefit
[bénəfit]

n. good, help, profit, favour

bene(good) + fit(make) + ent: '좋게 만들다' → 이익

This remarkable achievement took place without the benefit of our modern telecommunication industry.

이익

---

benevolent
[bənévələnt]

a. kind, gentle

bene(good) + vol(will) + ent:: '좋은 의지 있는' → 선의의, 호의적인

Although she appeared to have other motives, she was truly a benevolent stepmother.

호의적인

volition(의지 있음→의지력)

voluntary(의지가 있는 →자발적인)

malevolent(나쁜 의지 있는 →악의 있는)

---

benign
[bináin]

a. benevolent, kind, warm, friendly

ben(good) + ign: '(마음씨가) 좋은' → 인자한, 친절한

The opposite of a benign tumor is a malignant tumor.

인자한

---

bona fide
[bòunəfáidi]

a. genuine, faithful

bona(good) + fide(faith): '선한 믿음' → 진실한, 성실한

A bona fide original Picasso can be worth a great deal of money.

진실한

---

bio = life: 생명의

---

biography
[baiɑ̀grəfi]

n. account of people's life

bio(life) + graphy(writing): '삶을 적은 것' → 전기, 일대기

Have you read the new Hitler biography?

전기

autobiography(자기가 삶을 적은 것→자서전)

| 예 문 해 석 |

beneficial 과일과 채소와 같은 음식은 비타민이 많아 우리 건강에 좋다. benefit 현대 정보통신 산업에 힘입어 이러한 경이로운 업적을 이룩하였다. benevolent 다른 동기를 갖고 있는 것처럼 보였지만, 그녀는 정말로 자애로운 새엄마였다. benign 음성 종양의 반대는 양성 종양이다. bona fide 진짜 피카소 진품은 엄청난 액수의 가치가 있을 수 있다. biography 새로 나온 히틀러 자서전을 읽어 보았나요?

biology [baiálədʒi]	***n.*** cf. ecology 생태학 bio(life) + logy(학문): '삶을 연구하는 학문' → 생물학 Any advance in the understanding of human biology is a step toward longer life.	생물학 biochemistry 생화학 biorhythm 생체리듬

bri, brev = brief: 짧은, 간결한

abbreviate [əbríːvièit]	***v.*** shorten, reduce, diminish ab(to) + brev(brief) + iate: '~에 간결하게 하다' → 줄이다, 짧게하다 It was an abbreviated document without detailed proposals.	줄여 쓰다
abridge [əbrídʒ]	***v.*** sum up, condense, encapsulate a(to) + bri(brief) + dge: '~에 간결하게 하다' → 요약하다 The thoughtful writers have abridged the massive book.	요약하다
brief [briːf]	***a.*** short, quick, fleeting, swift, short-lived bri(brief) + ef: 짧은 I don't have much time, so you need to be brief.	잠깐의, 간단한

| 예 문 해 석 |

biology 인체 생명작용의 이해에 있어서의 진일보는 장수를 향한 움직임이다. abbreviate 그것은 자세한 사항을 제외한 간략한 문서이다. abridge 사려 깊은 작가들은 방대한 분량을 책을 요약한다. brief 내가 시간이 많지 않으므로, 간단히 말씀 하셔야 합니다.

VOCABULARY TEST 1

1. Abhor

(A) tolerate
(B) criticize
(C) loathe
(D) envy

2. Abnormal

(A) exceptional
(B) artificial
(C) central
(D) painful

3. Acute

(A) unusual
(B) persistent
(C) unexpected
(D) critical

4. Adjacent

(A) independent
(B) obscured
(C) nearby
(D) within

5. Aesthetic

(A) beautiful
(B) exceptional
(C) realistic
(D) dependable

6. Abolish

(A) decorate
(B) create
(C) improve
(D) eliminate

7. Ambiguous

(A) unclear
(B) visible
(C) fluent
(D) imperfect

8. Amplify

(A) clap
(B) increase
(C) evaluate
(D) declare

9. Unanimity

(A) turmoil
(B) conversion
(C) total agreement
(D) foundation

10. Annual

(A) yearly
(B) comprehensive
(C) financial
(D) product

11. Adapt

(A) esteem
(B) adjust
(C) distribute
(D) attempt

12. Arduous

(A) infinite
(B) difficult
(C) useless
(D) dull

13. Artisan

(A) craftsman
(B) spectator
(C) predecessor
(D) consultant

14. Considerable

(A) stylistic
(B) great
(C) personal
(D) exclusive

15. Disaster

(A) control
(B) catastrophe
(C) avoidance
(D) history

16. Authentic

(A) blatant
(B) genuine
(C) intentional
(D) thorough

17. Autonomous

(A) independent
(B) planetary
(C) multiple
(D) constrictive

18. Benediction

(A) blessing
(B) praise
(C) profit
(D) malice

19. Benevolent

(A) amendable
(B) kind
(C) complacent
(D) despondent

20. Biography

(A) tale of pioneer hardship
(B) science fiction mystery
(C) war adventure story
(D) account of people's life

Answer

1. C   2. A   3. D   4. C
5. A   6. D   7. A   8. B
9. C   10. A   11. B   12. B
13. A   14. B   15. B   16. B
17. A   18. A   19. B   20. D

1st WEEK ▶▶

DAY 4

cad, cid, cas: fall = (우연히) 떨어지다

accidentally
[æ̀ksədéntəli]

ad. by chance, unintentionally, by accident

ac < ad(to) + cid < cad(fall) + ent: '몸에 떨어지다' → 불의의 사고, 우연한 사건

Some radicals argue that the Mayflower reached America accidentally.

우연히

deca.dent(아래로 떨어지는→ 쇠퇴하는)

casual
[kǽ ʒuəl]

a. careless, relaxed, unconcerned, blasé, offhand

cas(fall) + ual: '우연히 떨어진' → 우연의

Even a casual observer could hardly have failed to notice the heightening of an already tense atmosphere.

우연의

coincidence
[kouínsədəns]

n. occurrence at the same time

co(together) + in(into) + cid(fall) + ence: '함께 떨어진 일' → 일치, 동시 발생

By an amazing coincidence, their children were all born on the same day.

동시 발생

decay
[dikéi]

v. rot, spoil, crumble, deteriorate, perish, decompose

de(down) + cay(fall): '아래로 떨어지다' → 썩다, 부식하다

It is not easy to detect the interior decay of supporting walls.

부식하다

incident
[ínsədənt]

n. disturbance, scene, clash, disorder, confrontation

in(into) + cid(fall) + ent: '안으로 떨어지는'→ 일어난 일, 사건

Despite the large number of emergency vehicles, it turned out to be only a minor incident.

사건

| 예 문 해 석 |

accidentally 몇몇의 과격론자들은 Mayflower호가 미 대륙에 우연히 닿았다고 주장한다. casual 아무나 보아도 고조된 긴장감을 못 느끼긴 어려웠다. coincidence 놀랍게도 그들의 자식들은 모두 같은 날에 태어났다. decay 지벽 내부의 부패를 발견하기란 쉽지 않다. incident 많은 수의 구급차량이 왔음에도 불구하고, 그것은 작은 사고로 밝혀졌다.

occasionally
[əkéiʒənəli]

ad. once in a while, sometimes, now and then
oc(to) + cas(fall) + ionally: '~로 떨어질 때' → 가끔, 때때로

It is generally a hot climate, but occasionally it snows.

때때로

---

cant, cent, chant = sing, call, shout: 노래하다, 부르다, 외치다

chant
[tʃænt]

n. song, carol, chorus, melody, psalm
chant(sing): '노래하다' → 노래

The tribe began to chant, signaling the end of the ceremony.

노래

accent(~에 덧붙인 노래
→악센트)

enchant
[entʃænt]

v. fascinate, delight, charm, entrance, dazzle
en(in) + chant(sing): '노래를 불러 마법을 걸다' → 매혹하다, 황홀하게 하다

Don't expect young children to be as enchanted with the scenery as you are.

매혹하다

incentive
[inséntiv]

n. inducement, encouragement, spur, lure
in(into) + cent(call) + ive: '안으로 (용기를) 불어 넣다' → 자극, 유인, 동기

Without an incentive for extra hours, overtime was a dismal prospect.

격려

---

cap(t), cep(t), ceiv, cip = seize, catch, take: 잡다, 쥐다

accept
[æksépt]

v. receive, take, gain, pick up, secure
ac(to) + cept(take): 받다, 인정하다

All states invited to next week's peace conference have accepted.

받아들이다

concept(함께 갖다→개념)

anticipate
[æntísəpèit]

v. expect, foresee
anti < ante(before) + cip(take) + ate: '전에 가지다' → 먼저 어림잡다, 예상하다, 기대하다

It is anticipated that thousands of full-time jobs will be lost.

기대하다

| 예 문 해 석 |
occasionally 대개는 더운 날씨지만, 가끔씩 눈이 온다. **chant** 그 부족은 구호를 외치기 시작하였는데, 이것으로 식의 종료를 알렸다. **enchant** 어린이들이 당신이 보고 매혹되는 장면에 똑같이 매혹되리라 생각하지 마십시오. **incentive** 추가 시간에 대한 인센티브가 없다면, 연장근무는 전망이 어둡다. **accept** 모든 국가들이 다음 주 평화 회의에 대해 승낙했다. **anticipate** 수천 개의 정규직 일자리가 없어질 것으로 예상된다.

capacity [kəpǽsəti] ▤	***n.*** ability, capability, aptitude capac(take) + ity: '취할 수 있음' → 수용 능력, 용량, 지적 능력 We took the stairs because the elevator was already full to capacity.	재능 **capable**(붙잡을 수 있는→ 능력 있는, 자격 있는) **capability**(붙잡는 것→표 제, 제목) **capture**(붙잡다→포획하 다, 획득하다)
captivate [kǽptivèit] ▤	***v.*** charm, attract, fascinate, entrance, enchant capt(take) + ivate: '사로잡다' → 매혹하다 Space travel continues to captivate the minds of millions of people.	매혹하다
chase [tʃeis] ▤	***v.*** pursue, follow, track, hunt, run after chas(seize) + e: '붙잡다' → 추적하다, 뒤쫓다 Police said the suspects were arrested without a struggle after a car chase through the streets of Chicago.	뒤쫓다
conceit [kənsíːt] ▤	***n.*** arrogance, self-satisfaction con(together) + ceit(take): '함께 갖는 것' → 자만, 자부심 Her conceit was off putting, but she was in fact a true genius.	자만 **conceive**(함께 취하다→ 생각하다, 상상하다)
deceitfully [disítfəli] ▤	***ad.*** misleadingly, fallaciously ceit < ceive(take) + fully: '아래에서 잡는' → 거짓으로, 허 위로 He was punished because he managed to deceitfully claim to be sick and need immediate care.	허위로 **deceive**(아래에서 잡다→ 속이다)
emancipate [imǽnsəpèit] ▤	***v.*** liberate, release, set free e(out) + man(hand) + cip(take) + ate: '밖으로 옮겨주 다' → 해방하다 Newly emancipated states in Eastern Europe want to join the EU.	해방하다
exceptional [iksépʃənəl] ▤	***a.*** unusual, rare, extraordinary ex(out) + cep(take) + tional: '밖으로 갖는' → 예외적인 He will receive a complete scholarship due to exceptional academic performance.	예외적인

| 예 문 해 석 |

capacity 엘리베이터가 이미 꽉 찼기 때문에 우리는 계단으로 갔다. **captivate** 우주여행은 수많은 사람들의 마음을 사로잡아 왔다. **chase** 경찰은 용의자가 시카고 거리에서
의 차량 추격 끝에 별다른 저항 없이 체포되었다고 밝혔다. **conceit** 그녀의 자만심은 참기 힘들지만, 사실 그녀는 진짜 천재이다. **deceitfully** 허위로 아프다고 하고 긴급한 치
료가 필요하다고 했기 때문에, 그는 처벌받았다. **emancipate** 새로 독립한 동유럽 국가들이 EU에 가입하기를 원했다. **exceptional** 그는 예외적으로 뛰어난 학업 성적으로
인해 전액 장학금을 받을 것이다.

imperceptibly
[ìmpərséptəbəli]

ad. unnoticeably, very slightly

im(not) + per(completely) + cept(take) +ibly: '완전히 알 수 없게' → 지각할 수 없게

The disease develops gradually and imperceptibly until it is too late to do anything about it.

모르는 사이에

---

intercept
[ìntərsépt]

v. catch, stop, block, seize, cut off

inter(between) + cept(take): '중간에 잡다' → 도중에 잡다, 가로채다

Heavily armed terrorist groups have tried their best to intercept the UN convoy.

도중에 잡다

---

occupation
[àkjəpéiʃən]

n. residence, holding, possession

oc < ob (over) + cup(take) + ation: '위로 잡는 것' → 점유, 점령

The Jews suffered greatly during the German occupation of Paris.

점유

---

participate
[pɑːrtísəpèit]

v. take part, be involved, perform, join, partake

parti(부분) + cip(take) + ate: '부분을 갖다' → 참여하다

Over half of the population in this country participates in sports.

참여하다

---

perceive
[pərsíːv]

v. recognize

per(completely) + ceive(take): '완전히 잡다' → 완전히 파악하다, 알아차리다, 이해하다

Stress is widely perceived as contributing to several heart diseases.

알아차리다

---

recipient
[risípiənt]

n. acceptor

re(again) + cip(take) + ient: '다시 갖는 사람' → 수납자

A suppressed immune system puts a transplant recipient at risk of other infections.

수납자

receive(다시 잡다→얻다)

---

susceptible
[səséptəbəl]

a. ① vulnerable, prone ② acceptable

sus < sub(under) + cept(take) + ible: '밑에서 취할 수 있는' → 받아들일 수 있는, 가능한, 영향 받기 쉬운

Young people, especially teenagers, are the most susceptible to advertisements.

① 영향 받기 쉬운
② 받아들일 수 있는

perceptible(완전히 잡을 수 있는→지각할 수 있는)

| 예 문 해 석 |

imperceptibly 그 질병은 그것에 대한 어떠한 조치를 취하기 어려운 시점까지, 점진적으로 모르는 사이에 발전한다. intercept 중무장한 테러 집단은 UN의 호송차량을 도중에 가로채기 위하여 최선을 다 하였다. occupation 독일의 파리 점령 하에서 유대인들이 많은 고통을 겪었다. participate 이 나라의 인구 절반 이상이 스포츠에 참여한다. perceive 스트레스는 다양한 심장 질환을 야기한다고 알려져 있다. recipient 억제된 면역 체계가 이식을 받는 환자를 다른 감염의 위험에 노출시킨다. susceptible 젊은 이들 중에서도 특히 10대들이 광고에 가장 민감하다.

cap, capit, cipit, chief, chiev = head; take: 정상, 우두머리; 취하다

capital

[kǽpitl]

n. money, funds, investment(s), cash, finances

원래 의미: '정상, 우두머리'의 뜻에서 → 자본의, 주요한, 훌륭한, 대문자의→ 자본, 자산

Free market economies rely on the investment of capital.

자본

capitulate 항복하다

---

principal

[prínsəpəl]

a. main, dominant, major, chief

prin(first) + cip(take) + al: '처음에 취하는' → 제일의, 주요한, 주된, → 중요한 / '제일의 사람' → 주요한 사람 → 우두머리, 지배자, 단체장, 회장, 사장, 교장

The principal concern at this point is whether or not the disease will mutate.

주요한

---

principle

[prínsəpl]

n. original method, rule

prin(first) + cip(take) + le: '처음에 취하는 것' → 근본 원리, 원칙, 주의

Scholars argue that North Korea violates the basic principles of Marxism.

원리

card, cord, courd = heart: 마음, 감정

accord

[əkɔ́ːrd]

v. ① grant, bestow, award
② agree, concord

ac(to) + cord(heart): '마음이 한쪽으로' → 일치하다

The treatment accorded to a UN official was little short of insulting.

① 주다
② 일치하다

---

cardinal

[kɑ́ːrdənl]

a. principal, main, central

card(heart) + inal: '심장'의 뜻에서 → 가장 중요한 → 중요한, 기본적인

Harmony, modesty and fine manner are cardinal virtues to the French.

기본적인

---

concord

[kɑ́ŋkɔːrd]

n. agreement, harmony

con(together) + cord(heart): '같은 마음' → 조화, 일치

Everyone hoped that an agreement would soon be reached for the sake of world concord.

조화

| 예 문 해 석 |

capital 자유 시장 경제는 자본의 투자에 의존한다. **principal** 지금 시점에서 가장 중요한 관심은 질병이 변형될 것이냐 아니냐는 것이다. **principle** 학자들은 북한이 마르크스주의의 기본적인 원칙을 지키지 않았다고 주장한다. **accord** 한 UN 관리에게 대한 처리는 거의 모욕에 가까웠다. **cardinal** 조화, 겸손 및 바른 예절은 프랑스 사람들에게는 기본 덕목이다. **concord** 모두들 세계 화합을 위해 조약이 곧 체결되기를 바랐다.

cordial [kɔ́ːrdʒəl] 	***a.*** hearty, sincere cord(heart) + ial: 마음의, 진심의 Many problems can be solved by simply maintaining a cordial atmosphere.	진심의
discord [dískɔ:rd]	***n.*** difference, disagreement dis(away) + crep(rattle) + ancy: '서로 맞지 않아 따로따로 삐걱거림' → (보통은 일치가 기대되는 이야기 등 사이의) 차이, 어긋남, 불일치, 모순 Personal discord between leaders can be a major stumbling block to resolving national disputes.	불일치
encourage [enkɔ́ːridʒ]	***v.*** motivate, promote en(make) + cour < cor(heart) + age: '중심이 세게 만들다' → 용기를 만들다, 용기를 북돋우다 Prime Minister Blair said he had been encouraged by recent Irish statements about the issue.	격려하다
record [rékərd]	***v.*** document, register re(again) + cord(heart): '다시 마음에 새기다' → 기록하다, 녹음하다 The report records the domestic and social details of diplomatic life in China.	기록하다

care, cure = worry: 걱정하다

accurate [ǽkjərit] 	***a.*** exact, correct ac(to) + cur(care) + ate: '~로 보살피는' → 주의하는, 정확한, 정밀한 Aerospace engineering requires extremely accurate technologies. accurate: 주의/노력을 한 결과로서 정확한 correct: 규준에 맞아 틀림 없는, 인정된 관습에 맞는 exact: 사실/진리/규준에 완전히 합치된 precise: 세세한 점에 이르기까지 정확한	정확한

| 예 문 해 석 |

cordial 많은 문제들이 화합적인 분위기를 유지한다면 간단히 해결될 수 있다. **discord** 지도자간의 개인적인 불협화는 국가 간 분쟁의 해결을 방해하는 주요 장애물이다. **encourage** 블레어 총리는 최근 그 이슈에 관련하여 최근 아일랜드의 성명에 힘을 얻었다고 말했다. **record** 그 보고서는 중국에서 외교관의 삶에 있어서 가정적이고 사회적인 세부 내용을 기록하고 있다. **accurate** 우주항공 공학은 매우 정교한 기술을 요구한다.

careful [kέərfəl] ▤	**a.** cautious, scrupulous, circumspect, chary care(worry) + ful: 조심하는 Students will need careful guidance regarding their choice of career.	조심성 있는
careless [careless] ▤	**a.** slapdash, irresponsible, sloppy, cavalier care(worry) + less(without): '걱정이 없는' → 부주의한 Some parents are accused of being careless with their children's health.	부주의한
cure [kjuər] ▤	**v.** make better, correct, heal, relieve, remedy cure(worry): '걱정하다' → 조심, 돌봄 → 고치다, 치료하다 A newly developed treatment is hoped to one day lead to a permanent cure for the AIDS virus.	고치다
insecure [ìnsikjúər] ▤	**a.** unconfident, worried, anxious, afraid in(not) + se(without) + cure(worry): '걱정이 없지 않은' → 안정되지 않은, 불안정한 Cellular phones are inherently insecure, as anyone can listen to and record conversations.	불안정한

carni = body, flesh: 몸, 살, 고기

carnival [ká:rnəvəl] ▤	**n.** festival, fair, fête, celebration carni(flesh) + val: '육식을 금하다'의 뜻에서 → 사육제, 축제, 카니발 There is a fantastic carnival in the street.	카니발, 축제
carnivore [ká:rnəvɔ̀:r] ▤	**n.** cf. herbivore 초식동물 omnivore 육식동물 carni(flesh) + vore(~식 동물): 육식 동물 Animals that usually eat herbivores are called carnivores.	육식 동물

| 예 문 해 석 |

careful 학생들은 그들의 진로 선택에 대하여 사려 깊은 안내가 필요하다. **careless** 몇몇 부모들은 자녀들의 건강에 대해 부주의했다는 비난을 받는다. **cure** 새로 개발된 치료는 언젠가는 에이즈 바이러스의 영구 치료로 이끌 것이라고 기대되고 있다. **insecure** 휴대전화는 누구라도 엿듣고 대화를 녹음할 수 있어서 근본적으로 안전하지 않다. **carnival** 거리에는 환상적인 축제가 펼쳐지고 있다. **carnivore** 초식 동물을 먹는 동물들을 육식 동물이라고 한다.

cast = throw: 던지다

cast
[kæst]

v. throw, distribute
cast(throw): 던지다

A number of bright lights cast a shadow on the wall.

던지다

---

forecast
[fɔ́ːrkæ̀st]

v. predict, foresee
fore(front) + cast(throw): '미리 던지다' → 예상하다, 예측하다

Early forecasts of poll results show that both measures are likely to fail.

forebode: 불길한 일을 예언하다
forecast: 추측에 의해 예상되는 일을 미리 말하다
foretell: '예언하다' 의미의 가장 일반적인 말
predict: 사실/경험/자연 법칙을 이용, 예언하다
prophesy: 신령적인 능력에 의해 예언하다

예상하다

forehead(앞 머리→이마)
foresee(미리 보다→예견하다, 사전에 알다)

---

overcast
[òuvərkǽst]

v. obscure, darken, overshadow
over(above) + cast(throw): '위에서 던지다' → 어둡게 하다, 구름으로 가리다

It will be a cold, windy, overcast afternoon in Washington.

구름으로 덮다

---

cata = below, opposite, whole: 아래, 반대, 전체

catabolism
[kətǽbəlìzəm]

n. decomposition
cata(opposite) + bol(throw) + ism: '반대로 던지는 것' → 분해작용, 이화작용

Catabolism is a process that breaks down large molecules into small ones.

분해

anabolism 동화작용
metabolism 신진대사작용

---

catastrophe
[kətǽstrəfi]

n. disaster, tragedy, calamity, cataclysm
cata(opposite) + strophe: '반대로 뒤엎음' → 재해, 재난

If the world is to avoid environmental catastrophe, advanced economies must undergo a profound transition.

(개인이나 특정 집단의 비참한 결과를 가져오는) 재해

| 예 문 해 석 |
cast 수많은 밝은 불빛들이 벽에 그림자를 만든다. forecast 여론조사 결과의 초기 예상은 두 조치가 실패하기 쉽다는 것을 보여준다. overcast 워싱턴에는 춥고 바람 불고 구름 낀 오후가 될 것이다. catabolism 분해 작용은 큰 분자를 작게 분해하는 작용이다. catastrophe 만약 세계가 환경 재앙을 피하려고 한다면, 경제 선진국들이 커다란 전환을 겪어야만 할 것이다.

cede, ceed, cess = go: 가다

accede [æksíːd] 	**v.** agree, assent ac(to) + cede(go): '~로 가다' → ~에 따르다, 동의하다 The President is expected to accede to Senate's requests.	동의하다 concede(함께 가다→허가하다) secede(떨어져 가다→(정당, 교회에서) 탈퇴하다, 분리하다)
access [ǽkses]	**n.** admission, entry, passage ac < ad(to) + cess(go): '~로 가다' → 접근, 출입 The facilities have renovated to allow access to wheelchair users.	접근
accessible [æksésəbəl]	**a.** ① available ② reachable, easy to reach ac < ad(to) + cess(go) + ible: '~로 갈 수 있는' → 가기 쉬운, 접근하기 쉬운 Wise investors know that it is a good idea to maintain some accounts with easily accessible funds.	① 사용하기 쉬운 ② 접근하기 쉬운
ancestor [ǽnsestər]	**n.** predecessor ↔ descendant 후손 ance(before) + cest < cede(go) +or: '이전에 가는 사람' → 조상, 선조 Modern daily lives are so different from those of our ancestors.	조상 ancient(앞에 있는→고대의, 구식의)
cease [siːs]	**v.** stop, halt ceas < cess(go) + e: '가다' → 떠나다 → 그만두다, 중지하다, 그치다 A number of small firms have had to cease exporting due to the world economic recession.	그만두다 antecedent(먼저 간→앞서는, 선행하는)
cede [siːd]	**v.** transfer, convey cede(go): '가다' → 권리 등이 남에게로 가다 → 양도하다, 옮기다 The General had promised to cede power by January.	양도하다

| 예문해석 |

accede 대통령은 상원의 요청에 응할 것으로 예상된다. **access** 그 시설들은 휠체어 사용자들에게 접근을 허용할 수 있도록 개조되었다. **accessible** 현명한 투자자들은 쉽게 사용할 수 있는 자금이 있는 몇 개의 계좌를 유지하는 것이 좋은 생각이라는 것을 알고 있다. **ancestor** 현대인의 일상은 우리 선조들의 일상과 매우 다르다. **cease** 세계 경제 침체로 인해 많은 중소기업들이 수출을 중단해야만 했다. **cede** 장군은 1월까지 통치권을 이양하기로 약속했다.

deceased [disíːst] ▬	***a.*** dead, late, departed, expired, defunct, lifeless de(away) + ceas < cess(go) + ed: '중지된' → 사망한 The names of the deceased will not be released until the investigation is complete.	사망한
exceed [iksíːd] ▬	***v.*** go beyond; have greater number than; surpass ex(out) + ceed(go): '한계 밖으로 가다' → 한계를 넘다, 넘다, 능가하다 Desert temperatures can far exceed that which is comfortable.	능가하다 **proceed**(앞으로 가다→전진하다) **succeed**(아래로 가다→성공하다, 계승하다)
excessive [iksésiv] ▬	***a.*** immoderate, too much, extreme, exaggerated ex(out) + cess(go) + ive: '밖으로 가는' → 과도한 Excessive spending was the downfall of the last government.	과도의
incessantly [insésəntli] ▬	***ad.*** ceaselessly, constantly in(not) + cess(go) + antly: '가지 않는, 없어지지 않는' → 끊임없이 Teenagers are incessantly exposed to violence on television.	끊임없이
precedence [présədəns] ▬	***n.*** priority, primacy pre(before) + cede(go) + nce: '앞에 가다' → 우위, 앞섬, 선행 Matters of life and death must always take precedence over inconvenience.	우위
precedent [présədənt] ▬	***n.*** instance, standard pre(before) + cede(go) + nt:: '앞선' → 전례, 관례 There is plenty of precedent in Hollywood for letting people out of their contract.	전례
procession [prəséʃən] ▬	***n.*** parade, train, march, file, cavalcade, cortege pro(forth) + cess(go) + ion: '앞으로 가다' → 행렬, 진행, 전진 There was a traffic jam in the downtown area due to a Christmas Parade.	행렬

| 예 문 해 석 |

deceased 조사가 완결될 때까지는 사망자의 이름이 공개되지 않을 것이다. **exceed** 사막의 기후는 쾌적한 상태를 훨씬 초과할 수 있다. **excessive** 과도한 지출로 지난 정부가 몰락하였다. **incessantly** 십대 청소년들은 TV상의 폭력에 끊임없이 노출되고 있다. **precedence** 삶과 죽음의 문제는 불편함보다 항상 우선 고려되어야만 한다. **precedent** 힐리우드에서는 사람들에게 계약 관계를 끝내는 전례가 많다. **procession** 크리스마스 퍼레이드로 인해 도심의 교통이 혼잡했다.

recede [risíːd] 	***v.*** fall back, withdraw, retreat, return, retire, regress re(back) + cede(go): '뒤로 가다' → 물러가다, 희미해지다 As the temperature rises, shorelines will recede, until they are replenished by glacial melt.	물러가다

cern, cri, cret, cert = separate, distinguish: 분리하다, 구별하다

certainly [sə́ːrtənli] 	***ad.*** definitely, surely, truly, undoubtedly cert(separate) + ainly: '구별되는' → 확실하게, 확신하는 Today's inflation is certainly too high.	확실히
certify [sə́ːrtəfài] 	***v.*** confirm, declare, guarantee, assure cert(separate) + ify: '구별되게 하다' → 증명하다, 보증하다 The National Election council is supposed to certify the result of the election.	증명하다 certificate(인식하게 만든 것→증명서)
crisis [kráisis] 	***n.*** emergency, plight, predicament cri(distinguish) + sis: '(평상시와) 구별되는 것' → 위기 The U.S. financial disaster has obviously contributed to the world economic crisis.	위기
critic [krítik] 	***n.*** judge, authority, expert, analyst cri(judge) + tic(사람): '구별할 줄 아는 사람' → 비판하는 사람, 비평가, 평론가 It takes more than a love of movies to become a good film critic.	비판하는 사람
critical [krítikəl] 	***a.*** ① important, vital, significant, essential, crucial ② dangerous crit(judge) + ical: '판단할 수 있는' → 비평의, 비판적인, 결정적인, 중대한 Numerous intellectuals have been executed for being openly critical of their government.	① 중대한, 결정적인 ② 위기의

| 예 문 해 석 |
recede 기온이 올라가면, 빙하가 녹아서 물이 다시 찰 때까지는, 해안선이 멀어질 것이다. **certainly** 오늘날의 인플레이션은 지나치게 높다. **certify** 선거관리위원회는 선거 결과를 발표하여야 한다. **crisis** 미국의 재정 재앙은 명백하게 세계 경제 위기에 영향을 끼쳤다. **critic** 훌륭한 영화비평가가 되려면 영화에 대한 애정보다 더 많은 것이 필요하다. **critical** 많은 지식인들이 자신의 정권을 공개적으로 비판했다는 이유로 추방되어졌다.

criticize [krítisàiz]	***v.*** find fault with, censure, disapprove of crit(judge) + icize: '판단하다' → 비평하다 It is easy to criticize our leaders, but could we really do any better?	비평하다
discern [disə́:rn]	***v.*** distinguish, observe dis(away) + cern < cert(perceive): '멀리 인식하다' → 깨닫다, 식별하다, 분별하다 Without expertise, it is nearly impossible to discern the differences between similar species of bird.	뚜렷이 인식하다 **ascertain**(~쪽으로 확실 하게 하다→확인하다) **concern**(함께 인식하다→ 관심을 갖다, 관계를 맺다)
discreet [diskrí:t]	***a.*** tactful, diplomatic, guarded, careful, cautious dis(away) + creet(distinguish): '구별되는' → 사려있는 분별있는 It is often wise to be discreet.	사려있는
secret [sí:krit]	***a.*** undisclosed, unknown, confidential, underground se(apart) + cret(separate): '따로 나누어진' → 비밀의 The police have been trying to keep the document secret.	비밀의

chron, chrono = time: 때, 시간

chronic [kránik]	***a.*** permanent, persistent, restless chron(time) + ic: '시간의' → 장기간에 걸친, 만성적인 Anyone who does not believe that smoking is an addiction has never been a chronic smoker.	여러 해 전부터의 **chronology**(시간 연구→연 대기, 연대학) **anachronism**(시간/시대가 잘못됨 →시대착오)
chronicle [kránikl]	***v.*** account, record, register chron(time) + icle: '시간을 적다' → 기록하다, 연대기, 기록, 이야기 The series chronicles the everyday adventures of two brave scientists.	기록하다

| 예 문 해 석 |

criticize 지도자를 비판하는 것은 쉽지만, 우리가 정말로 더 잘 할 수 있을까요? discern 전문지식이 없다면, 유사한 새의 종별 차이점을 구별하기란 거의 불가능하다.
discreet 신중함은 종종 현명한 태도이다. secret 경찰은 그 문서를 비밀로 유지하였다. chronic 담배가 중독이라고 믿지 않는 사람들은 만성 흡연자가 된 적이 없다.
chronicle 시리즈의 기록물들은 용감한 두 명의 과학자의 일상의 모험을 담았다.

synchronize
[síŋkrənàiz]

v. coincide, occur simultaneously, coexist
syn(same) + chron(time) +ize: '동시에 일어나다'

It was virtually impossible to synchronize our lives so as to take holidays and weekends together.

동시에 일어나다

---

cid, cis, cise = cut: 자르다

---

concise
[kənsáis]

a. brief, compact, short
con(complete) + cise(cut): '모두 자르다' → 간결한

Politicians often avoid being concise to deliberately obscure the issue.

간결한

---

decisive
[disáisiv]

a. definitive, crucial
de(down) + cis < cise(cut) + ive: '아래로 딱 자르는' → 단호하게 자르는, 단호한, 결정적인, 중대한

Obama's election camp has now entered its final, decisive phase.

결정적인

---

incisive
[insáisiv]

a. acute, keen
in(into) + cis(cut) + ive: '안에서 자르는' → 예리한, 예민한

Our top agent is a very shrewd operator with an incisive mind.

예리한

excise(밖으로 자르다 →베어내다, 삭제하다)
incise(안으로 자르다→ 절단하다, 새기다)
recision(잘라 뒤로 두는 것→취소, 폐기)

---

pesticide
[péstəsàid]

n. cf. insecticide 살충제
pest(해충) + i + cide(kill): 살충제, 구충제

The best way to exterminate these bugs is to spray the plants with pesticide.

구충제

---

precise
[prisáis]

a. accurate, exact
pre(before) + cise(cut): '미리 자른' → 치수가 정확한, 명확한

The precise location of the Titanic wreck was discovered in 1988.

정확한

imprecise 부정확한

| 예 문 해 석 |

synchronize 휴일과 주말을 같이 보내도록 생활을 맞추는 것은 실제로 불가능한 일이다. concise 정치가들은 종종 의도적으로 문제를 모호하게 하려고 간결하기를 회피한다. decisive 오바마 측 선거캠프는 이제 마지막 결정적인 단계로 들어섰다. incisive 우리의 최고 요원은 예리한 생각을 갖고 있는 매우 기민한 수완가였다. pesticide 벌레를 박멸하는 가장 효과적인 방법은 풀에 살충제를 살포하는 것이다. precise 타이타닉 호가 침몰한 정확한 위치는 1988년에 발견되었다.

cit = call: 부르다

cite [sait] ≡	**v.** quote, mention, refer to cit(call) + e: '소집하다'의 의미에서 → 인용하다, 예로 들다 Spain was cited as the most popular holiday destination.	예로 들다
excite [iksáit] ≡	**v.** inspire, stimulate, provoke ex(out) + cit(call) + e: '밖으로 부르다' → 흥분시키다, 자극하다 Reports of the plot of this unusual film tend to excite revulsion.	일으키다
incite [insáit]	**v.** provoke, arouse, stir up in(into) + cit(arouse) + e: '안에서 ~을 불러일으키다' → 자극하다, 격려하다 The rebel leader's speech was designed to incite violence.	격려하다
recital [risáitl]	**n.** performance, rendering, rehearsal re(again) + cit(call) + al: '다시 부르는' → 연주회, 독창회 Giving a solo recital can be an incredibly stressful event.	연주회
solicit [səlísit]	**v.** implore, beg soli(alone) + cit(call): '한가지를 부르다' → 간청하다, 요청하다 No tuition was charged by the school, which solicited contributions from the community.	간청하다

claim, clam = shout, call: 소리치다, 부르다

disclaim [diskléim]	**v.** deny dis(opposite) + claim(call): '반대로 부르다' → 부인하다, 부정하다 The police disclaim responsibility for the deaths of six rioters.	부인하다 declaim(~에 대해 부르다 →연설하다) exclaim(밖으로 외치다→ 고함치다)

| 예 문 해 석 |

cite 스페인은 휴일에 가장 많이 찾는 장소의 예로 들어지곤 한다. **excite** 이 평범하지 않은 영화의 줄거리에 대한 기사들이 혐오감을 촉발시키는 경향이 있다. **incite** 반군 지도자의 연설은 폭력을 조장하도록 의도되어졌다. **recital** 독주 연주회를 연다는 것은 엄청나게 스트레스를 받는 일이 될 수 있다. **solicit** 사회로부터 기부금을 간청하여 충당하므로, 학비가 학교로부터 청구되지 않았다. **disclaim** 경찰은 시위자 여섯 명의 죽음에 대한 책임을 부인하였다.

proclaim [prowkléim]	**v.** announce, declare, advertise, publish pro(forth) + claim(shout): '앞으로 외치다' → 선언하다, 공포하다	선언하다
	Britain proudly proclaims that it is a nation of animal lovers.	

clin, cliv = slope: 경사지다, 기울어지다

climax [kláimæks]	**n.** culmination, top, summit, height, highlight cli(slope) + max(top): '최고로 기울어지다' → 최고조	최고조
	It is a fairly boring film for the first hour, but the climax is breathtaking.	
decline [dikláin]	**v.** fall, drop, lower, sink, fade, shrink, diminish de(down to) + cline(slope): '아래로 기울다' → 거절하다	거절하다
	Union membership, and union power are declining rapidly.	
incline [inkláin]	**a.** ① slant ② apt, liable in(into) + cline(bend) + d: '안으로 기운' → 경사진, 기울어진, ~하고 싶어하는, ~의 성향[경향]이 있는	① 경사진, 기울어진 ② ~하고 싶어하는
	He came to a halt at the edge of a steep incline.	
recline [rikláin]	**v.** depend, rely, lean re(back) + cline(slope): '뒤로 기울어지다' → 의지하다	의지하다
	Some people cannot sleep unless they are allowed to recline.	

cla, clos, clud, clus = hold, close, boundary: 잡다, 닫다, 경계(선)

conclude [kənklú:d]	**v.** decide, judge, assume, gather con(complete) + clud(close) + e: '완전히 닫다, 끝내다' → 결말짓다	결말짓다
	The evidence allows us to conclude that it was, in fact, an accident.	

| 예 문 해 석 |

proclaim 영국은 자랑스럽게 동물 애호국가라고 선언하였다. **climax** 첫 한 시간은 꽤나 지겨운 영화지만, 클라이맥스는 숨이 막힐 정도이다. **decline** 조합의 회원과 조합의 힘은 급속도로 줄어들고 있다. **incline** 그는 급격히 경사진 모서리에서 멈춰 섰다. **recline** 몇몇 사람들은 쉬라는 허락을 받지 않으면 잠을 잘 수 없다. **conclude** 증거는 그것이 사실상 사고였다는 결론을 낼 수 있게 했다.

disclose [disklóuz]	***v.*** reveal, expose, unveil dis(not) + close(close): '닫힌 것을 없애다' → 열다, 드러내다, 폭로하다 Samsung disclosed that its chairman will step down within a week.	드러내다
enclose [enklóuz]	***v.*** surround, circle, confine en(make) + close(close): '닫히게 만들다' → (담, 벽 등으로) 둘러싸다, (토지, 건물 등을) 울타리로 에워싸다 The convicts' ground was enclosed by an eight-foot wire fence.	둘러싸다
exclusive [iksklúsiv]	***a.*** sole, unique, distinct ex(out) + clus(close) + ive: '밖으로 닫는' → 배타적인, 독점적인 Only the most popular celebrities and the ultra rich were allowed into the exclusive club.	배타적인
include [inklú:d]	***v.*** contain, involve, incorporate, cover in(into) + clud(close) + e: '안으로 가두다' → 포함시키다 The President is expected to include this idea in his military policy.	포함시키다
preclude [priklú:d]	***v.*** prevent, rule out pre(before) + clude(close): '미리 닫다' → 막다, 방해하다 A constitutional amendment precludes any president from serving more than two terms.	방해하다
secluded [siklú:did]	***a.*** remote, separate se(apart) + clude(close) + ed: '멀리 떨어져 닫힌' → (장소가) 외딴 곳에 있는, 세상에서 격리된, 은둔하는 I can never find his house, but the secluded beauty is worth the search.	외딴 occlude(~에 대항하여 닫다→통로를 막다, 차단하다) recluse(닫아서 뒤로 물러난 사람→은둔자)

| 예 문 해 석 |

disclose 삼성은 회장이 한 주안으로 사퇴할 것이라고 밝혔다. enclose 수감자들의 운동장은 8 피트 높이의 철조망으로 둘러싸여 있다. exclusive 매우 유명한 인사들과 갑부들만이 그 배타적인 클럽에 들어올 수 있었다. include 대통령은 이 착상을 그의 군사 정책에 포함 시킬 것으로 예상된다. preclude 헌법 수정안은 대통령이 두 번 이상 연임하는 것을 막고 있다. secluded 나는 결코 그의 집을 찾을 수가 없지만, 호젓한 아름다운 풍경은 수색해 볼만한 가치가 있다.

DAY 6

co, col, com, con = with, together: 함께

coalesce
[kòuəlés]

v. combine, unite

co(together) + alesce(grow up): '함께 자라게 하다' →
합체하다, 합병하여 ~되다, 연합하다

Cities, if unrestricted, tend to coalesce into bigger and bigger
conurbations.

융합하다

coalition(함께 자람→합
체, 연합, 제휴)

---

coherent
[kouhíərənt]

a. logical

co(together) + here(stick) + nt:: '함께 달라붙는' → 응
집성의, 밀착하는 → 조리가 서는, 일관성 있는

The President's policy on education is not perfectly coherent.

앞뒤가 조리가 선

adhere(~에 달라붙다→부
착하다, 고수하다)
inherent(안에 달라붙은→
타고난)
hesitate(달라붙어 가다
→망설이다)

---

cohesive
[kouhíːsiv]

a. sticking to, adhesive ⤙ released 풀어놓은

co(together) + hes < here(stick) + ive: '함께 결합하
는' → 결합력 있는

So seldom was the whole family together that it hardly
seemed like a cohesive unit.

결합력 있는

---

coincidence
[kouínsədəns]

n. occurrence at the same time

co(together) + in(into) + cid(fall) + ence: '함께 안으
로 떨어지는' → 동시에 일어나는 일

The U.S. proclaimed that the timing was coincidence and
that its decision was unrelated to Al Qaeda's attacks.

동시 발생

---

collaborate
[kəlǽbərèit]

v. cooperate with, work together

co(together) + labor(work) + ate: '함께 일하다' → 공
동으로 일하다, 협동하다

The author wanted to collaborate with a good illustrator to
make the perfect book.

공동으로 하다

laboratory(일하는 곳→실험
실)
elaborate(애써 작업하다→
정성들여 만들다, 공들이다)

| 예 문 해 석 |

coalesce 도시들은 제한에 걸리지만 않는다면 더욱 더 큰 광역도시가 되려고 한다. **coherent** 대통령의 교육 정책은 앞뒤가 전혀 맞지 않는다. **cohesive** 모든 가족이 함께 모인 적이 드물어서, 거의 응집력 있는 집단처럼 보이지 않았다. **coincidence** 미국은 시기적으로는 우연히 일치했지만 알카에다의 공격과는 무관한 결정이라고 밝혔다. **collaborate** 저자는 완벽한 책을 만들기 위하여 유능한 삽화가와 함께 일을 하기를 원했다.

64   Part 1 어근편

compatible [kəmpǽtəbəl]	**a.** consistent, in keeping, congruous com(together) + pat < path(feeling) + ible: '함께 동정하는' → 함께 있을 수 있는, 양립할 수 있는 Divorce is sometimes the only option when two people aren't compatible.	양립할 수 있는
comply [kəmplái]	**v.** obey, follow, observe, submit to com(together) + ply: '함께 응하다' → 따르다 There are calls for his resignation, but there is no sign yet that he will comply.	따르다
concede [kənsíːd]	**v.** admit, allow, accept, acknowledge com(together) + cede(go): '함께 가다' → 인정하다 Britain had conceded the Chinese dominium on Hong Kong.	인정하다
conciliate [kənsílièit]	**v.** reconcile, resolve con(together) + ciliate(bring): '함께 불러 모으다' → 〈사람, 집단의〉 불신[적의]를 없애다, 〈남을〉 달래다, ~을 회유하다, 화해시키다 The opposition party has a strong political urge to conciliate.	불신을 없애다
confederate [kənfédərit]	**n.** ally con(together) + feder(unite) + ate(make): '함께 결합시키다, 함께 결합된 것' → 동맹하다, 연합하다, 동맹자, 연합국 The confederate states faced many difficulties during their infancy.	동맹자 federate(결합시키다→연합시키다, 연방화하다, 연합의) federal(결합한→연합의, 동맹의, 연방의)
confide [kənfáid]	**v.** trust, believe con(together) + fid(trust) + e: '함께 믿다' → 신임하다 It is a lonely life without one in whom to confide.	신임하다
congenial [kəndʒíːnjəl]	**a.** favorable, agreeable con(together) + gen(birth) + ial: '함께 낳게 된' → 같은 성질의, 마음 맞는, 기분 좋은 The baseball club members have congenial tastes.	같은 성질의 genial(성품이 타고난→상냥한)

| 예 문 해 석 |
compatible 이혼은 때때로 두 사람이 화합할 수 없을 때 유일한 선택이다. comply 그의 사임에 대한 요구들이 있었으나 그가 그에 응할 기미를 보이지 않는다. concede 영국은 중국의 홍콩에 대한 지배를 인정했다. conciliate 야당은 회유를 위한 강력한 정치적 요구를 갖고 있다. confederate 동맹체 국가들은 형성 초창기에 많은 어려움에 직면하였다. confide 믿는 사람이 없다면 외롭다. congenial 그 야구 모임 구성원들은 마음이 잘 맞는다.

cooperate
[kouápərèit]

v. work together, collaborate

co(together) + operate(work): '함께 일하다' → 협력하다

Unless John starts to cooperate we will be forced to kick him off the team.

협력하다

co-worker 동료

---

contra, counter = against: 반대하여

---

contradict
[kàntrədíkt]

v. paradox, dispute, deny

contra(against) + dict(speak): '반대하여 말하다' → 반대하다, 부정하다

The President's comments appeared to contradict remarks made earlier in the day by the opposition party leader.

반대하다

---

contrast
[kántræst]

n. difference, comparision, disparity

contra(against) + st: '반대하여 서다' → 대조, 차이

There is great contrast between the southern deserts and the northern forests.

대조

---

counterfeit
[káuntərfìt]

a. forged, spurious, fake

counter(against) + feit(make): '반대로 하다' → 위조의, 모조의

The criminal group was taken into custody for producing and circulating counterfeit currency.

위조의

---

counterpart
[káuntərpà:rt]

n. equivalent, match, mate

counter(against) + part: '반대 부분' → 상대편, 대조물, 사본

The Finnish organization was very different from that of its Danish counterpart.

상대편

counterclockwise(anti -clockwise) 반시계 방향, 왼쪽으로 도는

---

encounter
[enkáuntər]

v. meet, confront, face

en(make) + counter(against): '~와 대항하다' → 충돌하다, 대항하다, 마주치다

Environmental problems they found in Poland were among the worst they encountered.

대항하다, 마주치다

| 예 문 해 석 |

cooperate 존이 협력을 하려고 시도하지 않는다면, 우리는 그를 팀에서 방출할 수밖에 없을 것이다. contradict 대통령의 의견은 전날 야당의 지도자의 발언과는 상반되는 것처럼 보였다. contrast 남부 사막과 북부 삼림지역간에는 커다란 차이가 있다. counterfeit 그 범죄조직은 위조지폐의 제작과 유통으로 구속되었다. counterpart 그 핀란드 단체는 여타 북유럽 지역의 동일 단체들과 사뭇 다르다. encounter 그들이 마주한 환경 문제들 중 폴란드에서 발견한 것들은 최악이었다.

corp = body: 몸, 신체

corpse
[kɔːrps]

n. body, remains, carcass
corp(body) + se: '육체, 몸' → 시체

Corpses were piled up on the streets because of fatal disease.

시체

---

incorporate
[inkɔ́ːrpərèit]

v. integrate, include, embrace
in(into) + corp(body) + orate: '안에 육체를 주다' → 법인으로 만들다, 단체로 만들다, 통합시키다

The agreement would allow the rebels to be incorporated into a new national police force.

통합시키다

---

crat, cracy = govern, government: 통치하다, 정부

aristocracy
[ærəstákrəsi]

n. rule by a privileged class
aristo(best) + cracy(govern): 귀족정치, 상류사회

British Parliament consists of both aspects of democracy and aristocracy simultaneously.

귀족정치

aristocrat 귀족

---

autocracy
[ɔːtákrəsi]

n. dictator, absolute ruler, tyrant
auto(self) + crat(governer): '스스로 다스리는 사람' → 독재자, 전제군주

The dictator's autocracy slowly fueled public outrage and eventually revolt.

독재자

gerontocracy(geron(old men) + cracy: 노인정치, 원로정치
meritocracy: (장점의 정치→능력주의, 엘리트사회)
nepocracy(nepo(relative) + cracy: (친척의 정치→족벌정치)
plutocracy(pluto(wealth) + cracy: 금권정치

---

bureaucracy
[bjuərákrəsi]

n. government, officials, authorities
bureau(authority) + cracy(govern): '관청의 정치' → 관료정치

State bureaucracy can tend to stifle initiative enterprise.

관료제도, 관료정치

| 예 문 해 석 |

corpse 치명적인 질병으로 인해 시체들이 거리에 쌓여 있었다. incorporate 그 합의안은 반군들로 하여금 새로운 국가 경찰 병력으로 통합되는 것을 허용하게 될 것이다. aristocracy 영국 의회는 민주주의적 성격과 귀족 제도적 성격을 동시에 지니고 있다. autocracy 전제자의 독재정치는 서서히 대중들의 격노를 일으키고 결국엔 반란에 불을 지폈다. bureaucracy 국가 관료제는 진취적인 기업을 억압하는 경향이 있을 수 있다.

democracy

[dimǽkrəsi]

n. self-government, republic

demo(people) + cracy(govern): '사람들의 정치' → 대중정치, 민주주의

The spread of democracy in Eastern Europe appears to have had negative as well as positive consequences.

민주주의

Democrat 민주당원

---

cre, cresc, cret = grow: 자라다

---

creation

[kri:éiʃən]

n. invention, production, achievement

cre(grow) + ation: '자라게 하는 것' → 창조, 창작

For the first time since creation, the survival of the Earth is in our hands.

창조

---

decrease

[díːkriːs]

v. drop, decline, lessen, lower

de(down to) + crease(grow): '아래로 자라다' → 줄어들다, 줄이다

New automobiles are designed to decrease harmful emissions.

줄다

---

increase

[inkríːs]

v. raise, extend, boost, expand

in(above) + crease(grow): '~위에 자라다' → 증가하다, 늘다

A global increase in temperature is a worrying sign.

늘다

---

increment

[ínkrəmənt]

n. increase, augmentation

in(into) + cre(grow) + ment: '안에서 자라는 것' → 증가, 증대

The average yearly increment in labor productivity in industry was 4%.

증가

decrement 감소, 감량

| 예 문 해 석 |

democracy 동유럽 민주주의의 확산은 긍정적인 측면뿐만 아니라 부정적인 결과도 초래한 것처럼 보인다. **creation** 생성 이래 최초로, 지구의 생존은 우리의 손에 달려있다. **decrease** 새로운 자동차들은 유해 배출가스를 줄이도록 설계된다. **increase** 지구적인 온도 증가는 우려할만한 징후이다. **increment** 산업 노동 생산성의 증가는 매년 평균적으로 4%이다.

cred = trust, believe: 믿다, 신뢰하다		

credible
[krédəbəl]

a. believable, possible, likely, reasonable

cred(trust) + ible < able(can): '믿을 수 있는' → 신용할 수 있는

The Secret Service obtained information of terrorist action from credible sources.

신용할 수 있는

---

credit
[krédit]

n. praise, honour, recognition, approval

cred(trust) + it: '믿다' → 신뢰, 명성, 명예

He was a loving father, bold leader, and an all around credit to the police force.

명성

---

creditable
[kréditəbəl]

a. respectable, honorable, praiseworthy

credit(명예) + able: 명예가 될 만한, 칭찬할 만한, 훌륭한

The president has finished his creditable second term.

명예가 되는

---

credo
[krí:dou]

n. creed

cred(trust) + o: '믿다' → 신조

Gandhi's non-violence credo is one of the basis of contemporary rallies.

신조

---

credulous
[krédʒələs]

a. gullible

cred(trust) + ulous: 잘 믿는, 잘 속는

Occupations requiring highly specialized knowledge, such as doctors and lawyers, make ordinary people credulous of the advice they receive.

잘 믿는

---

creed
[kri:d]

n. belief, principles, doctrine

creed(believe): '믿다' → 신경, 교의, 신조

The faithful often devote themselves to their creed.

신념, (종교상의) 신경

cf. the Creed 사도신경
(the Apostles' Creed)

---

discredit
[diskrédit]

v. disgrace, shame, smear, humiliate

dis(down to) + credit(trust): '신용을 저하시키다' → 신용을 떨어뜨리다

Nonfulfillment of international protocols may be enough to be regarded as a discrediting action.

신용을 떨어뜨리다

| 예 문 해 석 |

credible 정보국은 믿을만한 정보통을 통해 테러리스트의 공격이 있을 것이라는 정보를 입수하였다. **credit** 그는 사랑하는 아빠, 용감한 지도자였으며 다방면에 걸쳐 경찰의 자랑거리였다. **creditable** 대통령은 그의 성공적인 두 번째 임기를 마쳤다. **credo** 간디의 비폭력 시위 기조는 동시대 시위의 기초사항중의 하나이다. **credulous** 의사와 변호사와 같이 고도로 특화된 전문지식을 요구하는 직업들은 일반인들로 하여금 그들의 말을 쉽게 믿도록 한다. **creed** 믿음에 충실한 사람들은 종종 그들의 신념에 헌신한다. **discredit** 국제법을 이행하지 않는 행위는 신용을 떨어뜨리는 행위라고 판단될 소지가 충분하다.

cub, cum(b) = lay, lie: 놓다, 눕다

accumulate
[əkjúːmjəlèit]

v. build up, increase, be stored
ac < ad(to) + cum(lay) + ulate: '~에 놓다' → 모으다, 축적하다

As much as two meters of snow is expected to accumulate in the mountains this weekend.

축적하다

---

encumber
[enkʌ́mbər]

v. hinder, hamper
en(in) + cumber(hinder): '안에서 방해하다' → 방해하다, 폐끼치다, 막다

Small businesses can easily become encumbered by tax law.

방해하다

cumber 방해하다, 막다
cumbersome 방해 되는, 부담 주는, 불편을 끼치는

---

incubate
[ínkjəbèit]

v. cultivate, nurture, raise
in(into) + cub(lay) + ate: '안에 눕다' → 품다, 부화하다, 배양하다

The harmful virus can be incubated for a research purpose.

배양하다

---

cult = till: 경작하다

colonize
[kálənàiz]

v. ① inhabit ② settle
colon < colonus(settler) + ize: '정착자가 되다' → 식민지를 건설하다, 이주하여 정착하다

There were few lands left to colonize by the 20th century.

① 거주하다
② 식민지를 건설하다, 이주시키다

colony(정착자→식민지, 군거지, 집단 거주지→(개미, 꿀벌 등의) 집단)

---

cult
[kʌlt]

n. sect, faction, school, religion
cult(till): '경작하다' → 숭배, 종교

The cult aimed to change its status to that of a true religion.

신흥 종교

---

cultivate
[kʌ́ltəvèit]

v. grow, farm, till, plant
culti < cultus(till) + vate: '땅을 갈다, 경작하다' → (식물, 작물 등을) 돌보다, 재배하다, (미생물 등을) 배양하다, (교육, 훈련에 의해) 기르다

California uses a lot of water in order to cultivate rice and other agricultural products.

경작하다

| 예 문 해 석 |

accumulate 2미터나 되는 눈이 이번 주말에 산간 지역에 쌓일 것이 예상된다. encumber 작은 기업들은 세법에 의해 지장을 받기가 쉽다. incubate 유해한 바이러스는 연구의 목적으로 배양되기도 한다. colonize 20세기 무렵에 이르러서는 식민지로 만들 만한 영토가 거의 남아있지 않았다. cult 사이비 종교는 자신의 지위를 참된 종교의 지위로 변화시키고자 한다. cultivate 캘리포니아는 쌀과 기타 농업작물을 재배하기 위해 많은 물을 사용한다.

V O C A B U L A R Y **TEST 2**

1. Incentive

   (A) consequence
   (B) accident
   (C) encouragement
   (D) preference

2. Anticipate

   (A) agitate
   (B) expect
   (C) suspect
   (D) surmise

3. Capacity

   (A) desire
   (B) ability
   (C) effort
   (D) purpose

4. Susceptible

   (A) vulnerable
   (B) perceptible
   (C) remarkable
   (D) accessible

5. Principal

   (A) most
   (B) numerous
   (C) major
   (D) exceptional

6. Discord

   (A) compromise
   (B) difference
   (C) disillusion
   (D) anxiety

7. Accurate

   (A) consistent
   (B) reasonable
   (C) correct
   (D) acceptable

8. Forecast

   (A) impede
   (B) divert
   (C) diagram
   (D) predict

9. Ancestor

   (A) predecessor
   (B) expert
   (C) astronomer
   (D) authority

10. Exceed

    (A) surpass
    (B) outlast
    (C) resemble
    (D) complement

11. Incessant

    (A) serious
    (B) skeptical
    (C) arbitrary
    (D) ceaseless

12. Chronically

    (A) disagreeably
    (B) unseasonably
    (C) persistently
    (D) momentously

13. Decisive

    (A) definitive
    (B) inclined
    (C) controversial
    (D) adequate

14. Precise

    (A) formidable
    (B) logical
    (C) independent
    (D) accurate

15. Decline

    (A) argue
    (B) enact
    (C) fall
    (D) transform

16. Preclude

    (A) prevent
    (B) eliminate
    (C) converge
    (D) impound

17. Collaborate

    (A) accumulate
    (B) enumerate
    (C) impel
    (D) cooperate with

18. Counterpart

    (A) equivalent
    (B) contention
    (C) assortment
    (D) breeding

19. Incorporate

    (A) assign
    (B) include
    (C) indicate
    (D) evidence

20. Colonize

    (A) discover
    (B) explore
    (C) inhabit
    (D) visit

Answer

1. C	2. B	3. B	4. A
5. C	6. B	7. C	8. D
9. A	10. A	11. D	12. C
13. A	14. D	15. C	16. A
17. D	18. A	19. B	20. C

Part 1
어
근
편

2nd   week

2

DAY 7

cur, cour = run: 달리다

concur
[kənkə́:r]

v. agree, coincide

con(together) + cur(run): '함께 달리다' → 동시에 일어나다, 함께 작용하다 → 일치하다

National feeling does not always concur with the press.

일치하다

incur(안으로 달려오다→초래하다)

recur(뒤로 달리다→재발하다, 되풀이하다)

---

currency
[kə́:rənsi]

n. money, paper money

curr(run) + ency: '달리는 것' → 운영하는 것 → 통용되는 것, 통용, 유통, 유행, 통화, 지폐

Britain, at first, was not in favor of a single European currency.

유통화폐, 통화

curriculum(달리는 과정→교과과정)

---

current
[kə́:rənt]

a. present, contemporary

원래 의미: '달리는, 흐르는' 의 뜻에서 → 지금의, 현재의

A strong current of nationalism runs through ideology and politics in the Arab world.

지금의

---

cursory
[kə́:rsəri]

a. hurried, careless

curs < curr(run) + or + y: '달리는' → 서두르는 → 마구잡이의, 대충대충, 되는대로, 피상적인

With a cursory observation of the problem, government cannot come up with a resolution.

서두르는

cursive(달리는→서둘러 쓰는→흘려 쓴)

discursive(멀리 달리는→산만한, 두서 없는)

---

discourse
[dískɔ:rs]

n. speech, essay, lecture, sermon

dis(against) + cour(run) + se: '반대로 달리는 것' → (말을 주고 받는) 대화, 토론, 강연

National lawmaking affects all of us, but listening to Senate discourse can be tedious.

강연

| 예 문 해 석 |

concur 국민적 감정이 언제나 언론과 일치하는 것은 아니다. currency 영국은 처음에는 유럽 단일 통화를 달가워하지 않았다. current 강력한 민족주의의 조류가 아랍 세계의 이념과 정치를 관통한다. cursory 문제에 대한 피상적인 관찰로 인하여 정부는 어떠한 대책도 마련할 수 없다. discourse 국가의 입법은 우리 모두에게 영향을 미치지만, 상원의 담화를 듣는 것은 지루할 수 있다.

incursion [inkə́ːrʒən]	***n.*** invasion, attack, assault in(into) + curs < cur(run) + ion: '안으로 달리는 것' → 유입, 침입, 습격 There was an armed incursion into Afghanistan border areas by the Russian army.	침입 excursion(밖으로 달려나 가는 것 →짧은 여행, 탈선, 빗나감)
occurrence [əkə́ːrəns]	***n.*** incident, happening, event, fact oc < ob(to) + cur(run) + rence: '~쪽으로 달리다' → (어떠한 일이) 생기다 → 발생 Heavy snowfall in the city is a rare occurrence.	발생
precursor [priːkə́ːrsər]	***n.*** forerunner, pioneer pre(before) + cur(run) + sor(사람): '먼저 달리는 사람' → 선구자, 전조 Wrestling, an ancient precursor of the modern game, originated in the fifth century.	선구자

de, deter = down: 아래로

deface [diféis]	***v.*** damage, impair, spoil de(down) + face(face): '얼굴, 표면 등을 손상시키다' → 손 상시키다 To deface national banknotes is regarded as a very serious offense.	손상시키다
defame [diféim]	***v.*** slander, dishonor, disgrace de(down) + fame(fame): '명성을 저하시키다' → 명예를 손상시키다 The Prime Minister strongly complained about the article that defamed him.	중상하다
defer [difə́ːr]	***v.*** postpone, delay, put off, suspend de(down) + fer(carry): '아래로 나르다' → 뒤로 미루다 The government officials are willing to defer the payment for collateral.	미루다

| 예 문 해 석 |

incursion 아프가니스탄 국경 지역 안으로 러시아 군대의 무장 침입이 있었다. occurrence 도시 폭설은 드문 일이다. precursor 근대 경기의 고대 선구자격인 레슬링은
5세기 경부터 비롯되었다. deface 국가 은행권을 손상시키는 것은 매우 심각한 불법 행위로 간주된다. defame 그 수상은 그를 중상한 기사에 대해 강하게 불평했다. defer
정부 관리들은 담보 지불을 기꺼이 미루어 주었다.

defraud [difrɔ́:d] 	***v.* deprive, cheat** de(down) + fraud(deception): '속임수 아래에 두다' → 속여서 빼앗다, 횡령하다 The court sentenced 5 year imprisonment to the convicts for charges of conspiracy to defraud the government fund.	횡령하다
delineate [dilínièit] 	***v.* define, outline, trace** de(down) + line(line) + ate: '아래로 선을 긋다' → 윤곽을 그리다, 묘사하다, 서술하다 Biography must, to some extent, delineate characters.	묘사하다 lineage(선으로 잇기→가계, 혈통)
denounce [dináuns] 	***v.* condemn, attack, censure** de(down) + nounce(say): '반대로 말하다' → 비난하다, 탄핵하다 15,000 demonstrators denounced the government for maladministration.	비난하다
depleted [diplí:tid]	***a.* devoid, exhausted, used up** de(down) + ple(fill) + ted: '채운 것을 아래로 보내는' → 없어진, 다 써버린 Scientists continue to debate how much time remains until we deplete world oil reserves.	다 써버린
descent [disént]	***n.* ① decline ② origin, ancestry** de(down) + scen < scend(climb) + t: '아래로 오르는' → (재산·특전 등의) 내리기, 하강 → 가계, 혈통 All the contributors were of African descent.	① 내리기, 하강, 하락; 타락 ② 가계, 혈통 descendant(아래로 내려간 사람→후손) ascend(위로 가다→올라가다) condescend(함께 아래로 가다→ 자기를 낮추다, 내려다보는 태도를 취하다) transcend(옮겨 오르다→ 한 단계에서 다른 단계로 오르다→ 초월하다)

| 예 문 해 석 |
defraud 법정은 국가자금횡령 공모 죄로 죄인에게 금고 5년의 판결을 내렸다. **delineate** 전기는, 어느 정도는, 인물을 묘사해야 한다. **denounce** 15,000명의 시위자들은 정부의 실정을 규탄했다. **depleted** 과학자들은 우리가 전 세계 원유 매장량을 고갈시킬 때까지 얼마의 시간이 남아있는지에 관하여 논쟁을 지속하고 있다. **descent** 모든 기여자가 아프리카 출신이다.

deteriorate
[ditíəriərèit]

v. become worse; wear out

de(down) + terio(비교급 접미어) + ate: '아래로 더욱 떨어지다' → 악화시키다, 열등하게 하다, (가치를) 저하시키다, 타락시키다

Unless an agreement is reached, things may deteriorate into all out war.

악화시키다

superior ~보다 우수한
inferior ~보다 열등한

---

detract
[ditrǽkt]

v. reduce

de(down) + tract(draw): '아래로 끌다' → 비방하다 → (가치, 명성 등을) 줄이다, 손상하다 → 주의를 딴데로 돌리다

Celebrities can rouse a lot of public interest, but sometimes their presence can detract from the true message.

줄이다

---

detrimental
[dètrəméntl]

a. harmful, damaging

de(down) + tri < trit(rub) + mental: '문질러 아래로 떨어뜨리는' → 손상 입히는, 해로운, 불리한

The government's policy of high interest rates is having a detrimental effect on the car industry.

해로운

attrition(문지름→마찰, 마멸)
contrite(손을 함께 비비는→ 죄를 깊이 뉘우치는)
trite(마모된→낡은→ 진부한)

---

devalue
[diːvǽljuː]

v. ↔ revalue 재평가하다, 평가를 정상하다

de(down) + value(value): 가치를 감하다, 평가 절하하다

The addition of a new prison will devalue all surrounding properties.

가치를 감하다

---

dem, demo = people: 사람

---

demagogue
[déməgɔ̀ːg]

n. leader

dem < demo(people) + agogue(leader): '사람들을 이끄는 사람' → 선동 정치가, 민중 지도자

The Cuban hero, Che, once was thought to be a demagogue.

선동 정치가

democracy(사람들의 정치→민주주의)
demography(사람들을 그려놓음→인구 통계학)

---

democratic
[déməkrǽtik]

a. self-governing, popular, representative

demo(people) + crat(govern) + ic: '사람이 통치하는' → 민주주의의, 서민적인

The Chezch Republic regained democratic rule in the late 1980s, after a series of military governments.

민주정체의

| 예 문 해 석 |

deteriorate 합의에 이르지 못한다면, 상황이 전면적인 전쟁으로 악화될 수도 있다. detract 저명인사들은 많은 대중의 관심을 일으킬 수 있지만, 때때로 그들의 출현은 진짜 메시지로부터 주의를 흩어 놓을 수도 있다. detrimental 정부의 고금리 정책은 자동차산업에 악영향을 끼치고 있다. devalue 새 감옥이 들어서면 주위 부동산의 가치가 떨어질 수 있다. demagogue 쿠바의 영웅 체는 한때 선동 정치가로 여겨졌다. democratic 체코공화국은 군사정부 시대가 끝난 뒤 1980년대 후반에 민주적 통치를 되찾았다.

epidemic
[èpədémik]

n. plague, contagion

epi(upon) + dem(people) + ic: '사람들 위에 나타나는'
→ (병이) 유행성인 → 유행병, 전염병

We must administer more vaccine before this disease
becomes an epidemic.

유행병

endemic(어떤 곳 사람들 안
에서 나타나는→풍토성의, 지역
에 특유한)
pandemic(모든 지역 사람들
에게서 나타나는→전국적 유행
의)

---

dexter = right hand: 오른손의

ambidextrous
[æmbidékstrəs]

a. good at using both hands

ambi(both) + dexter(right hand) + ous: '양손이 숙달
된' → 솜씨 좋은 → 두 마음을 품은, 겉과 속이 다른

Ambidextrous people have clear advantages in many sports.

양손잡이의

ambiguous(양쪽으로 가
는→모호한)
ambivalent(두가지 가치
의→양면가치의, 애증을 함
께 느끼는)
amphibian(양쪽에 사는→
양서류)

---

dexterous
[dékstərəs]

a. skillful(clever) with hands

dexter(right hand) + ous: '오른쪽이 숙달된' → 손재주가
있는

As people grow older they usually become less dexterous.

손재주가 있는

---

di, dia = apart, through, thorough: 지나서, 통하여, 완전한

diagnosis
[dàiəgnóusis]

n. identification, discovery

dia(thorough) + gno(know) + sis: '완전히 알아보기' →
진단

Many different diseases share similar symptoms, but a skilled
doctor can still make an accurate diagnosis.

진단

---

diameter
[daiǽmitər]

n. cf. radius 반지름

dia(through) + meter(meter): '지나는 거리' → 지름

The diameter of the optical fiber is less than a fifth of that of a
human hair.

지름

| 예 문 해 석 |

epidemic 우리는 이 질병이 유행병으로 번지기 전에 더 많은 백신을 투여해야만 한다. ambidextrous 양손잡이는 많은 운동경기에서 분명한 장점을 갖고 있다.
dexterous 사람들은 나이가 더 들수록 대부분 덜 능란해진다. diagnosis 많은 다른 질병들이 유사한 증상을 보이지만, 유능한 의사는 정확한 진단을 할 수 있다.
diameter 광섬유의 지름은 사람 머리카락 지름의 5분의 1도 되지 않는다.

digress [daigrés] 	**v.** go astray, deviate di(apart) + gress(go): '지나서 가다' → 빗나가다 The president digressed from his well-prepared speech.	빗나가다

dic, dict = say, words: 말하다, 말

abdicate [ǽbdikèit] 	**v.** abandon, resign, discard ab(not) + dict(say) + ate: '없애겠다고 말하다' → (권리 등 을) 버리다, 포기하다 Irresponsible parents tend to abdicate their rights as well as duty for their children.	버리다
benediction [bènədíkʃən] 	**n.** blessing, benefit, fortune bene(good) + dict(say) + ion: '좋은 말을 하기' → 축복 The Pope's hands were raised high in the sky in benediction.	축복
contradict [kàntrədíkt]	**n.** paradox contra(against) + dict(speak) + ion: '반대하여 말하기' → 반대 → 부정 → 모순, 모순된 말 What we are now learning contradicts everything that we were told earlier.	반대
dedicate [dédikèit]	**a.** devoted de(down) + dic(speak) + ated: '아래로/엎드려 말하게 하는' → (이상, 목표 등에) 몰두하는, 열렬한, 헌신적인 We dedicate this statue to the brave soldiers who died fighting for freedom.	열심인
dictate [díkteit]	**v.** speak, utter dict(speak) + ate(make): '말하게 만들다' → 구술하다, 받 아쓰게 하다 → (권위를 갖고) 명령하다, 결정하다 Children, between seven and nine-years-old, have to take a dictation quiz every first Monday of the month.	구술하여 받아쓰게 하다 diction(말하기→말씨, 어법) malediction(나쁘게 말하기→ 저주, 악담) valediction(작별 말하기→작 별 인사)

| 예 문 해 석 |

digress 대통령의 연설은 잘 준비된 연설내용으로부터 벗어났다. abdicate 무책임한 부모는 자식들에 대한 의무뿐만 아니라 권리마저도 버리려는 경향이 있다.
benediction 교황의 두 손이 축복을 빌며 높이 올라갔다. contradict 우리가 지금 배우고 있는 것은 예전에 들었던 모든 것과 상반된다. dedicate 우리는 자유를 위해
싸우다 숨진 용감한 병사들에게 이 동상을 바칩니다. dictate 7~9살 어린이들은 매월 첫째 주 월요일마다 받아쓰기시험을 봐야 한다.

dictator
[díkteitər]

n. absolute ruler, tyrant, despot
dict(say) + ator(person): '말하는 사람' → 명령하는 사람, 독재자

There are, still in this 21st century, some states, ruled by notorious dictators.

독재자

indict
[indáit]

v. charge, accuse, prosecute
in(into) + dict(say): '안으로 말하다' → 기소하다, 고발하다

Attorneys for the indicted officers tried their best to delay the final trial.

기소하다

indication
[ìndikéiʃən]

n. evidence, sign, mark
in(into) + dic(say) + ation: '안으로 말하는 것' → 지시, 표시, 징표

Everyone was shocked by the suicide because the victim had given no indication of being depressed or even upset.

징표

indicate(안으로 말하다→ 지적하다, 암시하다)

interdict
[ìntərdíkt]

v. ban, prevent, block, impede
inter(between) + dict(say): '사이에 끼어들어 말하다' → 방해하다, 금지하다

The National Intelligence Services interdicts travels around the prohibited areas.

금지하다

predicament
[pridíkəmənt]

n. fix, situation, dilemma
pre(before) + dic(say) + ament: '미리 말해주는 것' → 어려움, 곤경

With no money and little over two days to complete the project, we are in quite a predicament.

곤경

predict
[pridíkt]

v. foretell, forecast, divine
pre(before) + dict(say): '미리 말하다' → 예언하다, 예측하다

The latest opinion polls are predicting a very close competition between the two candidates.

예언하다

| 예 문 해 석 |

dictator 현재 21세기에도 여전히 악명 높은 독재자에 의해 통치되는 몇몇 국가가 있다. **indict** 기소된 관리들의 변호사들은 마지막 재판을 연기시키기 위해 최선을 다했다. **indication** 피해자가 우울하다거나 심지어는 속상하다는 표시를 전혀 하지 않았기 때문에 모두들 자살 소식에 충격을 받았다. **interdict** 국가정보원은 제한구역 주변을 여행하는 것을 금지한다. **predicament** 프로젝트를 끝내기 위한 자금도 없고 이틀도 남지 않아서, 우리는 상당한 곤경에 처해있다. **predict** 최후의 여론조사는 두 후보자간의 치열한 접전을 예측하고 있다.

| verdict
[və́:rdikt]
 | **n.** decision, finding, judgment
ver(turn) + dict(say): '여러 방향을 다 고려한 후에 말하다'
→ 판단하다, 답신을 하다 → 판정, 평결

The jury returned a unanimous verdict of not guilty. | 판정 |

doc, dac = teach: 가르치다

docile [dásəl] 	**a.** placid, tame, domesticated doc(teach) + ile < able(can): '가르칠 수 있는' → 온순한, 유순한 He was a threatening looking dog, but really he was quite docile.	온순한
doctrine [dáktrin]	**n.** philosophy, teaching, principle doctr(teach) + ine(state): '가르친 것' → (종교의) 교리, 교의 → 주의, 신조, 학설 The Soviet Union was not based entirely on Marxist doctrine.	교리 **doctor**(가르치는 사람→의 사, 박사) **document**(가르치는 것→ 문서, 서류)
indoctrinate [indáktrənèit]	**v.** brainwash, imbue in(into) + doc(teach) + trinate: '안으로 가르치다' → (교 리, 사상 등을) 주입하다, 가르치다 Many of the prisoners of war are indoctrinated.	주입하다

| 예 문 해 석 |
verdict 배심원은 만장일치의 무죄판결로 답신했다. **docile** 그 개는 위협적으로 보이지만, 사실은 매우 온순했다. **doctrine** 소련연방은 전적으로 마르크스주의 교리에 기초한
것만은 아니었다. **indoctrinate** 전쟁포로들 중 다수가 세뇌 당한다.

DAY 8

dom = rule, home, lord: 규칙, 집, 주인

domain
[douméin]

n. region, territory

dom(home) + ain: '집의' → 가정의 → 소유지, 영토

Through constant expansion the empire continued to enlarge its domain.

영토

---

domestic
[douméstik]

a. home, household

dome(house) + stic: '집의' → 가정의 → 자기 집의 → 국내의 → (동물이 집에서 키워져서) 길든

Passports are usually not required for domestic flights.

가정의; 국내의; 길든

dome(집→큰 저택, 둥근 지붕)

---

domesticate
[douméstəkèit]

v. tame

dome(house) + sticate: '집에서 길들이다' → 길들이다

Humans domesticated the dog to help them with their hunting.

길들이다

---

dominant
[dámənənt]

a. leading, prevailing

domin(rule) + ant: '지배하는' → 지배적인, 우세한, 주요한 → 우위를 차지하고 있는, 두드러진

Through this Congress election, the republicans became dominant.

주요한

---

dominate
[dámənèit]

v. control, rule, govern

domin(rule) + ate: '지배하게 하다' → 지배하다, 통제하다 → 억누르다, 조절하다 → 우위를 차지하다, 좌우하다

The book is expected to dominate the best-seller lists.

지배하다

| 예 문 해 석 |

domain 끊임없는 팽창을 통해 제국은 지속적으로 영토를 확장하였다. **domestic** 여권은 대개 국내 승객에게는 요구되지 않는다. **domesticate** 인간은 사냥에 이용하기 위해 개를 길들였다. **dominant** 이번 국회 선거를 통해서, 공화당원들이 우세해졌다. **dominate** 그 책은 베스트셀러 리스트에서 두드러질 것이라 기대된다.

| **predominant** [pridάmənənt] | ***a.*** dominant, primary, prominent
pre(before) + dom(rule) + inant: '미리 지배하는' → 지배적인, 우세한, 주요한

Microsoft continues to control the predominant share of the PC market. | 우세한 |

don, dot, dow = give: 주다

antidote [ǽntidòut]	***n.*** remedy anti(against) + dote < done(give): '반대하여 주어지는 것' → 해독제 → (악영향의) 대책, 교정 수단 Unless a person, poisoned badly, is medicated with a proper antidote, his or her life would be in a great danger.	해독제 anecdote(밖으로 주어지지 않은 것→일화, 드러나지 않은 사건)
condone [kəndóun]	***v.*** overlook, excuse, forgive con(completely) + done(give): '완전히 주다' → 용서하다, 속죄하다 The public could not condone the Senator's actions, so he was forced to resign.	용서하다
donate [dóuneit]	***v.*** give, present, contribute, grant don(give) + ate: '주다' → 기부하다, 기증하다 All donated blood should be screened and examined for HIV before it can be used.	기부하다 donator 기부자
donor [dóunər]	***n.*** giver, contributor, benefactor don(give) + or(person): '기증하는 사람' → 기증자, 증여자 Donor states are becoming more choosy about which nations they are prepared to help.	기증자
endow [endάu]	***v.*** ① donate ② grant, give en(in) + dow(provide): '안으로 제공하다' → (기금 등을) 기부하다 endow A with B 〈신 등이〉 주다, 부여하다; 〈사람이〉 (선천적으로) 가지고 있다 The ambassador has endowed a $2 million public-service fellowship program.	① 기부하다 ② 주다, 부여하다

| 예 문 해 석 |

predominant 마이크로소프트사는 개인컴퓨터시장에서 우월한 위치를 유지하고 있다. **antidote** 독극물에 심하게 중독된 사람이 적절한 해독제를 통한 치료를 받지 않는다면, 그 또는 그녀의 생명은 커다란 위험에 빠질 것이다. **condone** 대중은 상원의원의 행위를 용서할 수 없었으며, 따라서 그는 사퇴를 강요받았다. **donate** 기부된 모든 혈액은 사용되기 전에 HIV 여부를 확인하고 검사받아야 한다. **donor** 기증하는 국가들은 그들이 어떤 나라를 도와줄 준비가 되어 있는지에 관하여 점점 더 까다롭게 따지고 있다. **endow** 그 대사는 공익서비스 장학프로그램에 2백만 달러를 기부해왔다.

2nd Week **83**

pardon
[pá:rdn]

n. forgive, excuse

par < per(completely) + don(give): '완전히, 충분히 주다' → 용서하다, 사면하다 → 용서, 사면

The boss accepted pardons for his employees' fault.

용서

---

duce, duct = draw, lead: 끌다, 이끌다

---

abduct
[æbdʌ́kt]

v. kidnap, seize, carry off, snatch

ab(to) + duct(lead): '~로 이끌다' → 유괴하다

The suspects were sent to trial two years ago, charged with abducting an eight-month-old baby.

유괴하다

---

addicted
[ədíktid]

a. toxic, noxious

ad(to) + dict < duct(draw): '~로 더해서 이끌어진' → 중독된

Many drug addicted people are in rehabilitation facilities.

중독되어

---

conduct
[kándʌkt]

v. transmit ***n.*** activity

con(together) + duct(lead): '함께 이끌다' → 이끌어가다 → 지휘하다 → 자신을 이끌다 → 행동하다, 처신하다 → (업무를) 처리하다, 수행하다 → 《물리》 전도하다

Police and FBI will work together to conduct a more efficient investigation.

v. 전도하다
n. 지도, 운영, 행위, 품행

conduction 유도

---

conducive
[kəndjú:siv]

a. helpful, profitable, beneficial

con(together) + duc(lead) + ive: '함께 이끌어지는' → 도움이 되는

Some people find the sound of running water very conducive to sleep.

도움이 되는

---

induce
[indjú:s]

v. ① generate, bring about ② persuade

in(into) + duce(lead): '안으로 이끌다' → 유도하다, 귀납하다 → 야기하다 → 권유하다 → 설득하여 ~하게 하다

A global economic crisis happened due to a rapid increase of oil prices induced by conflicts in the middle east.

① 유발하다, 야기하다
② 설득하여 (~)하게 하다

deduce(아래로 이끌다→ 연역하다, 추론하다)

ductile(이끌기 쉬운→두들겨 펼 수 있는, 유연한, 고분고분한)

| 예 문 해 석 |

pardon 그 사장은 직원들의 잘못에 대한 용서를 받아 주었다. **abduct** 그 용의자들은 8개월 된 아기를 유괴한 최로 2년 전 재판에 보내졌다. **addicted** 많은 약물중독자들이 재활시설에 있다. **conduct** 경찰과 FBI는 좀 더 효율적인 수사를 집행하기 위하여 함께 일할 것이다. **conducive** 일부 사람들은 물 흐르는 소리를 들으면 잠에 잘 빠져든다는 것을 안다. **induce** 중동에서 발생한 분규에 의해 야기된 급격한 기름 값 인상으로 인해 전 세계적인 경제 위기가 발생했다.

induct
[indʌ́kt]

v. lead, guide, conduct

in(into) + duct(lead): '안으로 이끌다' → 인도하다, 안내하다

The committee plans to induct three more players into the hall of fame.

인도하다

---

introduction
[ìntrədʌ́kʃən]

n. launch, institution, pioneering

intro(into) + duc(lead) + tion: '안으로 끌어들이는 것' → 소개, 도입

Michael Jackson, for sure, needs no introduction.

도입

---

produce
[prədjúːs]

v. cause, effect, generate, bring about

pro(forth) + duce(lead): '앞으로 끌어내다' → 생산하다

The drug is known to produce possible side-effects in pregnant women.

생산하다

---

product
[prádəkt]

n. result, consequence, outcome

pro(forth) + duct(lead): '앞으로 이끌려 나옴' → 산출물, 생산물 → 성과, 소산, 결과

The finest electronic products on the market today will be obsolete in a few years.

성과

---

reduction
[ridʌ́kʃən]

n. abridgement, curtailment

re(back) + duc(lead) + tion: '뒤로 끌어지는 것' → 줄어듦 → 축소, 단축

Many corporations have announced a dramatic reduction in their labor force.

축소

---

seduce
[sidjúːs]

v. tempt, lure, entice, mislead, deceive

se(apart) + duce(lead): '멀리 끌다' → 나쁜 길로 유혹하다, 부추기다

It is obvious that U.S. cigarette companies aim to seduce more people into smoking.

부추기다

| 예 문 해 석 |

induct 위원회는 명예의 전당에 3명의 선수를 추가로 올릴 계획이다. introduction 마이클 잭슨은 정말로 소개가 필요 없다. produce 그 약물은 임산부에게 부작용을 일으킬 수 있다고 알려져 있다. product 오늘날 시장에 있는 최고급 전자제품들은 수년 내에 낡은 제품이 될 것이다. reduction 많은 회사들이 상당 폭의 노동인원 감축을 발표해왔다. seduce 미국의 담배회사들이 더 많은 사람들에게 흡연을 부추길 것이라는 것은 명백하다.

subdue	***v.*** bring under control, reduce	정복하다
[səbdjú:]	sub(under) + due < duce(lead): '아래로 이끌다' → 정복하다, 진압하다 → 복종시키다 → (감정을) 억누르다, 억제하다 → (빛깔, 소리, 태도, 통증을) 누그러지게 하다 Senior government officials admit they have not been able to subdue the rebels.	

epi = upon: 위에, 더하여

epidemic	***n.*** plague, disease, infection	유행병
[èpədémik]	epi(upon) + dem(people) + ic: '사람들 위에 나타나는' → (병이) 유행성인 → 유행병, 전염병 In 18th century Europe, there was an epidemic, called pest, which wiped out one-third of the population.	endemic(어떤 곳 사람들 안에서 나타나는→풍토성의, 지역에 특유한) pandemic(모든 지역 사람들에게서 나타나는→전국적 유행의)
epilogue	***n.*** ↔ prolog(ue) 서문	후기
[épilɔ̀:g] 	epi(upon) + logue(story): '더해진 이야기' → 끝말, 후기 The epilogue is all that remains to be written.	analog(비슷한 언어→동류어, 유사물의) collogue(함께 이야기하다 →밀담하다, 공모하다)

equ = equal, even: 같은, 규칙적인

adequate	***a.*** suitable, proper	알맞은
[ǽdikwit]	ad(to) + equ(the same) + ate: '~에 똑같게 하다' → (어떤 목적에) 충분한 → 알맞은, 적당한 Southwestern desert areas do not contain an adequate water supply for farming.	
equable	***a.*** even, constant, unchanging	한결같은
[ékwəbəl]	equ(the same) + able: '같을 수 있는' → 한결같은, 고른 The climate has grown more equable and the productivity has been increased.	equation(같게 만듦→방정식) equity(같음→공정)
equilibrium	***n.*** balance, stability, symmetry	균형
[ì:kwəlíbriəm]	equi(the same) + libr(weigh) + um: '저울이 같은 상태' → 평형, 균형 → (마음의) 평정, 침착 For the economy to be in equilibrium, supply should equal demand.	

| 예 문 해 석 |

subdue 고급 정부 관리들은 그들이 반란군을 제압할 수 없었다는 인정한다. **epidemic** 18세기 유럽에는, 인구의 3분의 1을 죽음으로 몰아넣었던 흑사병이라 불리는 유행병이 있었다. **epilogue** 후기만 아직 작성되지 않았다. **adequate** 남서부지역들은 재배를 위해 적당한 물의 공급을 확보하고 있지 않다. **equable** 기온은 더욱 변화가 없어지고, 생산성이 증가하였다. **equilibrium** 경제가 균형 잡히기 위해서, 공급량은 수요량과 같아야 한다.

equivalent
[ikwívələnt]

a. the same, interchangeable
equi(the same) + valent(valuable): '같은 가치가 있는'
→ 등가의, 동등한 → 상당하는, 대응하는 → 상당물, 동의어

The civil administrator of the West Bank and his equivalent in Gaza have a meeting.

동등한

devaluate(가치를 내리다→ (통화의 가치를) 평가절하하다)
overvalue(가치를 위로 두다 →과대평가하다)
undervalue(가치를 아래로 두다→과소평가하다)

---

equivocal
[ikwívəkəl]

a. ambiguous, vague, obscure
equi(the same) + voc(call) + al: '같은 소리가 나는' → 같은 음의 → 두가지 뜻으로 해석되는 → 확실치 않은, 모호한

Research in this field is somewhat equivocal.

애매모호한

---

unequal
[ʌníːkwəl]

a. asymmetric
un(not) + equal(the same): '같지 않은' → (양, 크기에 있어서) 동등하지 않은 → 서로 맞지 않은, 불균형의, (~에) 적합치 않은, 불충분한, 불규칙한

In the 1960s and 70s in Korea, the country had a deeply oppressive, unequal and divisive political system.

불균형의

---

err = wander: 돌아다니다

aberrant
[əbérənt]

a. unusual, irregular, abnormal
ab(away) + errant(wander): '멀리 돌아다니는' → 정도에서 벗어난

Comets travel aberrant paths.

정도에서 벗어난

---

errant
[érənt]

a. wandering, rambling
err(wander) + ant: 돌아다니는

The Homeless tend to be errant.

돌아다니는

---

erratic
[irǽtik]

a. unpredictable, variable, unstable, irregular
err(wander) + atic: '돌아다니는' → 헤메이는, 산만한

China's unexpected erratic inflation rate threatens to upset plans.

산만한

| 예 문 해 석 |

equivalent 웨스트 뱅크의 민정장관과 이에 상응하는 가자의 책임자가 회합을 가졌다. equivocal 이 분야의 연구는 약간 애매모호하다. unequal 1960대와 1970년대에 한국은 상당히 억압적이고, 불균형적이고, 분열을 초래하는 정치 체제를 갖고 있었다. aberrant 혜성은 궤도에서 벗어난 길을 따라 여행한다. errant 집 없는 사람들은 잘못된 행동을 하는 경향이 있다. erratic 중국의 예상치 못한 불규칙적인 물가상승률은 계획을 망칠 위협이 되고 있다.

error [érər] 	***n.*** mistake, slip, blunder, oversight err(wander) + or: '헤메인, 빗나간' → 실수, 잘못 The Korean civilian aircraft, KAL, was shot down in error by Russian Air Forces.	실수

eu = good, well: 좋은, 잘

eulogize [júːlədʒàiz] 	***v.*** praise, admire eu(good) + log(say) + ize: '좋은 말을 하다' → 칭찬하다, 찬양하다 Leaders from around the world eulogized the newly designated Pope.	찬양하다 eulogy(좋은 말→찬양, 칭송) euphony(좋은 소리→음조)
euphoria [juːfɔ́ːriə] 	***n.*** elation, joy, ecstasy, rapture eu(good) + phore(~을 가진) + ia: '좋은 것을 가진' → 행복감 Both players and citizens alike experienced euphoria from finally winning the World Cup.	행복감

e, ef, ex, extra = out, from: 밖으로, ~로 부터

efface [iféis] 	***v.*** erase, remove ef(out) + face(face): '표면, 인상 등을 지우다' → 지우다, 삭제하다 North Korea has been effaced from the terrorist-state list, made by the U.S. government.	지우다
evade [ivéid] 	***v.*** avoid, escape, dodge, get away from e(out) + vade(go): '밖으로 가다' → 피하다, 모면하다 Delegates accused them of trying to evade responsibility for the failure of the past 10 years.	피하다
exclude [iksklúːd] 	***a.*** not permitted in ex(out) + clude(close): '밖에 두고 닫다' → 들어오지 못하게 하다, 차단하다 → 제외하다, 배제하다, 쫓아내다, 추방하다 This is an open event, meaning that no one will be excluded from attending.	차단된 conclude(함께 닫다→마치다, 결론 맺다) include(안에 두고 닫다→포함하다)

| 예 문 해 석 |

error 한국 민간 항공기인 대한항공여객기가 러시아 공군의 실수로 격추되었다. **eulogize** 전 세계 지도자들은 새롭게 지명된 교황을 칭송하였다. **euphoria** 선수들과 시민들은 모두 월드컵 승리의 희열을 경험하였다. **efface** 북한의 이름이 미국정부가 만든 테러국가 명단에서 제외되었다. **evade** 대표단은 그들이 과거 10년의 실패에 대한 책임을 회피하려 한다고 비난하였다. **exclude** 이 행사는 개방된 행사인데, 이는 아무도 참석에 배제되지 않는다는 것을 의미한다.

exotic
[igzátik]

a. unusual, extraordinary, unfamiliar

exo(outer) + tic: '외부의, 외국의' → (동식물이) 외국산의, 외래의 → 이국풍의, 색다른, 흥미를 끄는

When traveling in the jungle, brilliantly colored, and exotic flowers are easily found.

색다른

exodus(외부로 이끌다→출발, 탈출)

---

expire
[ikspáiər]

v. become invalid, end, finish

ex(out) + pire(breath): '밖으로 숨을 내쉬다' → 끝내다, 만기가 되다

After one's visitor's visa expires, he or she will be regarded as an illegal alien.

만기가 되다

---

extort
[ikstɔ́:rt]

v. extract, force, compel

ex(out) + tort(twist): '밖으로 비틀다' → 강제로 탈취하다, 무리하게 강요하다

The reporter attempted to use his illicit photos to extort money from celebrities.

강제로 탈취하다

---

extraneous
[ikstréiniəs]

a. inessential, irrelevant, unnecessary

extra(outside) + neous: '외부의' → (고유한 것이 아니고) 외래의, 외부에서 발생한, 이질적인 → 본질과 관계없는, 본질에서 벗어난

Extraneous factors that were thought to be completely irrelevant have now turned out to be very important.

관계없는

extreme (벗어나 있는→지나친)

extravagant(extra + vag(empty) + ant(밖으로 텅빈→낭비하는, 방탕한)

---

extricate
[èkstrəkèit]

v. remove, set free

ex(out) + tric(perplexity) + ate: '혼란에서 밖으로 나오다' → ~을 (난국 등에서) 구출하다, 해방하다 → (가스 등을 화합물에서) 유리(遊離)시키다 → (~에서) 식별하다, 판별하다

Once a war has been entered it can be nearly impossible to extricate forces.

구출하다

trick(얽히게 함→계교, 책략)
intricate(혼란 속에 빠진→뒤얽힌, 복잡한, 난해한)
intrigue(얽히게 하다→음모, 흥미를 끌다)

---

extrinsic
[ekstrínsik]

a. external, foreign, alien ↔ intrinsic 내부의

ex(out) + trincsic: '외부의' → 외래의

Nowadays there are little extrinsic pressures to get married from society.

외래의

| 예 문 해 석 |

exotic 남부를 여행하다 보면 찬란한 색을 가진 이색적인 꽃들을 쉽게 발견된다. expire 방문비자가 만기된 이후에는, 그 또는 그녀는 불법체류자로 간주될 것이다. extort 리포터는 저명인사들로부터 돈을 갈취하기 위해 그의 불법 사진을 사용하려고 했다. extraneous 전혀 무관한 것으로 여겨졌던 요인들이 이제는 가장 중요한 것으로 판명되었다.
extricate 일단 전쟁이 시작되었으므로, 병력을 철수시키는 것은 거의 불가능할 것이다. extrinsic 오늘날은 사회로부터의 결혼에 대한 외부 압박이 거의 없다.

DAY 9

fac, feat, fec, feit, fic, fig, fy = do, make: 하다, 만들다

affect
[əfékt]

v. influence, result

af < ad(to) + fect(make): '~으로 만들다' → 영향을 미치다, 감정을 갖게 하다, ~인 체하다

The bombing is seriously affecting the lives of thousands.

영향을 미치다, 작용하다

defect(아래로 만들다→부족하게 만든 것→결점, 결손, 흠)
effect(밖으로 만든 것→결과, 효과, 영향)
infect(안으로 만들다→감염시키다, 전염시키다)

artificial
[ɑ̀ːrtəfíʃəl]

a. synthetic, man-made ↔ natural 자연의

arti < art(skill) + fic(make) + ial: '기술적으로 만들어진' → 인공적인, 모조의 → 꾸민, 거짓의, 가짜의

The city is decorated with both natural and artificial ponds.

인조의, 인위적인

artifice(기교적인 것→책략, 교활)

beneficial
[bènəfíʃəl]

a. advantageous, favourable, profitable

bene(good) + fic(make) + ial: '좋게 만드는' → 유익한, 이로운, 이익이 되는 → 두움이 되는

Proper diet is very beneficial to the health.

이익이 되는

benefactor(좋게 만들어 준 사람→은인)
fiction(만들어진 것→허구, 소설)

configuration
[kənfìgjəréiʃən]

n. arrangement, contour, composition

con(together) + fig(form) + uration: '형태를 함께 함' → 형상, 외형, 윤곽 → (요소들의) 상대적 배치, 공간 배열

If the furniture doesn't fit, try another configuration.

형상

figure(형상, 모습, 조각상, 인물, 숫자)
figurative(형상의→상징하는, 비유적인)
figurine(형상→도자기 등으로 만든 작은 입상)
figment(형성한 것→허구)
effigy(모형→초상, 조각상)

| 예 문 해 석 |

affect 폭격은 수천 명의 삶에 심각한 영향을 주고 있다.　**artificial** 그 도시는 자연적이고 인공적인 호수들로 꾸며져 있다.　**beneficial** 적당한 식사는 건강에 매우 유익하다.
configuration 가구가 맞지 않는다면, 다른 배치를 시도해 보십시오.

counterfeit
[káuntərfìt]

a. forged, fake

counter(against) + feit(make): '반대로 만들어진' → 위조의, 가짜의

The criminal group was taken into custody for producing and circulating counterfeit currency.

위조의

---

defeat
[difít]

v. conquer, beat, overwhelm

de(down) + feat < fect(do): '아래로 행하게 하다' → 파괴하다 → 패배시키다, 쳐부수다 → (계획, 희망 등을) 좌절시키다, 무너뜨리다

Everyone hoped for a quick and painless defeat of the enemy.

패배시키다

feat(이루어 놓은 것→위업, 공적)
fact(이루어진 일→ 행위→ 사실, 실제)
faction 당파

---

deficit
[défəsit]

n. shortfall, shortage, deficiency, loss
↔ surplus 나머지, 과잉

de(not) + fic(make) + it: '만들지 못하게 하는' → 부족한 → 부족, 결손

The government high officials are ready to cut the federal budget deficit for the next fiscal year.

결손

deficient 부족한, 결함 있는
deficiency 부족

---

defy
[difái]

v. resist, oppose, confront, brave

de(not) + fy(make): '만들지 않다' → 믿지 않다

Nearby two thousand people have been arrested for defying the ban on the black market.

무시하다

---

efface
[iféis]

v. erase, remove

ef(out) + face(face): '표면, 인상 등을 지우다' → 지우다, 삭제하다

The name of the North Korea has been effaced from the terrorist-state list, made by the U.S. government.

지우다

---

feasible
[fíːzəbəl]

a. practicable, possible

feas < fac(do) + ible < able(can): '할 수 있는' → 실행할 수 있는, 실현 가능한 → 그럴듯한, 있음직한 → 알맞은, 적합한

That may be fine for the U.S. but it is not feasible for a vast Asian market.

① 실행할 수 있는, 실현 가능한
② 그럴싸한, 그럴 것 같은, 있음직한

| 예 문 해 석 |

counterfeit 그 범죄 조직은 위조 화폐 생산과 유통으로 인해 구속되었다. defeat 모든 사람들이 신속하고 고통 없이 적을 제압하기를 원했다. deficit 정부 고위 관료는 다음 회계연도의 연방예산 적자를 감소시킬 준비가 되어있다. defy 2000명에 가까운 사람들이 암거래 금지조치에 저항하여 체포되었다. efface 북한의 이름이 미국 정부가 만든 테러국가 명단에서 제외 되었다. feasible 미국 시장에서 괜찮을지 몰라도, 거대한 아시아 시장에는 실현 가능하지 않다.

feign [fein] ≡	**v.** affect, pretend fei(make) + gn: '만들다, 형성하다' → ~인 체하다, 가장하다 Unlike the real situation, North Korea feigns that they are not having a food shortage.	~인 체하다
fictitious [fiktíʃəs] ≡	**a.** mythical, imaginary fiction(소설, 꾸며낸 일)의 형용사형. 소설적인, 지은 이야기의 → 가공의, 상상으로 만든 → 거짓의, 허구의 The story seemed plausible at the time, but it turned out to be entirely fictitious.	가공의 fiction 소설
infectious [infékʃəs] ≡	**a.** catching, spreading, contagious in(into) + fect(make) + ious: '안으로 만들어지는' → 병균이 안쪽으로 전해지는 → 전염병의 Infectious disease, such as typhoid fever, affects children and is sometimes fatal.	전염병의
magnify [mǽgnəfài] ≡	**v.** amplify, intensify magni(great) + fy(make): '크게 만들다' → 확대하다 → 과장하다 Any hesitation will only magnify the effects of this disaster.	크게하다 magnificent(크게 만드는 →웅장한, 화려한)
manufacturing [mænjəfǽktʃəriŋ] ≡	**a.** made, forgcd manu(hand) + fact(make) + uring: '손으로 만든' → 제조한 → (이야기를) 날조한 It is a well-known fact that management of manufacturing in China is extremely difficult.	제조의
perfect [pə́ːrfikt] ≡	**a.** flawless, complete, correct per(completely) + fect(make): '완전하게 만들다' → 완전한, 완벽한 → 결점없는 → 전부 갖추어진 → 최적의, 안성맞춤의 → 정확한; 완성하다, 완전하게 하다 The test is so difficult that no one has yet achieved a perfect score.	완벽한

| 예 문 해 석 |
feign 실제 상황과는 다르게, 북한은 식량난을 겪고 있지 않은 체 하고 있다. **fictitious** 그 이야기는 당시에는 그럴 듯 했지만, 전적으로 허구임이 밝혀졌다 **infectious** 장티푸스와 같은 전염병은 아이들에게 발병하며, 때로는 치명적이다. **magnify** 망설임은 이 재해의 결과를 확대시킬 뿐이다. **manufacturing** 중국에서의 제조 관리가 매우 어렵다는 것은 잘 알려진 사실이다. **perfect** 그 시험은 너무 어려워서 아무도 만점을 받은 적이 없다.

proficient [prəfíʃənt] 	***a.*** expert, skillful, adept pro(forth) + fic(make) + ient: '앞으로 나아가게 만드는' → 전진하는 → 숙련된, 숙달된 → 능숙한 A great number of Koreans are proficient in English.	숙련된 profitable 이익이 되는
prolific [proulífik] 	***a.*** fertile, productive, abounding proli < proles(offspring) + fic(make): '자손을 만드는' → (동물이) 다산의, (식물이) 열매를 많이 맺는; (작가 등이) 다작의 → 풍부한 She was a prolific writer, publishing many books over the course of a few years.	다산의
ratify [rǽtəfài] 	***v.*** endorse, approve, sanction rat < ratus(fixed) + ify(make): '확고하게 하다' → 승인하 다, 인가하다, 비준하다 The Congress of Korea and the U.S. have yet to ratify the FTA.	승인하다 ratio 비, 비율 ration 일정한 배급량, 할당량
sufficient [səfíʃənt] 	***a.*** ample, adequate, enough suf < sub(under) + fic(make) + ient: '아래까지 만들어 낸' → (수량이) 충분한, ~하기에 충분한, 족한 One gram of pure gold is sufficient to cover the exterior of the Earth.	충분한 efficient(밖으로 만드는→ 효율적인)
superficial [sùːpərfíʃəl] ☰	***a.*** shallow, unimportant super(over) + fic(make) + ial: '위로 만들어낸' → 표면적 인, 피상적인 → 실질적이지 않은, 하찮은, 무의미한 Superficial differences between cultures can still be major stumbling blocks to understanding.	표면상의

fab, fam = speak: 말하다

fabulous [fǽbjələs] 	***a.*** wonderful, excellent, brilliant, superb fab(speak) + ulous: '(진실보다는) 말로 표현되는' → 진실되 지 않는, 믿어지지 않는 In Tahiti, the scenery and weather were fabulous.	믿어지지 않는

| 예 문 해 석 |

proficient 아주 많은 한국 사람들이 영어에 능숙하다. **prolific** 그녀는 몇 년 동안에 많은 책을 출판한 다작 작가였다. **ratify** 한국과 미국의 의회는 아직도 자유무역협정을 승인하지 못하고 있다. **sufficient** 순금 1그램은 지구표면을 덮기에 충분하다. **superficial** 문화 간 표면적인 차이점이 여전히 이해를 하는데 주요 장애물이 될 수 있다. **fabulous** 타이티 섬에서는, 경치와 날씨가 너무 훌륭하다.

fame
[feim]

n. prominence, glory, celebrity
fame(speak): '이름이 불려지는' → 명성, 평판

The movie, Titanic earned Leonard Di Caprio international fame.

명성

defame 모욕하다

---

famous
[féiməs]

a. well-known, celebrated, acclaimed
fam(speak) + ous: '이름이 많이 불려지는' → 유명한, 이름 있는

All the famous actors and actresses are gathering for the award ceremony.

유명한

---

infamous
[ínfəməs]

a. notorious, disreputable
in(not) + fam < fame(fame) + ous: '명예스럽지 못한' → 불명스러운, 수치스러운 → 매우 평판이 나쁜, 악명 높은 → (질이) 아주 나쁜, 악독한

The dictator, Kim is infamous for his severity.

악명높은

infamy 불명예, 악명, 비행

---

fer, ver = bring, carry: 나르다, 옮기다

conference
[kánfərəns]

n. meeting, congress, discussion, convention
con(together) + fer(carry) + rence: '함께 가져오는 것' → 논의하는 것 → 협의, 논의

The President took the unprecedented step of summoning all the Cabinet ministers to a conference on dispatching the military to Iraq.

협의

confer(함께 가져오다→수여하다; 협의하다)
infer(안에서 가져오다→추론하다)

---

defer
[difớ:r]

v. postpone, delay, put off, suspend
de(away) + fer(carry): '떨어져서 나르다' → (하던 일을 나중으로) 미루다, 연기하다

The government officials are willing to defer the payment for collateral.

연기하다

---

deference
[défərəns]

n. obedience, submission, yielding
de(down) + fer(carry) + ence: '(자기 자신을) (남의) 아래로 이끔' → (남의 판단, 의견 등에의) 복종 → 경의, 존경

The old sense of deference and restraint in royal reporting has faded.

복종, 존경

circumference(둘레로 나르는 것→원둘레, 원주, 주위)

| 예 문 해 석 |

fame 영화 타이타닉은 레오나르도 디카프리오에게 국제적 명성을 가져다주었다. **famous** 모든 유명한 남녀 배우들이 시상식에 모이고 있다. **infamous** 독재자 김은 혹독함으로 악명이 높다. **conference** 대통령은 이라크 파병 관련 회담에 모든 각료를 소집하는 전례에 없던 절차를 밟았다. **defer** 그 정부 관리는 담보 지불을 기꺼이 늦춰줄 것이다. **deference** 왕실보도에 있어서 존중과 자제라는 오래된 양식이 퇴색해졌다.

differ [dífər] ≡	***v.*** be dissimilar, contradict, contrast with di < dis(apart) + fer(carry): '떨어져 나오다' → 다르다 These two paintings differ in a few important ways.	다르다 **difference** 다름, 차이
ferry [féri] ≡	***n.*** ferry boat, boat, ship, passenger boat fer(carry) + ry: '나르다' → 나룻배, 연락선 British territory is reachable by ferry from France.	나룻배
fertile [fə́ːrtl] ≡	***a.*** productive, rich, lush, prolific, abundant fer(bring) + tile: '(좋은 결과를) 가지고 오는' → 기름진, 다산 의, 풍부한 A brilliant chess player must have a fertile imagination and rich sense of strategy.	다산의
interfere [ìntərfíər] ≡	***v.*** meddle, intervene, intrude, butt in inter(between) + fere(carry): '서로 치다' 의 뜻에서 → 방 해하다 The UN cannot interfere in the internal affairs of any states, except for a few cases.	방해하다
offer [ɔ́(ː)fər] ≡	***v.*** provide, present, furnish, afford of < ob(before) + fer(bring): '앞으로 가지고 나오다' → 주다, 제공하다 The number of jobs companies are prepared to offer has dropped severely.	제공하다
prefer [prifə́ːr] ≡	***v.*** favor, like better, incline towards pre(before) + fer(carry): '먼저 나르다' → 우선권을 주다 → 더 좋아하다 Most lawyers prefer to not get involved in the private lives of their clients.	선호하다 **refer**(다시 나르다→언급하다)

| 예 문 해 석 |

differ 이 두 작품은 여러 중대한 차이점이 있다. **ferry** 영국은 프랑스에서 배로 다닐 수 있다. **fertile** 영리한 체스 선수는 풍부한 상상력과 뛰어난 전략 감각을 가져야 한다. **interfere** 유엔은 몇몇의 상황을 제외하고는 어떤 국가의 내부 일에 간섭할 수 없다. **offer** 회사들이 제공하는 일자리 수가 급격하게 감소되고 있다. **prefer** 대부분의 변호사들은 그들 고객의 개인적인 삶에 연루되지 않는 것을 선호한다.

suffer [sʌ́fər] 	***v.*** experience, undergo suf < sub(under) + fer(carry): '아래에 나르다' → 아래에서 견디다 → (고통, 상해, 손해, 슬픔 등을) 경험하다, 겪다, 당하다 → 괴로워하다, 고민하다 Iraq has suffered from war with the U.S. twice in 1989, and in 2004.	경험하다
transfer [trænsfə́:r] 	***v.*** move, transmit trans(across) + fer(carry): '가로질러 나르다' → 옮기다, 나르다, 전학시키다 → 전하다, 전달하다 → 양도하다 The convict was transferred to another facility.	옮기다

ferver = boil, burn: 끓다, 타다

ferment [fə́:rment] 	***v.*** boil, stir up fer(boil) + ment: '끓게 하다' → 발효시키다, 끓어오르게 하다 The dried grapes are allowed to ferment until there is no more sugar left.	v. 발효시키다 n. 효모, 효소 fermentation 발효
fervent [fə́:rvənt] 	***a.*** passionate, ardent ferv (boil) + ent: '끓어 오르는' → 뜨거운, 불타는, 타오르는 → 열렬한, 강렬한 Peter is one of the fervent teachers in this school.	열심인 fervid(끓는→뜨거운, 불타는→열의에 불타는, 열렬한) fervency 열렬, 열정 fervidity 열렬, 열심
fervor [fə́:rvər] ■	***n.*** zeal, ardor ferv(boil) + or: '끓는 열(boiling heat)' → 백열 → 열정, 열렬, 진지 Religious fervor has resulted in some of the major disasters of history.	열정

| 예 문 해 석 |

suffer 이라크는 1989년과 2004년 두 번에 걸쳐 미국과의 전쟁으로 고통을 겪었다. **transfer** 그 죄수는 다른 시설로 옮겨졌다. **ferment** 건포도는 당분이 완전히 없어질 때까지 발효되어야 한다. **fervent** Peter는 이 학교에서 열성적인 선생님 중의 한 분이다. **fervor** 종교적 열정은 역사상 커다란 재난들 중의 일부를 초래하였다.

V O C A B U L A R Y **TEST 3**

1. Concur

(A) dissent
(B) induce
(C) resent
(D) coincide

2. Incursion

(A) boom
(B) foliage
(C) invasion
(D) mutation

3. Dictate

(A) read aloud
(B) utter
(C) include
(D) record

4. Doctrine

(A) sequence
(B) philosophy
(C) harmony
(D) aspiration

5. Domain

(A) remedy
(B) region
(C) organization
(D) occupation

6. Domestic

(A) home
(B) various
(C) adverse
(D) predominant

7. Dominant

(A) threatening
(B) replacing
(C) developing
(D) prevailing

8. Predominant

(A) primary
(B) predictable
(C) necessary
(D) routine

9. Donate

(A) contribute
(B) take
(C) buy
(D) approve

10. Endow

(A) distribute
(B) pervade
(C) grant
(D) raise

11. Induce

(A) generate
(B) stop
(C) interact with
(D) increase

12. Equilibrium

(A) relationship
(B) contrast
(C) exchange
(D) balance

13. Equivalent

(A) symbol
(B) the same
(C) product
(D) as thick as

14. Erratic

(A) irregular
(B) illegal
(C) different
(D) isolated

15. Excluded

(A) not permitted in
(B) often invited to
(C) decorated of
(D) qualified

16. Extricate

(A) anticipate
(B) remove
(C) utilize
(D) stretch

17. Artificial

(A) insulating
(B) man-made
(C) unadorned
(D) complex

18. Feasible

(A) ambivalent
(B) essential
(C) creative
(D) practicable

19. Prolific

(A) specific
(B) spectacular
(C) fertile
(D) magnificent

20. Superficial

(A) indigenous
(B) staple
(C) unimportant
(D) crude

Answer

1. D   2. C   3. B   4. B
5. B   6. A   7. D   8. A
9. A   10. C   11. A   12. D
13. B   14. A   15. A   16. B
17. B   18. D   19. C   20. C

DAY 10

fid = faith, trust: 믿음, 신뢰

confidential
[kànfidénʃəl]

a. secret, private, intimate, classified, privy
con(together) + fid(faith) + ential: '함께 믿는' → 기밀의, 내밀한

The formal FBI agent was accused of disclosing confidential documents.

기밀의

bona fide 진실한
confide 신임하다
confident 확신하는

defy
[difái]

v. resist, oppose, confront, brave, disregard
de(not) + fy(faith): '믿지 않다' → 무시하다

Nearly two thousand people have been arrested for defying the ban on black market.

무시하다

faithful
[féiθfəl]

a. loyal, reliable, trustworthy
faith + ful: 신뢰할만한 → 믿을 수 있는 → 신의있는 → 의무의 수행, 약속 등에 충실한 → 성실한, 열심인 → 사실/원본에 충실한 → 정확한

Being faithful is probably the most important part of a marriage.

신뢰할 수 있는

faith(신뢰→믿음, 신용, 신조, 성실)

fidelity
[fidéləti]

n. faithfulness, loyality
fid(trust) + elity: '믿음 지킴' → (~에의) 충성, 충절; (배우자에 대한) 정절 → (약속[의무] 등의) 엄수 → 정확, 엄밀 → 《무선》 충실도

All the high government officials should promise fidelity to the Queen.

충성

diffident(믿음에서 멀어져 있는→자신 없는, 기가 죽은, 수줍어하는, 소심한)
perfidy(믿음을 뚫는→배신)

self-confident
[sélfkánfədənt]

a. assured, certain
self(by oneself) + con(together) + fid(trust) + ent: '스스로 자신있는' → 자신 과잉의

Only the self-confident succeed in sales.

자신있는

| 예 문 해 석 |

confidential 그 전직 FBI 요원은 기밀문서 유출로 고발 되었다. defy 2000명에 가까운 사람들이 암거래 금지 조치에 반항하여 체포 되었다. faithful 상대에게 충실한 것이 아마도 결혼에서 가장 중요한 부분일 것이다. fidelity 모든 고위 관료들은 여왕에 대한 충성을 약속해야 한다. self-confident 자신감 있는 사람만이 판매에서 성공한다.

fin = end, boundary: 끝, 가장자리

affinity
[əfínəti]

n. attraction, liking, leaning, sympathy, inclination

af < ad(to) + fin(boundary): '~에 대한 경계' → 좋아하는 감정에 대한 끝 → 애호, 친근감

There is a strange natural affinity between British and Asian women.

애호

---

confine
[kənfáin]

v. limit, restrict, restrain

con(completely) + fin(border) + e: '완전히 경계를 짓다' → 가두다, 감금하다 → (범위 내에) 국한하다, 한정하다, 제한하다

The chairman asked a man to confine his remarks at the meeting.

한정하다

---

define
[difáin]

v. limit, confine

de(down) + fin(limit, end) + e: '아래로 한계를 짓다' → 경계를 정하다, 범위를 한정하다 → 정의를 내리다, (말의 뜻을) 명확히 하다

In this case, guilt or innocence will be determined by exactly how the law is defined.

한정하다

refine(다시 한계를 짓다→ 다시 명확하게 하다→맑게 하다, 정제하다)

---

final
[fáinəl]

a. last, latest, closing, finishing, concluding

fin(end) + al: '끝의' → 마지막의

NASA will make a final attempt to recover a communication satellite.

마지막의

---

finale
[finά:li]

n. climax, ending, close, conclusion, culmination

fin(end) + ale: '끝의' → 최후의 막, 피날레

The finale of Mozart's sixth symphony astonished the audience.

종곡

---

finance
[finǽns]

v. pay for, fund, support

fin(end) + ance: '지불을 끝내는 것' → 재정, 자원, 재원 → 자금을 공급하다

Government spending is financed mainly by national taxation and the issuing of bonds.

자금을 공급하다

| 예 문 해 석 |

affinity 영국 여성과 아시아 여성 사이에는 이상하게도 자연적 친밀감이 있다.　confine 의장은 회의에서 한 남자에게 그의 의견들을 자제할 것을 요청했다.　define 이 사건에서, 유죄냐 무죄냐는 법에 정해진 대로 정확하게 결정될 것이다.　final NASA는 통신위성을 복구하기 위한 마지막 시도를 할 것이다.　finale 모차르트 교향곡 6번의 피날레는 청중들을 놀라게 했다.　finance 정부 소비는 주로 국가 과세나 국채발행에 의해 공급된다.

fine
[fain]

a. thin, slander, slim

fin(end) + e: '끝난' → 완성된 → 순수한 → 훌륭한, 멋진 → 정교한, 세밀한 → 미세한, 가느다란

Thousands of meteors make fine lines across the sky.

홀쭉한

---

indefinite
[indéfənit]

a. uncertain, vague, dubious

in(not) + de(completely) + fin(end) + ite: '완전히 끝나지 않은' → 막연한, 애매한 → 명확하지 않은

An indefinite strike by Hyundai Motors has damaged the national economy.

명확하지 않은

definitely 명확하게
definitive 한정적인

---

infinite
[ínfənit]

a. vast, enormous, immense, countless

in(not) + fin(end) + ite: '끝이 없는' → 무한한, 끝없는

For sure, no company has infinite resources.

무한한

---

infinitesimal
[infinitésəməl]

a. limitless, unlimited

in(not) + fin(end) + ite: '끝이 없는' → 한계가 없는 → 무제한의 → 무한한 → 막대한

Matter composes only an infinitesimal part of the universe.

무한한

finite(끝이 있는→한정된)
definite(아래로 끝이 있는 →분명히 한정된→명확한)

---

flect, flex = bend: 구부리다

---

deflect
[diflékt]

v. turn aside, bend

de(away) + flect(bend): '떨어져 구부러지다' → 빗나가다

Windshields deflect small objects and provide warmth.

빗나가다

inflect 조절하다

---

flexible
[fléksəbəl]

a. adaptable, pliable, elastic ↔ rigid 굳은, 완고한

flex(bend) + ible < able(can): '구부릴 수 있는' → 구부리기 쉬운, 유연한 → (사람, 성격 등이) 유순한, 다루기 쉬운 → 융통성 있는, 적응성 있는

Copper is more flexible than iron.

구부리기 쉬운

flex 관절을 구부리다

---

inflect
[inflékt]

v. modulate, regulate

in(into) + flect(bend): '안쪽으로 구부리다' → (변화시키면서) 조절하다

The powers of the European Commission to inflect competition in the community are decreasing.

조절하다

| 예 문 해 석 |

fine 수 천 개의 유성들이 우주를 가로지르는 멋진 선들을 만든다. **indefinite** 현대 자동차의 무기한 파업은 국가 경제에 손해를 입혀 왔다. **infinite** 물론, 무한한 자원을 가진 회사는 없다. **infinitesimal** 물질은 단지 우주의 극히 작은 부분을 차지할 뿐이다. **deflect** 바람막이 창은 작은 물체들을 막아주고 온기를 제공한다. **flexible** 구리는 철보다 더 잘 구부러진다. **inflect** 공동체 내에서의 경쟁을 조절하기 위한 유럽위원회의 힘은 감소하고 있다.

reflect

[riflékt]

v. meditate, consider, ponder

↔ absorb 흡수하다

re(again) + flect(bend): '다시 구부러지다' → 반사하다, 반향하다 → (거울이 상을) 비치다 → 반영하다, 나타내다 → 반성하다, 곰곰이 생각하다

A glass that reflects light perfectly is called a mirror.

반성하다

flection(굽힘→굴곡)

flu, fluc, flux = flow: 흐르다

affluent

[ǽflu(:)ənt]

a. plentiful, wealthy

af < ad(to) + flu(flow) + ent: '~로 흘러 넘치는' → 풍부한

Submariners need an affluent supply of fresh vegetables and fruits.

풍부한

---

confluence

[kánfluəns]

n. junction, joining

con(together) + flu(flow) + ence: '함께 흐르는 것' → (강 따위의) 합류/합류점 → 사람들의 모임 → 군중, 집합

The confluence of African and Portuguese cultures formed the Brazilian culture we know today.

합류

---

flood

[flʌd]

v. inundate   **n.** deluge

flood < flow(flow): '큰 흐름' → 넘쳐 흘러나옴 → 홍수 → 범람, 쇄도 → 범람시키다

At least 25 people were killed in the flood.

v. 범람하다, 범람시키다

n. 홍수

---

fluctuate

[flʌ́ktʃuèit]

v. move up and down; alternate, vary, change

fluct < flu(flow) + uate: '흐르게 하다' → 파도처럼 움직이다 → (마음, 감정이) 동요하다, 흔들리다 → 변동하다

There are many factors that cause the price of oil to fluctuate.

수시로 변하다

fluke(흐르는 운→행운)

---

fluent

[flú:ənt]

a. natural, effortless, voluable

flu(flow) + ent: '흐르는 듯한' → (말, 문체가) 유창한, 거침없는, (사람이) (말을) 유창하게 하는 → 술술 잘 쓰는, 달필의 → (움직임, 곡선 등이) 완만한, 부드러운, 우아한 → (액체, 가스처럼) 유동성의; (모양 등이) 쉽게 변하는, 유연한

Agents of the CIA are fluent in many different languages, such as Russian, French, and German.

유창한

| 예 문 해 석 |

reflect 빛을 완벽하게 반사하는 유리를 거울이라고 한다. **affluent** 잠수함 승무원들은 신선한 야채와 과일의 충분한 공급을 필요로 한다. **confluence** 아프리카와 포르투갈의 문화 융합으로 오늘 우리가 알고 있는 브라질 문화가 발생했다. **flood** 적어도 25명이 홍수에 의해 사망했다. **fluctuate** 오일 가격의 변동을 야기하는 많은 요인들이 있다.
fluent CIA 요원들은 러시아어, 불어, 독일어와 같은 많은 다른 언어에 유창하다.

fluid [flú:id] 	**a.** liquid, flowing, watery flu(flow) + id: '흐르는' → 유동성의 The blood vessels may leak fluid.	유동성의
flush [flʌʃ] 	**v.** blush, colour, glow, redden, turn red flu(flow) + sh: '흐르는' → 피가 흐르는 → 홍조를 띄다 The doctor will flush out the wound to prevent infection.	확 붉어지다
influence [ínfluəns] 	**n.** control, power, authority, direction, command in(into) + flu(flow) + ence: '안으로 흘러들어가는' → 영향, 효과 The government should have used its influence for the release of all hostages.	영향
influx [ínflʌks] 	**n.** arrival, rush, invasion, incursion, inundation in(into) + flux(flow): '안으로 흐르는 것' → 유입 The massive influx of refugees put a major strain on the local infrastructure.	유입 flux(흐르는 것→흐름)
superfluous [su:pərfluəs] 	**a.** excessive, redundant super(over) + flu(flow) + ous: '흘러 넘치는' → 여분의, 과잉의 The company made a superfluous profit during the third quarter of the year.	여분의

fore = before: 전에

forbear [fɔːrbɛ́ər] 	**v.** refrain, abstain for(before) + bear(endure): '미리 견디다' → 그만두다, 삼가다 Protestors were urged to forbear from violence.	삼가다

| 예 문 해 석 |
fluid 그 혈관은 출혈이 있을 것이다. **flush** 의사는 감염을 예방하기 위하여 상처를 씻어낼 것이다. **influence** 정부는 인질 해방을 위하여 영향력을 행사해야만 했다. **influx** 난민의 대규모 유입은 지방의 사회시설들에 커다란 부담을 가져다주었다. **superfluous** 그 회사는 3분기에 초과 이익을 냈다. **forbear** 시위자들은 폭력을 삼가도록 강요받았다.

forecast [fɔ́ːrkæ̀st] 	***v.*** predict, foresee, foretell fore(front) + cast(throw): '미리 던지다' → (미래 등을) 예상하다, 예측하다 → (기상 등을) 예보하다 → 전조가 되다 → 미리 계획하다 Press forecasts a humiliating defeat of the Prime Minister.	예상하다 foreshadow 예시하다
foresight [fɔ́ːrsàit] 	***n.*** prudence, discretion, forethought fore(before) + sight(see): '미리 보다' → 선견, 분별 Wise investors had the foresight to pull out their funds before the crash.	선견 forego ~을 멀리하다, 삼가다
forestall [fɔːrstɔ́ːl] 	***v.*** prevent, hamper, hinder fore(front) + stall(place): '앞에 두다' → 앞세우다 → 미연에 방지하다, 선수를 치다, 기선을 제압하다 → (상품 등을) 매점하다, (매점, 부정 유출 등으로) (시장의) 거래를 방해하다 Large numbers of riot-police were in front of the city hall to forestall any protest.	앞 지르다 install(안에 세우다→설치하다, 자리에 앉히다, 취임시키다)

fort, forc = force, strength, strong: 힘, 강한

afford [əfɔ́ːrd] 	***v.*** have the money for, manage, bear af < ad(to) + for(strong) + d: '~에 대한 강한 (마음)' → ~할 수 있다 Libya couldn't afford to import nuclear weapons.	~할 수 있다, ~할 여유가 있다
discomfort [diskʌ́mfərt] 	***n.*** pain, hurt, ache, throbbing, irritation dis(not) + com(together) + fort(strong): '함께 힘이 모여있지 않은' → 불쾌, 불안 The U.S. deputy left the meeting room, showing his discomfort.	불쾌
fort [fɔːrt] 	***n.*** fortress, keep, camp, tower, castle, garrison fort: '힘'의 뜻에서 → 성채, 요새, 보루, 주둔지 After retreating into the fort, the army was able to hold out for weeks.	요새 effortless 쉬운 forte 강점, 장점

| 예 문 해 석 |
forecast 신문사는 국무총리의 굴욕적 패배를 예측하고 있다. foresight 현명한 투자자는 폭락이전에 자금을 회수하는 선견지명을 갖고 있었다. forestall 수많은 경찰 기동대가 어떤 시위라도 방지하기 위하여 시청 앞에 있었다. afford 리비아는 핵무기 수입을 감당할 능력이 없었다. discomfort 미국 대의원은 불쾌감을 보이면서 회의장을 떠났다. fort 요새로 퇴각한 후, 그 부대는 몇 주 동안 버틸 수 있었다.

form = form: 만들다, 형성하다

conform
[kənfɔ́ːrm]

v. adapt, adjust, concord
con(together) + form(form): '함께 형태를 이루다' → 따르다, 일치하다

New cars must conform to strict safety and emissions standards.

일치하다

formation 형성, 구성
formulate 공식화하다, 명확히 표현하다

---

deform
[difɔ́ːrm]

v. damage, impair
de(not) + form(form): '형태를 망가 뜨리다' → 추하게 하다, 모양을 훼손시키다

A fine politician never does what deforms his reputation.

추하게 하다

---

inform
[infɔ́ːrm]

v. tell, advise, notify, instruct, enlighten
in(into) + form(form): '안으로 형성하다' → 알리다, 공지하다

All witnesses are urged to inform the police as soon as possible.

알리다

---

informal
[infɔ́ːrməl]

a. natural, relaxed, casual, familiar
in(not) + form(form) + al: '형태적이지 않는' → 형식적이지 않는

The two leaders will retire to Camp David for informal discussions during the summer session.

형식을 따지지 않는

formal(형태적인→형식의, 형식적인)

---

perform
[pərfɔ́ːrm]

v. carry out, do
per(completely) + form(form): '완전히 만들다' → 이행하다, 실행하다 → 집행하다, 거행하다 → 상연하다, 연기하다, 연주하다

The squad performed miracles on the operation in Gaza city.

이행하다

---

reform
[riːfɔ́ːrm]

n. betterment, amendment
re(again) + form(form): '다시 모양을 이룸' → 개정, 개혁 → 구제, 교정 → 개선, 정정

Despite being named the reform party, they actually had little plan for change.

개혁

| 예 문 해 석 |
conform 새 자동차들은 엄격한 안전과 배기가스 방출 기준에 부합해야만 한다. **deform** 훌륭한 정치가는 그의 명성을 실추시키는 행동은 절대 하지 않는다. **inform** 모든 증인들이 최대한 빨리 경찰에 연락하도록 촉구되었다. **informal** 두 지도자는 여름 회기 동안 비공식 토론을 위해 캠프 데이비드로 들어갈 것이다. **perform** 그 분대는 가자 도시에서의 기동에서 기적 같은 일들을 수행했다. **reform** 개혁당이라고 불렸지만, 그들은 실제로는 변화를 계획을 별반 갖고 있지 않았다.

transform	***v.*** change; convert; alter	바꾸다
[trænsfɔ́ːrm]	trans(across) + form(form): '모양을 옮기다' → 변형시키다, 변모시키다 → 바꾸다, 전환하다	
	Through the process of photosynthesis, the body transforms food into energy.	

uniform	***a.*** consistent; without variation	똑 같은
[júːnəfɔ̀ːrm]	uni(one) + form(form): '한 가지 형태의' → 동형의, 똑같은 → 한결 같은, 일정한 → 균등한, 균일한 → 동일 표준의	
	The price increases will not be uniform across the nation.	

fra, frac, frag, frang, fric = break: 깨다

fracture	***n.*** break, split, crack	골절
[frǽktʃər]	frac(break) + ture: '깨진 것' → 골절	infraction 위반
	At least 30% of all women over eighty have sustained a hip fracture.	infringement 위반

fragile	***a.*** easily broken, brittle; delicate	부서지기 쉬운
[frǽdʒəl]	frag(break) + ile(easy): '부서지기 쉬운' → 부서지기 쉬운, 깨지기 쉬운 → 허약한, 연약한	frail 무른
	The fragile economies of north eastern Asian nations could be irreparably damaged.	

fragment	***n.*** piece, part ***v.*** break up	n. (물건의) 파편, 조각
[frǽgmənt]	frag(break) + ment: '부서진 것' → 조각, 파편 / 산산이 부수다, 산산조각이 되다, 부서지다	v. 산산조각이 되다, 산산이 부수다
	The clouds fragmented and out came the sun.	

fragmentary	***a.*** incomplete	조각 조각의
[frǽgməntèri]	원래 의미: '파편의, 조각의' → 조각조각의 → 단편적인 → 불완전한	
	Any action on the basis of such fragmentary evidence would be ill advised.	

‖ 예 문 해 석 ‖

transform 광합성 과정을 통해서, 몸체는 음식물을 에너지로 전환 시킨다. **uniform** 물가 상승은 나라 전역에서 한결 같지는 않을 것이다. **fracture** 80세가 넘는 여성 중 적어도 30%가 고관절 골절을 겪고 있다. **fragile** 동북아시아 국가들의 허약한 경제는 회복할 수 없을 정도로 피해를 입을 수도 있다. **fragment** 구름이 부서지면서 태양이 나왔다. **fragmentary** 단편적인 증거에 근거한 행동은 무모할 수 있다.

DAY 11

frig = cold: 추운

freeze
[fri:z]

v. ice over or up, harden, stiffen
free(cold) + ze: '차가운' → 얼다

If the temperature drops below 0 degrees Celsius, water freezes.

얼음이 얼다
freezing 어는

---

frigidity
[fríʒidəti]

n. cold, coldness, chilliness
frigid(cold) + ity: '차가운' → 몹시 추운 → 써늘한 → 쌀쌀한 → 냉담한

The opposite party's response was a full of frigidity.

한랭, 냉담

---

refrigerator
[rifríʒəréitər]

n. fridge
re(again) + frig(cold) + er + ator: '다시 차갑게 만든 것' → 냉장고

Consume it or keep it in the refrigerator.

냉장고

fuse = pour: 붓다

confuse
[kənfjú:z]

v. mix up with, take for, muddle with
con(together) + fuse(pour): '함께 붓다' → ~을 마구 뒤섞다, 혼란시키다, 혼동하다

Great care is taken to avoid confusing the new-born in hospitals.

혼동하다

---

diffuse
[difjú:z]

v. surface, distribute
dif < dis(away) + fuse(pour): '멀리 붓다' → (액체, 열, 빛, 냄새 등을) 흩뜨리다, 발산하다 → (소문, 지식 등을) 퍼뜨리다, 유포시키다

Over time, technologies are diffused and developed by other nations.

흩뜨리다

fuse(모든 것을 쏟아 붓다 →융합시키다, 용해시키다)
infuse(안으로 붓다→주입하다)

| 예 문 해 석 |

freeze 온도가 섭씨 0도 밑으로 내려간다면, 물이 언다. **frigidity** 야당의 반응은 냉담함으로 가득했다. **refrigerator** 드시거나 냉장고에 보관하십시오. **confuse** 병원에서 신생아의 혼동을 방지하기 위해 각별한 주의가 취해진다. **diffuse** 시간이 흐르면, 기술이 확산되고 다른 나라들에 의해 발전된다.

fusion [fjúːʒən] 	**n.** union, mix, blend, combination ↔ fission 분열 fus(pour) + ion: '모든 것을 쏟아 부음' → 융합, 통합 → 용해 → 원자핵의 결합/융합 → (정당, 당파 등의) 연합, 합동 Fusion restaurants offer exciting blends of European and Asian cuisine.	융합, 통합
profuse [prəfjúːs]	**a.** abundant, plentiful pro(forth) + fuse(pour): '앞으로 쏟아 붓는' → 앞으로 쏟아 져 나오는 → 풍부한, 넘치는 → 낭비하는 → 아낌없는 → 마음이 후 한 In China, there is a profuse supply of cheap labor.	풍부한
refuse [rifjúːz]	**n.** garbage, rubbish, wastes **a.** rejected, worthless re(back) + fuse(pour): '뒤로 부은 것' → 유기물, 폐물, 쓰 레기 → 나머지; 찌꺼기, 앙금 / 버려진, 쓰레기인, 무가치한 The city council set up for a monthly collection of refuse.	n. 유기물, 폐물, 쓰 레기; 나머지; 찌 꺼기 a. 버려진; 쓰레기인, 무가치한

gen, genea, geno, genit = birth, class, kind: 출생, 종류

congenital [kɑndʒénətl]	**a.** incorrigible, inborn, innate con(together) + genit(birth) + al: '모두 낳은 그대로의' → 선천적인, 타고난 Generally, people born with congenital diseases have to depend on medical equipment for entire of their lives.	타고난
degenerate [didʒénərèit]	**v.** decline, slip, sink, decrease, deteriorate de(down) + gene(birth) + rate: '아래로 발생하게 하다' → 퇴보하다 From that moment on, the whole flow of the campaign veered off course.	퇴보하다
engender [endʒéndər]	**v.** produce, give rise to, generate en(in) + gen(birth) + der: '안쪽으로 만드는' → 생기게 하 다, 발생케 하다 A slight misunderstanding could engender a war between states.	생기게 하다 gene 유전자 gender 성

| 예 문 해 석 |

fusion 퓨전 식당들은 유럽과 아시아 요리를 흥미롭게 혼합한 요리들을 제공한다. profuse 중국에는 값싼 노동력이 풍부하다. refuse 시의원회는 한 달에 한번 쓰레기를 수집
하기로 했다. congenital 일반적으로, 선천성 질병을 가지고 태어난 사람은 일생을 의료장비에 의존해야만 한다. degenerate 그 순간부터, 캠페인의 전체적 흐름이 경로를
벗어나기 시작했다. engender 약간의 오해가 국가 간의 전쟁을 야기할 수 있다.

generate
[dʒénərèit]

v. produce, create
gener < gen(birth) + ate: '낳게 만들다' → (새로운 개체를) 낳다, 산출하다 → (열, 전기를) 발생시키다, 생기게 하다 → (행동, 감정 등을) 일으키다, 초래하다

A single dam can generate enough power for an entire state.

발생시키다

generous(성품이 타고난 →관대한, 고결한)
regenrate(다시 발생하게 만들다→갱생/재생하다)
homogenize(같게 발생하게 하다→균질로 하다)

---

genesis
[dʒénəsis]

n. origin, beginnig, start
gen(birth) + esis(state): '발생된 상태' → 시작, 발생, 기원

This moment will be remembered as the genesis of an entire movement.

시작, 기원

Genesis 창세기

---

genial
[dʒíːnjəl]

a. amiable, affable, gentle
gen(birth) + ial: '잘 만들어진' → 정다운, 상냥한

The British have traditionally been a genial ally to the U.S.

정다운

---

genre
[ʒáːnrə]

n. type, group, order, sort, kind
gen(kind) + re: '종류' → 유형

It is not a great movie, but it represents the horror genre.

유형

---

genuine
[dʒénjuin]

a. truly, actually
genu(birth) + ine(like): '낳은 그대로' → 타고난 → 본래의 것인, 진짜의, 진품의 → 진심의, 참된, 성실한 → (혈통적으로) 순수한

There was a great danger to Vietnamese refugees who returned to Vietnam.

진짜의

genuinely 진짜로, 진정으로, 성실하게, 순수하게

---

germinate
[dʒə́ːrmənèit]

v. sprout, bud, spring
ger(birth) + minate: '태어나게 하다' → 싹이 트다, 발아하다

Some seed varieties germinate quickly.

싹이 트다

---

heterogeneous
[hètərədʒíːniəs]

a. ① different ② various
    ↔ homogeneous 동종의
hetero(other) + gene(birth) + ous: '다른 종의' → 이종의, 이질적인 → 다른 부분으로 이루어진, 잡다한, 혼성의

Success of the U.S. comes mostly from its heterogeneous society.

① 이종의, 이질적인
② 잡다한, 혼성의

heterodox(다른 교리의→이교의)
heterosexual 이성애의
↔ homosexual 동성애의

| 예 문 해 석 |

generate 한 개의 댐이 나라 전체가 필요한 전력을 만들어 낼 수 있다. **genesis** 이 순간이 이 운동 전체의 발단으로 기억될 것이다. **genial** 영국은 전통적으로 미국에 정다운 동맹국이다. **genre** 그것은 훌륭한 영화는 아니지만, 공포영화를 대표한다. **genuine** 베트남으로 돌아간 베트남 피난민들은 커다란 위험에 빠졌다. **germinate** 몇몇 종류의 씨앗은 싹이 빨리 튼다. **heterogeneous** 미국의 성공은 대부분 다양한 사회구성에 기인한다.

indigenous [indídʒənəs]	**a.** native, inherent, intrinsic indi < in(into) + gen(birth) + ous: '안에서 발생하는' → 지역에서 발생하는 → 토착의, 고유한 The Bengal tiger is an animal that is indigenous to Asia.	토착의
ingenious [indʒíːnjəs]	**a.** clever, innovative genius(천재)에서 파생됨. in(into) + gen(birth) + ious: '안으로 타고난' → 영리한 → 재간있는 → (발명품이) 독창적인, 창의력 있는 The roof has an ingenious design, providing solar heating.	영리한
ingenuous [indʒénjuːəs]	**a.** artless, frank, blunt in(into) + genu(birth) + ous: '안으로 타고난 그대로의' → 솔직한, 숨김없는 With an ingenuous sense of humor, his performances always included a bit of comedy.	솔직한
progenitor [prouˈdʒénətər]	**n.** originator, founder, initiator pro(forth) + genit(birth) + or: '앞에 낳은 사람' → 선조, 창시자 He was the progenitor of a family of distinguished actors.	선조

gest, ger = carry: 운반하다

congested [kəndʒéstid]	**a.** crowded, packed, full con(together) + gest(carry) + ed: '함께 나르는' → 함께 채우는 → (사람, 교통이) 혼잡한, (화물이) 정체한 《병리》 충혈된 During the New Year holidays, highways were congested with millions of cars.	밀집한 digest(떨어져 나르다→소 화하다) ingest(안으로 나르다→섭 취하다, 흡수하다)
exaggerate [igzǽdʒərèit]	**v.** overstate, enlarge, amplify exag < ex(out) + ger(carry) + ate: '밖으로 나르는' → (정도에서 벗어나) 과장하다 Those figures of casualties are exaggerated by the press.	과장하다

| 예 문 해 석 |
indigenous 뱅갈 호랑이는 아시아 토착동물이다. ingenious 그 지붕은 태양열을 제공하는 기발한 디자인을 갖고 있다. ingenuous 솔직 담백한 유머감각으로, 그의 공
연들은 항상 약간의 희극을 포함하고 있다. progenitor 그는 뛰어난 배우들을 배출한 가문의 조상이었다. congested 신년 연휴 동안 고속도로는 수백만 대의 차들로 정체되
었다. exaggerate 사상자 수치는 신문사에 의해 과장되었다.

register [rédʒəstər] 	***n.*** list, record, roll, file, diary re(back) + gist < gest(carry) + er: '뒤로 나르다' → (뒤로 차곡차곡) 쌓다 → 기록하다, 등록하다 → 기록부 Thousands of people lined up to register to vote, from early in the morning.	명부; 기록하다
suggest [səgdʒést] 	***v.*** imply, indicate, propose sug < sub(under) + gest(carry): '아래로 나르다' → 아래로 가져오다 → 암시하다, 넌지시 비치다 → 연상시키다 → 제의하다, 제안하다 Earlier reports suggested that the six-party talk would take place in Beijing.	암시하다 digest(멀리 나르다→소화하다, 의미를 음미하다, 숙고하다) ingest(안으로 나르다→음식물을 섭취하다, 삼키다)

gn, gno, gnot, gnit, gnis = know: 알다

acknowledge [əknálidʒ] 	***v.*** admit, own up, allow, accept, reveal ac < ad(to) + know(know) + ledge: '~에 대해 알다' → 인정하다, 승인하다 The President decided it was best to acknowledge the accusations.	인정하다
ignorant [ignorant] 	***a.*** uneducated, illiterate i < in(not) + gno(know) + rant: '알지 못하는' → 무지한, 무식한 Many people are still ignorant of the global warming situation.	무지한 ignorance(알지 못함→무지, 무식)
ignore [ignɔ́ːr] 	***v.*** pay no attention to, neglect, disregard i < in(not) + gno(know) + re: '알지 못하다' → 무시하다 It later turned out to be a mistake to ignore the bomber's threats.	무시하다
nobility [noubíləti] 	***n.*** aristocracy, peerage no < gno(know) + bility: '잘 알려진' → 귀족 As we all know, despite lack of formal power, the nobility was not powerless.	귀족

| 예 문 해 석 |

register 이른 아침부터 수천 명의 사람들이 투표 등록을 하기 위해 줄을 섰다. **suggest** 이전 보도 자료들은 6자 회담이 베이징에서 열린다는 것을 시사했다. **acknowledge** 대통령은 비난 내용을 시인하는 것이 최선이라고 결정했다. **ignorant** 많은 사람들이 여전히 지구온난화의 상황에 대하여 잘 모르고 있다. **ignore** 폭파범의 위협을 무시한 것은 나중에 잘못으로 밝혀졌다. **nobility** 우리 모두가 알다시피, 형식적 권력이 부족함에도 불구하고, 귀족들은 힘이 있었다.

recognize

[rékəgnàiz]

v. perceive, acknowledge, identify

re(again) + co(together) + gn(know) + ize: '다시 함께 알게 하다' → 인식하다, 인지하다 → 인정하다, 승인하다 → 알아주다, 표창하다

All people in the press center stood up when they recognized the president entered the room.

인식하다

cognition(함께 알게 가는 것→인식, 지각)
incognito(알게 다니지 않는→몰래 다니는, 익명의)
diagnosis(통하여 아는 것→진단, 분석)
prognosis(앞에 관한 앎→예측, 예후)

unknown

[ʌ̀nnóun]

a. strange, new, undiscovered, uncharted

un(not) + know(know) + n: '알려지지 않은' → 무명의

An unknown number of protesters were arrested yesterday night.

알려지지 않은

---

grab, grap, grasp, grip = hold: 잡다

grasp

[græsp]

v. ① catch ② understand

원래 의미: '붙잡다' → 움켜 쥐다 → (요점, 의미를) 터득하다 → 이해하다

The people in the terrorists' grasp are not guests, they are hostages.

① 잡다, 쥐다
② 이해하다

grip

[grip]

n. grasp, hold, catch, seize, clutch, clasp

원래 의미: '잡다'의 뜻에서 → 잡음, 움켜쥠

The president hoped to tighten his grip on re-election victory.

잡음

---

grad, gres = go, step: 가다, 단계

aggressive

[əgrésiv]

a. hostile, offensive, destructive, belligerent

ag < ad(to) + gres(go) + sive: '~에 대해 가는' → 공격적인, 침략적인

Aggressive behavior is a sign of extreme emotional distress.

침략적인

digress

[daigrés]

v. wander, go astray

di < de(away) + gress(go): '떨어져 가다' → 빗나가다, 길을 잃다

Peter digresses from his main point of the speech.

빗나가다

| 예 문 해 석 |

recognize 대통령이 방에 들어오는 것을 보고, 프레스센터의 모든 사람이 일어났다. **unknown** 알려지지 않은 수의 시위자들이 어젯밤 체포되었다. **grasp** 테러범들의 손아귀에 있는 사람들은 손님이 아니라 인질이다. **grip** 대통령은 재선 승리의 주도권을 더욱 단단히 하기를 원했다. **aggressive** 공격적 행동은 극단적인 감정적 고통의 신호이다. **digress** Peter는 그의 연설의 요점에서 빗나가고 있다.

gradual
[grǽdʒuəl]

a. slow, steady, progressive

grad(step) + ual: '단계적인' → 점진적인, 서서히 하는

Losing weight should be a slow and gradual process.

점진적인

---

progress
[prágres]

n. development, growth, advance, gain

pro(front) + gress(go): '앞으로 가다' → 전진, 진행, 진보

The medical community continues to make enormous progress in the fight against cancer.

전진

---

upgrade
[ʌ́pgrèid]

v. improve, better, update, reform, add to

up(above) + grad(go) + e: '위쪽으로 가다' → 증가시키다, 승진시키다

Modern medical facilities are being reorganized and upgraded.

증가시키다

grade(단계→학년, 학급, 등급, 학점, 비탈, 경사)
graduate(단계를 만들다 →학생을 진급시키다 →졸업시키다)
degrade(단계를 낮추다→지위를 내리다)
degree(아래 단계→단계, 등급, 신분, 정도, 범위)

---

gram, graf, graph, grav = write: 쓰다

bibliography
[bìbliágrəfi]

n. a list of the books

biblio(book, bible) + graph(write) + y: '책을 쓰는 것' → 관계서적 목록, 출판 목록

Inside of the book cover, there is a bibliography written by the editor.

출판 목록

autography 자필 서명
biography 전기문, 일대기

---

engrave
[engréiv]

v. carve, sculpture, inscribe

en(in) + grav(write) + e: '안에 새기다' → 새기다, 조각하다

We had our names engraved on the inside of our wedding rings.

새기다

epigram 경구, 격언

---

graft
[græft]

v. implant, splice

graf(write) + t: '쓰는 것' → (어원, '철필'의 뜻에서) 접목하다, 이식하다

A skin graft is a risky procedure that sometimes fails.

접목하다

| 예 문 해 석 |

gradual 살은 천천히 점진적인 과정으로 빼야 한다. **progress** 그 의학 커뮤니티는 암과의 투쟁에서 엄청난 진보를 계속해서 만들고 있다. **upgrade** 현대 의료시설은 개정비와 향상이 이루어지고 있다. **bibliography** 책 표지 안쪽에는, 편집자가 쓴 참고문헌이 있다. **engrave** 우리는 결혼반지의 안쪽에 우리의 이름을 새겨 넣었다. **graft** 피부이식은 때때로 실패하기도 하는 위험한 수술이다.

graphic
[grǽfik]

a. vivid, clear, detailed, striking, explicit

graph(write) + ic: '쓰는 것, 쓰여진 것' → 그림의, 도표의 → 생생한

Veterans usually suffer from graphic war memories.

생생한

monograph 모노그래프, 전공 논문
typographical 인쇄상의

---

grat = free of charge, delight, gratitude: 무료의, 기쁨

---

agree
[əgríː]

v. concur, be as one, sympathize

a < ad(to) + gree < grat(delight): '~에 대해 기쁨을 느끼다' → 찬성하다, 동의하다

Longer weekends are something that we can all agree on.

동의하다

---

congratulate
[kəngrǽtʃəlèit]

v. compliment, pat on the back, wish joy to

con(together) + grat(gratitude) + ulate: '함께 기뻐하다' → 축하하다

Leaders from all around the world congratulated Obama on inauguration day.

축하하다

---

gracious
[gréiʃəs]

a. courteous, polite, civil, accommodating, kind

grac(delight) + ious: '기뻐하는, 즐거운' → 부드러운, 상냥한

Laura Bush was known as a lovely and gracious lady.

상냥한

---

gratify
[grǽtəfài]

v. please, delight, amuse, satisfy

grat(please) + ify(make): '즐거움을 만들다' → 즐겁게 하다, 기쁘게하다 → (사람을) 만족시키다

His praise will gratify everyone who worked long nights on the project.

만족시키다

grateful(즐거움으로 가득 찬→기분 좋은, 고마운, 감사하는)
gratitude(기분좋은→고마워함, 감사함)

---

gratis
[gréitis]

ad. free, for nothing, without charge

grat(free of charge) + is: '무료로'

On the first day of the year, the entrance fee is provided gratis.

무료로

gratuitous 무료의

| 예 문 해 석 |

graphic 퇴역 군인들은 대개 전쟁의 생생한 기억으로 인해 고통을 받는다. agree 주말을 좀 더 늘리는 것은 우리 모두 동의할 수 있는 사항이다. congratulate 전 세계의 지도자들이 대통령 취임일에 오바마를 축하했다. gracious 로라 부시는 사랑스럽고 우아한 여성으로 알려졌다. gratify 그의 칭찬은 그 프로젝트에 밤을 새워 작업을 해온 모든 이들을 기쁘게 할 것이다. gratis 새해 첫날, 입장료가 무료로 제공된다.

DAY 12

grav = heavy: 무거운

grave
[greiv]

n. tomb
grav(heavy) + e: '무거운 것' → 무덤

Ancient graves in Egypt were often robbed of their treasures.

무덤

---

gravity
[grǽvəti]

n. seriousness, importance, significance
grav(heavy) + ity: '무거운 힘' → 중력

Arrows would continue to fly forward in a straight line, were it not for gravity.

중력, 진지함, 중대함

gravitation 중력
gravitational 중력의

---

grief
[gri:f]

n. sadness, suffering, regret, distress
원래 의미: '무거운 마음' → (불행한 일에 대한) 큰 슬픔

After the bombing there were sings of grief for weeks, even months.

큰 슬픔

grieve 몹시 슬퍼하다

gred, gress = go: 가다

degrade
[digréid]

v. demean, disgrace, humiliate, shame
de(down) + grade(go): '아래로 가다' → 단계를 낮추다 → 지위를 낮추다

Loud noise does more than just degrade hearing ability.

지위를 낮추다

---

digress
[daigrés]

v. deviate, divert
di(apart) + gress(go): '떨어져서 가다' → 빗나가다, 벗어나다

The president digressed from his well-prepared speech.

빗나가다

| 예 문 해 석 |
grave 이집트의 고대 무덤은 보물들을 자주 도난당했다. **gravity** 중력이 없었다면 화살은 계속 일직선으로 뻗어 나갔을 것이다. **grief** 폭격이 지난 후, 몇 주, 심지어 몇 개월 동안이나, 애통의 기색이 있었다. **degrade** 커다란 소음은 단지 청력을 저하시키는 것뿐만이 아니다. **digress** 대통령의 연설은 잘 준비된 연설내용으로부터 벗어났다.

ingredient [ingríːdiənt]	**n.** element, component, factor in(into) + gred(go) + ient: '안으로 들어가는' → (혼합물의) 성분, 원료, 구성요소 Grapes are a vital ingredient in making wine.	성분, 구성요소
progress [prágres]	**n.** development, growth, advance, gain pro(forth) + gress(go): '앞으로 가다' → 전진, 발전, 진보 The medical community continues to make enormous progress in the fight against the cancer.	전진
regress [riːgrés]	**n.** return, reversion re(back) + gress(go): '뒤로 가다' → 되돌아감 Countries in Latin America are not developing but regressing.	되돌아감
retrograde [rétrəgrèid]	**v.** retire, retreat retro(back) + grade(go): '뒤로 가다' → 후퇴하다, 물러가다 The system was never set up properly, but retrograde action was able to fix some parts.	후퇴하다

greg = gather, flock, herd: 모으다, 무리

aggregate [ǽgrigèit]	**v.** combine, accumulate ag < ad(to) + greg(gather) + ate: '~를 모으다' → 모으다 Aggregate demand is one of the important measures for economic health.	모으다 aggregation 모임, 집합
congregation [kàŋgrigéiʃən]	**n.** crowd, assembly, fellowship con(together) + grag(gather) + ation: '함께 무리를 이루는 것' → 모임, 집합 Demonstrators congregated on last Sunday night to protest against government policy.	모임

| 예 문 해 석 |
ingredient 포도는 포도주를 만드는데 있어서 필수 성분이다. progress 그 의학 커뮤니티는 암과의 투쟁에서 엄청난 발전을 계속해서 만들어왔다. regress 라틴아메리카 국가들은 발전하지 못하고 퇴보하고 있다. retrograde 그 시스템은 전혀 올바르게 설치되지 않았지만, 시대역행적인 조처로 일부를 고칠 수 있었다. aggregate 총수요는 경제 의 건전성에 대한 주요 지표 중의 하나이다. congregation 시위자들은 정부정책에 항의하기 위해 지난 일요일 밤 모였다.

2nd Week   **115**

gregarious [grigέəriəs] 	**a.** sociable, affable greg(group) + ari + ous: '무리를 이루는' → 무리의, 군집의 → 〈동물 등이〉 군생(群生)인, 군집성인 → 사교적인 Geese are very gregarious birds, especially when they migrate.	무리를 이루는 egregious(무리에서 벗어난→아주 나쁜, 지독한)
segregation [sègrigéiʃən] 	**n.** separation, discrimination se(apart) + greg(group) + ation: '무리에서 떨어진 것' → 분리, 격리 Commanding officers agreed to segregation of prison inmates suffering from AIDS.	분리

habit = live, house, have: 살다, 가지다

exhibit [igzíbit] 	**v.** show, feature, present, display, demonstrate ex(out) + hibit(have): '밖으로 두다' → 드러내다, 전시하다 → (감정, 관심을) 나타내다, 보이다 The economy started to exhibit signs of decline in November.	나타내다 inhibit(안으로 붙들다→나가지 못하게 잡다→금지하다, 방해하다)
habitat [hǽbətæt]	**n.** ① environment ② home habit(dwell) + at: '사는 곳' → (동식물의) 서식지, 서식 환경, 생육지 → 거주지, 주소 Heavily shaded forests are ideal habitats for ferns.	① (동식물의) 서식지 ② 거주 장소 habitable 살수 있는 habitation 거주, 거주지
inhabit [inhǽbit]	**v.** live in, occupy, populate, reside in in(into) + habit(live): '안에 살다' → ~에 살다 The present territory of Israel was primarily inhabited by Palestinians.	~에 살다 cohabit(함께 살다→동거하다)
inhabitant [inhǽbətənt]	**n.** occupant, resident, citizen, local, native in(into) + habit(live) + ant: '안에 사는 사람' → 거주자, 주민 The original inhabitants, the Indians, were forcibly displaced by the U.S. pioneers.	주민

| 예 문 해 석 |
gregarious 거위는 특히 이동할 때 무리를 잘 이루는 새이다. **segregation** 지휘관은 에이즈를 겪고 있는 수감자의 격리에 동의했다. **exhibit** 11월에 경제가 하락증상을 보이기 시작했다. **habitat** 양치식물에게는 그늘이 많이 진 숲이 이상적인 서식지이다. **inhabit** 현재 이스라엘 영토에는 원래 팔레스타인 사람들이 거주했었다. **inhabitant** 원래 거주자였던 인디언들은 미국 개척자들에 의해 강제로 추방되었다.

prohibit [prouhíbit] 	**v.** ban, forbid, inhibit pro(forth) + hibit < habere(hold): '앞에 붙잡다' → (법률, 권한에 따라) 금하다, 금지하다 → (사물이) 방해하다 Congress passed a law that prohibits cigarette advertising in newspapers and television.	금지하다

here, hes = stick: 붙이다, 고정시키다

adhere [ædhíər] 	**v.** stick to, attach to, cling to ad(to) + here(stick): '~에 달라붙다' → (두 개가 서로 단단히) 들러붙다, 부착하다 → (주의, 신념에) 충실하다 → (계획, 약속에) 집착하다, 고수하다 Gum, like tape, can adhere to almost any surface.	부착하다, 고수하다
adherent [ædhíərənt] 	**n.** follower ad(to) + here(stick) + nt: '~에 달라 붙어 있는 사람' → 추종자, 지지자 Communism was gaining adherents in Latin America, especially in Cuba.	n. (지도자, 주의 등에의) 추종자, 지지자, 후원자 a. 점착하는, 점착성의
adhesive [ædhíːsiv] 	**a.** sticky, adherent ad(to) + hes(stick) + ive: '~에 고정된' → 잘 붙는 → 점착성의 Glue consists of many adhesive materials.	점착성의
coherent [kouhíərənt] 	**a.** logical, consistent co(together) + here(stick) + nt: '함께 달라붙어 있는' → 응집성의, 밀착하는 → 조리가 서는, 일관성 있는 A coherent strategy for national growth is vital to any presidency.	앞뒤가 조리가 선 cohesion 결합, 부착
hesitate [hézətèit] 	**v.** waver, delay, pause, wait, doubt, falter hesi(stick) + tate: '~에 달라 붙어 가다' → 망설이다 General McAuthor didn't hesitate in making a decision for the Inchon landing operation.	주저하다

| 예 문 해 석 |

prohibit 국회는 신문이나 텔레비전에서 담배광고를 금지하는 법을 통과시켰다. adhere 껌은 테이프처럼 거의 어떤 표면에나 잘 달라붙을 수 있다. adherent 공산주의는 라틴아메리카, 특히 쿠바에서 추종자들을 얻고 있었다. adhesive 접착제는 많은 접착성 물질로 이루어져있다. coherent 국가 성장을 위한 일관된 전략은 모든 대통령직의 수행에 필수적이다. hesitate 맥아더 장군은 인천 상륙 작전 결정에 있어서 망설이지 않았다.

incoherent

[inkouhíərənt]

a. contradictory, conflicting, inconsistent

in(not) + co(together) + here(stick) + nt: '함께 붙어 있지 않은' → 모순된

The diplomat used incoherent words in order to avoid the agreement.

모순된

---

inherent

[inhíərənt]

a. intrinsic, natural, essential, native

in(into) + here(stick) + nt: '안에 달라 붙어 있는' → 타고 난, 고유의

Persistence is an inherent value of Korean society.

고유의

---

hetero = different: 다른

heterogeneous

[hètərədʒíːniəs]

a. ① different　② various
　↔ homogeneous 동종의

hetero(other) + gene(birth) + ous: '다른 종의 → 이종의, 이질적인 → 다른 부분으로 이루어진, 잡다한, 혼성의

Success of the U.S. comes mostly from its heterogeneous society.

① 이종의, 이질적인
② 잡다한, 혼성의

---

heterodox

[hétərədàks]

a. unorthodox, heretical

hetero(different) + dox(doctrine): '다른 교리의' → 이교의

Heterodox ideas gave the whole organization the feeling of a cult.

비정통의

---

hom = same: 같은

homeostasis

[hòumioustéisis]

n. state of balance

homeo < homo(same) + stasis(state): '같은 상태' → 항상성

Human body maintains a state of balance called, "homeostasis."

항상성

| 예 문 해 석 |

incoherent 그 외교관은 합의를 회피하기 위해서 앞뒤가 맞지 않는 말을 사용했다. inherent 완고함은 한국사회에 내재되어 있는 가치이다. heterogeneous 미국의 성공은 대부분 다양한 사회구성에 기인한다. heterodox 비정통적인 아이디어들이 전체 조직에 사이비라는 느낌을 주었다. homeostasis 인간의 신체는 '항상성' 이라 불리는 균형의 상태를 유지한다.

homogeneous [hòumədʒíːniəs] 	***a.*** similar, kindred homo(same) + gen(produce) + eous: '같은 것으로 만들어진' → 동종의, 동류의 Russian Federation is not ethically homogeneous.	동종의
homonym [hámənìm]	***a.*** cf. antonym 반의어 synonym 동의어 homo(same) + nym(word): '같은 음을 가진 단어의' → 동음이어의 A homonym can only be distinguished when used in context.	동음 이어의

hum = soil, earth: 땅의

humble [hʌ́mbəl] 	***a.*** modest, mean hum(earth) + ble: '땅바닥 가까이의' → 낮은 → 신분이 낮은 → (신분, 지위 등이) 천한, 초라한, 변변찮은, 보잘것없는 → 생활이 낮은 → 검소한, 소박한 → 자신을 낮추어 생각하는 → 겸손한, 교만하지 않은, (사람, 마음 등을) 겸허하게 하다; ~을 낮추다 → (남을) 비하하다, 하찮게 보다 Moving from college leagues to professional play is a change that can humble even the greatest of players.	a. 천한, 초라한; 검소한; 겸손한, 교만하지 않은 v. 겸허하게 하다; (남을) 비하하다
humiliate [hjuːmílièit]	***v.*** embarrass, shame, put down, degrade hum(earth) + ili + ate: '땅바닥 가까이에 있게 하다' → 굴욕을 주다, 굴욕감을 느끼게 하다 → (남에게) 창피를 주다, (남의) 자존심을 상하게 하다 Convicts in prison are regularly humiliated by commanding officers.	굴욕감을 주다 humdrum(hum+drum (dry)(흙이 마른→단조로운, 지루한) humility(땅바닥 가까이 있음→낮춤, 비굴, 겸손) exhume(흙을 밖으로 하다→파내다, 발굴하다) inhume(흙 안으로 하다→매장하다) human(흙에서 나온 존재→사람) humus 부식토
posthumous [pástʃuməs]	***a.*** born after the death of the originator post(after) + hum(earth) + ous: 흙으로 간 이후에 → 사후에, 사후에 생긴; 저자의 사후에 출판된 Pablo Neruda is a famous posthumous writer.	사후의

| 예 문 해 석 |
homogeneous 미국 사회는 동질적이지 않다. **homonym** 동음이의어는 문맥에서 사용되었을 때에야 구별할 수 있다. **humble** 대학리그에서 프로리그로 간다는 것은 가장 뛰어난 선수라고 하더라도 겸손하게 만들 수 있는 변화이다. **humiliate** 감옥의 죄수들은 지휘관들에 의해 주기적으로 굴욕을 당한다. **posthumous** Pablo Neruda는 사후에 유명해진 작가이다.

hyper = over, beyond: 위의, 넘는

hypersensitive
[hàipərsénsətiv]

a. touchy, nervous, too keen, oversensitive
hyper(over) + sensi(feel) + tive: '지나치게 반응하는' →
지나치게 민감한, 과민한

Student teachers are hypersensitive to any tiny criticism of
their performance.

과민한

hypertension
[háipərtènʃən]

n. high blood pressure
hyper(over) + tension(stress): '지나친 긴장, 스트레스' →
고혈압

There are a wide variety of people suffering from hypertension
today.

고혈압

hyperthermia
[hàipərθáirmia]

n. a high fever
hyper(beyond) + therm(fever) + ia: '지나치게 열이 나
는' → 이상 고열, 고체온

Hyperthermia is an unusually high fever that can be fatal.

고열

hypo = under, low: 아래에

hypochondria
[hàipəkándria]

n. depression, melancholy
hypo(under) + chondria(heart): '아래에 있는 마음' →
우울증

While the diseases that hypochondria brings to the mind are
not real, the suffering is often just as bad.

우울증

hypocrisy
[hipákrəsi]

n. insincerity, pretence, deception
원래 의미: '무대에서 연기함'의 뜻에서 → 위선

Voters are sick of political hypocrisy.

위선

hypothesis
[haipáθəsis]

n. theory, premise, assumption, thesis,
postulate
hypo(under) + thesis(place): '아래에 둔 것' →가설, 가
정 → (조건 명제의) 전제 → 단순한 추측, 억측

Experiments will now begin to test the hypothesis in rats.

가설

thesis(의미를 둠→논문)
antithesis(반대로 둔 것→
대조, 정반대)
synthesis(똑같이 둔 것→
합성, 종합)
photosynthesis(빛의 합
성→광합성)

| 예 문 해 석 |

hypersensitive 교생들은 그들의 직무수행에 관한 어떤 작은 비판에도 예민하다. hypertension 오늘날 많은 다양한 사람들이 고혈압으로 고통을 받고 있다.
hyperthermia 이상고열증은 생명에 치명적일 만큼 비정상적으로 높은 열을 말한다. hypochondria 건강 염려증이 마음에 초래하는 질환은 실제적이지는 않지만, 그 고통
은 종종 실제처럼 심하다. hypocrisy 투표자들은 정치가들의 위선에 신물이 난다. hypothesis 쥐를 이용한 가설 시험이 시작될 것이다.

VOCABULARY TEST 4

1. Confine
(A) grant
(B) schedule
(C) limit
(D) recommend

2. Infinite
(A) unusual
(B) relative
(C) limitless
(D) structural

3. Fluctuate
(A) recover
(B) fall
(C) improve
(D) vary

4. Forestall
(A) prevent
(B) control
(C) minimize
(D) preview

5. Reform
(A) unification
(B) creation
(C) revival
(D) betterment

6. Transform
(A) raise
(B) alter
(C) compliment
(D) devise

7. Fragile
(A) inefficient
(B) easily broken
(C) poorly planned
(D) involuntary

8. Fragment
(A) hold down
(B) break up
(C) characterize
(D) distinguish

9. Diffuse
(A) yield
(B) start
(C) distribute
(D) travel

10. Profuse
(A) eminent
(B) robust
(C) persistent
(D) abundant

11. Genuinely
(A) truly
(B) quite
(C) somewhat
(D) rarely

12. Indigenous
(A) tropical
(B) simple
(C) native
(D) strange

13. Ingenious
(A) intricate
(B) native
(C) profitable
(D) clever

14. Gregarious
(A) insecure
(B) sociable
(C) intelligent
(D) sought after

15. Habitat
(A) ivory
(B) home
(C) ally
(D) instinct

16. Inhabit
(A) live in
(B) fight over
(C) govern
(D) threaten

17. Adhere
(A) belong
(B) relate
(C) stick
(D) speed

18. Inherent
(A) relative
(B) intrinsic
(C) sporadic
(D) incremental

19. Heterogeneous
(A) reluctant
(B) independent
(C) different
(D) obsolete

20. Humiliate
(A) please
(B) embarrass
(C) encourage
(D) surprise

Answer

1. C 2. C 3. D 4. A
5. D 6. B 7. B 8. B
9. C 10. D 11. A 12. C
13. D 14. B 15. B 16. A
17. C 18. B 19. C 20. B

Part 1
어
근
편

3rd   week

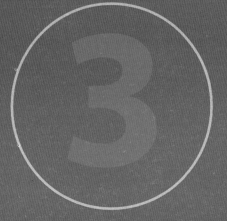

i, is, it = go: 가다

ambition
[æmbíʃən]

n. aspiration, goal
ambi(around) + it(go) + ion: '근처에 가다' → 희망을 찾아 돌아다니다(로마에서는 선거 때 표를 얻으려고 돌아다녔음)

Having ambition without skill is extremely frustrating.

야망

---

initial
[iníʃəl]

a. originated, first
in(into) + it(go) + ial: '안으로 들어가는' → 시작하는 → 처음의, 초기의

President Bush's initial reaction to 9/11 was to stop and think.

a. 처음의, 최초의, 초기의

n. 머리글자

initiate(안으로 들어가다→ 시작하다)

---

issue
[íʃuː]

n. question, topic, subject
원래 의미: '밖으로 나가다' → 밖으로 나감 → 유출 → 액체의 유출, 유출물 → 공적인 것의 발행 → 토론의 흐름에서 나온 것 → 논점, 쟁점, 문제점 → 혈통의 흐름 → 자손

Higher education is a key issue in this election.

논점

---

itinerant
[aitínərənt]

a. traveling, wandering
itiner(journey) + ant: '여행 하는' → 떠돌아다니는 → (상인, 판사, 설교자 등이) 순회하는, 편력하는 → 순회의, 이동식의 / 순회자, 편력자 → 순회 전도사[포교사, 판사], 순회 공연 배우, 행상인; 뜨내기 노동자

Arthur Rimbaud was an itinerant writer.

a. 떠돌아다니는; 순회하는

n. 순회자, 편력자

itinerate(돌아다니다→순방하다, 순회하다)

itinerary 여행일정표, 여정; 순회하는

itinerancy 순방, 순회, 편력

---

transition
[trænzíʃən]

n. change, development, alteration
trans(through) + it(go) + ion: '통하여 가는 것' → 변화, 추이 → 변천, 이행 → 과도기, 변환기

December 21st marks the transition from autumn to winter.

변화

transient 덧없는, 무상한, 일시의

| 예 문 해 석 |

ambition 능력 없이 야망을 갖는다면 극도로 좌절감을 느끼게 된다. initial 9/11 테러에 대한 부시 대통령의 최초반응은 멈추어 생각하는 것이었다. issue 고등교육은 이번 선거에서 핵심 쟁점이다. itinerant 아서 랭보는 떠돌이 작가였다. transition 12월 21일은 가을로부터 겨울로 바뀌는 날이다.

idio = peculiar, personal: 톡특한, 개인적인

idiom [ídiəm]	***n.*** form of speech peculiar to a people or place 원래 의미: '자기의 것을 만들다' Proverbs and idioms may become cliché with over-use.	숙어 idiot(원래 의미: '무식한 사람'의 뜻에서) 바보, 얼간이
idiosyncrasy [ìdiəsíŋkrəsi]	***n.*** eccentricity, peculiarity idio(peculiar) + syn(same) + crasy(group): '자기 특유의 것들' → 특징 One of the idiosyncrasies of convicts is that they often guard their food.	특징, 특질

igni = fire: 불

ignite [ignáit]	***v.*** catch fire, set on fire ign(fire) + ite(make): '불을 만들다' → 불을 붙이다, 점화하다 → 가열하다, 연소시키다 → (사람의 감정을) 타오르게 하다 Heavy bombing will ignite fires that could destroy large portions of the city.	점화하다 ignitable(불 붙일 수 있는 →가연성의) ignescent(불이 생기는→ 불꽃이 튀는) igneous 불의, 불 같은
indignation [ìndignéiʃən]	***n.*** resentment, anger, rage, exasperation in(into) + digna(fire) + tion: '안에 있는 불' → 분노, 분개 No wonder the president could hardly contain his indignation about the 9/11 attacks.	분노

inter = between, among: 사이에

interlude [íntərlùːd]	***n.*** interval, break inter(between) + lude(play): '사이에 연주하다' → 간주곡, 막간극 → 사이 During the interlude there was a short performance from a group of students.	사이
intermittent [ìntərmítənt]	***a.*** sporadic, occasional inter(between) + mit(send) + (t)ent: '사이사이에 보내지는' → 때때로 중단되는 After 30 minutes of intermittent showers, the game was resumed.	때때로 중단되는

| 예 문 해 석 |
idiom 속담과 숙어의 남용은 진부한 표현이 될 것이다. idiosyncrasy 죄수들의 별난 특징 중의 하나는 종종 음식을 지킨다는 것이다. ignite 심한 폭격은 도시의 대부분을 파괴할 만한 화재를 일으킬 것이다. indignation 대통령이 9/11 테러에 대해 분노를 참지 못하는 것은 당연하다. interlude 연주의 중간에, 일군의 학생들의 간단한 연주가 있었다. intermittent 간헐적으로 소나기가 내린 30분 후에, 경기가 재개되었다.

interplay [íntərplèi] 	***n.*** interaction inter(between) + play(act): '서로간의 활동' → 상호 작용 The interplay of political, economic, and social factors is extremely significant for social stability.	상호 작용

ject, jet = shoot, throw: 던지다

conjecture [kəndʒéktʃər] 	***n.*** surmise, guess con(together) + ject(throw) + ure: '함께 던지다' → 어림 짐작, 추측 The attitudes of others were matters of conjecture, although there were lots of rumors about individuals' behaviors.	어림짐작
dejected [didʒéktid] 	***a.*** despondent, depressed, discouraged de(down) + ject(throw) + ed: '(마음이) 아래로 던져진' → 낙심한, 의기 소침한 When his father didn't attend the performance he felt completely dejected.	낙심한 deject(아래로 던지다→낙담시키다, 풀 죽게 하다)
injection [indʒékʃən]	***n.*** insertion, vaccination, dose in(into) + ject(throw) + ion: '안으로 던지기' → 주입, 주사 The Insulin treatment, is generally given by injection.	주입 inject(안으로 던지다→주입하다, 주사하다)
object [ábdʒikt]	***n.*** goal, aim ob(against) + ject(throw): '맞은 편에 던지진 것' → 물건 → (감정, 동작의) 대상 → 목적어 → 목적, 목표 → 《철학》 대상, 객관, 객체 / '반대로 던지다' → 반대하다 → 항의하다 → 반감을 가지다 The object of this exam is entering the university.	n. 목표 v. 반대하다
objective [əbdʒéktiv]	***a.*** unbiased, impartial ↔ subjective 주관적인 ob(against) + ject(throw) + ive: '맞은 편에 던져진' → 물건의 → 대상의 → 목적의 → 객관적인 / '맞은 편에 던진 것' → 물건 → 대상 → 목적어 → 목적, 목표 The court already has all the objective evidence about what happened on the day of the crime.	a. 객관적인 n. 목표, 목적

| 예 문 해 석 |
interplay 정치적, 경제적, 사회적 요소들의 상호작용은 사회 안정에 매우 중요하다. conjecture 개인들의 행동에 대해 많은 소문들이 있었지만, 다른 사람들의 태도는 추측하는 정도였다. dejected 아버지가 연주에 참석하지 않을 때, 그는 완전히 낙담하였다. injection 인슐린처방은 주로 주사로 행해진다. object 이 시험의 목적은 대학 입학이다. objective 법정은 이미 사건 당일에 발생한 일에 대한 객관적 증거자료를 가지고 있다.

project [prɒdʒékt]	**n.** schem, plan **v.** design, outline; shoot; predict pro(forth) + ject(throw): '앞으로 던져진 것' → 계획, 설계 → 계획 사업 → (대규모) 사업 → (학술적) 연구 과제 앞으로 던지다 → 발사하다, 내던지다 → 불쑥 내밀다 → 투영하다 → 계획하다, 입안하다 → 마음 속에 그리다 → 예측하다, 계량하다 An incredible amount of money was poured into the liberation project in Vietnam.	n. 계획, 설계, 계획 사업 v. 입안하다, 계획하 다; 발사하다; 예 측하다 **abject**(멀리 던져진→비참 한, 천한)
reject [ridʒékt]	**v.** refuse, deny, discard re(back) + ject(throw): '뒤로 던지다' → (요구, 제안 등을) 거절하다, 거부하다 → (전통, 증거 등을) 물리치다 → (불량품 등을) 버리다 → 거절하다 The British cabinet is expected to reject the proposal of the U.S. subsidy for a new high speed railroad.	거절하다

journ = day: 하루, 날

adjourn [ədʒə́:rn]	**v.** postpone, delay, suspend ad(to) + journ(day): '(어떤) 날로 (옮기다)' 에서 → 연기하다, 미루다 We will adjourn for the day, but resume early tomorrow morning.	연기하다
journal [dʒə́:rnəl]	**n.** magazine, publication journ(day) + al: '하루의' → 일지, 신문 The Wall Street Journal is one of the most famous newspapers in the world.	일지
journeyman [dʒə́:rnimən]	**n.** artisan, workman, craftman journ(day) + ey + man(person): '매일 일당을 받으며 일 하는 사람' → 장인, 기능인 Edison was once a 29-year-old erratic journeyman.	장인, 기능인

| 예 문 해 석 |
project 엄청난 양의 돈이 베트남의 해방계획사업에 투입됐다. **reject** 영국내각은 새로운 고속철도를 위한 미국 보조금 안을 거절할 것으로 보인다. **adjourn** 우리는 날짜를 연
기할 예정이지만, 내일 이른 아침에 재개할 것이다. **journal** 월스트리트저널은 전 세계에서 가장 유명한 신문사들 중에 하나이다. **journeyman** 에디슨은 한 때 29살의 유별난
장인이었다.

join, junc = join, meet: 모이다, 만나다

adjoin
[ədʒɔ́in]

v. connect with or to, join, link with
ad(to) + join(meet): '~에 모이다' → ~에 인접하다

Inchon adjoins Seoul.

~에 인접하다

---

joint
[dʒɔ́int]

n. connection *v.* combine
join(meet) + t: '결합된 것' → 이음매 → 이음매로 이음 → 접합 → 연결 / 이음매로 잇다 → 접합하다 → 연결하다

JSA, joint security area, is secured by both the UN and the North Korean military police.

n. 이음매, 접합, 관절, 연결

a. 공동의

v. 접합하다, 연결하다

---

junction
[dʒʌ́ŋkʃən]

n. connection, link, tie
junct(join) + ion: '결합된 것' → 접합 → 접합점, 교차점 → (강의) 합류점 → 연결역

This junction has been the site of numerous traffic accidents.

접합

adjunct(~쪽으로 격합된 것→부속물)
conjunct(함께 결합된→연결된, 접속사)
disjunct(결합되지 않은→분리된)
juncture(결합된 것→접속, 연결)

---

jur, just = swear, law: 맹세, 법

adjust
[ədʒʌ́st]

v. adapt, alter
ad(to) + just(right): '~에 올바르게 하다' → 바로 잡다 → 조절하다, 맞추다 → (환경에) 순응하다 → 조정하다, 조화시키다

Adjusting the surroundings can make all the difference to a newborn.

조절히디

---

injure
[índʒər]

v. hurt, wound, harm, damage, smash
in(against) + jur(right) + e: '올바른 상태에 해를 끼치다' → 원래 상태에서 벗어나다 → 손상을 입히다, 상처를 입히다

Several riot-police were badly injured in the clashes.

상처를 입히다

---

jury
[dʒúəri]

n. panel
원래 의미: '선서하다' 의 뜻.

The United States of America has adopted the jury system.

배심원

jurist 법학자
perjury 위증

| 예 문 해 석 |

adjoin 인천은 서울에 접해있다. joint 공동경비구역 JSA는 유엔과 북한의 헌병에 의해 경비 된다. junction 그 교차로는 교통사고가 잦은 장소였다. adjust 주변 환경을 조정하는 것이 갓난아기에게 커다란 차이를 만들 수 있다. injure 여러 명의 경찰기동대원이 충돌 과정 중 심한 부상을 입었다. jury 미국은 배심원제를 채택해왔다.

justify
[dʒʌ́stəfài]

v. prove ↔ argue against ~에 반론을 펴다

just(right) + ify(make): '올바르게 만들다' → (사람, 언행을) 옳다고 하다, 정당화하다, 변명하다 → ~의 정당한 이유가 되다 → 《神》 (하나님이 죄를 용서하여) 무죄로 하다 → 《法》 (행위에 대하여) 적법성의 근거를 보이다; 보석 보증인이 되다

There is no way that the situation is severe enough to justify spending this exorbitant amount of money.

옳다고 하다

just 올바른, 공정한, 정당한
justice(올바른 것 → 정의, 공정, 사법, 재판)
justiciary 사법의, 재판의

prejudice
[prédʒədis]

n. discrimination, injustice, intolerance

pre(before) + jud < jur(right) + ice: '미리 내린 판단' → 편견, 선입견

There was a deep-rooted racial prejudice in the U.S. itself.

편견

---

labor = work: 일

collaborate
[kəlǽbərèit]

v. cooperate with, work together

co(together) + labor(work) + ate: '함께 일하다' → 공동으로 일하다, 협동하다 → (점령군, 적국에) 협력하다

The Korean government is prodding France's air fighter firms to collaborate with more investors.

공동으로 하다

labor 노동, 노력
laborer 노동자
laboratory(일하는 장소→ 실험실, 연구실)

elaborate
[ilǽbərèit]

a. ① complicated, complex; detailed
　　② deliberate
v. detail

e(out) + labor(work) + ate: '노력을 밖으로 나타내다' → 애써 만들다, 정교하게 만들다 → 상세히 말하다 / '고심하여 만들어 낸' → 공들인 → 정교한, 복잡한

The supposed alien landing turned out to be nothing more than an elaborate hoax.

a. ① 정교한, 복잡한
　② 수고를 아끼지 않는, 정성들인
v. (이야기 등을) 아주 자세히 말하다

laborious
[ləbɔ́:riəs]

a. industrious, dilligent

labor(work) + ious: '일이 많이 드는' → 힘드는

Considering both users' and workers' opinion is a laborious task.

힘드는

| 예 문 해 석 |
justify 이렇게 과도한 비용의 사용을 정당화할 만큼 상황이 심각하다는 것은 말도 되지 않는다. prejudice 미국 자체에 깊게 뿌리박힌 인종적 편견이 있었다. collaborate 대한민국 정부는 더 많은 투자자들과 공동 작업을 하기 위해 프랑스 공군 전투기 회사들을 자극하고 있다. elaborate 소위 외계인 착륙은 정교한 거짓말에 지나지 않는다는 것으로 밝혀졌다. laborious 사용자와 근로자 모두의 의견을 고려하는 것은 힘든 일이다.

leag, leg, lig = bind: 묶다

allegiance
[əlíːdʒəns]

n. loyalty, devotion, fidelity, obedience

al < ad(to) + leg(bind) + iance: '~에 묶여있는 상태' → 충성

Socialism puts great emphasis on strong ties among its members and allegiance.

충성

---

league
[liːg]

n. association, union, alliance, coalition

leg(bind) + ue: '묶다' → 결속하다 → 연맹

Champion's league is one of the most famous leagues in soccer.

연맹

---

legacy
[légəsi]

n. inheritance, gift, estate

원래 의미: '후에 남기다' → 증여하다 → 유산

His only regret was not having any children to carry on his legacy.

유산

---

obliged
[əbláidʒt]

a. required

ob(to) + lig(bind) + ed: '~에 얽매인' → 어쩔 수 없이 ~하게 된 → 강요된 → 의무 지워진 → 고맙게 여기게 된 → 은혜 받은

Any nation using nuclear energy to generate power is obliged to be inspected by IAEA convoy.

강요된

obligation(~에 얽매인 것→ 의무, 은혜)

liable(묶여 있는→책임져야 할, 의무가 있는, ~하기 쉬운)

religion(뒤에 매어있는 것→ 종교, 신앙)

---

lect, leg, lig = choose: 선택하다

colleague
[káliːg]

n. fellow worker, partner, ally, associate

col < com(with) + leg < leag(choose) + ue: '함께 선택된 사람' → 동료

Your colleagues are the people you work with, especially in a professional occupation.

동료

---

collect
[kəlékt]

v. gather, accumulate

co(together) + lect(gather): '함께 모으다' → 수집하다 → (세금, 집세를) 징수하다, (기부금을) 모금하다 → 생각을 모으다 → 집중하다

One of the most common hobbies is collecting stamps.

모으다

| 예 문 해 석 |

allegiance 사회주의는 그들의 구성원들 간의 결속력과 충성심에 커다란 중점을 두고 있다. league 챔피언스 리그는 많은 축구리그 중 가장 유명한 리그이다. legacy 그의 유일한 후회는 유산을 물려받을 자녀를 갖지 않았다는 것이다. obliged 전력생산을 위해 핵에너지를 사용하는 모든 국가는 국제원자력기구 파견단의 검사를 받을 의무가 있다. colleague 당신의 동료들은, 특히 전문 분야에서, 당신이 함께 일하는 사람들입니다. collect 가장 평범한 취미 중 하나는 우표수집이다.

diligent [dílədʒənt] ▤	*a.* industrious, hardworking 원래 의미: '높이 평가하는'의 뜻에서 → 근면한, 부지런한 The owner of the factory likes diligent workers.	근면한
election [ilékʃən] ▤	*n.* vote, poll e(out) + lect(choose) + ion: '밖에서 고른 것' → 선출, 선거 When the election day comes, there will probably remain only two real candidates.	선거 electic 취사선택하는 elegant 품위 있는
eligible [élidʒəbəl] ▤	*a.* qualified, entitled e(out) + lig < lect(choose) + ible < able(can): '밖으로 고를 수 있는' → 고를 자격이 있는 → (~하는 데) 자격이 있는, 선출할 만한, (~으로) 선출되는 데 알맞은 → (특히 결혼 상대로서) 알맞은, (여자가) 결혼 적령기인 → (법적으로) 적격인, 선임될 자격이 있는, 적격자, 적임자; 적당한 것 Almost half of the general population is eligible to vote in the presidential election.	a. 자격이 있는, 적임의, 적당한 n. 적격자, 적임자; 적당한 것 select 따로 고르다
intelligent [intélədʒənt] ▤	*a.* clever, bright, smart, sharp 원래 의미: '이해하다'의 뜻. The six-party talk was a very lively and intelligent meeting.	이해력이 있는
lecture [léktʃər] ▤	*n.* talk, address, speech, lesson 원래 의미: '읽기'의 뜻에서. The professor gave an especially elegant lecture.	강의
neglect [niglékt] ▤	*v.* disregard, ignore, fail to look after neg(not) + lect(choose): '고르지 않다' → 유의하지 않다, 무시하다 If teachers are not careful enough, children tend to neglect their homework.	무시하다
selection [silékʃən] ▤	*n.* choice, choosing, pick, option, preference se(apart) + lect(choose) + ion: '따로 고르기' → 선택, 선발 Darwin's theory is based on the principle of natural selection.	선발

| 예 문 해 석 |

diligent 공장 주인은 근면한 노동자들 좋아한다. election 선거 날이 되면, 아마도 두 명의 실질적인 후보자들만이 남아 있을 것이다. eligible 거의 절반에 가까운 대중들은 대통령선거에서 투표할 자격이 있다. intelligent 그 6자 회담은 매우 활발하고 지적인 회의였다. lecture 그 교수는 특별히 멋진 강의를 하였다. neglect 만약 선생님들이 충분히 주의를 기울이지 않는다면, 아이들은 숙제를 무시하는 경향이 있다. selection 다윈의 이론은 자연선택의 원리에 기초하고 있다.

lev = lift, rise, light: 올리다, 가벼운

alleviate
[əlíːvièit]

v. relieve, ease, reduce, lessen

al < ad(to) + lev(light) + ate: '～로 가볍게 하다' → (고통, 슬픔을) 덜다, 완화시키다, 편하게 하다

Nowadays, new medical technology can alleviate back pain.

완화시키다

levity 가벼움, 경박, 경솔

---

elevation
[èləvéiʃən]

n. altitude, height

e(out) + lev(lift) + ation: '밖으로 올려진 것' → 높이

The aircraft had reached its cruising elevation of about 37,000 feet.

높이

---

relieve
[rilíːv]

v. reduce, soothe, comfort

re(again) + live < lev(light): '다시 가볍게 하다' → 경감하다, 덜다 → 줄이다 → 구제하다, 구조하다

Morphine can relieve much of the pain from external trauma.

덜다

---

liter = letter: 글자

literacy
[lítərəsi]

n. education, learning, knowledge

liter(letter) + acy: '글자를 만들 수 있음' → 문자 해독 능력 → 읽고 쓸 줄 앎, 식자

A high literacy rate is essential for a successful country.

읽고 쓸 줄 앎

---

literal
[lítərəl]

a. meaning; exact, accurate

liter(letter) + al: '글자의' → 글자 그대로 적힌, 원문에 충실한; (의미 등이) 문자 그대로인 → (사람이) 말 그대로를 받아들이는, 융통성 없는, 상상력[재미] 없는 → 거짓 없는, 순전한

In this case, the people there are fighting, in a literal sense, for their homes.

글자의; 정확한

literature(글로 꾸며진 것 →문학, 문헌)

obliterate(글자를 없애다 →문자를 지우다, 기억에서 지우다, 제거하다)

| 예 문 해 석 |

alleviate 최근에는 새로운 의학기술로 요통을 완화시킬 수 있다. **elevation** 그 항공기는 약 37000피트의 순항고도에 도달했다. **relieve** 모르핀은 외부충격으로 인한 고통을 상당부분 경감할 수 있다. **literacy** 높은 식자율은 국가의 성공에 필수적이다. **literal** 이 경우, 거기에 있는 사람들은 말 그대로 집을 위해 싸우고 있다.

literary [lítərèri] ▤	***a.*** well-read, learned, formal, intellectual liter(letter) + ary: '글로 꾸며진' → 문학적인, 문학의 His poetry is full of obscure literary allusion.	문학의
literate [lítərit] ▤	***a.*** educated, informed, knowledgeable liter(letter) + ate: '글자를 만들 수 있는' → 글을 읽고 쓸 줄 아는 Less than 10% of the adult population is not fully literate.	글을 읽고 쓸 줄 아는

loc = place: 장소

allocate [æləkèit] ▤	***v.*** ① provide ② designate ③ distribute al < ad(to) + loc(place) + ate: '~에게 위치를 두다' → 위 치를 정하다 → (일, 임무 등에) 배치하다, 지정하다 → [allocate A B/ allocate B to A] 할당하다, 배분하다 The government plans to allocate special funds for disaster relief.	① 위치 정하다 ② 배치하다, 지정하다 ③ 배분하다 locomotion(장소를 움직임 →이동, 운송기관) dislocate 위치를 바꾸다, 뒤틀리게 하다, 혼란시키다
local [lóukəl] ▤	***a.*** district, regional loc(place) + al: '장소의' → 지방의 Some local residents had joined the students' charity work.	공간의
locate [loukéit] ▤	***v.*** place; find loc(place) + ate: '장소를 만들다' → 위치를 정하다 → 장소 에 두다 → 장소에 위치하다 → 위치를 알아내다 → 발견하다 Taxes are a huge consideration when choosing a where to locate a business.	두다; 위치를 알아내 다, 소재 파악하다

log, loq = word, say: 말하다

| **eloquent**
[éləkwənt]
▤ | ***n.*** persuasive
e(out) + loqu(speak) + ent: '밖으로 잘 말하는' → (사람
이) 웅변인, 달변인 → (담화, 문체 등이) 감명을 주는, 사람을 감동
시키는 힘이 있는, 설득력 있는 → (사물이) (감정, 특징, 상태 등을)
뚜렷이 표현하는

An eloquent speech can do a lot more than a list of facts. | 웅변인

colloquial(함께 말하는→구어
체의, 회화체의)
eulogy(좋은 말씨 → 찬미, 찬양)
grandiloquent(크게 말하는→
과장된, 호언장담하는)
obloquy(거슬리게 말하는 것→
욕설, 비난, 오명, 불명예)
soliloquy(혼자 말하는 것→독백)
somniloquy(잠자며 말하는 것
→잠꼬대) |

| 예 문 해 석 |

literary 그의 시는 모호한 시적 암시로 가득하다. literate 성인인구의 10퍼센트 미만은 온전한 식자층이 아니다. allocate 정부는 재난 구호를 위해 특별기금을 할당하였다.
local 몇몇 지역주민들은 학생들의 자선활동에 동참해왔다. locate 세금은 사업체의 위치를 선정할 때 매우 중요한 고려사항이다. eloquent 한 번의 유창한 연설이 수많은 사
실보다 영향을 더 많이 끼칠 수 있다.

loquacious
[loukwéiʃəs]

a. talkative, garrulous

loq(say) + uacious: '말이 많은' → 수다스러운

Someone who talks a lot is called a loquacious person.

수다스러운

prologue
[próulɔ:g]

n. ↔ epilogue 발문, 후기

pro(front) + log(say) + ue: '앞의 말' → 서언, 머리말

The prologue to the essay is written in the form of a newspaper column.

서언

---

lut, lug, luv = water, wash: 물의, 씻다

deluge
[délju:dʒ]

n. flood, downpour

원래는 라틴어 diluvium가 어원.

de(down) + luge < luve(washing): '씻어 내림' → 큰물, 대홍수; ⟨the Deluge⟩ 노아(Noah)의 대홍수 → 큰비, 호우 → (홍수처럼) 밀어닥치는 것, (~의) 쇄도; 범람 / ~을 넘치게 하다, 범람시키다 → 물에 잠기게 하다; ~을 흠뻑 젖게 하다 → 쇄도하다, 밀어닥치다 → (남에게) (질문 등이) 쏟아지다

More than 45 homes were damaged in the deluge in 1972.

n. 큰물, 대홍수; 쇄도; 범람

v. 범람시키다, 물에 잠기게 하다; 쇄도하다

diluvium(멀리 물로 씻김→노아의 대홍수)

antediluvian((ante (before) + diluvian) 노아의 대홍수 이전의, 태고의

dilute
[dilú:t]

v. reduce, water down, weaken

di(away) + lut < lav(wash) + e: '멀리 씻다' → 묽게 하다, 희석하다 → (색을) 엷게 하다 → 강도/효력을 약화시키다

The poisons inserted into the patient's blood vessels were slowly diluted.

희석하다

lave(물로 씻다→목욕하다)
lavatory(씻는 장소→화장실)
lavish(물 쓰듯→아끼지 않는, 마음이 후한)
laundry(물로 빨고 건조시키는 것→세탁, 세탁물)

pollute
[pəlú:t]

v. contaminate, dirty, poison, soil

원래 의미: '더럽히다'

Heavy industry pollutes rivers with toxic chemicals.

더럽히다

---

luc, lum, lumin, lun, lus = light: 빛

elucidate
[ilú:sədèit]

v. clarify, explain, interpret, illuminate

e(out) + luc(light) + id + ate: '밖으로 빛나게 하다' → 명백히 하다, 밝히다, 해명하다, 설명하다

A spokesman of the Federal Bank was unable to elucidate the situation.

밝히다

| 예 문 해 석 |

loquacious 말을 많이 하는 사람을 수다쟁이라고 한다. **prologue** 이 수필의 서문은 신문 칼럼의 형태로 씌어져 있다. **deluge** 45가구 이상이 1972년 발생한 대홍수에 의해 피해를 입었다. **dilute** 환자의 혈관에 투여된 독약들이 천천히 희석되었다. **pollute** 중공업은 강을 유독성 화학물질로 오염시킨다. **elucidate** 연방은행의 대변인은 그 상황을 밝힐 수 없었다.

illuminate
[ilú:mənèit]

v. light up, brighten; explain, clarify

il(into) + lumin < lumen(light) + ate: '안으로 밝게 하다' → 빛을 비추다, 조명하다, 밝게 하다 → 분명히 밝히다, 해명하다, 명백히 하다

The dark night sky was illuminated by forked lighting.

비추다; 명백히 하다

lumen 빛의 단위
luminant 빛나는
luminary(빛을 발하는 것 →발광체, 유명인사)
luminous 빛나는

illustrate
[íləstrèit]

v. verify, represent

il(into) + lustr < lux(light) + ate: '안으로 밝게 하다' → (보기나 삽화를 넣어) 밝히다 → (예를 들어) 설명하다, 예증하다 → 삽화를 넣다 → 계몽하다, 교화하다

The recent train crash illustrates the point that we need to overhaul our infrastructure.

설명하다

luxury(번쩍거리는 것→사치품)
luxuriate(번쩍거리게 하다 →번창하게 하다→무성하다, 호화롭게 살다)

lucid
[lú:sid]

a. clear, evident, obvious, manifest

luc(light) + id: '빛나는, 밝은' → 맑은 → 투명한 → 명쾌한 → 알기 쉬운

The space telescope has provided a lucid image of Pluto.

이해하기 쉬운

lucifer 샛별, 금성
lucubrate(불 밝혀 일하게 하다→힘써 일하다, 밤늦게 공부하다)
pellucid(완전 빛나는→명료한)

lunatic
[lú:nətik]

a. madman, maniac, psychopath, nutcase

원래 의미: '달의 영향을 받은' → 달의 기운을 받으면 미친다고 여김.

Behaving like a lunatic is a good way to get locked up.

정신 이상의

luster
[lʌ́stər]

n. radiance, brilliance, luminosity

lust < lux(light) + er: '빛나는 것' → (표면의) 광택, 윤 → 광택제 → (우수성, 장점 등의) 광휘, 영광; 명성 / (도기, 천 등에) 광택을 내다 → ~에 영광[명성]을 주다

Gold and silver retain their luster comparatively longer than other metals.

광택

lustrous(빛나는→광택나는, 번쩍이는)
illustrous(안으로 밝게 하는→혁혁한, 걸출한, 저명한)
lackluster 광택이 없는, 빛나지 않은; 흐리멍텅한, 활기없는

translucent
[trænsljú:sənt]

a. transparent

trans(through) + luc(light) + ent: '빛만 통과시키는' → 반투명의

The building is roofed partially with translucent plastic.

반투명의

| 예 문 해 석 |

illuminate 어두운 밤하늘이 갈라 치는 번개에 의해 번쩍거렸다. illustrate 최근의 열차충돌사고는 우리가 하부구조를 점검해야 할 필요가 있다는 점을 설명해 준다. lucid 우주망원경은 뚜렷한 명왕성 이미지를 제공해 왔다. lunatic 미친 사람처럼 행동하면 구금되기에 딱 좋다. luster 금과 은은 다른 금속에 비해 비교적 오랜 기간 동안 광택을 유지한다. translucent 그 빌딩의 지붕은 부분적으로 반투명한 플라스틱으로 덮여있다.

lud, lus = play: ~을 하다, 놀다

allude
[əlúːd]

v. refer, mention

al < ad(to) + lud(play) + e: '~을 하다, 놀다' → 흉내내다
→ 암시하다, 넌지시 말하다

The Secret Service has located information that alludes to an attack.

암시하다

---

collusion
[kəlúːʒən]

n. conspiracy, complicity

co(together) + lus(play) + ion: '함께 ~을 하는 것' →
공모, 결탁

Some rich people, in collusion with stock brokers, obtain large sums of fortune.

공모

---

delude
[dilúːd]

v. deceive, cheat, trick, take in

de(down) + lud(play) + e: '잘못해서 행동하다' → 속이다,
착각하게 하다

The President was deluding himself if he thought he was safe from the accident.

속이다

---

elude
[ilúːd]

v. escape, evade, avoid

e(out) + lud(play) + e: '장난치듯 밖으로 빠져나가다' → (위
험 등을) 교묘하게 몸을 돌려 피하다, 벗어나다 → (법, 의무 등을)
회피하다 → (사물이 이해 등에서) 빠져나가다

The convicts have eluded the police for 12 years.

잘 피하다

elusive 피하는

---

illusion
[ilúːʒən]

n. impression, delusion, misconception

il(into) + lus < lud(play) + ion: '마음속에서 장난침' → 환
영, 환각 → 환상, 착각

The illusion of wealth is spurred on by television and magazines.

환상

ludicrous(장난스런→우스
꽝스런)

---

prelude
[préljuːd]

n. introduction, beginning, start

pre(before) + lud(play) + e: '앞서 연주하다' → 전주곡,
서곡

The conference, which began this afternoon, was a prelude to a G8 summit meeting.

전주곡

| 예 문 해 석 |

allude 정보기관은 공격이 암시된 정보를 찾아내었다. **collusion** 주식 중개인들과 결탁한 몇몇 부자들은 많은 돈을 번다. **delude** 만약 대통령이 자신은 그 사고로부터 안전
하다고 생각했다면, 자신을 기만한 것이다. **elude** 그 죄수는 12년간 경찰을 잘 피해왔다. **illusion** 부에 대한 환상은 텔레비전과 잡지들에 의해 자극된다. **prelude** 오늘 오후
에 시작된 회담은 G8 정상회담의 서곡이었다.

mag, maj, magn, magni = big, great: 커다란

magnanimous
[məɡnǽniməs]

a. generous, kind, noble
magn(great) + anim(heart) + ous: '마음 씀씀이가 큰'
→ 도량이 큰, 관대한

German banks are known as magnanimous in their lending.

도량이 큰

---

magnificent
[mæɡnífəsənt]

a. superb, grand, great, large
magni(great) + fic(make) + ent: '크게 만든' → 웅장한,
장엄한

The view from the summit was magnificent.

웅장한

---

magnify
[mǽɡnəfài]

v. amplify, intensify
magni(great) + fy(make): '크게 만들다' → 확대하다 → 확
대하여 보여주다 → 과장하다

A lens would magnify the film so it would be like a large
picture.

크게 하다

magnitude 크기

---

majesty
[mǽdʒisti]

n. grandeur, glory, splendour
원래 의미: '위대함'의 의미

Their Majesties celebrated our visitation by giving us a little
gold teaspoon.

장엄

---

majority
[mədʒɔ́(:)rəti]

n. most, mass, bulk, best part, better
   part
maj(big) + ority: '큰 쪽의' → 대부분

Still a majority of voters continue to support Democrats.

대부분

---

maxim
[mǽksim]

n. proverb, saying
원래 의미: '최대의 (전제)'의 뜻 → 격언, 금언, 처세훈, 좌우명

There is an old maxim, "look before one leaps."

격언

| 예문해석 |

magnanimous 독일 은행들은 대출에 관대하다고 알려져 있다. **magnificent** 정상에서 바라본 경치는 웅장하다. **magnify** 렌즈가 필름을 확대시켜서 커다란 사진처럼 보이게 할 것이다. **majesty** 황제 황후 양 폐하는 작은 금 찻숟가락을 주면서 우리의 방문을 축하했다. **majority** 여전히 투표자 중 다수가 민주당을 계속 지지한다. **maxim** '돌다리도 두드려보고 건너라'라는 오래된 격언이 있다.

mal = bad, wrong: 나쁜

dismal
[dízməl]

a. bad, awful, dreadful, rotten, terrible
dis(days) + mal(bad): '불길한 나날' → 음침한, 우울한

The main part of the hospital is pretty lively but the psycho ward is dismal.

음침한

---

maladroit
[mæ̀lədrɔ́it]

a. unskilled, awkward, clumsy
mal(bad) + adroit(right, justice): '올바르지 않은' → 오른쪽(오른손잡이)이 아닌 → 서투른

The first interview of the presidential spokesman with the press was rather maladroit.

서투른

maldiction 저주

---

malefactor
[mǽləfæ̀ktər]

n. wrongdoer ↔ benefactor 의인
mal(bad) + e + fac(make) + tor(person): '나쁘게 만드는 사람' → 악인, 범인

He gave the appearance of a businessman, but the trial revealed him to be a malefactor.

악인

malevolent 악의 있는
malfunction 고장
malice 악의
malign 악의 있는
malinger 꾀병을 부리다
malnutrition 영양 부족

---

mani, manu = hand: 손의

emancipate
[imǽnsəpèit]

v. release ***n.*** liberator
e(out) + man(hand) + cip(take) + ate: '잡힌 손을 풀어 자유롭게 하다' → (노예를) 해방하다 → (사람을) (지배, 속박, 인습 등에서) 해방하다, 자유롭게 하다 → 《로마法》 (아이, 아내를) 가장권(家長權)에서 해방하다

Newly emancipated states from Soviet Union in Eastern Europe wanted to join the EC.

v. 해방하다
n. 해방자

manacle(손에 있는 것→ 수갑, 구속)
manner(손으로 다루는 법 →일처리 방법→방법, 방식)
manuscript(손으로 쓴 것 →원고, 사본)

---

manage
[mǽnidʒ]

v. be in charge of, run, handle, direct
man(hand) + age: '손으로 다루다' → 처리하다, 관리하다, 제어하다

Over the past six years, the company has managed a 20 percent improvement despite the current economic recession.

처리하다

| 예 문 해 석 |
dismal 그 병원의 중심부는 매우 활기차지만 정신병동은 음울하다. maladroit 대통령 대변인의 언론과의 첫 인터뷰는 다소 서툴렀다. malefactor 그는 사업가의 외모를 풍겼지만, 재판은 그가 악인이라는 것을 밝혀냈다. emancipate 동유럽에 위치한 소비에트 연방에서 새로이 해방된 나라들은 유럽공동체에 가입하길 원했다. manage 과거 6년간, 그 회사는 작금의 경제침체 속에서도 20퍼센트의 성장을 이루어냈다.

mandate
[mǽndeit]

n. command, order, commission, instruction
man(hand) + date < dare(give): '손에 주는 것' → 주인
이 소작인에게 써서 준 경작의 권한 위임 계약서 → 권한의 위양 →
위임, (국제 연맹으로부터의) 위임 통치[령] → 교황이 교구를 다스릴
성직자를 임명하면서 주는 명령서 또는 임명 서한 → 명령, 지시

The Union already had a mandate to push for a strike.

명령

---

mandatory
[mǽndətɔ̀:ri]

a. required, compulsory, obligatory
man(hand) + dat < dare(give) + ory: '손에 주는' →
〈나라의〉 통치가 위임된 → 명령의, 훈령의 → 직권으로 명령된, 강
제적인, 의무적인, 필수적인

Attending the military is mandatory under Korean law.

명령의

---

manifest
[mǽnəfèst]

a. obvious, clear
mani(hand) + fest(strike): '손에 맞은' → 촉감할 수 있는
→ 분명히 알 수 있는 → 명백한

Subjugating the riots was the manifest failure of the police.

apparent: 한 번 보아 알 수 있을 정도로 분명한
clear: 틀릴 여지가 없을 정도로 분명한
evident: 외적 증거로서 명백한
manifest: 즉각적으로 이해할 수 있을 정도로 분명한
obvious: 혼동/의문의 여지가 없을 정도로 명백한

명백한

---

manipulate
[mənípjəlèit]

v. manage, handle, control
mani(hand) + pul(drive) + ate: '손으로 다루다' → 솜씨
있게 다루다 → 교묘하게 조작하다 → 조작하여 속이다

Children manipulate their parents in order to receive gifts.

다루다

---

manual
[mǽnjuəl]

a. hand-operated
n. handbook, guidebook
원래 의미: '손의' 뜻 → 손으로 하는 → 수동의, 소책자

Manual labor usually pays less, but it can be quite rewarding.

a. 손으로 하는
n. 소책자

---

manufacture
[mæ̀njəfǽktʃər]

v. make, produce, construct, create
manu(hand) + fact(make) + ure: '손으로 만들다' → 제
조하다 → (이야기를) 날조하다

Cars are manufactured on a large scale in massive factories.

제조하다

| 예 문 해 석 |

mandate 그 조합은 이미 파업을 요구할 권한을 갖고 있었다. mandatory 군복무는 한국 법에 따른 의무적인 것이다. manifest 폭동제압은 명백한 경찰의 실패였다.
manipulate 아이들은 선물을 받기 위해 부모들을 다룬다. manual 수작업은 대개 비용은 덜 나가지만, 보상은 훨씬 많을 수 있다. manufacture 자동차는 대형 공장에
서 대량 생산된다.

med, mid = middle: 중간의

intermediate
[ìntərmíːdiit]

n. middle, mid, halfway, in-between

inter(between) + med(middle) + iate: '중간 사이에 있는 것' → 중간물, 중재자

A trip to Madrid from Seoul has many intermediate stopovers.

중간물

---

meddle
[médl]

v. interfere, intervene, intrude

원래 의미: '섞다' 의 뜻.

When the atomic bomb was developed, people were asking whether scientists have any right to meddle in such matters.

간섭하다

meddlesome 지겹게 간섭하는

---

mediate
[míːdièit]

v. intervene, step in, intercede, referee

원래 의미: '한가운데에 두다' 의 뜻.

In this case the president will aim to mediate between the two countries.

조정하다

---

medium
[míːdiəm]

n. means, method

원래 의미: '중간의' 뜻.

English is a medium for expressing our own thoughts and feelings with foreigners.

수단

---

ment = mind: 마음의, 정신의

comment
[kámənt]

n. remark, statement

원래 의미: '고안(考案)' 의 뜻.

The White House refused to make a comment on the terrorist attack.

논평

| 예 문 해 석 |

intermediate 서울에서 마드리드로 가는 여행에는 중간 경유지가 많다. **meddle** 원자폭탄이 개발되었을 때, 사람들은 과학자들이 그런 문제에 관여할 권리가 있는지의 여부에 대해 의문을 가졌다. **mediate** 이 경우, 대통령은 두 나라 사이에서 중재를 시도할 것이다. **medium** 영어는 우리의 생각이나 감정을 외국인에게 표현하는 수단이다. **comment** 백악관은 테러리스트의 공격에 대해 언급하는 것을 거절했다.

mental
[méntl]

a. intellectual, rational, theoretical, cognitive

원래 의미: '정신' 의 뜻.

Convicts who have mental disabilities are imprisoned in psych ward.

마음의

vehement
[víːəmənt]

a. furious, severe, intense

vehe(lack) + ment(mind): '마음을 빼앗아 가는' → 격렬한, 열렬한

The protest was largely due to one vehement opponent to the current administration.

열렬한.

---

merg, mers = plunge: 잠기다, 가라앉다

---

emerge
[iméːrdʒ]

v. appear, come out, arise

e(out) + merge(dip): '물 밖으로 나오다' → 나오다, 나타나다 → (빈곤 등에서) 빠져나오다

Soon it will emerge from the cocoon as a butterfly.

나오다

emergent 나타나는
emersion(물 밖으로 나옴 →출현, 재현)

emergent
[iméːrdʒənt]

a. ① present ② urgent

e(out) + merge(plunge) + nt: '물 밖으로 나오는' → 나타나는, 출현하는 → 긴급한, 불시의

When the dictator was assassinated, there was an emergent nationalism movement.

① 나타나는
② 긴급한

immerse
[iméːrs]

v. plunge, dip, submerge

im(into) + merse(plunge): '물 속으로 잠기게 하다' → 담그다, 빠져들다

The subject should be immersed in the liquid.

담그다

merge
[məːrdʒ]

v. combine, blend, fuse

원래 의미: '물에 잠기다' → (2개 이상의 것들이) 한 곳으로 흡수되다 → 융합하다 → 녹아들다, 몰입하다 → (2개 이상의 기업들이) 합병하다

Hyundai Motors merged with Kia Motors a few years ago.

합병하다

| 예 문 해 석 |
mental 정신질환이 있는 죄수들은 정신병동에 투옥된다. vehement 시위는 대체로 현 행정부에 격렬한 반대자 때문이다. emerge 곧 그것은 고치로부터 나비의 모습으로 나타날 것이다. emergent 그 독재자가 암살당했을 때, 신흥 민족주의 운동이 일어났다. immerse 그 물질은 반드시 액체에 담겨야 한다. merge 현대자동차는 수년 전에 기아자동차와 합병했다.

submerge [səbmə́:rdʒ] 	***v.*** underwater, flood, overflow sub(under) + merge(dip): '물 속에 잠기게 하다' → 물에 잠그다 Some structures have already been submerged by the rising floodwater.	물에 잠그다

minent = jut out, project: 튀어 나오다, 돌출시키다

eminent [émənənt] 	***a.*** prominent, noted, respected e(out) + minent(project): '밖으로 돌출한' → 높은, 뛰어난, 저명한 Eminem is an eminent rapper, and he has maintained his status for quite some time.	뛰어난
imminent [imənənt] 	***a.*** impending, coming im(into) + minent(project): '안으로 돌출한' → 안으로 눈 에 띄게 나타나는 → 곧 닥쳐올 것 같은 → 촉박한, 절박한 The troops continue to arrive and war seems imminent.	일촉즉발의
preeminent [priémənənt] 	***a.*** foremost, outstanding pre(before) + e(out) + minent(jut out): '미리 밖으로 돌출한' → 아주 뛰어난, 탁월한 → 현저한 President Bush's eight years as the preeminent political figure in the world cannot be ignored.	탁월한
prominent [prámənənt] 	***a.*** famous, noticeable pro(front) + minent(project): '앞에서 눈에 띄는' → 저명 한, 탁월한, 두드러진 The Vice President is a prominent member of the House.	두드러진

mini, minu = small: 작은

diminish [dəmíniʃ]	***v.*** decrease, reduce di(away) + mini(smallest) + sh: '멀리 작게 만들다' → 줄이다, 감소하다 → (명예, 지위, 평판을) 떨어뜨리다 This last failure does nothing to diminish the years of success that this company has had.	줄이다

| 예 문 해 석 |

submerge 몇몇 구조물들은 홍수 수위 상승으로 인해 이미 물에 잠겨 버렸다. **eminent** 에미넴은 저명한 래퍼인데, 그는 그의 지위를 상당히 오래 동안 유지해왔다.
imminent 부대들이 계속 도착했으며, 전쟁이 임박해 보였다. **preeminent** 세계에서 뛰어난 정치가로서의 부시 대통령의 8년 세월은 무시될 수 없다. **prominent** 부통령
은 하원의 주요 구성원이다. **diminish** 이 마지막 실패는 이 회사가 거둔 여러 해 동안의 성공을 전혀 감소시키지 않는다.

diminutive [dimínjətiv]	***a.*** small, tiny di(away) + minut(smallest) + ive: '멀리 작게 만드는' → 소형의, 자그마한, 아주 작은 The microscope was developed to examine diminutive substances.	작은
mince [mins]	***v.*** cut, grind, crumble 원래 의미: '작게 하다' 의 뜻. Jerky is generally made from minced beef.	잘게 썰다
miniature [míniətʃər]	***n.*** small things mini(small) + ature: '작게 만든 것' → 작은 화상, 작은 모양 The warden provided a perfect introduction to the Fox River prison with its miniature scale model.	축소 모형
minimize [mínəmàiz]	***v.*** reduce, decrease mini(smallest) + mize: '가장 작게 하다' → 극소화하다 → 최소로 추산하다 → 과소평가하다 → 얕보다 Concerned people want to minimize the risk of another war.	양 또는 수를 최소 한도로 하다 minor(작은 것→작은, 미성년) minus(작게 하다→마이너스) minimal(작게 된→최소의)
minute [mainjúːt]	***a.*** tiny, very small minu < mini(smallest) + te: '작게 하다' → 시간을 작게 쪼개는 → 1분, 순간 → 미세한, 상세한, 정밀한 The security plan for the inauguration ceremony was planned in the minutest detail.	미세한

mis, mit = send: 보내다

admittance [ædmítəns]	***n.*** admission, entrance ad(to) + mit(send) + tance: '~로 보내다' → 입장 Admittance to the president's speech was closely guarded.	입장 admit 입장을 허락하다 intermittent 때때로 중단되는

| 예 문 해 석 |
diminutive 현미경은 미세한 물질을 조사하기 위해 개발되었다. mince 육포는 주로 갈아놓은 쇠고기로 만들어진다. miniature 그 교도소장은 축소모형으로 폭스리버 교도소를 완벽하게 소개했다. minimize 걱정을 하는 사람들은 또 다른 전쟁의 위험이 최소화되기를 바란다. minute 취임행사에 대한 보안계획은 가장 치밀하게 세워졌다. admittance 대통령 연설장의 입장은 면밀하게 감시되었다.

commit [kəmít] 	**v.** do, perform, carry out, execute com(together) + mit(send): '함께 보내다' → 맡기다, 수감하다, 떠맡다 Catholics believe it is a sin to commit suicide.	위탁하다
demise [dimáiz] 	**n.** ① disappearance ② end, decline de(down) + mise < miss(send): '아래로 보내다' → 사망, 죽음 → (제도, 존재 등의) 소멸, 종료 → (재산권의) 양도, (왕위의) 계승 With the change of Administration, there was the demise of the reform movement.	① 사망, 서거 ② (제도 등의) 소멸, 종료 premise(먼저 보낸 것→전제, 가정) promise(앞으로 보낸 것→약속, 계약) surmise(머리 위로 보내다→추측하다, ~라고 생각하다)
dismiss [dismís] 	**v.** reject, refuse dis(away) + miss(send): '멀리 보내다' → 쫓아버리다, 퇴거시키다 → 해고하다, 내쫓다 → (집단을) 해산시키다, 퇴장시키다 The violent angry mob was dismissed by riot police forces.	해산시키다 missile(쉽게 보내는 것→유도탄) mission(보내는 것→사절단, 특별임무) remiss(뒤로 보내진→태만한, 부주의한)
emit [imít] 	**v.** ① release, send out, exhale, give off ② designate e(out) + mit(send): '밖으로 보내다' → (빛, 열 등을) 방출하다, 내뿜다 → (이견 등을) 투로하다 → (지폐 등을) 발행하다, (법령 등을) 공포하다 The carbon gasses that automobiles emit are partly responsible for global warming.	① 방출하다 ② 나타내다, 표명하다
intermittently [intərmítəntli] 	**ad.** sporadically, fitfully, on and off inter(between) + mit(send) + tently: '사이에 보내지는' → 가끔 있는 → 간헐적으로 The six-party talk has gone on intermittently for several years.	간헐적으로, 단속적으로
mission [míʃən]	**n.** task, job, commission, duty mis(mit) + sion: '보내는 것' → 사절단, 특별임무 President Bush proclaimed 'mission accomplished' right after the U.S. army conquered Baghdad.	임무

| 예 문 해 석 |

commit 가톨릭 신자들은 자살행위를 죄악이라고 믿는다. **demise** 행정부가 바뀌자, 개혁운동의 소멸하였다. **dismiss** 격렬한 성난 군중들이 경찰기동대에 의해 해산되었다. **emit** 자동차가 방출하는 이산화탄소는 지구 온난화에 일부 책임이 있다. **intermittently** 육자회담은 몇 년 동안 간헐적으로 진행되었다. **mission** 부시대통령은 미군이 바그다드를 점령한 직후, '임무 완수'를 선언했다.

omit [oumít] 	***v.*** exclude, leave out o < ob(against) + mit(send): '반대하여 보내다' → (~에서) 생략하다; ~을 빠뜨리고 쓰다 → 누락시키다, 제외하다 → ~을 빠뜨리다, 등한히하다, 게을리하다 We will omit the names of the deceased out of respect for the families.	생략하다
permission [pərmíʃən] 	***n.*** authorization, sanction, licence, approval per(through) + mis(send) + sion: '~을 통해 보내지는 것' → 허가, 허락 A visa is an official document which grants permission to enter a foreign country.	허가
submit [səbmít] 	***v.*** ① surrender, yield ② present, hand in, turn in sub(under) + mit(send): '아래로 보내다' → (사람을) 복종시키다, 굴복시키다 → (계획, 서류를) 제출하다 → 의견으로서 제기하다 Failure to submit the documents on time will result in a large fine.	① 복종시키다 ② 제출하다
transmit [trænsmít] 	***v.*** communicate, broadcast, televise trans(across) + mit(send): '넘어 보내다' → 보내다, 송달하다 → 전하다, 알리다 → 병을 옮기다, 전염시키다 → (빛, 열을) 전도하다 A modem allows a computer to transmit data.	전하다

mod = mode: 방법, 형식

accommodation [əkámədèiʃən] 	***n.*** adaptation, adjustment; housing ac < ad(to) + com(together) + mod(manner) + ation: '~에 같은 방법으로 맞추는 것' → ~에 적합하게 하기 → 적응, 숙박 설비 The government will provide temporary accommodation for up to two thousand refugees.	적응; 숙박 설비

| 예 문 해 석 |
omit 우리는 가족에 대한 경의를 표하기 위해 사망자들의 이름을 생략할 것이다. **permission** 비자는 외국에 입국하는 것을 허락하는 공문서이다. **submit** 제 시간에 서류를 제출하지 못하면 많은 벌금이 부과될 것이다. **transmit** 모뎀은 컴퓨터가 데이터를 전송하는 것을 가능하게 한다. **accommodation** 정부는 2천명에 이르는 난민들을 위해 임시 숙박 시설을 제공을 제공할 것이다.

commodities
[kəmádətiz]

n. goods; article of trade
com(together) + mod(manner) + ity: '함께 하는 방법' → 공통 방법 → 함께 쓸 수 있는 것 → 편리한 것, 상품

The government had to increase prices overall on basic commodities such as bread and meat.

상품

mode 방법, 형태, 유행
commode(선반이 아랫쪽에 있는) 이동식 세면대: 침실용 변기
commodious(함께 쓸만한→넓고 편리한)

---

moderate
[mádərət]

a. medium, temperate
moder < modus(mode) + ate: '틀에 맞게 하다' → 절제하는 → 절도있는 → 온건한 → 적당한 → (질, 크기가) 중간 정도의 → (값이) 알맞은

Both Israel and Hamas have called for a moderate solution to the clash.

moderate: '극단으로 달리지 않는' 이라는 소극적인 뜻.
temperate: 자신을 억제하여 일정한 한도 내에 머무른다는 뜻으로 특히 감정/음식에 씀.

온건한

moderato(적당한 빠르기→알맞은 속도→보통 빠르기)
modulate 조정하다

---

modify
[mádəfài]

v. change, revise
mod < modus(mode) + ify(make): '틀에 맞게 만들다' → 조절하다 → 모양/성질을 틀에 맞게 고치다 → 부분적으로 수정하다

The House members didn't agree to modify their national budget policies.

모양이나 성질을 약간 고치다

---

moni = show, tell: 보여주다, 말하다

admonish
[ædmániʃ]

v. advise, reprove
ad(to) + moni(warn) + sh: '~에 경고하다' → 충고하다

Tom admonished Mary that she should not go there.

충고하다, 훈계하다

monitor 충고자, 모니터
premonition 징후

---

demonstrate
[démənstrèit]

v. prove, indicate, show
de(completely) + monstr(show) + ate: '철저하게 보여주다' → 논증하다, 증명하다

The purpose of the entrance exam is to demonstrate your level of competence.

논증하다

| 예 문 해 석 |

commodities 정부는 빵이나 고기와 같은 생필품 전반에 걸친 가격을 인상해야만 했다. **moderate** 이스라엘과 하마스 모두 충돌에 대한 온건한 해결책을 요청해왔다.
modify 하원의원들은 국가예산정책의 수정에 대해 동의하지 않았다. **admonish** 탐은 메리에게 그 곳에 가지 말라고 주의를 주었다. **demonstrate** 입학시험의 목적은 당신의 능력의 수준을 보여주는 것입니다.

V O C A B U L A R Y **TEST 5**

1. Initial

(A) written
(B) originated
(C) overwhelming
(D) short

2. Transition

(A) rotation
(B) replica
(C) change
(D) encroachment

3. Intermittent

(A) harmonious
(B) fascinating
(C) intense
(D) sporadic

4. Reject

(A) guess
(B) decline
(C) confuse
(D) predict

5. Collaborate

(A) accumulate
(B) enumerate
(C) impel
(D) cooperate with

6. Elaborate

(A) deliberate
(B) illegal
(C) secret
(D) isolated

7. Laborious

(A) eminent
(B) primitive
(C) authentic
(D) diligent

8. Collect

(A) blend
(B) gather
(C) cover
(D) initiate

9. Relieve

(A) spurn
(B) reduce
(C) formulate
(D) set free

10. Allocate

(A) nationalize
(B) commandeer
(C) tax
(D) provide

11. Locate

(A) catch
(B) find
(C) grow
(D) implant

12. Elucidate

(A) assert
(B) deem
(C) clarify
(D) blossom

13. Illuminate

(A) weaken
(B) accept
(C) explain
(D) darken

14. Illustrate

(A) rate
(B) list
(C) represent
(D) mediate

15. Magnify

(A) record
(B) screen
(C) amplify
(D) modify

16. Manifest

(A) obvious
(B) great
(C) meager
(D) obscure

17. Manipulate

(A) stretch
(B) represent
(C) manage
(D) attain

18. Merge

(A) advance
(B) blend
(C) publicize
(D) fashion

19. Minute

(A) numerous
(B) variable
(C) diverse
(D) small

20. Modify

(A) hamper
(B) change
(C) demand
(D) differentiate

Answer

1. B	2. C	3. D	4. B
5. D	6. A	7. D	8. B
9. B	10. D	11. B	12. C
13. C	14. C	15. C	16. A
17. C	18. B	19. D	20. B

mov, mob, mot = move: 움직이다

commotion
[kəmóuʃən]

n. agitation, riot

com(together) + mot(move) + ion: '함께 움직이는 것'
→ 동요, 소동, 폭동

It is upsetting, but nothing to make a commotion over.

동요

---

emotional
[imóuʃənəl]

a. psychological, private, personal

e(out) + mot(move) + ional: '밖으로 움직이는' → 감정적
인, 감동적인

That candidate aimed at people's emotional vote.

감정적인

---

motive
[móutiv]

n. reason, ground(s), purpose, object

mot(move) + ive: '움직임에 도움되는' → 동기, 목적, 저의

The doctor's motive was to bring an end to his patient's
everlasting suffering.

동기, 목적

motion(움직임→운동, 이동)
motor(움직이는 것→발전기)

---

promote
[prəmóut]

v. further

pro(forth) + mote(move): '앞으로 움직이다' → 진행시키
다, 촉진시키다 → 장려하다, 조장하다 → 승진시키다

We aim to promote peace and understanding, but we
understand that war may be necessary in this instance.

촉진시키다

demote(아래로 움직이다
→강등시키다)

---

remote
[rimóut]

a. far away, secluded

re(back) + mote(move): '뒤로 움직이는' → 뒤로 이동된
→ 거리가 먼, 멀리 떨어진 → 외딴

A new strategic unmanned bomber is operated by exquisite
remote controls.

멀리 떨어진

---

remove
[rimúːv]

v. eliminate, take away, take off

re(back) + move: '뒤로 움직이다' → 옮기다, 이동하다, 이사
하다 → 물러나게 하다, 면직시키다 → 치우다, 벗다 → 제거하다

The tumor was fully removed from the patient's liver.

제거하다

| 예 문 해 석 |

commotion 그것은 속상한 일이지만 동요를 일으킬 만한 것은 아니다. **emotional** 저 후보자는 사람들의 감정적인 투표를 겨냥했다. **motive** 그 의사의 동기는 그의 환자
의 계속적인 고통을 끝내려는 것이었다. **promote** 우리는 평화와 이해의 촉진을 목표로 하지만, 이 경우에는 전쟁이 필요할 지도 모른다는 것을 이해하고 있다. **remote** 새로운
전략 무인 폭격기는 정교한 원격 조작기에 의해 작동된다. **remove** 그 종양은 환자의 간으로부터 완전하게 제거가 되었다.

mut = change: 바꾸다

commuter

[kəmjúːtər]

n. daily traveller, passenger, suburbanite
com(together) + mut(change) + er(person): '함께 바꾸는 사람' → 교외 통근자

The number of commuters to Seoul has dropped by 150,000.

교외 통근자

---

mutation

[mjuːtéiʃən]

n. variation, evolution, transformation
mut(change) + ation: '바꾸는 것' → 변화, 전환 → 돌연변이

Ecologists have found genetic mutation among local species.

돌연변이

mutable 변덕스러운
immutable 불변의
transmutation 변화, 변성

---

mutual

[mjúːtʃuəl]

a. shared, common, joint, returned
원래 의미: '차용(교환)한' 의 뜻 → 서로의, 상호의

The East and the West can work together for their mutual benefit.

서로의

---

nec, noc, nox = harm, death: 해로운, 죽음

innocent

[ínəsnt]

a. not guilty, in the clear, blameless
in(not) + noc(harm) + ent: '나쁘지 않은' → 흠없는, 죄가 없는, 순진한

Fathers always want their daughters to be innocent.

순진한

---

innocuous

[inákjuːəs]

a. harmless
in(not) + noc(harm) + uous: '해롭지 않은' → 독이 없는 → 악의 없는 → 불쾌감 주지 않는

Although mushrooms look innocuous, many are in fact lethal.

해가 없는

nocuous 해로운

---

noxious

[nákʃəs]

a. harmful
nox(harm) + ious: '해로운' → 유해한 → 유독한 → 불건전한

Carbon dioxide and other noxious gases are emitted near volcanoes.

몸에 해로운

obnoxious(~에 대해 해로운→비위 상하는→불쾌한→기분 나쁜)

| 예 문 해 석 |

commuter 서울로의 교외 통근자의 수는 15만 명이나 감소되었다. **mutation** 생태학자들은 지역 생물들 중에서 유전적 돌연변이를 발견했다. **mutual** 동양과 서양은 상호 이익을 위해 함께 일할 수 있다. **innocent** 아버지는 항상 딸들이 순진하기를 바란다. **innocuous** 버섯은 마치 무해한 것처럼 보이지만, 사실은 많은 버섯이 치명적이다. **noxious** 이산화탄소 및 기타 유독 가스들은 화산근처에서 방출된다.

pernicious

[pəːrníʃəs]

a. fatal, lethal

per(completely) + necis(violent death) + ous: '완전히 죽게 하는' → 해로운, 유해한

Pernicious TV programs are usually prohibited to adolescences.

유해한

---

nov = new: 새로운

innovate

[ínouvèit]

v. reform, renovate

in(into) + nov(new) + ate: '안으로 새롭게 하다' → 혁신하다, 쇄신하다

Technological innovation has made our lives rich.

혁신하다

novation(새롭게 하는 것 →갱신, 변경)

---

novel

[návəl]

a. new, unusual, original, innovative

nov(new) + el: '새로운' → 신기한 → 진기한 → 색다른

The protesters found a novel method of demonstrating against rapidly rising oil prices.

새로운 종류의

nova(새로운 것→신성, 샛별)
supernova 초신성
novice(새로운 사람→초심자, 풋내기)

---

novelty

[návəlti]

n. rarity, innovation, newness

nov(new) + elty: '새로운 것' → 진기함, 신기로움

Items bought for their novelty are often discarded rather quickly.

진기함

---

renovate

[rénəvèit]

v. restore, repair, renew

re(again) + nov(new) + ate: '다시 새롭게 하다' → 혁신하다, 쇄신하다 → 수선하다, 수리하다 → ~을 기운나게 하다, 활기를 불어넣다

We plan to renovate this old structure and make it a popular destination.

새롭게 하다, 수선하다

---

norm = rule: 규칙

abnormal

[æbnɔ́ːrməl]

a. unusual, different, odd, strange

ab(not) + norm(rule) + al: '규칙에서 벗어난' → 비정상의, 변칙의

An abnormal heartbeat can be a sign of something very serious.

비정상의

normal 정상의, 보통의
normalize 표준화하다

| 예 문 해 석 |

pernicious 유해한 TV 프로그램들은 대개 청소년에게는 금지된다. innovate 기술혁명은 우리의 삶을 풍요롭게 만들어 왔다. novel 시위자들은 급격히 상승하는 오일가격에 대항하는 새로운 시위방법을 발견하였다. novelty 참신함 때문에 도입된 아이템들은 종종 페나 빨리 폐기된다. renovate 우리는 이 낡은 구조물을 개조하여 유명한 장소로 만들 계획이다. abnormal 비정상적인 심장박동은 매우 심각한 증상의 전조일 수 있다.

| **enormous**
[inɔ́ːrməs]
 | **a.** huge, vast, large, many
e(out) + norm(standard) + ous: '표준을 능가한' → 거대한, 막대한, 엄청나게 큰

A tidal wave is an enormous wave. | 거대한 |

nom, nym, onomato = name, call: 이름, 부르다

| **anonymous**
[ənánəməs]
 | **a.** unknown, unsigned, nameless
an(not) + onym(name) + ous: '이름 없는' → 익명의, 작자 불명의

An anonymous phone call reported the suspect right after the murder happened. | 익명의

antonym(반대이름→반대말)
homonym(같은 이름→동명이인, 동음 이의어)
pseudonym(가짜이름→필명, 가명)
synonym(같은 이름→동의어) |
| **nominate**
[námənèit]
 | **v.** propose, suggest, recommend, put forward
nom(name) + inate: '이름을 짓다' → 지명하다, 임명하다

Hillary Clinton has been nominated as Secretary of State. | 지명하다 |

out = out, surpass: 밖에, 초과하다

outdistance [áutdístəns]	**v.** outstrip, outdo, exceed out(surpass) + di(apart) + stance(stand): '멀리 떨어져 서 있다' → 훨씬 앞서다, 능가하다 Barak Obama had outdistanced John MacCaine during the presidential election campaign.	훨씬 앞서다
outgrow [áutgróu]	**v.** become too large, too mature out(surpass) + grow(grow): '~보다 더 자라다' → 자라서 (옷을) 못 입게 되다 → 능가하다 Young children rapidly outgrow their clothing.	~보다 더 커지다
outlive [àutlív]	**v.** survive, remain alive, outlast out(surpass) + live(live): '~보다 더 오래 살다' → 후까지 살아 남다 Gorbachev predicted that it is impossible for communism to outlive capitalism.	~보다 오래 남다

| 예 문 해 석 |

enormous 해일은 거대한 파동이다. anonymous 살인 사건이 발생한 직후에 익명의 전화가 용의자를 알려왔다. nominate 힐러리 클린턴은 국무장관으로 지명되었다. outdistance 버락 오바마는 대통령 선거운동에서 존 맥케인을 훨씬 앞섰었다. outgrow 어린 아이들은 빨리 자라서 옷을 못 입게 된다. outlive 고르바초프는 공산주의가 자본주의보다 오래 살아남는 건 불가능하다고 예측했다.

outstrip [áutstríp] 	**v.** surpass, outdo, outshine out(superior) + strip(move quickly): '~보다 더 떼어버리다' → 추적에서 벗어나다 → 뒤처지게 하다 → 능가하다 → ~보다 더 뛰어나다 In the 1970s, demand for oil outstripped its supply so price soared.	뒤처지게 하다
outweigh [àutwéi] 	**v.** become important than, eclipse, outride out(superior) + weigh(weigh): '~보다 더 무게가 나가다' → 더 무겁다 → (가치, 중요성이) ~을 능가하다 → ~보다 중대하다 The advantages of the Iraq war largely outweigh the cost and disadvantages.	~보다 뛰어나다

pac, plais = please: 기쁘게 하다

placate [pléikeit, plǽkeit] 	**v.** appease, placify, soothe 원래 의미: '평화(peace)롭게 하다' 의 뜻 → 달래다, 진정시키다 Parents smiled and made a gesture intended to placate the child.	달래다
plead [pli:d] 	**v.** appeal, ask, request, beg, petition 원래 의미: '고소하다' 의 뜻 → 변호하다 It was no defense for the guards to plead that they were only obeying rules.	변호하다
pleasant [plézənt] 	**a.** pleasing, nice, fine, lovely, amusing pleas < plais(please) + ant: '기쁘게 하는' → 즐거운 Madam Vice President had a pleasant smile.	즐거운

para = side by side, next to: 나란히

comparison [kəmpǽrisən] 	**n.** contrast, distinction, differentiation com(together) + pari < para(next to) + son: '함께 나란히 두는 것' → 비교 It's the recommendations based on detailed comparison between the public and private sector.	비교

| 예 문 해 석 |

outstrip 1970년대에는 석유수요가 공급을 앞질러서, 가격이 급등했다. **outweigh** 이라크전쟁의 이익은 비용이나 손해보다 훨씬 많다. **placate** 부모님들은 미소와 제스처로 아이들을 달래려고 했다. **plead** 경비원들이 자신들은 단지 규칙을 준수하고 있었다고 주장하는 것은 방어책이 아니다. **pleasant** 부통령 부인은 상냥한 미소를 지었다. **comparison** 그것은 공공분야와 민간분야간의 구체적인 비교에 근거한 추천이다.

parable [pǽrəbəl] 	***n.*** fable, apologue 원래 의미: '비교'의 뜻에서 → 우화, 비유 The story is a pleasing parable of the problems created by greed.	우화
paradigm [pǽrədim, pǽrədàim]	***n.*** model, example, pattern, ideal para(beside) + digm(show): '옆에서 보여주다' → 이론적 틀, 예, 모범 Ford suggested a new paradigm of production.	이론적 틀
paradox [pǽrədàks / -dɔ̀ks]	***n.*** contradiction, puzzle para(beside) + dox(opinion): '(정설) 옆에 있는 의견' → 모순되어 보이나 실제로는 옳은 의견 = 역설 → 세간의 통설에 반하는 의견 → 자가당착적인 말 → 모순된 말 The paradox is that the region's most energetic economies have the most primitive financial systems.	역설 dogma 정설, 교리, 독단적 견해 orthodox(정통 의견→정설, 정설의) heterodox(다른 의견→이설의, 이단의)
paragon [pǽrəgàn, pǽrəgæ̀n]	***n.*** model, pattern para(on the side) + gon(whetstone): '옆에 있는 숫돌, 격려자' → 모범, 예 People don't expect politicians to be paragons of virtue.	모범 parade(옆에 나란히 모임→행렬) paragraph(나란히 써놓은 것→단락) paraphrase(나란히 쓴 어구→바꾸어 쓰다) parasite(옆에 사는→기생충)
parallel [pǽrəlèl] 	***v.*** match ***a.*** comparable para(beside) + allel(one another): '서로 옆에' → 나란하게 하다 → 평행하게 하다 → 옆에 세워 비교하다 → 필적하다, 유사하다. (선, 면 등이) 평행인 → 대응하는, 일치하는, 유사한 It is not hard to draw a parallel between this and last year's disaster.	v. 평행시키다; 유사하다, 필적하다 a. 평행인, 대응하는, 일치하는
parody [pǽrədi] 	***n.*** mimicry, imitation par < para(beside) + ody (song): '빗대어 부르는 노래' → 풍자적 개작시 → 흉내, 모방 Any style of music can be parodied.	모방 ode(노래→서정시) comedy(함께하는 노래→희극) melody(달콤한 노래→선율) tragedy(숫염소의 노래→비극의 노래→비극; 비극을 나타내는 상징으로 염소 가죽이 쓰임) rhapsody(서사의 노래→서사시, 광상곡) threnody(슬픈 노래→비가, 애가)

| 예 문 해 석 |

parable 그 이야기는 탐욕에 의해 발생된 문제에 대한 유쾌한 우화이다. **paradigm** 포드는 생산의 새로운 패러다임을 제시했다. **paradox** 그 지역에서 가장 활기찬 경제가 가장 원시적인 금융시스템을 갖고 있다는 것은 모순이다. **paragon** 사람들은 정치인이 미덕의 귀감이 되는 것을 기대하지 않는다. **parallel** 올해와 작년의 재난 사이에 유사점을 찾는 것은 어렵지 않다. **parody** 어떤 형태의 음악이던 풍자적으로 모방될 수 있다.

part = part: 부분

apportion [əpɔ́ːrʃən]	**v.** distribute, allot, assign ap < ad (to) + port(part) + ion: '~에 부분을 갖다' → 배분하다 We will apportion just as much to each person as is needed.	배분하다
jeopardize [dʒépərdàiz]	**v.** endanger, threaten jeo(game) + pard(divide) + ize: '게임을 나누다' → 위험을 나누다 → 위태롭게 하다 The policy may jeopardize the future of the state.	~을 위태롭게 하다
particle [páːrtikl]	**n.** speck, article, item part + cle(small): '작은 부분' → 작은 조각, 미립자 There is only a particle of truth in the suspect's testimony.	아주 작은 조각
particular [pərtíkjələr]	**a.** specific, peculiar part + cul(small) + ar: '작은 부분의' → 개개의, 개별적인 → 특정한 → 특별한 → 상세한, 깔끔한 I am not interested in this particular story, but I like the others in the series.	특유의 particularly 특별히
partition [paːrtíʃən, pərtíʃən]	**n.** screen, wall, barrier part(divide) + ition: '나누는 것' → 분할, 부분 Korea was partitioned in 1945 into two Koreas.	분할
partner [páːrtnər]	**n.** spouse, consort, significant other part + ner(holder): '부분을 잡고 있는 사람' → 동료 The U.S. has been one of Korea's major trading partners.	동료

| 예 문 해 석 |
apportion 우리는 각각의 사람에게 정말로 필요한 만큼씩 나누어 줄 것이다. **jeopardize** 그 정책은 국가의 미래를 위태롭게 할 것이다. **particle** 그 용의자의 증언에는 극히 작은 진실만이 들어 있을 뿐이다. **particular** 나는 이 특별한 이야기에는 흥미가 없지만, 시리즈의 다른 이야기들은 좋아한다. **partition** 한국은 1945년에 두 개의 한국으로 나뉘었다. **partner** 미국은 한국은 주요 무역 상대국 중의 하나가 되었다.

pass, path = feeling: 느낌

antipathy
[æntípəθi]

n. hostility ↔ sympathy 동감, 공감
anti(against) + path(feeling) + y: '거슬리는 마음' → 반감

Despite attempts at friendship, he has continued to demonstrate antipathy toward his coworkers.

반감

---

apathy
[ǽpəθi]

n. lack of interest, indifference, inertia
a(without) + path(feeling) + y: '감정이 없는' → 무감동

The political apathy of people often makes political leaders embarrassed.

무감동

sympathy(같은 감정→동정, 공감)

telepathy(멀리서 오는 감정→영감, 텔레파시)

---

compassion
[kəmpǽʃən]

n. mercy, sympathy
com(together) + pass(feeling) + ion: '함께 갖는 감정' → 동정, 측은히 여김, 연민

It is hard not to feel compassion for the starving children of the world.

측은하게 여기는 마음

compatible 양립할 수 있는

---

impassive
[impǽsiv]

a. unconscious, senseless
im(not) + pass(feeling) + ive: '감정을 느끼지 못하는' → 무감각의, 고통을 느끼지 않는

As the jury announced the verdict the suspect remained impassive.

고통을 느끼지 않는

---

passionate
[pǽʃənit]

a. emotional, eager, strong, intense
pass(feel) + ionate: '감정을 느끼게 하는' → 열렬한

Romeo and Juliet is the story of a passionate love.

열렬한

passion(감정상태→열정)

---

pathetic
[pəθétik]

a. sad, moving, touching, affecting
path(feeling) + etic: '감정적인' → 감상적인, 공감하는

It was a pathetic attempt at apology, and I will not accept it.

감상적인

---

sympathetic
[sìmpəθétik]

a. caring, kind, understanding, concerned
sym(similar) + path(feeling) + etic: '비슷한 감정을 가진' → 동정심이 있는

Most doctors are sympathetic to their patients.

동정심 있는

| 예 문 해 석 |

antipathy 친교를 여러 번 시도했음에도 불구하고, 그는 그의 동료들에 대한 반감을 계속해서 표해왔다. apathy 사람들의 정치적 무관심은 종종 정치지도자들을 당황하게 만든다. compassion 굶주리고 있는 세계의 어린이들에게 동정심을 갖지 않기가 어렵다. impassive 배심원이 평결을 내릴 때, 용의자는 표정이 없었다. passionate 로미오와 줄리엣은 열정적인 사랑에 대한 이야기이다. pathetic 그것은 사과의 시도치고는 한심해서, 나는 그것을 받아들이지 않을 것이다. sympathetic 대부분의 의사들은 그들의 환자들에게 동정적이다.

DAY 17

pater, patr = father, support: 아버지의, 지지하다

paternal
[pətə́ːrnl]

a. fatherly　cf. maternal 어머니의
원래 의미: '아버지의' 뜻.

Paternal love for children often seems to be unseen.

아버지의

---

patriotic
[pèitriátik / pæ̀triɔ́tik]

a. nationalistic, loyal, chauvinistic, jingoistic
patr(father) + io + tic: '아버지 같은 나라의' → 애국의

The crowd sang many patriotic songs as a reminder of what they were fighting for.

애국의

patriarchy(아버지가 다스림
→가부장제, 족장제도)
patriarch 가장, 족장
patrimony(아버지가 되는
상태→세습 재산, 유산)
patrician(아버지 같은 사람
→귀족)
patriot(아버지의 나라 사람
→애국자)

---

patron
[péitrən]

n. supporter, sponsor, customer
part < pater(father) + on(person): '아버지 같은 사람'
→ (예술가, 자선사업의) 후원자, 지지자 → (호텔, 상점의) 단골 손
님, 고객

He was a tremendous patron of the arts.

후원자

compatriot(같은 아버지
의 나라 사람→동포, 겨레)
expatriate(아버지 나라에
서 밖으로 보내다→국외로
추방하다)
repatriate(다시 아버지 나
라로 오다→본국에 송환하
다, 본국에 되돌아 가다)

punc, pung, point = pick, point, prick: 뜯다, 깎다, 찌르다

acupuncture
[ǽkjupʌ̀ŋktʃər]

acu(needle) + punct(prick) + ure: '바늘로 찌르다' →
침술

Many Americans have experienced pain relief with the help of acupuncture.

침술

| 예 문 해 석 |
paternal 아이들에 대한 아버지의 사랑은 종종 눈에 보이는 않는 것 같습니다.　**patriotic** 군중들은 그들이 투쟁하는 목표를 상기시키려는 듯이 많은 애국적인 노래들을 불렀다.
patron 그는 엄청난 미술 후원자였다.　**acupuncture** 많은 미국인들이 침술의 도움으로 인한 통증 완화를 경험해왔다.

appointment [əpɔ́intmənt]	***n.** promise, engagement* a(to) + point(point) + ment: '~에 대한 점' → 약속, 지정 Peter missed a class this morning because he had a dental appointment.	약속
punctuate [pʌ́ŋktʃuèit]	***v.** interrupt, break* punct(point) +uate: '점을 찍다' → 마침표를 찍다, 구두점을 찍다 → 중단시키다 The silence of the dawn was punctuated by the sudden squawking of geese.	중단시키다
puncture [pʌ́ŋktʃər]	***v.** pierce, prick* punct(point) + ure: '찌르다' → 구멍을 뚫다 → 꿰뚫다 Further investigation revealed that the bullet had punctured the skull.	찌르다 punctual 시간을 잘 지키는
pungent [pʌ́ndʒənt]	***a.** sharp, piquant* pung < punct(point) + ent: '찌르는' → 찌르듯이 자극하는, 얼얼한 → 날카로운, 신랄한 Indian foods often have pungent flavors.	찌르듯이 자극하는

ped, pod = foot: 발

expedite [ékspədàit]	***v.** speed up, progress* ex(out) + ped(foot) + ite: '밖으로 (족쇄에서) 벗기다' → 진척시키다, 촉진시키다 The Agency has been extremely reluctant to expedite investigation.	진척시키다
impede [impíːd]	***v.** interrupt, prevent, inhibit* im(not) + ped(foot) + e: '발을 뻗지 못하다' → 방해하다, 늦추다 Debris and fallen rocks are impeding the advances of the search party.	지체시키다

| 예 문 해 석 |

appointment 피터는 치과 예약 때문에 오늘 아침 수업에 가지 못했다. punctuate 새벽의 고요함은 갑작스런 거위의 꽥꽥 소리로 중단되었다. puncture 더 많은 조사를 통해 그 총알이 두개골을 관통했음이 밝혀졌다. pungent 인도음식은 종종 자극적인 매운 향을 가지고 있다. expedite 그 수사기관은 수사를 신속히 진행하는 것을 극도로 꺼려왔다. impede 잔해들과 낙석들이 수색대의 전진을 방해하고 있다.

pedestrian

[pədéstriən]

n. walker, foot-traveller

원래 의미: '도보로'의 뜻 → 보행자, 도보 여행자

More than one third of all pedestrian injuries are children under 13.

보행자

peddler 행상인

---

pend, pends = hang: 매달리다

---

compensate

[kámpənsèit / kóm-]

v. recompense, repay, refund, reimburse

com(together) + pens(weigh) + ate: '함께 무게를 달다' → 평형이 되도록 보정하다 → 상쇄하다, 벌충하다, 보상하다

The official promised to compensate those who had lost their homes.

보상하다

---

dependable

[dipéndəbl]

a. reliable, responsible

de(down) + pend(hang) + able: '아래로 매달릴 수 있는' → 믿을 수 있는, 의지할 수 있는

A dependable car is worth a lot more than a flashy but unreliable vehicle.

의지할 수 있는

depend(아래로 매달리다 →의지하다, 믿다)

---

expend

[ikspénd]

v. use, spend

ex(out) + pend(weigh): '무게를 달아 지불하다' → 금전을 소비하다 → (시간, 노력을) 소비하다, 쓰다

Children expend a lot of energy and need higher-calories food than adults.

소비하다

appendix(~에 매달려 있는 것→부가물)

dispense(무게를 달아 배분하다→분배하다, (약을) 조제하다)

expenditure(소비→지출, 지불)

expense(지불된 돈→지출, 비용, 소요경비)

spend 소비하다

---

impending

[impéndiŋ]

a. approaching, imminent ↔ remote 먼

im(into) + pend(hang) + ing: '안으로 매달려 오는' → 안으로 드리워지는 → (보통 불쾌한 일이) 곧 일어날 듯한, 임박한; (아기가) 곧 태어날 → (바위, 벼랑 등이) 금방이라도 무너져 내릴 듯한

On the morning of the day that Korean War started, people awoke with a feeling of impending disaster.

임박한

| 예 문 해 석 |

pedestrian 모든 보행 사고자의 3분의 10I상이 13세 미만의 어린이들이다. **compensate** 그 공무원은 집을 잃은 사람들에게 보상해주기로 약속했다. **dependable** 믿을만한 승용차는 호화롭지만 믿을 수 없는 차보다 훨씬 더 가치가 있다. **expend** 아이들은 많은 에너지를 소비하며, 성인들보다 더 높은 열량이 필요하다. **impending** 한국전쟁이 일어났던 날 아침에, 사람들은 임박한 재난의 느낌을 깨달았다.

independent
[ìndipéndənt]

a. separate, unattached, uncontrolled
in(not) + de(down) + pend(hang) + ent: '아래로 매달
려 있지 않은' → 독립적인

Children often rebel because they want to feel independent.

독립한

---

pending
[péndiŋ]

a. undecided, unsettled, in the balance
pend(hang) + ing: '매달려 있는' → 미결정의; 절박한

1n 1999, the Supreme Court had 400 pending cases.

미결정의; 절박한

ponderous 대단히 무거운

---

suspend
[səspénd]

v. hang up, attach, dangle
sus < sub(under) + pend(hang): '아래로부터 매달다'
→ 드리우다, 매달다 → 공중에 떠 있게 하다 → 마음을 들뜨게 하
다, 불안하게 하다 → 《비유적 개념》 일시 중지하다, 잠시 보류하다
→ 일시 정지하다, 출전 정지시키다, 정학시키다

An anonymous high-ranked official said the food programs
for North Korea will be suspended.

매달다

pendent(매달린→드리운,
미결의, 현안의)
pendulum(매달린 것→추,
진자)
compendium(함께 매다
는 것→개요, 개략)

---

pel(l), plus = drive, push: 몰다, 밀다

appeal
[əpíːl]

v. plead, ask, request, pray, beg
ap < ad (to) + peal(drive): '~로 몰고가다' → 애원하다,
호소하다, 마음을 끌다

The United Nations has appealed for help from the European
Union.

애원하다

repeal(뒤로 몰고 가다→취
소하다, 무효로 하다)

---

compel
[kəmpél]

v. oblige, force
com(completely) + pel(push): '완전히 밀다' → 억지로
시키다 → 강요하다, 강제하다

This notice is to compel you to vacate the apartment.

억지로 만들다

---

compulsory
[kəmpʌ́lsəri]

a. mandatory, required
com(together) + puls < pel(drive) + ory: '함께 몰아
대는' → 강제적인, 강제로 시키는 → 의무적인, 필수의

In the 1930s learning and using Japanese were compulsory
in Korea.

강제하는

pulse(몰아대는 것→맥박)

| 예 문 해 석 |
independent 어린이들은 독립적이라고 느끼기를 원하기 때문에 종종 반항적이 된다. pending 1999년, 대법원은 400개의 계류 중인 사건이 있었다. suspend 익명의
고위관료는 북한에 대한 식량프로그램이 유예될 것이라고 말했다. appeal 국제연합은 유럽연합으로부터의 도움을 요청해 왔다. compel 이 통지는 당신이 아파트를 비울 것을
강제하고 있습니다. compulsory 1930년대에 한국에서는 일본어 학습과 사용이 강제적이었다.

expel
[ikspél]

v. throw out, exclude, ban, dismiss, kick out

ex(out) + pel(drive): '밖으로 몰고 가다' → 쫓다, 방출하다

More than 250,000 refugees were unwillingly expelled from their homeland.

내쫓다

impel(안으로 밀다→재촉하다, 몰아대다, 추진시키다)

---

propel
[prəpél]

v. drive forward, push, force out, urge on

pro(forth) + pel(push): '앞으로 밀다' → 앞으로 나아가게 하다 → 추진하다 → 몰아대다, 재촉하다

The tiny rocket attached to the spacecraft is designed to propel it toward the moon.

나아가게 하다

dispel(멀리 밀어내다→쫓아버리다, 없애다)

repel(뒤로 밀다 → 쫓아버리다, 물리치다)

---

per = thorough, completely, wrong: 완전히, 나쁜

perforate
[pə́:rfərèit]

v. pierce, penetrate

per(through) + for(bore) + ate: '관통하여 구멍을 내다' → 꿰뚫다 → 관통하다

Headphones and earphones may harm your ear by perforating eardrums.

구멍을 내다

---

permeate
[pə́:rmièit]

v. pass through, saturate, pervade

per(through) + meate < meare(pass): '관통하어 지나가다' → (액체 등이) 배어들다, 스며들다, 투과하다 → (냄새, 연기 등이) 꽉 들어차다, 충만하다 → (사상, 주의가) ~에 퍼지다, 보급하다

Bias against mentally handicapped people permeates every level of the judicial system.

스며들다

permeable 침투할 수 있는, 투과할 수 있는
permeant 스며드는, 배어드는
permease 투과 효소
impermeable 스며들지 않는, 불침투성의; 지나갈 수 없는

---

persistent
[pə:rsístənt, pə:rzístənt]

a. continuous, constant

per(thorough) + sis(stand) + tent: '완전히 계속해서 서 있는' → 계속하는 → 고집센, 완강한

Being persistent is the key to getting a job.

고집센

| 예 문 해 석 |

expel 25만 명 이상의 피난민들은 조국으로부터 본의 아니게 추방당했다. **propel** 우주선에 부착된 작은 로켓은 달을 향해 로켓을 추진시키도록 설계 되었다. **perforate** 헤드폰과 이어폰은 고막을 터뜨려서 당신의 귀에 해를 입힐 것입니다. **permeate** 정신적 장애자에 대한 편견은 사법제도의 모든 단계에 퍼져있다. **persistent** 끈질긴 것이 취업의 열쇠이다.

perspire [pərspáiər]	**v.** sweat, give off per(through) + spir(breathe) + e: '통하여 호흡하다' → 땀을 흘리다 Due to the hot weather, people began to perspire heavily.	땀을 흘리다
pursue [pərsú: / pərsjú:]	**v.** follow, chase pur < pro(forth) + sue(follow): '앞으로 따라가다' → ~을 따라가다, 뒤쫓다, 추적하다 → 계속 추구하다 → (연구, 일 등을) 착 실하게 밀고 나아가다 Some believe it is a waste to pursue world peace.	뒤쫓다 suit(따라가다→양복 한벌, 구혼, 청원, 소송) suited(따라가는→적합한) ensue(따르게 만들다→잇 따라 일어나다, 결과로서 일 어나다)
pervade [pərvéid]	**v.** spread, diffuse, prevail per(through) + vade(go): '통하여 가다' → 널리 퍼지다, 보급하다 The particles of sawdust pervaded the factory.	널리 퍼지다

peri = around: 주변에

periphery [pərí:fəri]	**n.** edge, border, boundary, circumference peri(around) + phery(carry): '주변에 나르는 것' → (원, 곡선의) 주위, 바깥 둘레 → (물체의) 표면, 주변 → (문제의) 피상적 인 면 Traditionally Africa has resided somewhere on the periphery of the world consciousness.	주변 periscope(주변을 보는 기계→전망경)

pet, pit = seek, strive: 추구하다, 고군 분투하다

appetite [ǽpitàit]	**n.** hunger, desire, longing ap < ad (to) + pet(seek) + ite: '~을 찾다' → 식욕, 욕망 Loss of appetite is one of the symptoms of flu.	식욕

| 예 문 해 석 |

perspire 더운 날씨 때문에, 사람들이 심하게 땀을 흘리기 시작했다. pursue 몇몇 사람들은 세계평화를 추구하는 것이 낭비라고 믿고 있다. pervade 톱밥 입자들이 공장에 만연해 있었다. periphery 전통적으로 아프리카는 세계적 인식의 주변부 어딘가에 위치해 왔다. appetite 식욕 상실은 독감 증상 중의 하나이다.

compete [kəmpíːt] 	***v.*** contend, fight, vie, challenge, struggle com(together) + pet(seek) + e: '함께 추구하다' → 경쟁하다 The banks have long competed with each other for foreign investment.	경쟁하다 impetuous 맹렬한
incompetent [inkámpətənt / inkɔ́mpətənt] 	***a.*** inept, useless, incapable, floundering in(not) + com(together) + pet(seek) +ent: '함께 추구하지 않는' → 무능한, 쓸모없는, 능력 없는 After being declared incompetent, his finances were managed by his son.	무능한
perpetual [pərpétʃuəl] 	***a.*** everlasting, permanent, endless per(thorough) + pet(seek) + ual: '완전히 추구하는' → 영속하는 That house is in a perpetual state of renovation.	영속하는

phan, phen = shoe, appear: 보여주다, ~처럼 보이다

fancy [fǽnsi]	***n.*** elaborate, decorative, extravagant, intricate fan < phan (appear) + cy: '~처럼 보이는 것' → 공상, 환상 Fancy private schools demand high tuitions.	공상
fantastic [fæntǽstik]	***a.*** wonderful, great, excellent, very good fan < phan (show) + tastic: '상상해서 보여지는' → 공상적인 Books of fairy tales have many fantastical aspects.	공상적인 fantasy 공상, 상상

| 예 문 해 석 |

compete 은행들은 해외투자에 있어서 오랫동안 서로 경쟁해왔다. incompetent 능력이 없다고 판명이 된 이후로, 그의 자금은 아들에 의해 관리되었다. perpetual 그 집은 끊임없이 개조가 되고 있는 상태이다. fancy 고급 사립학교는 높은 수업료를 요구한다. fantastic 동화책에는 공상적인 측면이 많이 들어있다.

phenomenon [finɑ́mənɑ̀n / finɔ́mnən] 	***n.*** occurrence, happening, fact, event phen(appear) + omenon: '보여지는 것' → 현상 Forms of civil disobediences, such as radical demonstrations, are not particularly new phenomena.	현상

<table>
<tr><td colspan="3" align="center">plac = please: 기쁘게 하다, 만족시키다</td></tr>
<tr>
<td>complaisant
[kəmpléisənt, kɑ́mpləsənt]</td>
<td>a. polite, humble
com(together) + plais < palc (please) + ant: '서로
매우 만족한' → 공손한

Japanese wives are known to be complaisant to their family.</td>
<td>공손한

complacent 자기 만족의</td>
</tr>
<tr>
<td>placate
[pléikeit, plǽkeit]</td>
<td>v. appease, comfort
plac(please) +ate: '만족시키다' → 달래다, 진정시키다

The drug is used to placate the wounds.</td>
<td>달래다

implacable 달래기 어려운</td>
</tr>
<tr>
<td>placebo
[pləʧéibou]</td>
<td>n.
심리적으로 위안이 되는 약

The placebo effect can be accepted only if people
acknowledge the unity of mind and body.</td>
<td>위약

placid 평온한, 조용한</td>
</tr>
</table>

| 예 문 해 석 |

phenomenon 과격 폭동과 같은 시민 불복종의 형태는 특별히 새로운 현상이 아니다. **complaisant** 일본인 아내들은 가족에게 공손하다고 알려져 있다. **placate** 그 약은 상처를 치유하는데 사용된다. **placebo** 플라시보(위약) 효과는 사람들이 정신과 신체의 통일성을 인정하기만 한다면 용인될 수 있다.

plai, plex, plic, ploi, ply = fold, twist: 접다, 비틀다

complex
[kəmpléks, kámpleks]

a. complicated, elaborate
n. group of buildings
com(together) + plex(twist): '함께 얽힌' → 얽히고 설킨, 복잡한. '복잡한 얽힘' → 복합체, 종합빌딩 → 콤플렉스, 강박관념

Seoul city hall has plans for constructing a new stadium and leisure complex.

a. 복잡한, 뒤얽힌
n. 대형 아파트; 종합 빌딩

multiplex(여러가지 얽힌→복합적인, 다양한)
perplex(완전히 얽히게 하다→난처하게 하다, 당황하게 하다)

complicated
[kámpləkèitid]

a. complex, elaborate
com(together) + pli(fold) + cated: '함께 접힌' → 겹쳐진, 뒤얽힌, 복잡한

The situation is far too complicated to be solved in one night.

복잡한

duplicate
[djú:pləkit]

v. copy, imitate, reproduce
a. identical
du(two) + plic(fold) + atc: '두개로 겹치다' → 사본을 만들다, 복제하다, 복사하다 → 되풀이하다, 이중으로 하다, 중복되다

He lost his key, but luckily he had a duplicate hidden under the doormat.

v. 복제하다, 복사하다
a. 복제한; (일반적으로 다른 것과) 똑같은

complicity(함께 접는 것→공모, 공범, 연루)
duplicity(두 개로 겹치기→이중성, 이랬다저랬다 두 말을 함, 표리부동)

explicit
[iksplísit]

a. obvious, clear, outspoken
    ↔ implicit 모호한
ex(out) + plic(fold) + it(go): '접힌 것을 밖으로 펼치는' → 숨김없는, 분명한, 명백한

Sexually explicit scenes in films and magazines were highly restricted under the dictator's regime.

분명한

explicate(밖으로 열다→자세히 설명하다, 명백하게 하다)

| 예 문 해 석 |
complex 서울시청은 새로운 경기장과 레저 종합시설을 세울 계획을 가지고 있다. **complicated** 하루 밤사이에 풀려지기엔 상황이 너무 복잡하다. **duplicate** 그는 열쇠를 잃어버렸는데, 다행스럽게도 도어매트 아래에 복사키를 감춰두고 있었다. **explicit** 영화나 잡지에서 성적으로 노골적인 장면은 독재정권하에서는 엄격히 금지되었다.

exploit [éksplɔit, iksplɔ́it / iksplɔ́it] 	**v.** use, utilize ex(out) + ploi < pli(fold) + t: '접힌 것을 밖으로 펼치게 하다' → (산 등을) 개척하다, (자원을) 개발하다, (선전을 통해 판매를) 촉진하다 → (이기적 목적을 위해) 부당하게 사용이다, 착취하다, (이익을 위해) 이용하다 Critics claim that the manager exploited musicians for personal gain.	이용하다
implication [ìmpləkéiʃən] ≡	**n.** suggestion, hint, inference, meaning im(into) + plic(fold) + ation: '안으로 휩쓸어 넣는 것' → 연루, 관련, 암시, 함축 He was well aware of the political implications of the decision to prosecute.	함축 implicate(안으로 감다→관련시키다, 함축하다) implicit(안으로 접는→함축적인)
imply [implái] ≡	**v.** suggest, hint, insinuate, indicate im(into) + ply(fill): '안으로 채우다' → 함축하다, 암시하다, 포함하다 He did fail this assignment, but that does not imply that he has no potential.	포함하다
multiply [mʌ́ltəplài] ≡	**v.** increase, augment multi(many) + ply(fill): '많이 채우다' → 곱하다 → 증식시키다 → 증가시키다 Cockroaches can multiply quickly.	증가시키다 apply(~쪽으로 채우다→적용하다) comply(함께 채우다→응하다, 따르다) reply(다시 채우다→대답하다) supply(밑에서 채우다→공급하다, 충족시키다)
pliable [plái əbəl] 	**a.** flexible, easy to shape ply(bend)의 형용사형. '구부리기 쉬운' → 휘기 쉬운 → 유연한 → 유순한. pliant도 같은 의미. As babies grow bigger, their bones become less pliable.	휘기 쉬운
plight [plait] 	**n.** difficulty, condition, state pli(fold) + ght: '접힌 것' → 꼬여 있는 것 → 어려움, 곤경 The plight of the third world is the result of many complicated factors.	곤경

| 예 문 해 석 |

exploit 비평가들은 매니저들이 개인적 이익을 위해 음악가들을 착취했다고 주장한다. implication 그는 기소결정의 정치적 함의에 대하여 잘 인식하고 있었다. imply 그는 이번 과제에 실패했지만, 그것은 그가 잠재력이 없다는 것을 암시하지는 않는다. multiply 바퀴벌레는 순식간에 증식할 수 있다. pliable 아기들이 더 크게 자라면, 그들의 뼈는 덜 유연해진다. plight 제3세계 국가들의 곤경은 많은 복잡한 요인들의 결과물이다.

replica
[réplikə]

n. copy, duplicate

re(back) + plic(fold) + a: '뒤로 접은 것' → 원작의 모사
→ 복사, 복제

The painting is a replica, but it looks indistinguishable from the original.

복사

replicate(뒤로 접다→접어 젖히다→사본을 뜨다, 복제하다)

---

ple, plet = fill: 채우다

accomplish
[əkámpliʃ, əkɔ́mpliʃ]

a. ① achieved ② skilled

ac < ad(to) + com(together) + pli(fill) + sh: '~로 모두 채워진' → 성취된, 숙달된

If we accomplish our sales goal there will be bonuses for every department.

① 일이 성취된
② 숙달된, 노련한

---

completely
[kəmplíːtli]

ad. totally, entirely, utterly

com(together) + ple(fill) + tely: '함께 채워서' → 완전히, 전적으로

Dozens of bases had been completely destroyed by the U.S. air bombing.

완전히

complete(함께 채우는→완전한)
complement(함께 채우는 것→보충하다)

---

deplete
[diplíːt]

v. devoid, exhausted, used up

de(down) + ple(fill) ǀ tc: '채운 것을 아래로' → 채운 깃을 없애다 → 비우다, 고갈시키다

Substances like carbon dioxide deplete the ozone layer.

다 써버린

depletion 감소, 고갈, 체액 상실
repletion(다시 채움→충만, 충실; 포식, 과식; 다혈증)

---

implement
[ímpləmənt]

n. tool; machinery

im(in) + ple(fill) + ment: '안에 채운 것' → 도구, 용구 → ~에게 도구를 주다 → (요구, 조건을) 채우다, 충족시키다 → (약속, 계획 등을) 이행하다

The government promised to implement a new system to control the economic crisis.

n. 도구, 용구, 기구
v. 이행하다, 충족시키다, 채우다

| 예 문 해 석 |

replica 그 그림은 복제품이지만, 진본과 구분할 수가 없다. accomplish 우리가 매출 목표를 달성한다면, 모든 부서에 보너스가 지급될 것이다. completely 미군의 공중 폭격에 의해 수 십 개의 군사기지가 완전하게 파괴되었다. deplete 이산화탄소와 같은 물질은 오존층을 감소시킨다. implement 정부는 경제위기를 제어할 새로운 시스템을 시행하겠다고 약속했다.

plentiful [pléntifəl] 	***a.*** abundant, bountiful ↔ scarce 부족한 plen(fill) + ti + ful(full): '가득 채운' → 많은, 풍부한 → 충분한 Cheap labor is plentiful in China.	넉넉한 **plenty**(가득 채움→풍부, 충분) **plenitude**(가득 채움→풍 부, 충분) **plenish** 가득 채우다
replenish [ripléniʃ] 	***v.*** restore, put back, refill re(again) + plen(fill) + ish: '다시 채우다' → 원래대로 가득 채우다 → 보급하다, 보충하다 The emergency insurance fund will need to be replenished immediately.	다시 채우다 **plenary**(가득 찬→충분한, 전원 출석의)
supplement [sʌ́plmənt] 	***v.*** add to, reinforce, augment sup < sub(under) + ple(fill) + ment: '아래에 채우다' → 부족을 채우다 → 보충하다, 추가하다 Part time work can be a great way to supplement a fixed income.	보충하다

popul, publ = people: 사람, 거주시키다

popular [pápjələr / pɔ́pjələr] 	***a.*** well-liked, liked, in, accepted, favourite popul(people) + ar: '사람들이 많이 쓰는' → 인기 있는, 흔한 The Champions League is popular with youngsters.	인기 있는
populate [pápjəlèit / pɔ́pjəlèit] 	***v.*** inhabit, people, live in, occupy 원래 의미: '사람'의 뜻에서 → 거주시키다, 살게 하다 Before the newcomers, America was populated by native Indians.	거주시키다
publication [pʌ̀bləkéiʃən] 	***n.*** announcement, publishing, broadcasting 원래 의미: '대중적으로 하다' → 발표, 공표 The guide is translated into seven different languages for publication.	발표

| 예 문 해 석 |

plentiful 중국에는 저렴한 노동력이 넘쳐난다. replenish 비상보험기금은 즉시 보충되어야 할 것이다. supplement 파트타임은 고정 수입을 보충하기에 훌륭한 방법이 될
수 있다. popular 챔피언스 리그는 젊은 사람들에게 인기 있다. populate 이방인들이 오기 전에, 미국에는 인디안 원주민들이 거주하고 있었다. publication 그 설명서는
출판을 위해 7개의 다양한 언어로 번역되었다.

port = carry: 나르다

import
[impɔ́:rt]

v. bring in, buy in, ship in, introduce
im(into) + port(carry): '안으로 나르다' → 수입하다

Korea, in 2007, spent nearly 500 million dollars on importing food.

수입하다

airport(비행기를 나르는 곳 →공항)
export(밖으로 나르다→수출 하다)
transport(옮겨 나르다→운 반하다)

---

opportunity
[àpərtjú:nəti / ɔ̀pərtjú:nəti]

n. chance, opening, time, turn, moment
op(to) + port(carry) + unity: '~로 보내지는 것' → 기회

The constitution is designed to ensure that everyone has an opportunity for a descent life.

기회

opportune 시기가 좋은

---

portable
[pɔ́:rtəbl]

a. light, compact, convenient, handy
port(carry) + able: '운반할 수 있는' → 들고 다닐 수 있는, 휴대용의

These days, portable TVs are manufactured.

들고 다닐 수 있는

porter(나르는 사람→짐꾼)

---

support
[səpɔ́:rt]

v. maintain; uphold , hold up, finance
sup < sub(under) + port(carry): '아래에서 나르다' → 무게를 지탱하다, 받치다 → (생명, 기력을) 유지하다 → 정신적으로 떠받치다 = 지지하다, 후원하다, 격려하다 → 경제적으로 떠받치다 = 부양하다, 먹여 살리다

The Senate gave its full support to the government reforms.

지속시키다

---

pon, pos, pound = put, place: 두다, 위치시키다

component
[kəmpóunənt]

n. constituent, element, part, ingredient 요소
com(together) + pon < ponere(put) + ent: '함께 두어진 것' → 구성 요소, 성분. 구성하는, 성분의

Enriched Uranium is a key component in nuclear weaponry.

성분

| 예 문 해 석 |

import 2007년에 한국은 수입식품에 5억 달러 가량을 소비했다. opportunity 헌법은 모든 사람에게 제대로 된 삶의 기회를 보장하도록 만들어졌다. portable 요즘은 휴대용 TV가 만들어진다. support 상원은 정부개혁들을 전적으로 지원하였다. component 농축 우라늄은 핵무기의 핵심 성분이다.

compose [kəmpóuz] 	***v.*** write, create com(together) + pose(put): '함께 두다' → (따로따로 된 것을) 조립하다, (하나로 잘) 구성하다 → (하나의 통일체로) 만들다 → 시/글을 만들다, 작곡하다 Infantry will compose the bulk of invasion forces.	만들어내다 dispose(멀리 두다→배치하다) juxtapose(옆으로 두다→병렬하다)
depose [dipóuz] 	***v.*** oust, expel de(down) + pose(put): '자리에서 내리다' → (남을) (특히 높은 자리에서) 물러나게 하다, (왕을) 퇴위시키다, 폐하다 → (판사석 아래에 서서) (선서하여) 증언하다 Louie the 16th was deposed during the French Revolution.	물러나게 하다
expose [ikspóuz] 	***v.*** uncover, reveal, show, disclose ex(out) + pose(put): '밖으로 두다' → (공격, 위험 등에 몸을) 드러내다, 노출시키다 → (물건을) 진열하다, 전시하다 → (비밀 등을) 폭로하다 After the scandal with Lewinski was exposed, president Clinton openly apologized to the public.	드러내다
impose [impóuz] 	***v.*** force, compel im(into) + pose(put): '안으로 두다' → 강요하다 → (의무, 세금을) 지우다, 부과하다 Military service is imposed on every young male over the age of 20 in Korea.	강요하다
pose [pouz] 	***v.*** put, posture, show off pose(put): '두다' → 자세를 취하다 This policy could pose a lethal threat to jobs in the car industry.	자세를 취하다 oppose(~에 대항하여 두다→반대하다, 저항하다) opponent(반대하는 사람→적수) suppose(아래로 두다→가정하다)

| 예 문 해 석 |
compose 보병이 침투부대의 대부분을 구성하게 될 것이다. depose 루이 16세는 프랑스혁명 동안에 폐위 당했다. expose 르윈스키와의 스캔들이 폭로된 후, 클린턴 대통령은 국민에게 공개적으로 사과했다. impose 한국에서는 20세 이상의 남자에게 병역이 부과된다. pose 이 정책은 자동차산업의 고용에 치명적인 위협을 제기할 수 있다.

position [pəzíʃən]	**v.** part, segment, constituent	부분
	원래 의미: '몫(share)' → 일부분 → 분배 재산. 몫으로 주다 → 분할하다 → 분배하다	**proportion**(앞으로 분배한 것→할당, 부분→비율, 비례 →균형, 조화)
	The aircraft was identified, and its registered number and position were reported to the nearest control tower.	**disproportion**(비율이 아 님→불균형)

positive [pázətiv / pózətiv]	**a.** beneficial, useful, practical, helpful	명확한
	pos(put) + itive: '정해진' → 명확한, 자신있는, 긍정적인	
	There has been a positive response to the UN Secretary-General's current peace policy.	

posture [pástʃər / póstʃər]	**n.** bearing, set, attitude, stance, carriage	자세
	원래 의미: '위치'의 뜻에서 → 자세	
	Delegates maintained a defensive posture during the entire meeting.	

purpose [pə́:rpəs]	**n.** intend, aim, goal	의도, 목적
	pur(forth) + pose(put): '앞으로 두다' → 의도, 목적	
	The purpose of these new guidelines is not yet clear.	

repository [ripázitò:ri / ripózitəri]	**n.** store, preservatory	저장소
	re(again) + pos(put) + itory: '다시 두는 곳' → 저장소	
	The repository of all significant historic information in the Catholic Church was the archive.	

| 예 문 해 석 |

position 항공기가 확인되었고, 등록번호와 위치가 가장 가까운 관제탑에 보고되었다. **positive** UN 사무총장의 현 평화정책에 대하여 긍정적인 반응이 있어 왔다. **posture** 대표단은 회의 내내 방어적인 자세를 유지하였다. **purpose** 이들 새로운 지침의 목적은 아직 분명하지 않다. **repository** 가톨릭교회의 모든 주요한 역사정보를 보관한 곳은 기록보관소였다.

V O C A B U L A R Y **TEST 6**

1. Promote

(A) show
(B) reinforce
(C) further
(D) yield

2. Mutual

(A) common
(B) intricate
(C) superficial
(D) interchangeable

3. Innocuous

(A) harmless
(B) harmonious
(C) beneficial
(D) satisfactory

4. Noxious

(A) harmful
(B) noticeable
(C) extensive
(D) weak

5. Novel

(A) new
(B) appropriate
(C) literal
(D) funny

6. Enormous

(A) diverse
(B) permanent
(C) appealing
(D) huge

7. Outweigh

(A) become more important than
(B) get the better of
(C) do better than
(D) spread out

8. Paradox

(A) contradiction
(B) insincerity
(C) objective
(D) impediment

9. Jeopardize

(A) assure
(B) increase
(C) endanger
(D) destroy

10. Particle

(A) item
(B) boundary
(C) drought
(D) span

11. Compassion

(A) antipathy
(B) awareness
(C) sympathy
(D) breakthrough

12. Impending

(A) resolute
(B) approaching
(C) agile
(D) brutal

13. Suspend

(A) build
(B) paint
(C) hang up
(D) move

14. Compel

(A) behold
(B) bother
(C) prepare
(D) oblige

15. Compulsory

(A) mandatory
(B) decisive
(C) perpetual
(D) eccentric

16. Propel

(A) support
(B) help
(C) push
(D) carry

17. Pervade

(A) prevent
(B) spread
(C) penetrate
(D) hamper

18. Duplicate

(A) borrow
(B) purchase
(C) copy
(D) rewrite

19. Replenishing

(A) losing
(B) saving
(C) putting back
(D) budding

20. Expose

(A) photograph
(B) uncover
(C) locate
(D) preserve

Answer

1. C	2. A	3. A	4. A
5. A	6. D	7. A	8. A
9. C	10. A	11. C	12. B
13. C	14. D	15. A	16. C
17. B	18. C	19. C	20. B

Part 1
어
근
편

4th   week

poss, pot = able: 가능한

impossible
[impάsəbəl / impɔ́səbəl]

a. not possible, out of the question, impracticable

im(not) + poss(able) + ible: '가능하지 않은' → 불가능한

The ADIDAS advertisement said: nothing is impossible.

불가능한

possibility
[pὰsəbíləti / pɔ̀səbíləti]

n. feasibility, likelihood, potentiality, practicability

poss(able) + ibility(ability): '가능한 능력' → 가능성

Breaking into a CIA office is beyond the realm of possibility.

가능성

potential
[poutén∫əl]

a. possible, promised

potentia(power) + l: '힘 있는' → 잠재력 있는 → 가능성 있는. 잠재력, 가능성

While not yet a star, he definitely had potential.

가능성 있는

post = after: 후에

posterity
[pɑstérəti / pɔstérəti]

n. descendant, offspring ↔ ancestry 조상

post(after) + erity: '뒤에 오는 사람' → 자손, 후손

The documents we are now making are for the benefit of posterity.

자손

postpone
[poustpóun]

v. put off, delay, suspend, adjourn, shelve

post(after) + pone(put): '뒤에 두다' → 미루다, 연기하다

The G20 meeting has now been postponed indefinitely.

연기하다

| 예 문 해 석 |

impossible 아디다스 광고는 말했다: 불가능은 없다. possibility CIA 사무실로 잠입하는 것은 가능성이 없다. potential 아직 스타는 아니지만, 그는 분명히 잠재력을 가졌다. posterity 우리가 만들고 있는 문서는 후대의 이익을 위함이다. postpone G20 회의는 현재 무기 연기되고 있다.

postscript [póustskrìpt]	***n.*** supplement post(after) + script(write): '후에 쓰여진' → 추신, 후기, 발문 The writer's postscript reminds the reader of the suffering which can come from mental illness.	추신
posthumous [pástʃuməs / pástʃuməs]	***a.*** after death, postmortem, future post(after) + humous(bury): '흙에 묻힌 이후에' → 사후의 After the Civil War, Mark Twain was posthumously awarded.	사후의
postwar [póustswɔ̀:r]	***a.*** ↔ prewar 전쟁 전에 post(after) + war: '전쟁 이후에' → 전후의 Korea has achieved remarkable post-war economic growth.	전후의

pre = before: 전에

precept [prí:sépt]	***n.*** principle, maxim pre(before) + cept(take): '미리 갖다' → 원래 '가르치다' 의 뜻에서 → 교훈, 훈시 A precept of Buddhism says 'just let it go.	교훈
preclude [priklú:d]	***v.*** prevent, rule out pre(before) + clude(close): '미리 닫다' → 막다, 방해하 다 → 불가능하게 하다 North Korean government tried its best to preclude trades done by civilians.	막다
preeminent [priémənənt]	***a.*** distinguished, outstanding pre(before) + e(out) + minent(hill): '미리 밖으로 튀어 나온' → 뛰어난, 현저한 Adolf Hitler was preeminent in instigating public.	뛰어난

| 예 문 해 석 |

postscript 작가의 추신은 독자에게 정신적 질환에서 비롯될 수 있는 고통을 상기시켜 준다. posthumous 남북전쟁 후, 마크 트웨인은 사후에 수상을 했다. postwar 한
국은 주목할 만한 전후 경제성장을 이뤄왔다. precept 불교의 계율은 '그냥 놔두어라' 라고 말한다. preclude 북한정부는 민간 교역을 차단하기 위해 최선을 다했다.
preeminent 아돌프 히틀러는 군중을 선동하는데 뛰어났다.

prerequisite [prìːrékwəzit] 	***n.*** requirement, necessity, essential pre(before) + re(again) + quisit < quest (ask) + e: '사전에 다시 요구되는 것' → 사전에 필요한 것 → 필요 조건, 전제 조건 Any freshman level philosophy course is a required prerequisite to metaphysics.	사전에 필요한 것
presume [prizúːm]	***v.*** believe, think, suppose, assume, guess pre(before) + sume(take): '미리 취하다, 갖다' → 가정하 다, ~라고 여기다 The missing people in the flood are presumed dead.	가정하다 presuppose 미리 추정하다

<table>
<tr><td colspan="3" align="center">preci, price = price, worth: 가격, 가치</td></tr>
</table>

appraisal [əpréizəl]	***n.*** appraisement, assessment, estimate ap < ad (to) + prais < price (price) + al: '미리 가치를 매기는 것' → 평가, 견적 Self-appraisal is never a simple action.	평가
appreciate [əpríːʃièit]	***v.*** understand; admire, respect; be thankful ap < ad(to) + preci(price) + ate: '미리 가격을 매기다' → 인정하다, 높이 평가하다; 감사하다 Anyone can appreciate the bravery of the early pioneers.	높이 평가하다; 감사하다
praise [preiz] 	***n.*** acclaim, approve of, honour, cheer, admire 원래 의미: '가치'의 뜻에서 → 칭찬, 찬양 The world praised Turkey for its great number of rescue forces sent to Korea in 1950.	칭찬
priceless [práislis] 	***a.*** valuable, expensive, precious, invaluable price(price) + less(without): '가격이 없는' → 값을 매길 수 없을 정도로 귀중한 History records can be said to be the priceless legacy of mankind.	아주 귀중한

| 예 문 해 석 |

prerequisite 신입생 수준의 모든 철학 과목은 형이상학에는 필수사전과목으로 요구된다. **presume** 홍수에 실종된 사람들은 사망했다고 추정된다. **appraisal** 자기평가는
결코 단순한 행동이 아니다. **appreciate** 누구라도 초기 개척자들의 용기에 감사할 것이다. **praise** 세계는 1950년에 터키가 한국에 많은 수의 구조부대를 파견한 것을 칭송하였
다. **priceless** 역사기록은 인류의 귀중한 유산이라 말할 수 있다.

prehend, prehends, prise = catch, get, take: 잡다, 갖다

apprehend
[æ̀prihénd]

v. understand, comprehend
ap < ad(to) + prehend(take): '~에 붙잡다' → 의미를 잡
다 = 파악하다, 이해하다 → (어떤 일의 심각함을) 감지하다, 걱정하
다 → 범인을 잡다 = 체포하다

Severe stress is widely apprehended as contributing to
coronary heart problems.

이해하다

---

apprentice
[əpréntis]

n. trainee, student, pupil, novice, beginner
원래 의미: '배우다'의 뜻에서 → 도제, 수습생

Interns are the modern day apprentices.

도제

---

comprehend
[kàmprihénd / kɔ̀mprihénd]

v. understand, apprehend
com(together) + prehend(grasp): '함께 붙잡다' → 이
해하다, 파악하다 → 내포하다, 함축하다

In the effort to fully comprehend AIDS, focus is moving from
the virus to the immune system.

이해하다

comprehensive(함께 잡는
→포괄적인)

---

enterprise
[éntərpràiz]

n. undertaking, operation, company
enter<inter(between) + prise(take): '사이에서 취하다'
= 기획, 큰 계획 → 기획을 실행하는 것 = 기업, 회사 → 기획을 행
하는 의욕 = 모험심

In Silicon Valley, there are plenty of big and small industrial
enterprises.

사업

prison(잡아 두는 곳→교도
소, 감옥)
comprise(함께 취하다→
포함하다, ~로 구성하다)
surprise(위에서 잡음→놀
라게 하다)

---

reprehensible
[rèprihénsəbəl]

a. reproachable, blamable
re(back) + prehens(grasp) + ible: '다시 잡을 수 있는'
→ 비난할 만한

Regardless of the motives, the bombing was reprehensible.

비난할 만한

reprehend(다시 잡고 늘어
지다→비난하다, 질책하다)

| 예 문 해 석 |
apprehend 극심한 스트레스는 일반적으로 심장 동맥 문제들의 원인이 될 수 있다고 널리 알려져 있다. **apprentice** 인턴이란 근대적 개념의 도제이다. **comprehend**
에이즈를 완전히 파악하려는 노력에 있어서, 바이러스로부터 면역체계로 그 초점이 옮겨지고 있다. **enterprise** 실리콘밸리에는 크고 작은 산업체들이 많다. **reprehensible**
동기가 무엇이든 폭격은 비난 받을 만 했다.

press = press: 누르다

depressing [diprésiŋ] 	***a.*** bleak, sad, discouraging, gloomy, dismal de(down) + press(press): '아래로 누르다' → 기가 죽은, 억압적인 Last month's unemployment rates were as depressing as those of the previous 13 weeks.	억압적인 depress(아래로 짓누르다 →낙담시키다, 저하시키다)
impressive [imprésiv] 	***a.*** remarkable, striking, spectacular 원래 의미: '안으로 누르는' → 강한 인상을 주는 → 감명을 주는 → 감동적인 → 장엄한 President Obama's inauguration speech was impressive enough to touch Americans' hearts.	인상적인 impress(안으로 누르다→ 깊은 인상을 주다) compress(함께 누르다→ 함께 압박하다→압축하다) express(밖으로 누르다→ 밖으로 압박하다, 밖으로 나 타내다, 표현하다)
oppressive [əprésiv] 	***a.*** tyrannical, severe, harsh, cruel, brutal op(against) + press(press) + ive: '반대로 누르는' → 압제적인, 압박적인 The new government was a welcome relief from the former oppressive regime.	압제적인 oppression(거슬러 누름 →압박, 학대)
pressing [présiŋ] 	***a.*** urgent, crucial, imperative press + ing: '재촉하는' → (용무, 문제 등이) 긴급한, 절박한 → (사람이) 조르는, 간청하는, (소원 등이) 간절한. 억누름, 내리누 름 → 압착하기 → 인쇄하기 Red Cross officials said they urgently needed emergence aid.	긴급한 pressure 입력
repress [riprés] 	***v.*** control, suppress, hold back, bottle up re(back) + press(press): '뒤로 누르다' → 억제하다, 억누 르다 It is known that people who repress their anger risk having nightmares.	억제하다

| 예 문 해 석 |

depressing 지난 달 실업률은 그 이전 13주의 실업률만큼이나 우울했다. **impressive** 오바마 대통령의 취임 연설은 미국사람들의 심금을 울릴 만큼 충분히 감동적이었다.
oppressive 새 정부는 이전의 독재 정권을 환영을 받으며 교체하였다. **pressing** 적십자 관료는 비상지원이 긴급히 필요하다고 말했다. **repress** 화를 참는 사람들은 악몽
을 꿀 위험이 있다고 알려져 있다.

prim, prin = first, chief: 첫째의, 우선의

primary
[práimèri / práiməri]

a. ① fundamental ② main; principal, major

prim(first) + ary: '처음의' → 최초의, 초기의, 원시적인 → 초보의, 초등의 → 근원의, 근본적인 → 첫째의, 제1의 → 으뜸가는, 주요한

The effects are readily apparent, but the primary cause continues to elude us.

① 근본적인, 근원의
② 주요한

primitive(처음에 가는→원시의, 초기의)

---

prime
[praim]

a. peak, primitive

prime(first): '첫째의' → 최초의 → 근본의 → 가장 중요한; 탁월한 → 최고의 상업적 가치가 있는; 제1급의

Our prime concern is political stability.

최초의, 주요한

---

primeval
[praimí:vəl]

a. very ancient, an early form of

prim(first) + eval(age): '처음 시대의' → 원시 시대의, 태고의, 초기의

Vast primeval forests in the Amazon are now disappearing.

원시 시대의

coeval(함께하는 시대의→동시대의)

medieval(중간 시대의→중세의)

---

primordial
[praimɔ́:rdiəl]

a. primeval, primitive

prim(first) +ordi < order(begin) + al: '처음에 시작하는' → 원시의, 최초의, 근본적인

20 million years ago, Idaho was mostly covered by dense primordial rainforests.

원시의

| 예 문 해 석 |

primary 그 영향은 쉽사리 분명하다고 하지만, 기본 원인은 아직도 파악이 되지 않는다. **prime** 우리의 주요 관심은 정치적 안정이다. **primeval** 아마존의 광대한 원시림은 현재 사라져가고 있다. **primordial** 2천 만 년 전, 아이다호 주는 대부분 울창한 원시 열대우림으로 뒤덮여 있었다.

priv = separate: 분리된

deprive
[dipráiv]

v. ① originate ② obtain
de(down) + rive(flow): '아래로 흐르다' → 강에서 흘러나오다 → (근원에서) 이끌어내다, 유래를 찾다, 기원을 두다 → (근원에서) 얻다

It is cruel to deprive pets of the love and care that they require.

① 이끌어내다; (~에) 유래하다
② (본원이 되는 것에서) 얻다

river(물이 흐르는 것→강)
rivalry(물이 다투듯이 흐름→경쟁)
arrive(~로 흐르다→도착하다)

private
[práivit]

a. secret, confidential, covert, unofficial
원래 의미: '분리된'의 뜻에서 → 사적인

In a true commune there is no private property.

사적인

privilege
[prívəlidʒ]

n. right, due, advantage, claim, freedom
priv(separate) + leg(law) + e: '개인을 위한 법률' → 특권, 특전

The Russian Federation has issued special privileges for government high officials.

특권

pro = much, a lot: 많은

prodigal
[prádigəl / pródigəl]

a. wasteful, extravagant
원래 의미: '낭비하는'의 뜻에서 → 낭비하는, 사치스러운

Prodigal spending habits die hard.

낭비하는

| 예 문 해 석 |

deprive 애완동물이 필요로 하는 사랑과 보살핌을 그들에게 베풀지 않는 것은 잔인한 짓이다. **private** 진정한 코뮌에서는 사유 재산이 없다. **privilege** 러시아연맹은 정부고위관료들을 위한 특권을 발표하였다. **prodigal** 돈을 낭비하는 습관은 버리기 어렵다.

profuse [prəfjúːs] 	**a.** abundant, plentiful pro(forth) + fuse(pour): '앞으로 쏟아 붓는' → 앞으로 쏟아져 나오는 → 풍부한, 넘치는 → 낭비하는 → 아낌없는 → 마음이 후한 The lime tree produces profuse amounts of limes.	풍부한 fuse(모든 것을 쏟아 붓다 →융합시키다, 용해시키다) fusion(붓는 것→종합, 용해) confuse(함께 붓다→마구 섞다→혼동시키다) disffuse(멀리 붓다→퍼뜨리다) infuse(안으로 붓다→주입하다) refuse(뒤로 붓다→제의를 거절하다)
prolific [proʊlífik] 	**a.** fertile, productive, abounding proli < proles(offspring) + fic(make): '자손을 만드는' → (동물이) 다산의, (식물이) 열매를 많이 맺는; (작가 등이) 다작의 → 풍부한 During the Civil War, Twain was a brilliantly prolific writer.	다산의
propitious [prəpíʃəs] 	**a.** favourable, approving pro(forward) + piti(go) + ous: '앞으로 가는' → 호의를 가진 It was propitious weather for sailing, but it soon turned stormy.	호의를 가진

proper, propri = one's own: 자기 자신의

appropriate [əpróuprièit]	**a.** suitable, relevant, apt ap < ad(to) + propri<proper(own) + ate: '~으로 자기 것으로 만드는'→ 특유한, 고유한 → 적합한, 알맞은, 어울리는. '자기 것으로 만들다' → (공공물을) 자기 것으로 하다, 착복하다 → (특수한 목적에) 돈을 충당하다 Miniskirts are not considered appropriate for job interviews.	적합한
appropriation [əpròupriéiʃən]	**n.** allocation, assignment, allowance ap < ad(to) + propri < proper(own) +ation: '자기의 것으로 하기' → 충당, 할당 The Swedish government raised welfare appropriations by 27 percent.	충당

| 예 문 해 석 |

profuse 그 라임나무는 풍부한 양의 라임을 만들어낸다. **prolific** 남북전쟁 동안, 트웨인은 눈부시게 다작을 한 작가였다. **propitious** 항해를 하기에 좋은 날씨였으나, 곧 폭풍우가 몰아쳤다. **appropriate** 미니스커트는 구직 면접 시에 적합한 옷차림이라고 여겨지지 않는다. **appropriation** 스웨덴정부는 복지 책정액을 27퍼센트만큼 증액하였다.

property [prápərti / prɔ́pərti] 	**n.** ① characteristic, quality ② territory proper < proprius(one's own) + ty: '자기 자신의 것' → 소유물, 재산 → 소유권 → 고유의 특성, 속성 The search revealed weapons and stolen property.	① 특성, 속성 ② 부동산; 재산

prot, proto = first: 첫째의

protagonist [proutǽgənist] 	**n.** supporter, champion, advocate, exponent proto + agonist(combatant): 주도적으로 싸우는 사람→ 주인공, 주역, 지도자 The protagonist in this story is a young boy with unusual powers.	주역
prototype [próutoutàip] 	**n.** model, example, standard proto(first) + type: '첫번째 형태' → 원형 → 모범, 표준 → (후대 사물의) 선조, 원조 Tom has built a prototype of a complex machine with a special instrument.	원형 **protocol**(proto+col(sheet): 처음의 문서→초안, 의전) **protoplasm**(proto+plasm(form): 처음 형태→원형질, 세 포질) **protozoan** 원생동물

prov, prob = prove: 증명하다

approve [əprú:v] 	**v.** agree to, allow, pass, recommend ap < ad (to) + prov(prove) + e: '~에 증명하다' → 만족 하다 → 찬성하다 It is impossible for everybody to approve this agreement.	찬성하다 **prove** 입증하다 **disprove**(증명과 멀어지다 →반증하다, 논박하다) **reprove**(뒤로 입증하다→ 꾸짖다, 비난하다)
improve [imprú:v]	**v.** get better, upgrade, develop im(into) + prove: '안으로 입증하다' → 개선하다, 개량하다 In order to improve your reading ability, you should read a number of books.	개량하다

| 예 문 해 석 |

property 수색을 통해 무기와 훔친 물건들이 밝혀졌다.　**protagonist** 이 이야기의 주인공은 비상한 힘을 지닌 어린 소년입니다.　**prototype** 탐은 특별한 도구로 복잡한 기
계의 원형을 만들었다.　**approve** 모든 사람들이 이 협정을 승인하는 것은 불가능하다.　**improve** 읽기 능력을 향상시키기 위해서는 많은 책을 읽어야 한다.

| **probe** [proub] | **n.** exploration, search

probe < probare(test, prove): '시험하다' → (미지의 세계로) 들어가다 → 탐사하다, 탐구하다 → 엄밀히 조사하다. 탐사하는 침 → 엄밀한 조사, 정밀 조사

The lunar probe will get many images of the surface of the Moon. | 정밀 조사

probable(증명할만한→틀림없을 것같은, 그럴듯한)
proof 증거 |

quer, quir, quest, quisit = ask, seek: 추구하다

acquire [əkwáiər]	**v.** get, win, buy, receive, gain ac < ad(extra) + quir(seek) + e: '~에 덧붙여 추구하다' → 취득하다, 획득하다, 얻다 General Motors acquired a 60% stock in Daewoo Motors.	취득하다 acquisition 획득, 습득
conquer [káŋkər]	**v.** seize, obtain, acquire, occupy 원래 의미: '열심히 추구하다'의 뜻 → 정복하다, 이기다, 극복하다 The Mongolian aimed to conquer the entire Chinese empire.	정복하다
exquisite [ikskwízit]	**a.** beautiful, elegant, graceful, pleasing ex(out) + quisit(seek) + e: '밖으로 찾아 내어진' → 진가가 발견된 → 아주 아름다운, 최고의, 우아한 Some of the Renaissance structures are exquisite.	아주 아름다운
inquire [inkwáiər]	**v.** ask, question, query, quiz in(into) + quir(seek) + e: '안을 찾다' → 질문을 하다, 요구하다 Call in the evening if you wish to inquire about the apartment for rent.	질문을 하다 inquisitive 질문을 좋아하는
question [kwéstʃən]	**n.** inquiry, enquiry, query, investigation quest(seek) + ion: '추구하는 것' → 질문, 물음 The President refused to answer further questions on the matter.	물음 query 질문 querulous 투덜거리는

| 예 문 해 석 |

probe 달 탐사선이 달 표면의 많은 모습들을 포착하게 될 것이다. **acquire** 제너럴모터스는 대우 자동차 주식의 60퍼센트를 취득했다. **conquer** 몽골족은 중국 제국 전체의 정복을 꾀했다. **exquisite** 르네상스 건축물 중 몇몇은 매우 정교하다. **inquire** 아파트 임대에 관해 문의하기를 원한다면 저녁에 전화하십시오. **question** 대통령은 그 문제에 대한 추가 질문에 답하는 것을 거절했다.

request [rikwést] 	***v.*** ask for, appeal for, put in for, demand re(again) + quest(seek): '다시 추구하다' → 구하다 On most flights you may request special meals or other assistance.	구하다
require [rikwáiər] 	***v.*** need, crave, want, miss re(again) + quir(ask) + e: '다시 요청하다' → 필요로 하다 If you require help, please ask.	~을 요하다 requisite 필요한
unquestionable [ʌ̀nkwést∫ənəbəl] 	***a.*** definite, unexceptionable un(not) + quest(ask) + ion + able: '의심할 바 없는' → 논란의 여지가 없는 → 확실한, 명백한 → 더할 나위 없는, 완전한 There is an unquestionable link between unemployment rates and interest rates.	명백한

qui = quiet: 조용한

quiet [kwáiət] 	***a.*** soft, low, muted, lowered, whispered 원래 의미: '평온한'의 뜻 → 조용한, 고요한 The airlines have invested heavily in new, quiet airplanes.	조용한
tranquil [trǽŋkwil] 	***a.*** calm, silent, serene, peaceful tran < trans(through) + quil(quiet): '통하여 조용한' → 조용한, 고요한, 평온한, 평화로운 → 차분한, 침착한 The tranquil atmosphere of the mental clinic allows patients to feel totally comfortable.	고요한

| 예 문 해 석 |
request 대부분의 항공기에서, 여러분은 특별 식사나 다른 도움을 요청해도 좋습니다. **require** 도움이 필요하면, 요청하십시오. **unquestionable** 실업률과 금리 사이에는 명백한 관계가 있다. **quiet** 항공사들은 새롭고 조용한 비행기에 막대한 투자를 해왔다. **tranquil** 정신과 의원의 고요한 분위기는 환자들이 매우 편안하게 느끼도록 해준다.

rad = root: 뿌리

eradicate
[irǽdəkèit]

v. eliminate, root up, completely destroy

e(out) + radic(root) + ate: '뿌리를 밖으로' → 뿌리째 뽑다, 박멸하다, 근절하다

WHO is already fighting to eradicate diseases such as malaria and AIDS.

뿌리 뽑다

---

radical
[rǽdikəl]

a. ① fundamental ② extreme

radi(root) + cal: '뿌리의' → 근본적인, 기초적인 → (개혁이) 철저한 → 극단적인 → (사람, 사상이) 과격한, 급진적인, 혁명적인

The former Soviet Union has undergone a radical revolution.

① 근원적인, 근본적인
② (사상이) 급진적인

---

rect = right, rule: 올바른, 규칙

correct
[kərékt]

a. accurate, right, true, exact, precise

cor < co(together) + rect(right): '올바르게 하다' → 바로 잡다, 정정하다 → 올바른

Doctors have to examine their patients thoroughly in order to make a correct diagnosis.

옳은

---

direct
[dirékt]

v. instruct, control, order

di(apart) + rect(right): '멀리 바로잡다' → 직접적인, 솔직한 → 지휘하다, 감독하다

The stoplight is broken, but there is a police officer who will direct traffic.

지도하다

---

erect
[irékt]

v. build, construct *a.* upright

e(out) + rect(straight): '밖으로 똑바른' → 똑바로 선, 직립한 → (머리털이) 곤두선 / 똑바로 세우다, 직립시키다 → 세우다, 건설하다

Riot police have erected barricades on roads leading to the Congress building.

v. 세우다
a. 직립한

| 예 문 해 석 |

eradicate 세계보건기구는 말라리아와 에이즈와 같은 질병들을 뿌리 뽑기 위해 이미 싸우고 있다. **radical** 이전 소련연방은 급진적 혁명을 겪었다. **correct** 정확한 진단을 위해 의사는 환자를 정밀하게 검사해야 한다. **direct** 정지신호등은 고장 났지만, 교통을 지휘할 교통경찰이 있다. **erect** 경찰기동대는 국회 건물로 향하는 도로에 바리케이드를 세웠다.

rectify [réktəfài] 	**v.** correct, remedy, adjust rect(straight) + ify(make): '똑바르게 만들다' → 개정하다, 고치다 → (기구, 궤도 등을) 조정하다, 수정하다 Only Congress can rectify the law.	개정하다 **rectangle**(똑바른 각→직사 각형) **rectangular**(똑바른 각의→ 직사각형의) **rectitude**(똑바른 것→공정, 정직)
region [rí:dʒən] 	**n.** area, domain reg(rule) + ion: '다스리는 곳' → 지배구역 → 지역, 지방 → (활동, 연구의) 범위, 분야, 영역 Los Angeles is a major city in the western region of the United States.	지방 **regal**(다스리는 사람의→제왕 의, 당당한) **regime**(다스리는 것→제도, 정권) **regimen**(다스림→지배, 섭생) **regiment**(다스리는 것→통제 하다, 연대로 조직화하다, 연대)
regulate [régjəlèit] 	**v.** control, rule, manage, govern reg(rule) + ul + ate: '규칙대로 하게 하다' → 규제하다, 통제 하다 → (수량, 정도를) 조절하다 The federal government tried to regulate the possible increase in health-care costs.	규제하다 **regular** 규칙적인, 질서정 연한 **irregular** 불규칙적인

rid, ris = laugh: 웃다

ridiculous [ridíkjələs] 	**a.** foolish, laughable, stupid rid(laugh) + iculous: '웃기는' → 바보스러운 It was an absolutely ridiculous decision to ask the chief of police to resign.	웃기는 **ridicule** 비웃음

rog = ask: 묻다

abrogate [ǽbrəgèit]	**v.** revoke, eliminate, get rid of ab(away) + rog(request) + ate: '분리를 요청하다' → 폐 기하다 The press reported that the next Prime Minister could abrogate the policy.	폐기하다

| 예 문 해 석 |

rectify 오직 의회에서만 법을 고칠 수 있다. **region** LA는 미국 서부 지역의 주요 도시이다. **regulate** 연방정부는 건강관리비용의 가능한 증가를 규제하려고 했다.
ridiculous 경찰서장에게 사임하라고 요구한 것은 확실히 어리석은 결정이었다. **abrogate** 신문사는 다음 국무총리가 그 정책을 폐지시킬 수도 있다고 보도했다.

| **arrogant**
[ǽrəgənt]
 | **a.** conceited, proud, overbearing
ar <ad(to) + rog(ask, claim for oneself) + ant: '자기 자신을 위한 질문을 하는' → 자신만을 위한 주장을 하는 → 거만한, 오만한

There is no time to be arrogant after this first win. | 거만한

interrogate 심문하다 |

rupt = break, burst: 부수다, 폭발하다

abrupt [əbrʌ́pt] 	**a.** ① sudden ② sharp ab(away) + rupt(break): '깨뜨리고 터져나오는' → (말, 태도가) 갑작스러운, 퉁명스런 → 돌연한, 뜻밖의 → (문장, 사고가) 맥락이 없는, 비약이 많은 The recession brought an abrupt end to national happiness.	① 갑작스러운, 불시의 ② 험준한, 가파른 bankrupt(은행파열→파산) disrupt(멀리 부서지다→분열시키다) rupture(부서지는 것→파열)
corrupt [kərʌ́pt] 	**a.** dishonest, bent, crooked, fraudulent cor(together) + rupt(break): '함께 부서진' → 타락한 Corrupt high-rank officials were taken into custody.	타락한
erupt [irʌ́pt] 	**v.** explode, blow up, emit e(out) + rupt(break): '밖으로 부서지다' → (화산재, 간헐천 등이) 분출하다, (화산이) 폭발하다 → (울적한 감정이) 용솟음치다, (말 등이) 쏟아져 나오다 The volcano erupted in 1980, devastating a vast area of Arizona state.	분출하다
interrupt [ìntərʌ́pt] 	**v.** intrude, disturb, intervene, interfere inter(between) + rupt(break): '사이에서 부서지다' → 중단하다, 방해하다 We interrupt this broadcast to bring you a breaking news report.	중단하다, 방해하다 interruption 중단, 방해

| 예 문 해 석 |

arrogant 첫 번째 승리 후에 오만해질 여유가 없다. **abrupt** 경기 불황은 국가의 행복에 갑작스런 종말을 가져왔다. **corrupt** 부패한 고위관료들이 유치장에 갇혔다. **erupt** 그 화산은 1980년에 폭발해서, 애리조나 주의 광대한 지역을 황폐화시켰다. **interrupt** 여러분에게 깜짝 놀랄만한 뉴스를 보도하기 위해 이 방송을 중단합니다.

sacr, sanct, secr = holy: 신성한

sacred [séikrid] 	**a.** holy, divine, blessed sacr(holy) + ed: '신성한' → 성스러운 → 신성시 되는 → 종교 의식에 관한, 종교적인 → 신에게 바친 → (약속이) 신성 불가침의 The cow is sacred for Indians.	신성한 consecrate(함께 신성시 하다→신성하게 하다, 바치다) desecrate(신성을 깎아 내리다→모독하다) execrate(신성한 것을 밖으로 버리다→저주하다, 증오하다)
sacrifice [sǽkrəfàis] 	**n.** offering, oblation sacr(holy) + i + fic(make) + e: '신성하게 만들다' → 희생 제물, 희생 The ancient priest sacrificed a live human.	제물
sanction [sǽŋkʃən] 	**n.** approval sanct(holy) + ion: '신성하게 함' → 재가, 인가, 시인 → 허용, 찬성 / '신성한 법령' → (법령, 규칙 위반에 대한) 제재, 처벌 → (국제법 위반국에 대한) 제재 조치 → 도덕적/사회적 구속력 The Queen could not enact laws without the sanction of Parliament.	찬성 saint(신성한 사람→성인) sanctify 신성하게 하다 sanctimony(sancti + mony(상태): 신성한 상태→ 신성한 체함)
sanctuary [sǽŋktʃuèri] 	**n.** protection, shelter, refuge sanct(holy) + uary: '신성한 장소' → 성소, 성역, 피신처, 신전 The church became a sanctuary for numerous people who fled the civil war.	신전

| 예문해석 |

sacred 소는 인도인에게는 신성한 존재이다. sacrifice 고대 사제는 살아있는 인간을 제물로 바쳤다. sanction 여왕은 의회의 승인 없이는 법을 제정할 수 없었다.
sanctuary 교회는 내전을 피해 도망친 수많은 사람들의 보호처가 되었다.

sal, sault, sult = jump: 뛰다

assault
[əsɔ́:lt]

n. attack, invasion, offensive
as < ad(to) + sault < sult(leap): '~로 뛰다' → ~에 덤벼들다 → 덮치다, 공격하다 / 갑작스런 공격 → 급습, 맹공격 → 심한 말로 공격, 비난

The ground assault was unsuccessful so the airstrike was ordered.

맹공격

consult(함께 뛰다→상담하다)
exult(밖으로 뛰다→매우 기뻐하다)
insult(안으로 뛰다→모욕을 주다)

---

desultory
[désəltɔ̀:ri]

a. random, casual
de(down) + sult(jump) + ory: '아래로 뛰는' → 정도에서 벗어난, 탈선적인

Numerous desultory remarks stretched the meeting to almost four hours.

탈선적인

---

result
[rizʌ́lt]

n. outcome, consequence, effect
re(back) + sult < salt(leap): '뒤로 뛰는 것' → 귀착, 결말 → 결과, 성과

The final presidential election result will be announced on Friday.

결과

---

salus = health, good: 건강한, 좋은

salutary
[sǽljətèri]

a. healthy, beneficial
salut(health) + ary: '건강에 좋은' → 유익한, 이로운

It was a new and salutary experience to donate to the needy.

건강에 좋은

salute(건강을 묻다→안부를 묻다→인사하다)
salubrious(건강이 있는→건강에 좋은, 유익한)

---

salvage
[sǽlvidʒ]

n. saving, recovery, rescue
원래 의미: '구하다'의 뜻에서 → 구조

The coastguard was unable to salvage the remains of the shipwreck.

구조

| 예 문 해 석 |

assault 지상군의 공격이 실패하자, 공습 명령이 내려졌다. **desultory** 두서없는 수많은 발언 때문에 회의가 거의 4시간이나 길어졌다. **result** 최종 대선 결과는 금요일에 발표될 것이다. **salutary** 궁핍한 사람들에게 기부하는 것은 새롭고 유익한 경험이었다. **salvage** 해양경비대는 좌초한 선박의 잔해들을 인양할 수 없었다.

sane
[sein]

a. rational, all there, of sound mind

원래 의미: '건강한'의 뜻에서 → 건전한, 제정신의

No sane person would light themselves on fire.

제정신의

insane(건강하지 않은→미친, 제정신 아닌)

sanity 제정신, 건전, 건강

sanitary(건강의, 건강에 관한→위생적인, 청결한)

---

sanitation
[sæ̀nətéiʃən]

n. health, hygiene

sanit(health) + ation: '건강하게 함' → 공중 위생, 위생 설비

City officials do care about the hazards of contaminated water and poor sanitation.

공중 위생

sanatorium(건강을 위한 장소→요양소, 휴양지)

unsanitary 비위생적인, 불결한

---

sat = fill, water: 채우다, 물

insatiable
[inséiʃəbəl]

a. voracious, greedy

in(not) + sat(fill) + iable: '채울 수 없는' → 만족할 줄 모르는

Lenin was known as an insatiable collector.

만족할 줄 모르는

---

satisfaction
[sæ̀tisfǽkʃən]

n. fulfilment, pleasure, achievement

sat(fill) + is + fac(make) + tion: '가득차게 만드는 것' → 만족

Raising a child can be a tremendous source of satisfaction.

만족

---

saturate
[sǽtʃərèit]

v. soak, drench

sat(enough) + urate: '충만케하다' → 가득 채우다, ~에 충분히 배어들다 → (사람, 사물에) ~을 흠뻑 스며들게 하다, 젖게 하다 → (남을) ~에 몰두시키다, 열중하게 하다 → 《화학》 ~을 (~으로) 포화시키다 → (시장에) 상품을 과잉 공급하다

If we saturate the market with goods, prices will drop, and our competitors will go out of business.

가득 채우다

| 예 문 해 석 |

sane 제 정신인 사람이라면 자신에게 불을 지르지 않을 것이다. **sanitation** 시 공무원들은 오염된 물과 열악한 위생의 위험에 대해 신경을 많이 쓴다. **insatiable** 레닌은 탐욕스러운 수금원으로 알려졌다. **satisfaction** 육아는 만족의 커다란 원천이 될 수 있다. **saturate** 우리가 상품으로 시장을 가득 채우면 가격이 떨어져서 경쟁자들이 사업을 포기할 것이다.

scrib, script = write: 쓰다

ascribe [əskráib] ≡	**v.** attribute, assign, allocate a < ad(to) + scrib(write) + e: '~에 적어두다' → ~에 돌리다, ~의 탓으로 돌리다 An autopsy eventually ascribed the leader's death to sudden heart attack.	~에 돌리다
describe [diskráib] ≡	**v.** portray, depict, explain de(down) + scrib(write) + e: '아래에 베끼다' → 묘사하다, 그리다, 말로 설명하다 The president has described the meeting as marking a new stage between economic super-powers.	묘사하다
prescribe [priskráib] ≡	**v.** dictate, order, direct pre(before) + scribe(write): '미리 쓰다' → 명령하다, 지시하다 → 정하다, 규정하다 → (약, 치료법을) 지시하다, 처방하다 The law won't allow doctors to prescriibe contraception to the under 14.	명령하다 scribble(빨리 쓰다→휘갈겨 쓰다) circumscribe(둘레에 쓰다→둘레에 선을 긋다→한계를 정하다) conscript(함께 적어놓다→징집하다, 징병하다)
proscribe [prouskráib] ≡	**v.** ban, outlaw, prohibit pro(forth) + scribe(write): '앞에 적어두다' → 금지를 공고하다 → (고대 로마에서) (처벌자의) 이름을 공포/공개하다 → (습관을) 금지하다, 못하게 하다 Cigarettes were once thought to be harmless, but now all doctors proscribe smoking.	금지를 공고하다
script [skript] ≡	**n.** text, lines, words, book, copy 원래 의미: '적힌 것'의 뜻에서 → 손으로 쓰기, 필기 Steven Spielberg scripted and directed Jurassic Park.	손으로 쓰기 inscription 비명, 비문 manuscript 원고 postscript 추신 transcript 베낀 것
subscribe [səbskráib] ≡	**v.** support, advocate, endorse; donate sub(underneath) + scrib(write) + e: '아래에 적다' → 문서의 끝에 쓰다, 서명하다, 이름 써서 기부하다, 정기 구독하다 The new boss subscribes to the philosophy that people work better unsupervised.	서명하다; 기부하다

| 예 문 해 석 |

ascribe 부검 결과는 결국 지도자의 죽음의 원인을 갑작스런 심장발작으로 돌렸다. describe 대통령은 그 회의를 경제 초강대국간의 새로운 단계를 여는 것으로 묘사해왔다. prescribe 그 법은 의사들이 14세 미만에게 피임처방을 내리는 것을 허용하지 않을 것이다. proscribe 담배는 한 때 무해한 것으로 여겨졌지만, 지금은 모든 의사들이 흡연을 금지시킨다. script 스티븐 스필버그는 주라기 공원의 대본을 쓰고 감독을 맡았다. subscribe 새 지도자는 사람들이 감독을 받지 않고 일을 더 잘한다는 생각에 동의한다.

se = apart, separate: 떨어진, 분리된

secede
[sisíːd]

v. withdraw, leave
se(apart) + cede(go): '떨어져 가다' → 탈퇴하다, 분리하다

Georgia seceded from the Soviet Union and became an independent sovereign state.

탈퇴하다

---

secluded
[siklúːdid]

a. remote, isolated, separated
se(apart) + clude(close) + ed: '멀리 떨어져 닫힌' → (장소가) 외딴 곳에 있는 → 세상에서 격리된, 은둔하는

Many shelters of the homeless are in secluded areas.

외딴

conclude(함께 닫다→마치다, 결론짓다)

exclude(밖에 두고 닫다→제외하다)

include(~에 대항하여 닫다→통로를 막다, 차단하다)

preclude(미리 닫다→막다, 방해하다, 불가능하게 하다)

recluse(닫아서 뒤로 물러난 사람→은둔자)

---

secure
[sikjúər]

a. safe **v.** obtain
se(apart) + cure(care): '걱정에서 벗어난' → 안전한, 위험 없는 → 안정된, 걱정없는, 보장된 / '걱정에서 벗어나다' → 확실하게 하다, 보증하다 → 보장하다 → 확보하다, 획득하다

The building is secure, so we don't have to worry about the hurricane.

a. 안전한, 위험이 없는

v. (물건을) (노력에 의해) 확보하다, 입수하다

---

seduce
[sidjúːs]

v. tempt, lure, entice, mislead, deceive
se(aside) + duce(lead): '옆길로 이끌다' → 부추기다, 꾀다, 유혹하다

The breath taking view of the lake and surrounding cliffs seduces tourists.

부추기다

---

segregate
[ségrigèit]

v. set apart, divide, separate, isolate
se(apart) + greg(herd) + ate: '무리에서 떼어 놓다' → 분리하다, 격리하다

A large detachment of police forces was used to segregate the two conflicting camps of demonstrators.

분리하다

| 예 문 해 석 |

secede 그루지야는 소련연방으로부터 탈퇴하고 하나의 독립적 주권국이 되었다. **secluded** 많은 노숙자 시설은 외딴 지역에 있다. **secure** 그 건물은 안전해서, 허리케인을 걱정하지 않아도 된다. **seduce** 호수와 주변 절벽의 숨이 멎을 듯한 경관은 여행객들을 매혹시켰다. **segregate** 경찰기동대의 대규모 파견병력은 대립적인 두 시위대 진영을 분리하는데 사용되었다.

separate

[séрərət]

a. distinct, divided, particular

se(apart) + parate < parare(prepare): '따로 준비된'
→ 분리된, 갈라진 → 따로따로의, 개별적인, 각각의

Business bank accounts were kept separate from personal accounts.

개개의

prepare(미리 채비를 갖추다→준비하다)

repair(다시 채비를 갖추다→수리하다, 치료하다)

---

sec, seq, sequ, secut = follow: 따르는

consecutive

[kənsékjətiv]

a. successive, following, sequential

con(together) + secu < sequ(follow) + tive: '함께 뒤따르는' → 연속적인, 계속되는

Brazil won the championship for the third consecutive year.

연속되는

---

consequence

[kánsikwèns]

n. ① result; effect ② importance

con(together) + sequ(follow) + ence: '함께 뒤따르는 것' → 결과, 결말 → 귀결, 결론 → 중요성, 중대성

An economic crisis may have tremendous consequences for national security.

① 결과, (추론의) 결론
② 중요성

---

executive

[igzékjətiv]

a. administrative, directing, regulating

ex(out) + (s)ecut(follow) + ive: '밖으로 따르는' → 실행의, 집행의, 관리의

CEO is an abbreviation for chief executive officer.

실행의

---

intrinsic

[intrínsik]

a. inherent, inborn

intrin < intra(into) + sic < secus(follow): '안에서부터 따르는' → 타고난, 선천적인 → 본질적인

Gold has little intrinsic value, but retains a high market price due to scarcity.

본질적인

| 예 문 해 석 |

separate 회사들의 은행 계좌는 개인들의 계좌로부터 분리하여 유지되었다. **consecutive** 브라질이 3년 연속 우승했다. **consequence** 경제위기는 국가안보에 엄청난 결과를 가져올 것이다. **executive** CEO는 최고 경영 임원의 축약이다. **intrinsic** 금은 내재적 가치는 거의 없지만, 희소성 때문에 높은 시장가격을 유지한다.

pursue
[pərsúː]

v. follow, chase
pur < pro(forth) + sue(follow): '앞으로 따라가다' →
~을 따라가다, 뒤쫓다, 추적하다 → 계속 추구하다 → (연구, 일 등
을) 착실하게 밀고 나아가다

China continues to pursue unification between its mainland
and Taiwan.

뒤쫓다

suit(따라가다→양복 한벌, 구혼,
청원, 소송)
suited(따라가는→적합한)
ensue(따르게 만들다→잇따라
일어나다, 결과로서 일어나다)

---

sequel
[síːkwəl]

n. follow-up, continuation
sequ(follow) + el: '따르는' → 계속, 속편

The police said the clash was a sequel to Monday's
nationwide demonstration.

계속

---

sequence
[síːkwəns]

n. succession, course, series, order
원래 의미: '뒤를 따르는 것' 의 뜻에서 → 연속, 결과

This was just the first attack in a sequence of many.

연속

---

subsequently
[sʌ́bsikwəntli]

ad. later, afterwards
sub(closely) + sequ(follow) + ently: '가깝게 따르는'
→ 그 후에, 결과적으로

Subsequently, the ceremony was terminated due to the
terrorists' attack.

그 후에

| 예 문 해 석 |

pursue 중국은 본토와 대만과의 통합을 계속 추구하고 있다. **sequel** 경찰은 그 충돌이 월요일의 전국적 시위의 속편이라고 말했다. **sequence** 이것이 바로 수많은 연속적
인 공격의 첫 번째 공격이었다. **subsequently** 그 후, 그 행사는 테러리스트의 공격으로 인해 중단되었다.

VOCABULARY TEST 7

1. Potential

(A) certain
(B) popular
(C) improved
(D) possible

2. Preclude

(A) prevent
(B) eliminate
(C) converge
(D) impound

3. Preeminent

(A) preoccupied
(B) outstanding
(C) idealistic
(D) exorbitant

4. Prerequisite

(A) reason
(B) theory
(C) requirement
(D) technique

5. Appreciate

(A) hear
(B) seek
(C) admire
(D) review

6. Priceless

(A) precious
(B) inventive
(C) memorable
(D) inconsequential

7. Apprehend
(A) understand
(B) arouse
(C) struggle
(D) uncover

8. Primary

(A) discrete
(B) preliminary
(C) ideal
(D) fundamental

9. Prime

(A) date
(B) period
(C) peak
(D) beginning

10. Appropriate

(A) genuine
(B) suitable
(C) essential
(D) beneficial

11. Property

(A) interpretation
(B) location
(C) characteristic
(D) virtue

12. Improve

(A) oppose
(B) surpass
(C) enlarge
(D) get better

13. Unquestionable

(A) definite
(B) genuine
(C) sufficient
(D) ambiguous

14. Eradicate

(A) eliminate
(B) exploit
(C) organize
(D) operate

15. Radical

(A) cautious
(B) fundamental
(C) slight
(D) integral

16. Erect

(A) assert
(B) build
(C) fortify
(D) create

17. Ridiculous

(A) foolish
(B) excessive
(C) necessary
(D) timely

18. Abrupt

(A) mysterious
(B) seasonal
(C) repeated
(D) sudden

19. Secure

(A) keep up
(B) obtain
(C) intensify
(D) prevail

20. Subsequently

(A) duly
(B) finally
(C) later
(D) therefore

Answer

1. D   2. A   3. B   4. C
5. C   6. A   7. A   8. D
9. C   10. B   11. C   12. D
13. A   14. A   15. B   16. B
17. A   18. D   19. B   20. C

DAY 22

sed, ses, sid = set, sit: 두다, 위치시키다

obsession
[əbséʃən]

n. preoccupation, thing, complex, hang-up

ob(against) + ses(sit) + sion: '거슬러 앉는 것' → 앞서 앉는 것 → 강박 관념, 망상

Over 90% of mentally-ill patients know their obsessions are irrational.

강박 관념

---

residence
[rézidəns]

n. home, house, dwelling, place, flat

re(again) + sid(set) + ence: '다시 두는 것' → 주거, 거주

There is a test that must be passed in order to secure permanent residence in a foreign country.

주거

reside(뒤에 눌러 앉다→살다, 거주하다)

---

residual
[rizídʒuəl]

a. reserved, set aside

re(behind) + sid(set) + ual: '뒤에 남겨 둔' → 남은

The U.S. army checked for residual radiation from nuclear weapons testing.

남은

---

sedate
[sidéit]

a. calm, quiet, serene, tranquil

sed(sit) + ate: '앉다' → 가라 앉은 → 차분한, 조용한

Safe cars are built from heavy materials that often lead to sedate performance.

차분한

---

sedentary
[sédəntèri]

a. ↔ migratory; nomadic 이주하는

sed(sit) + ent + ary: '앉아 있는' → 잘 앉는, 앉아서 일하는 → 이주하지 않는, 정착해서 사는

A sedentary lifestyle leads to obesity and heart disease.

앉아서 일하는

sedative(가라 앉게 만드는 →가라앉히는, 진정시키는, 진정제)

sediment(가라 앉은 것→ 침전물)

| 예문해석 |

obsession 정신병 환자의 90퍼센트 이상은 그들의 강박관념이 이성적이지 않다는 것을 알고 있다. **residence** 외국에서의 영구적 거주를 확보하기 위해서는 통과해야 할 시험이 있다. **residual** 미군은 핵무기 시험 후 남아 있는 방사선이 있는지 검사했다. **sedate** 안전한 승용차는 종종 차분한 운행으로 이끌어지는 무거운 재료들로 만들어 진다. **sedentary** 앉아서 일하는 생활 스타일은 비만과 심장질환을 초래한다.

| **session**
[séʃən]
 | ***n.*** meeting, hearing, sitting, period
원래 의미: '앉다' 의 뜻에서 → 개회중임, 입회

An emergency session of the Congress was held. | 개회중임 |

| **subside**
[səbsáid]
 | ***v.*** die down, diminish
sub(under) + sid(sit) + e: '아래로 앉다' → (땅이) 푹 꺼지다, (건물이) 내려앉다, (배가) 가라앉다 → (폭풍우, 소동, 감정 등이) 내려앉다, 가라앉다, 진정되다 → (부기, 열 등이) 빠지다, 내리다 → (사람이) (소파 등에) 털썩 앉다, 드러눕다

Pain will eventually subside from even the worst injuries. | 푹 꺼지다

assiduous(~로 앉아 있는→근면한, 끈기있는)
dissident(멀리 앉아 있는→의견을 달리하는 (사람))
preside(앞에 앉다→의장이 되다, 주재하다)
residue(뒤에 앉아 있는 것→나머지, 잔재물, 찌꺼기) |

| **subsidiary**
[səbsídièri] | ***a.*** secondary, lesser, subordinate, minor
sub(down) + sid(sit) + iary: '아래에 앉아 있는' → 보조의, 부차적인

Panasonic Korea is a subsidiary of the Panasonic Corporation. | 보조의 |

| **subsidy**
[sʌ́bsidi] | ***n.*** aid, help, support, grant, assistance
sub(down) + sid(sit) + y: '아래에 깔린 돈' → 보조금, 장려금

U.S. car factory owners are planning a massive protest against car subsidies cuts. | 보조금

subsidize(아래에 앉게 하다→보조금을 지급하다) |

| **supersede**
[sùːpərsíːd] | ***v.*** displace, replace, shift
super(over) + sed(sit) + e: '위에 눌러 앉다' → 대신 들어서다, 교체하다

The CNN high executive officers decided to supersede the announcer. | 대신하다 |

| 예 문 해 석 |

session 국회의 긴급 회기가 열렸다. **subside** 통증은 아주 심한 부상에 있어서도 결국 진정될 것입니다. **subsidiary** 파나소닉 코리아는 파나소닉사의 자회사이다.
subsidy 미국 자동차공장 소유주들은 자동차 보조금 삭감에 반대하는 대규모 시위를 계획하고 있다. **supersede** CNN 고위 임원들은 그 아나운서를 교체하기로 결정했다.

4th Week **197**

semble, simil, simul = similar, same like, together: 비슷한, 같은, 함께

assemble
[əsémbəl]

v. gather together, bring together, put together

as < ad(to) + semble < simul(together): '~쪽으로 함께 하다' → (사람을) 모으다, 집합시키다 → (기계를) 조립하다, 조립하여 ~을 만들다

Greenpeace managed to assemble a small fleet of boats to waylay the ship at sea.

모으다

---

resemble
[rizémbəl]

v. be like, look like, mirror, parallel, be similar to

re(again) + semble(like): '다시 비슷하다' → ~와 닮다, 공통점이 있다

Children generally resemble their parents.

~와 닮다

---

similar
[símələr]

a. resembling, like

simil(like) + ar: '~같은' → 비슷한, 유사한 → (도형이) 닮은, 같은 종류의

The accident was very similar to one that happened in New York in 1973.

비슷한

dissimilar(비슷하지 않은 →닮지 않은)
simile(유사한 표현→직유)
cf. metaphor 은유

---

simultaneously
[sàiməltéiniəsli]

ad. at the same time, concurrently

simul(same) + taneous + ly: '같은 시간에 발생하여'

The two gunshots were heard almost simultaneously.

동시에

simultaneous 동시에 일어나는

---

simulate
[símjəlèit]

v. imitate, pretend, feign

simul(like) + ate: '같게 하다' → 흉내내다 → 가장하다, ~인 체하다 → 모의 실험하다

Smoke was used to simulate steam coming from a broken radiator.

~인 체하다

simulation 가장, 모의 실험

| 예 문 해 석 |

assemble 그린피스는 바다에서 그 배를 불러 세우기 위해 소규모의 보트 선단을 집결시키는 것을 해냈다. **resemble** 아이들은 대체로 부모를 닮는다. **similar** 그 사고는 1973에 뉴욕에서 발생한 것과 매우 유사했다. **simultaneously** 두 발의 총성이 거의 동시에 들렸다. **simulate** 연기는 망가진 라디에이터에서 나오는 증기처럼 보이게 하는데 사용되었다.

sens, sent = feel: 느끼다

consensus
[kənsénsəs]

n. agreement, unanimity, assent, concord
con(together) + sens(feel) + us: '함께 느끼는 것' → 의견 일치, 합의, 여론

The matter of when the troops should leave would be decided by consensus.

일치

assent(~로 느끼다→가까이 느끼다→찬성하다)
consent(함께 느끼다→동의하다, 승낙하다)
dissent(다르게 느끼다→의견을 달리하다)
resent(뒤로 느끼다→거슬러서 느끼다→분개하다, 화내다)

---

nonsense
[nánsens]

n. rubbish, hot air, twaddle
non(not) + sens(feel) + e: '느끼지 못하는 것' → 무의미한 말

Surely it is political nonsense to conquer the world.

무의미한 말

---

presentiment
[prizéntəmənt]

n. premonition, foreboding, hunch
pre(before) + sent(feel) + iment: '미리 느끼는 것' → 예감, 육감

Animals, such as rats, have a presentiment of disaster.

예감

---

scent
[sent]

n. fragrance, perfume, aroma
scent < sent(feel, smell) + ed: '냄새 나는' → 냄새로 가득찬, 냄새 좋은 → 향수를 뿌린

Flowers are chosen for their scent as well as their look.

냄새

sentient(느낌의→감각이 있는, 느낄 수 있는)
cf. odor 냄새, (특히) 악취

---

sensational
[senséiʃənəl]

a. exciting, amazing, thrilling
sens(feel) + ation + al: '대단한 느낌을 주는' → 선풍적 인기의 → 세상을 깜짝 놀라게 하는 → 선정적인, 인기 위주의 → 눈부신, 두드러진

Important news stories are often buried by more sensational pieces.

선풍적 인기의

sensual(느낌의→관능의, 주색에 빠진)

| 예 문 해 석 |

consensus 병력이 언제 떠나느냐의 문제는 합의에 따라 결정될 것이다. nonsense 정말로, 세계를 정복한다는 것은 정치적으로 의미가 없다. presentiment 쥐와 같은 동물들은 재난에 대한 예감을 가지고 있다. scent 꽃은 모양뿐만 아니라 향기로 선택된다. sensational 중요하고 새로운 이야기들은 종종 보다 선정적인 이야기들로 인해 묻혀진다.

sensible [sénsəbəl] 	**_a._ wise, practical, prudent, shrewd** sens(feel) + ible < able(can): '느낄 수 있는' → 분별있는, 현명한, 지각 있는 Hikers should remember to bring plenty of water and sensible footwear.	지각 있는
sensitive [sénsətiv] 	**_a._ delicate, keen, responsive** sens(feel) + it(go) + ive: '느낌이 가는' → 민감한, 과민한 → 신경질적인, 화잘내는 → 감수성이 예민한, 섬세한 → (문서, 직무가) 신중을 요하는 Mothers should be sensitive to their children's needs.	민감한
sentimental [sèntiméntl] 	**_a._ emotional, romantic, touching** senti(feel) + ment + al: '느껴서 생기는' → (이성적이 아니라) 감정적인, 감정에 따른 → 정에 여린, 감상적인, 다정 다감한 Our paintings are of sentimental value only.	감정적인 sentiment(느낌→감정, 정서)

sepia = black, rot: 검은, 썩다

antiseptic [æntəséptik] 	**_a._ clean, hygienic, sterilized** anti(against) + sept(rotten) + ic: '썩는 것을 막는' → 살균의, 방부성의 → 세균이 없는, 소독된 → 상당히 청결한, 오염이 없는 / 소독제, 방부제 These pesticides have strong antiseptic qualities.	a. 방부성의 n. 방부제 aseptic 방부제, 무균의 sepsis 부패, 부패 작용
septic [séptik] 	**_a._ infectious, contagious, epidemic** sep(rot) + tic: '썩은' → 부패성의 A septic toe may need to be removed before the infection can spread.	부패성의

| 예 문 해 석 |
sensible 도보여행자들은 많은 물과 실용적인 신발을 가져오는 것을 명심해야 한다. sensitive 어머니들은 자녀들의 욕구에 대하여 세심해야 한다. sentimental 우리의 그림은 감상적 가치만을 갖고 있다. antiseptic 이 살충제는 강력한 살균력을 가지고 있다. septic 패혈증이 걸린 발가락은 감염이 퍼지기 전에 아마도 제거해야 할 것이다.

sert, sort = join, the same kind: 모이다, 비슷한 종류

assort [əsɔ́ːrt] ≣	***v.*** classify, categorize, grade, sort as < ad(to) + sort(the same kind): '같은 종류로 보내다' → 분류하다, 구별하다 There are assorted seats available in a wide variety of prices.	분류하다
desert [dezəːrt] ≣	***v.*** abandon, forsake de(not) + sert(join): '결합하지 않다' → 버리다, 포기하다 → 붙어있지 않다, 떠나다 After the water was gone it was time to desert the village.	버리다 **assert**(~쪽에 결합하다→주장하다) **exert**(밖으로 결합하다→작용시키다) **insert**(안으로 결합하다→끼워넣다)
sort [sɔːrt] ≣	***n.*** type, kind, class, style 원래 의미: '운명' 의 뜻에서 → 종류, 부류 There are so many different sorts of mushrooms available these days.	종류 **consort** 배우자 **resort** 자주 드나들다

| 예 문 해 석 |
assort 아주 다양한 가격으로 구매 가능한 갖가지 좌석들이 있다. **desert** 물이 고갈되자, 마을을 버려야 했다. **sort** 최근에는 구입 가능한 버섯의 종류가 아주 많다.

serv, servat = keep: 지키다

conservative
[kənsə́:rvətiv]

a. traditional, conventional, cautious, sober
con(together) + serv(keep) + ative: '함께 지키는' →
보수적인, 조심스런

From 2001 to 2008 the conservatives were in power in the
United States Government.

보수적인

---

conserve
[kənsə́:rv]

v. retain, protect, save, preserve
con(together) + serve(keep, observe): '함께 지키다,
살피다' → 보존하다, 유지하다, 보호하다

New factories are being designed to help conserve natural
resources.

보존하다

deserve(아래에서 살피다
→봉사하다→받을만 하다)
preserve(미리 유지하다→
보존하다)

---

observe
[əbzə́:rv]

v. watch, note
ob(over) + serve(keep, watch): '~위에 관심을 두다' →
주의하다 → 관찰하다, 보다 → (관찰에 의해) 알다, 깨닫다 → 정해
진 것에 유의하다 → (규칙을) 준수하다 → 정해진 행사를 지키다 →
거행하다

This is a fine location to observe the mating of birds.

관찰하다

observant 주의 깊은

---

reserve
[rizə́:rv]

v. save, restrict
re(back) + serve(keep): '뒤로 지키다' → 떼어두다 → 저
장해두다 → 예약해두다 → 유보하다 → 제한하다

Seats or tables can be reserved.

따로 두다

---

serve
[sə:rv]

v. function, perform, do
serve < servus(slave): '노예, 하인' → 섬기다, 봉사하다 →
시중들다, 접대하다 → 음식을 내다, 공급하다 → 근무하다, 복무하
다 → 공헌하다, 도움이 되다 → 소용에 닿다, 쓸모가 있다

During the Second World War many young men served in the
army.

역할을 하다

servant(섬기는 사람→하인)
servile(섬기기를 쉽게 하는
→노예 같은)
service(섬김→봉사, 공무,
복무)

| 예 문 해 석 |
conservative 2001년부터 2008년까지 미국정부에서는 보수 세력이 집권했다. conserve 새로운 공장들은 생태 자원을 보존하는데 도움이 되도록 설계되고 있다.
observe 이곳은 새들의 짝짓기를 관찰하기에 좋은 위치이다. reserve 좌석이나 테이블은 예약될 수 있다. serve 제2차 세계대전 동안에 많은 젊은 남자들이 군대에서 복무하
였다.

sign = sign: 서명하다

assign
[əsáin]

v. specify, allot

as < ad(to) + sign(mark): '~로 표시하다' → (일시, 한계를) 지정하다 → (임무를) 선정하다, 선임하다 → 할당하다, 배당하다

Menial tasks were assigned to the newest workers.

지정하다

designate(아래로 표시하게 만들다→가리키다, 지명하다)
resign(뒤로 서명하다→서명하고 물러나다)

---

signal
[sígnl]

v. indicate

원래 의미: '신호' → 신호를 보내다 → 신호로 알리다 → 나타내다 → 전조가 되다

When the commanding officer signaled, the soldiers started to fire.

신호를 알리다

signify(표시를 만들다→나타내다, 의미하다)

---

significant
[signífikənt]

a. ① important, considerable, substantial
② remarkable, serious

sign(mark) + i + fic(make) + ant: '표시를 해두는' → 의미하는, 나타내는 → 의미있는, 의미심장한 → 중요한, 뜻 깊은 → 상당한, 현저한, 주목할만한

Meats offer a significant amount of protein.

① 중요한; 중대한; 뜻 깊은

② 상당한; 현저한; 주목할만한

signature(표시한 것→서명)

---

soc = comrade: 친구

associate
[əsóuʃièit]

v. connect, link, combine

as < ad(to) + soci(join) + ate: '~로 결합시키다' → 연합시키다 → 관련시키다, 관련시켜 생각하다 → 한패가 되다, 교제하다

The press feels the need to associate itself with the government.

결합시키다

sociable(결합할 수 있는→사교적인)
society(결합된 곳→사회)
sociology(사회 연구→사회학)

---

sociable
[sóuʃəbəl]

a. gregarious, friendly

soc(comrade) + iable: '친구할 수 있는' → 사교적인

People who are not sociable should choose careers that do not require daily interaction.

사교적인

| 예 문 해 석 |

assign 하찮은 업무들이 신참들에게 배정되었다. signal 지휘관이 신호를 보내자, 군인들은 발포를 시작했다. significant 고기는 상당한 양의 단백질을 제공한다. associate 언론사는 정부를 지지할 필요성을 느꼈다. sociable 사교적이지 못한 사람들은 일상적인 상호작용을 필요로 하지 않는 직업을 선택해야 한다.

sol, soli = alone, only, one: 하나의, 단일의

desolate
[désəlit] [désəlèit]

a. deserted **v.** gloomy
de(down) + sol < solo(alone) + ate: '아래에 홀로 남겨두는' → (사람, 생활 등이) 고독한, 쓸쓸한, 비참한 → (장소, 건물 등이) 황폐한, 인기척이 없는, 적막한 / (남을) 외롭게 하다, 슬프게 하다 → (장소, 건물 등을) 황폐하게 하다

Half-ruined Baghdad was a desolate city.

a. (사람이) 고독한, 쓸쓸한; (장소 등이) 황폐한

v. 외롭게 하다, 황폐하게 하다

sole
[soul]

a. only, solitary, single
sol(one) + e: '단 하나의' → 단 한사람의 → 단독의, 독점적인 → 미혼의, 독신의

Pakistani terrorists' sole aim is to destabilize the Indian government.

유일한

solo 독창, 독주, 단독 연기, 단독의

solitary
[sálitèri]

a. lonely, unsociable, reclusive
sol(one) + it(go) + ary: '혼자 가는' → 혼자서 하는 → 외로운, 고독한 → (장소, 집이) 고립된, 인적이 드문, 쓸쓸한 → 단 하나의, 유일한

The criminal was being held in solitary confinement.

혼자뿐인, 고독한

solitude
[sálitjùːd]

n. loneliness, isolation, desolation, seclusion
soli(alone) + tude(state): '혼자있는 상태' → 고독, 외로움

The solitude of maximum security prison can be too much for some inmates to deal with.

고독

solu, solv, solut = loosen, melt, solve: 녹이다, 해결하다

absolute
[ǽbsəlùːt]

a. total, complete ↔ limited 제한적인
absolute < absolutus(unrestricted): '제한되지 않은' → 독재적인 → 절대적인 → 완전한 → 섞인 것이 없는, 순수한

The doctrine of absolute monarchy conflicted with the religious doctrine.

절대적인

| 예 문 해 석 |

desolate 반쯤 붕괴된 바그다드는 황량한 도시였다. sole 파키스탄 테러리스트들의 유일한 목표는 인도 정부를 동요시키는 것이다. solitary 그 범죄자는 독방에 감금되어 있었다. solitude 경비가 삼엄한 감옥의 고독은 일부 수감자들이 감당하기엔 너무 커다랄 수 있다. absolute 절대 군주제의 정책은 종교적 교리와 상충하였다.

dissolve
[dizálv]

v. melt, soften, liquefy
dis(apart) + solv(loosen) + e: '분리하여 녹이다' → 용해하다

Heat until the all sugar dissolves.

용해하다

solvent 용해력 있는

---

resolve
[rizálv]

v. find a solution for, disassemble
re(again) + solv(loosen) + e: '다시 느슨하게 하다' → 분해하다

Police hope to resolve this standoff peacefully.

분해하다

---

solution
[səljúːʃən]

n. answer, key, result, explanation
solut(solve) + ion: '해결된 것' → 해결, 해석, 설명

Although Georgia has found a peaceful solution, he is facing pressure to use military force.

해결

---

son = sound: 소리

consonant
[kánsənənt]

n. ↔ vowel 모음
con(together) + son(sound) + ant: '함께 소리내는 것' → 자음

There are 14 consonants in Korean.

자음

---

resonant
[rézənənt]

a. vibrant, resounding ↔ muffled 소리가 죽은
re(again) + son(sound) + ant: '다시 소리나는' → 울려퍼지는, (소리, 목소리 등이) 잘 울리는, (목소리가) 낭랑한 → 반향을 일으키는, 울리는, 공명하는

Engineers must be careful to consider the resonant frequency of their structures.

울려퍼지는

sonar 수중 음파 탐지기
sonorific(소리를 만드는→ 음향을 내는)
sonorous(소리가 많은→ 울려 퍼지는, 우렁찬)
consonance(함께 소리남 →협화음, 공명, 일치, 조화)
dissonance(떨어져 소리 남→부조화음, 불화)
unison(하나의 소리→화음, 화합)

| 예 문 해 석 |

dissolve 모든 설탕이 녹을 때까지 가열해라. **resolve** 경찰은 이 교착상태가 평화롭게 풀리기를 기대한다. **solution** 평화적인 해결책을 고안했음에도 불구하고, 조지아는 군대를 사용하라는 압력에 직면해있다. **consonant** 한국어에는 14개의 자음이 있다. **resonant** 기술자들은 그 구조물들의 공진 주파수를 신중하게 고려해야만 한다.

aspect
[金spekt]

n. feature, side, factor, angle, characteristic

a < ad(to) + spect(look): '~를 보다' → 모습, 모양 → 특징 → 관점, 양상

Climate and weather affect every aspect of our daily lives.

양상, 모양, 관점

speculate(보게 하다 →사색하다, 추측하다)

despise(아래로 보다→경멸하다)

expect(밖을 보다→예상하다)

respect(뒤를 보다→존경하다)

---

circumspect
[sə́:rkəmspèkt]

a. cautious, careful

circum(around) + spect(look): '빙 둘러 보다' → 주위를 살피다 → 조심성 있는, 신중한 → 용이주도한

The banks should have been more circumspect in their lending.

신중한

---

conspicuous
[kənspíkjuəs]

a. evident, obvious, noticeable

con(completely) + spic < spec(look) + uous: '완전히 보이는' → 확실히 보이는, 눈에 잘 띄는 → 뚜렷한, 두드러진 → 남의 눈을 끄는

How president Obama will conduct his presidency isn't quite so conspicuous.

확실히 보이는

perspicuous(통하여 보이는→명쾌한, 통찰력 있는)

---

especially
[ispéʃəli]

ad. notably, specifically

e(out) + sepc(look) + ially: '밖으로 쉽게 보이는' → 유별나게, 특히

Millions of people, especially civilians, died in the Korean War.

특히

---

inspect
[inspékt]

v. examine, check, look at, view, survey

in(into) + spect(look): '안을 보다' → 면밀하게 살피다, 조사하다

The UN will inspect the Iranian facilities to see if they comply with international regulations.

면밀하게 살피다

---

perspective
[pərspéktiv]

n. viewpoint, angle, attitude

per(through) + spect(look) + ive: '관통하여 보는 것' → 원근법 → 원근화법, 투시도 → 통찰력 → 시각 → 전망, 예상 → 조망, 경치

There are two different perspectives on the nature of adolescent development.

시각

| 예 문 해 석 |

aspect 기온과 날씨는 우리 일상생활의 모든 측면에 영향을 준다. circumspect 은행들은 대출에 더 신중했어야만 했다. conspicuous 오바마 대통령이 그의 대통령직을 어떻게 수행할 것인지는 그렇게 확실하지는 않다. especially 수백만의 사람, 특히 민간인들이, 한국전쟁에서 죽었다. inspect UN은 이란의 핵 시설들이 국제 규칙을 따르고 있는지를 보기 위해 검열을 할 것이다. perspective 청소년 발달의 성격에 대하여 두 가지 다른 견해가 있다.

prospect [práspekt] ≡	**n.** ① outlook ② probability, expectation pro(forth) + spect(look): '앞을 보는 것' → 전망 → 조망, 경치 → 예상되는 일 → 기대 → 가망, 가능성 The prospects for peace in Congo are becoming brighter.	① (장래에 대한) 전망, 조망, 경치 ② 예상, 기대, 성공할 가능성
scope [skoup] ≡	**n.** extent, range, sweep scop(target) + e: '표적의 거리' → 사정 거리 → 능력이 미치는 정도 = 범위, 한계 → 영역, 분야 → 지역, 지구 Banks have increased the scope of their financial products to attract new customers.	범위
species [spí:ʃi(:)z] ≡	**n.** kind, sort, type, group, class, variety 원래 의미: '보이는 것, 모양' 의 뜻에서 → 종류, 종 Pandas are an endangered species due to illegal hunting.	종
specimen [spésəmən] ≡	**n.** sample, example, model, type, pattern 원래 의미: '특징 있는 표지' 의 뜻에서 → 견본, 예 Over 200,000 specimens of fungus are kept at the FDA.	견본
specify [spésəfài] ≡	**v.** state, designate, stipulate, name, detail sepc(look) + i + fy: '보이게 하다' → 일일이 열거하다, 상술하다 The police report specified that the suspect was arrested for allegedly assaulting his wife.	일일이 열거하다 specific 분명히 나타난
spectacular [spektǽkjələr] ≡	**a.** dramatic, striking; impressive, remarkable spect(look) + acul < acle(small) + ar: '볼만한 것의' → 구경거리의 → 장관의 → 눈부신, 호화로운 → 인상 깊은 → 극적인 Spectacular views of the Grand Canyon have attracted tourists from all over the world.	구경거리의 spectacle 광경 spectator 관객
suspect [səspékt] ≡	**v.** believe, doubt su < sub(under) + spect(look): '아래로부터 보다' → 알아채다, 짐작하다 → 아마 ~일 거라고 생각하다, 추측하다 → 의심을 품다 The CIA suspected that there may be a terrorists attack in New York next week.	아마 ~일 거라고 생각하다 suspicious 의심하는

| 예 문 해 석 |

prospect 콩고의 평화 전망은 점점 밝아지고 있다. scope 은행은 새로운 고객을 유치하기 위해 금융 상품의 범위를 확대해 왔다. species 팬더는 불법 사냥으로 인해 멸종 위기에 있다. specimen FDA에는 20만개 이상의 균류 샘플이 보관되어 있다. specify 경찰보고서는 용의자가 이른바 아내를 폭행한 혐의로 체포된 것을 명시하였다. spectacular 그랜드 캐니언의 장관은 전 세계로부터 관광객들을 불러 모으고 있다. suspect CIA는 다음 주 뉴욕에서 테러 공격이 일어날 수도 있다고 의심했다.

spir, spire = breathe: 숨쉬다

aspirant
[ǽspərənt]

n. would-be, applicant, candidate
a < ad(to) + spir(breathe) + ant: '~로 숨을 쉬는' → 큰
뜻을 품은 사람, 지원자

Any aspirant to the presidency must be seriously rich.

큰 뜻을 품은 사람,
지원자

aspiration
[æspəréiʃən]

n. ambition, aim, goal
a < ad(to) + spir(breathe) + ation: '~쪽으로 숨쉬는
것' → ~을 향하여 숨 쉬는 것 → 포부, 큰 뜻, 열망

Many prisoners seem to have lost their aspiration for a better
life.

강렬한 소망

inspire
[inspáiər]

v. motivate, stimulate, encourage
in(into) + spire(breathe): '안으로 숨쉬다' → 숨을 들이 쉬
다 → 안으로 숨을 불어넣다 → 감정을 불어넣다 → 고무시키다 →
영감을 주다

Our challenge is to motivate voters and inspire them to join
us.

고무하여 (~할) 마음
이 내키게 하다

aspire(~쪽으로 숨쉬다→열
망하다, 갈망하다)
conspire(함께 숨쉬다→음
모를 꾸미다)
expire(밖으로 숨쉬다→죽다)
perspire(통하여 숨쉬다→땀
을 흘리다, 증발하다)

respiration
[rèspəréiʃən]

n. breath
re(again) + spir(breathe) + ation: '다시 숨을 쉬는 것'
→ 호흡

The patient was given artificial respiration and cardinal
massage.

호흡

transpiration 증발

spirited
[spíritid]

a. lively, energetic, animated
spir(breathe) + ited: '숨 쉬는 듯한' → 생기있는, 힘찬

The television program provoked a spirited debate in Asia.

힘찬

dispirited(기가 꺾인→ 풀
죽은, 낙심한)

| 예 문 해 석 |
aspirant 대통령을 꿈꾸는 사람은 엄청난 부자이어야만 할 것이다. **aspiration** 많은 죄수들이 더 나은 삶에 대한 열망을 상실한 것처럼 보인다. **inspire** 우리의 도전은 투표
자들을 자극시키고, 그들이 우리와 합류하도록 고무시켰다. **respiration** 그 환자는 인공호흡과 기본 마사지를 받았다. **spirited** 그 텔레비전 프로그램은 아시아에서 열띤 논쟁을
유발시켰다.

spond = promise: 약속, 전망

correspond [kɔ̀:rəspánd] ≡	**v.** be consistent, match, agree, accord cor < con(together) + respond(answer): '함께 반응하다' → 일치하다, 부합하다, 서신 왕래하다 Riders will be given a number that corresponds with their bike.	일치하다
respond [rispánd] ≡	**v.** react, answer, reply re(again) + spond(promise): '다시 서약하다' → 호응하다 → 대답하다, 응답하다 → (자극에) 반응하다 → 책임을 다하다, 배상하다 The UN is likely to respond positively to the President's request for aid.	대답하다 sponsor(서약한 사람→보증인, 후원자, 후원하다) spouse(결혼 서약한 사람→배우자)
responsible [rispánsəbəl] ≡	**a.** to blame, guilty, at fault, culpable respons(promise) + ible: '서약할 수 있는' → 책임을 다하는 It is likely that several groups are responsible for this attack.	책임이 있는

spr, sp = scatter: 흩뿌리다

prosper [práspər] ≡	**v.** ① thrive ② succeed ↔ fail 실패하다 pro(forth) + sper < sperare(hope): '소망했던 대로 앞으로 나아가다' → (사업이) 번영하다, 번창하다 → (사람이) 성공하다 The Wall Street banks continue to prosper.	① 번영하다, 번창하다 ② 성공하다
sporadic [spərǽdik] ≡	**a.** occasional, infrequent, intermittent 원래 의미: '흩어진'의 뜻에서 → 때때로 일어나는, 드문드문한 The sound of sporadic shooting could still be heard.	때때로 일어나는

| 예 문 해 석 |

correspond 자전거 경주 선수들은 자전거와 일치하는 번호를 부여 받을 것이다. respond UN은 대통령의 원조 요청에 긍정적으로 대답할 것으로 보인다. responsible 여러 집단들이 이번 공격에 책임이 있을 것 같다. prosper 월 스트리트의 은행들은 계속 번창하고 있다. sporadic 때때로 일어나는 총성이 아직도 들려올 수 있다.

sta, stat, sist = stand: ~에 있다, 위치하다

assist
[əsíst]

v. help, aid, support
as < ad(to) + sist(stand): '~쪽에 서다' → 옆에 서다 →
옆에서 거들다, 돕다 → 조수의 일을 맡아보다

The public is requested to assist police in tracing the
suspect.

도와주다

---

consistent
[kənsístənt]

a. regular, steady, unchanging
con(together) + sist(stand) + ent: '함께 서 있는' → 언
행이 일치된 → (언행, 사상 등이) 일관된, 모순이 없는

The government's support of free trade has been consistent
throughout this administration.

변함없는

---

constant
[kánstənt]

a. steady, continual, continuous
con(together) + stant(stand): '함께 서 있는' → 끊임없
이 서 있는 → 끊임없이 계속하는, 지속적인 → 변함없는, 일정한

Inflation is a constant threat to individuals.

끊임없이 계속하는

extant(밖에 서 있는→현존
하는)
instant(안에 서 있는→즉각
적인)
instance(안에 서 있는 것
→경우, 예)

---

constitute
[kánstətjùːt]

v. consist of, make up, represent
con(together) + stit(set up) + ute: '함께 조립하다' →
구성하다, 조성하다 → 임명하다, 선정하다 → 제정하다, 설립하다

China's ethnic minorities constitute less than 6 percent of its
total population.

구성하다

destitute(떨어져 세워 놓은→
다른 곳에 놓인→부족한)
institute(안에 세워 놓다→설
립하다, 학회, 협회)
restitution(뒤로 세워 놓음→
회복, 복원, 손해배상, 반환)

---

distant
[dístənt]

a. faraway, remote
dis(away) + stant < stand(stand): '멀리 서 있는' →
먼, 떨어져 있는

Japan isn't that distant a land from Korea.

먼

---

establish
[istǽbliʃ]

v. institute, organize, set up
e(out) + stabl < stable(stand) + ish: '밖으로 안정되게
하다' → 확립하다, 설립하다

The UN has established detailed criteria for who should be
allowed to vote in General Assembly.

확립하다

| 예 문 해 석 |

assist 국민들은 경찰이 용의자 추적을 하는데 협조해달라고 요청 받는다. **consistent** 자유무역을 위한 정부의 지원은 이번 행정부 내내 한결같았다. **constant** 물가상승은
개인들을 끊임없이 위협한다. **constitute** 중국의 소수민족들은 총 인구의 6 퍼센트 미만을 차지하고 있다. **distant** 일본은 한국에서 그렇게 멀리 떨어진 나라가 아니다.
establish UN은 누가 총회에서 투표권을 받을 수 있는가에 대한 구체적인 기준을 확립했다.

obstacle [ábstəkəl] ≣	**n.** obstruction, block, barrier, hurdle ob(against) + sta(stand) + cle: '반대로 서 있는 것' → 장애, 방해 Overcrowding remains a large obstacle to improving current conditions.	장애
obstinate [ábstənit] ≣	**a.** stubborn, unyielding ob(against) + stin(stand) + ate: '~에 거슬러 서 있는' → 고집하는 → 완고한 → 완강한 The government of Saudi Arabia is obstinate and determined.	완고한
outstanding [àutstǽndiŋ] ≣	**a.** ① remarkable ② unpaid out(outside) + standing(stand): '밖으로 서 있는' → 밖 으로 나타나는 → 불거져 나온 → 돌출한 → 눈에 띄이는 → 저명한 → 문제가 두드러진 → 해결되지 않은 채 돌출하는 → 부 채가 두드러진 → 지불되지 않은 채 돌출하는 Yellowstone Park is located in an area of outstanding natural beauty.	① 두드러진, 눈에 띄는, 현저한, 저 명한 ② 미해결의; 미지불 의
persistent [pəːrsístənt] ≣	**a.** continuous, perpetual, constant per(thoroughly) + sist(stand) + ent: '완전히 서 있는' → 고집센, 완고한 She has been, and continues to be, a persistent critic of the government importing U.S. beef.	고집센
resist [rizíst] ≣	**v.** oppose, battle against, combat, defy, stand up to re(against) + sist(stand): '반대로 서 있다' → 저항하다, 반항하다 The British government resisted a single European currency from being imposed.	~에 저항하다
restore [ristɔ́ːr] ≣	**v.** reinstate, re-establish, reintroduce re(again) + sto < sta (stand) + re: '다시 세우다' → 복 구하다, 재건하다 There are many who would like to restore the death penalty.	복구하다

| 예 문 해 석 |
obstacle 인구과밀은 현 상황을 개선하는데 커다란 장애로 남아 있다. obstinate 사우디아라비아의 정부는 완고하고 단호하다. outstanding 옐로스톤 공원은 자연경관
이 두드러지게 아름다운 곳에 위치하고 있다. persistent 그녀는 미국 쇠고기를 수입하는 정부를 집요하게 비판해 왔으며, 계속해서 비판하고 있다. resist 영국정부는 단일 유럽
통화가 도입되는 것을 반대했다. restore 사형제도가 복원되기를 바라는 사람들이 많다.

stage [steidʒ] ▤	**n.** step, leg, phase, point, level, period 원래 의미: '세우다' 의 뜻에서 → 단계, 정도 The way children talk depends on their age and stage of development.	단계
stamina [stǽmənə] ▤	**n.** endurance, strength 원래 의미: '실' 의 뜻에서 생명의 능력을 나타냄 → 체력, 지구력 Marathon running requires an enormous amount of stamina.	체력
staple [stéipəl] ▤	**n.** basic item **a.** basic 원래 의미: '중세 말기의 특정 시장(관세 징수를 위해 왕이 특정 상업 단체에 독점권을 부여한 장소)' → 시장의 주요 상품 → 기본 품목 → 주요소, 원료, 재료 Rice is the staple food of more than half the world's population.	n. 주요 상품, 주요한 품목, 주요 성분 a. 기본적인, 주요한
stationery [stéiʃənəri] ▦	**a.** not moving; fixed; immobile, motionless stat(stand) + ion + ary: '세워 두는 곳의, 정거장의' → 정지한, 움직이지 않는 → 고정시켜 놓은 → 주둔한 → 변화 없는, 정체한 The train was stationary for over 2 hours due to rail breakdowns.	정지된
status [stéitəs] ▤	**n.** position, standing stat(stand) + us: '서 있는 상태' → 지위, 신분 → 높은 지위, 위신 → 사정 People of higher status tend to use more drugs.	지위 **stature** 조각상 **statute**(법으로 세운 것→법령)
stay [stei] ▤	**v.** remain, continue to be, linger, stop 원래 의미: '서 있다' 의 뜻에서 → 머무르다 Until the Second World War, the women stayed at home and the men earned the money.	머무르다 **state**(서 있는 위치→입장, 상태→통치상태 / 국가, 주→지위→높은 지위 / 위엄) **static**(서 있는→정적인(↔ dynamic)) **statistics**(세워둔 것→통계, 통계학, 통계자료)

| 예 문 해 석 |

stage 아이들이 말하는 방식은 나이와 성장단계에 따라 정해진다. stamina 마라톤은 엄청난 양의 체력을 요한다. staple 쌀은 전 세계 인구의 반 이상의 주식이다. stationary 열차는 철로 고장으로 인해 두 시간 넘게 움직이지 못했다. status 지위가 높은 사람일수록 약을 더 많이 사용하는 경향이 있다. stay 제2차 세계대전까지는, 여성은 집에 있었고 남성이 돈을 벌어왔다.

steadily [stédili] 	***ad.*** constantly, consistently, continuously ste < sta(stand) + adily: '한 장소에 계속 서 있는' → 착실하게, 끊임없이 His condition steadily declined until he finally passed away.	착실하게
substantial [səbstǽnʃəl] 	***a.*** ① considerable, large, enormous ② sturdy ③ significant sub(under) + stant(stand) + ial: '아래에 서 있는' → (가공이 아니라) 실재하는, 실체의 → 튼튼한, 견고한 → 실질적인 → 기본의 → 본질적인, 중요한 → 물질적인 → 많은, 상당한 CEOs generally receive substantial bonuses.	① 많은, 상당한 ② 튼튼한 ③ 중요한 substance 물질, 본질 substantiate(실질화하다 →구체화하다, 실증하다, 증명하다) substantially 상당하게, 실질적으로
substitute [sʌ́bstitjùːt] 	***n.*** alterative, replacement ***v.*** replace, exchange sub(under) + stit(stand) + ute: '아래에 대신 서게 함' → 대리인, 대역, 보결선수, 대용품 / '아래에 대신 서게 하다' → 대신하게 하다, 대용하다 → 바꾸다 Ronaldo was a substitute for the injured Carlos.	n. 대리인, (연극의) 대역; 대용(식)품 v. [~for]: 대신하다, 대용하다
understand [ʌ̀ndərstǽnd] 	***v.*** comprehend, apprehend under + stand: '아래에 서다' → ~의 뜻을 이해하다, ~의 생각을 파악하다 → 들어서 알고 있다 → ~라 생각하다, ~라고 추측하다 The refugees were speaking poor Spanish, trying to make themselves understood.	이해하다

stinct, sting = pierce: 구멍을 뚫다

distinct [distíŋkt] 	***a.*** ① separate ② definite 원래 의미: 라틴어 distinctus(distinguish(구별하다)의 과거분사)에서 '구별된'의 뜻 → 별개의, 전혀 다른, 독특한 → (지각에 의해서) 분명히 인식할 수 있는, 뚜렷한, 명확한 The book is divided into two distinct parts.	① 별개의 ② 분명한

| 예 문 해 석 |

steadily 그의 상태는 끝내 숨질 때까지 지속적으로 악화되었다. substantial CEO들은 일반적으로 상당한 보너스를 받는다. substitute 호나우두는 부상당한 카를로스의 교체 선수였다. understand 피난민들은 어설픈 스페인어 말을 쓰면서, 자신들을 이해시키려고 노력하였다. distinct 그 책은 두 개의 별개 파트로 나뉜다.

distinguish

[distíŋgwiʃ]

v. differentiate, discriminate, classify, tell apart

di(apart) + sting(pierce) + uish: '구멍을 뚫어 표를 하여 따로 하다' → 구별하다, 구분하다

It can be hard for humans to distinguish male and female insects.

구별하다

---

strain, stress, str = draw together, tight: 함께 끌다, 단단한

constrain

[kənstréin]

v. limit, compel, restrict, restrain

con(together) + strain(bind tightly) + t: '함께 단단히 묶다' → 강요하다, 강제하다 → (감정, 욕망의) 억제하다

Women are often constrained by family commitments and low expectations.

강요하다, 억제하다

constraint(함께 단단히 묶는 것→억제, 압박, 강요)

---

restrain

[ri:stréin]

v. restrict, hamper

re(back) + strain(bind tightly): '뒤로 단단히 묶다' → 억제하다, 누르다 → 구속하다, 감금하다 → 제지하다, 못하게 하다

The general was unable to restrain his desperate anger when his troops were exterminated.

억제하다

restraint(뒤로 단단히 묶는 것→억제, 구속, 감금, 제지)

string 끈, 실

strain(단단히 묶다→긴장시키다, 무리하다)

distrain(멀리 단단히 묶다 →(부동산을) 압류하다)

---

restrict

[ristríkt]

v. limit, regulate, ration

re(back) + strict < string(draw tight): '(가지 못하게) 뒤로 잡아당기다' → (활동을) 금지하다 → 제한하다, 한정하다

The U.S. restricted Japanese imports to a maximum of 3 percent of their market share.

금지하다

stricture(팽팽하게 당김→제한, 구속→비난, 혹평, 탄핵)

stringent(팽팽하게 당긴→엄격한, 긴박한)

constrict(함께 팽팽하게 당기다→압축하다, 수축시키다, 억제하다)

---

strenuous

[strénjuəs]

a. vigorous, arduous, rigorous

str(tight) + enuous: '단단한' → 분투적인, 정력적인

The doctor advised the patient to avoid strenuous activity.

분투적인

---

strict

[strikt]

a. precise, stringent, absolute

stri < string(draw tight) + ct: '팽팽하게 당기는' → 엄한, 엄격한 → 정확한 → 면밀한, 꼼꼼한 → 완전한

This particular judge is known to be strict in his interpretation of the law.

엄한

| 예 문 해 석 |
distinguish 인간이 곤충의 수컷과 암컷을 구별하는 것은 어려울 수 있다. **constrain** 여자는 종종 가사와 낮은 기대로 인해 제약을 받는다. **restrain** 장군은 그의 군대가 전멸했을 때 절망적 분노를 감출 수 없었다. **restrict** 미국은 일본제품의 수입을 최대 시장 점유율 3퍼센트로 제한했다. **strenuous** 의사는 환자에게 격렬한 활동을 피할 것을 권했다. **strict** 이 특이한 판사는 법을 해석함에 있어서 엄격하다고 알려져 있다.

VOCABULARY TEST 8

1. Simultaneously

  (A) with safety
  (B) without distortion
  (C) in little space
  (D) at the same time

2. Simulate

  (A) generate
  (B) imitate
  (C) facilitate
  (D) prevail

3. Consensus

  (A) argument
  (B) suggestion
  (C) principle
  (D) agreement

4. Desert

  (A) cease
  (B) eradicate
  (C) secure
  (D) abandon

5. Conserve

  (A) retain
  (B) watch
  (C) locate
  (D) share

6. Reserve

  (A) desert
  (B) prevail
  (C) administrate
  (D) save

7. Significant

  (A) remarkable
  (B) enviable
  (C) noticeable
  (D) susceptible

8. Associate

  (A) connect
  (B) compare
  (C) confront
  (D) confuse

9. Sole

  (A) only
  (B) honorable
  (C) common
  (D) official

10. Solitary

  (A) rare
  (B) active
  (C) lonely
  (D) large

11. Conspicuous

  (A) small
  (B) edible
  (C) colorful
  (D) noticeable

12. Inspect

  (A) examine
  (B) alter
  (C) initiate
  (D) ensue

13. Perspective

  (A) breakthrough
  (B) challenge
  (C) regard
  (D) viewpoint

14. Specify

  (A) bestow
  (B) develop
  (C) state
  (D) expect

15. Suspect

  (A) deny
  (B) argue
  (C) believe
  (D) assure

16. Prosper

  (A) succeed
  (B) multiply
  (C) erode
  (D) dedicate

17. Distant

  (A) disparate
  (B) versed
  (C) complicated
  (D) faraway

18. Obstacle

  (A) factor
  (B) barrier
  (C) occurrence
  (D) phenomenon

19. Staple

  (A) great delicacy
  (B) basic item
  (C) fastener
  (D) highlight

20. Restrain

  (A) disrupt
  (B) incise
  (C) check
  (D) hamper

Answer

1. D	2. B	3. D	4. D
5. A	6. D	7. A	8. A
9. A	10. C	11. D	12. A
13. D	14. C	15. C	16. A
17. D	18. B	19. B	20. D

Part 1
어
근
편

5th week

stru, struct = build: 짓다, 세우다

construct
[kənstrʌ́kt]

v. build, make, assemble
con(together) + struct (build): '함께 세우다' → 조립하다, 건설하다, 구성하다

The French constructed a series of bunkers at Normandy.

세우다, 건설하다

---

destroy
[distrɔ́i]

v. ruin, crush, devastate, wreck
de(down) + story < struct(build): '아래로 짓다' → 허물어 뜨리다, 파괴하다

No one was injured in the explosion but the building was totally destroyed.

파괴하다

destructive(세운 것을 없애는→파괴적인, 해로운)

---

instruct
[instrʌ́kt]

v. teach, educate
in(into) + struct(build): '안에 세우다' → 쌓아 올리다 → 가르치다, 지시하다

The comapny instructed the new employees on the proper procedures.

가르치다

instruction 지시, 명령

---

instrument
[ínstrəmənt]

n. tool, device, implement, mechanism
원래 의미: '연장, 도구' 의 뜻에서 → 기계, 기구

A thin tube-like optical instrument is called optical fiber.

기계

---

obstruct
[əbstrʌ́kt]

v. hinder, impede, interrupt
ob(against) + struct(build): '대항하여 세우다' → 막다, 방해하다

Heavy snow during the night obstructed cars.

막다, 방해하다

| 예 문 해 석 |

construct 프랑스는 노르망디에 여러 개의 벙커를 건설했다. destroy 폭발에 의한 부상자는 없었지만 건물은 완전히 붕괴되었다. instruct 그 회사는 새로운 직원들에게 올바른 절차를 교육시켰다. instrument 가늘고 튜브 같은 광학기구를 광섬유라 부른다. obstruct 밤에 많은 눈이 내려서 차들의 운행을 방해했다.

structure
[strʌ́ktʃər]

n. system　**v.** arrange in definite pattern
struct(build) + ure: '세워둔 것' → 구조, 구성, 조직 → 건물 → 체계 / '세우다' → 구성하다 → 조직화하다

The chemical structure of this molecule is very unusual.

n. 구조, 구성, 조직, 건물, 체계
v. (생각, 계획 등을) 구성하다, 조직화 하다

infrastructure(아래에 세운 것→하부구조)
construe(함께 세우다→함께 쌓아올리다→해석하다, 번역하다, 추론하다)

---

suad = advise: 충고하다

dissuade
[diswéid]

v. ↔ persuade 설득하다
dis(away) + suade(advise): '멀리 충고하다' → (어떤 행동으로부터) 멀어지게끔 충고하다 → 설득하여 못하게 하다

Doctors try to dissuade patients from smoking.

설득하여 단념시키다
suasive 설득하는, 말주변이 좋은

persuade
[pəːrswéid]

v. talk (someone) into, urge, convince
per(thoroughly) + suade(advise): '완전히 충고하다' → 설득하다, 납득시키다

It will not be easy to persuade your mother to give us a loan.

설득하다

---

sub, sup = below: 아래에

subdue
[səbdjúː]

v. bring under control, conquer, reduce
sub(under) + due < duce(lead): '아래로 이끌다' → 정복하다, 진압하다 → 복종시키다 → (감정을) 억누르다, 억제하다 → (빛깔, 소리, 태도, 통증을) 누그러지게 하다

Government officials admited they have not been able to subdue Iraq.

정복하다

sublime
[səbláim]

a. noble, glorious, high, great, grand
sub(up to) + lime < lintel(상인방: 문, 창 등의 위로 가로지른 나무): '상인방 아래까지 닿는' → 장엄한, 웅대한

The sublime beauty of nature is breathtakingly gorgeous.

장엄한

| 예·문 해 석 |

structure 이 분자의 화학구조는 매우 색다르다. **dissuade** 의사는 환자의 흡연을 만류하려고 애를 쓴다. **persuade** 우리에게 돈을 빌려달라고 당신의 어머니를 설득하는 것이 쉽지 않을 것이다. **subdue** 정부 관리들은 그들이 이라크를 진압할 수 없었음을 인정했다. **sublime** 자연의 절묘한 아름다움은 숨이 멎을 만큼 멋지다.

subordinate [səbɔ́:rdənit] ≡	**a.** inferior, junior, assistant, aide sub(under) + ordinate(arrange): '아래로 명령하다' → (계급, 지위가) (~보다) 하급의, 하위의 In Islamic culture, women are still regarded as subordinate to free men.	하급의
subsidiary [səbsídièri] ≡	**a.** secondary, lesser, subordinate, minor sub(under) + sid(sit) + iary: '아래에 앉아있는' → 보조의, 보조적인 Panasonic Korea is a subsidiary of Panasonic Corporation.	보조의
subtle [sʌ́tl] ≡	**a.** slight, hardly perceived sub(under) + tle(web): '잘 짜여진 것 아래에' → 솜씨좋은, 교묘한 → 섬세하고 신비적인 → 포착하기 어려운, 미묘한 → (향기, 용액이) 엷은 The Arabic world has recently been making subtle changes.	교묘한
suppress [səprés] ≡	**v.** check, inhibit, subdue sup < sub(under) + press(press): '아래로 누르다, 내리 누르다' → (감정 등을) 억누르다, 억제하다 → (반란, 폭동 등을) 진 압하다, 억압하다 In Tibet, demonstrations for independence have been suppressed for 17 years.	억누르다

sume = take: 가지다

assume [əsjú:m] ≡	**v.** ① think, presume ② take on as < ad(to) + sume(take): '~쪽으로 (태도를) 취하다' → (증거는 없으나) 사실이라고 생각하다, 가정하다, 추정하다 → (역할, 임무를) 맡다, (책임을) 지다 → 꾸미다, 가장하다 It is a mistake to assume that the two countries are similar.	① 가정하다 ② (책임, 임무를) 떠 맡다 **presume**(미리 취하다→추 정하다)

| 예 문 해 석 |

subordinate 이슬람 문화에서, 여성은 아직도 자유로운 남성의 종속물로 간주된다. subsidiary 파나소닉 코리아는 파나소닉사의 지사이다. subtle 아랍 세계는 최근 미묘
한 변화를 만들어 내고 있다. suppress 티베트에서 독립 시위는 17년간 억압되어 왔다. assume 두 나라가 유사하다고 가정하는 것은 잘못이다.

consume [kənsúːm]	**v.** ① use up ② eat con(intensive) + sume(take): '완전히 취하다' → 다 써버리다, 소비하다 → (사람이) 다 먹어버리다, 다 마셔버리다 → (슬픔, 병 등이) 소멸시키다 Some of the most efficient vacuum cleaners consume 60 percent less electricity than older models.	① 소비하다, 다 써 버리다 ② 다 먹다
resume [rizúːm]	**v.** begin again, go on, carry on re(again) + sume(take): '다시 갖다' → 다시 시작하다, 다시 계속하다 The search for missing soldiers was expected to resume early yesterday.	다시 시작하다

super, sur = above, up: 위쪽에

superb [supə́ːrb]	**a.** outstanding, splendid, magnificent super(over) + b(be): '위에 있는' → 최고의, 훌륭한, 멋진 → (건물이) 당당한, 화려한 The waters are crystal clear and offer a superb opportunity for swimming.	훌륭한 **superable** 이길 수 있는 **superior**(super의 비교급: ~보다 위에 있는→더 뛰어난, 능가하는)
superficial [sùːpərfíʃəl]	**a.** shallow, unimportant super(over) + fic(make) + ial: '위로 만들어낸' → 표면적인, 피상적인 → 실질적이지 않은, 하찮은, 무의미한 The tone of the book is somewhat superficial.	표면상의
superfluous [suːpə́rfluəs]	**a.** excessive, redundant super(over) + flu(flow) + ous: '넘쳐서 흐르는' → 여분의, 과잉의 We cannot afford to spend our money on superfluous items.	여분의
superlative [səpə́ːrlətiv]	**a.** supreme, maximum, best super(beyond) + lat(carry) + ive: '~을 넘어 나르는' → 최고의, 최상의 Some superlative wines are produced in the southern region of France.	최고의

| 예 문 해 석 |

consume 가장 효율적인 몇몇 진공청소기들은 이전 모델보다 전기를 60퍼센트만큼 덜 소비한다. resume 실종된 군인을 찾는 것은 어제 이른 시간에 재개될 것으로 예상되었다. superb 물은 수정처럼 맑으며, 수영을 하기에 훌륭한 기회를 제공한다. superficial 그 책의 논조는 다소 피상적이다. superfluous 불필요한 물건에 돈을 낭비할 여유가 없다. superlative 몇몇 최고 와인은 프랑스 남부지역에서 생산된다.

supernatural [sù:pərnǽtʃərəl] 	***a.*** paranormal, unearthly, uncanny super(above) + natura(nature) + l: '자연 위의' → 초자연의, 불가사의한 A belief in the supernatural is required for any psychic.	초자연의 superstition(사물의 위에 서는 것→미신)
supremacy [səprémási] 	***n.*** domination, sovereignty, sway, mastery 원래 의미: '상위의' 라는 뜻의 최상급. Male supremacy is no longer the prevailing belief.	최고
surface [sá:rfis] 	***n.*** covering, face, exterior, side, top sur(above) + face(face): '얼굴 위' → 표면, 외부 Ozone forms a protective layer between 20 and 50 kilometers above the Earth's surface.	표면
surmount [sərmáunt] 	***v.*** overcome, climb over sur(over) + mount(climb): '넘어 오르다' → (산, 언덕을) 오르다 → (곤란, 장애를) 넘다, 극복하다 Find a way to surmount your difficulties.	오르다 mountain(솟아 오른 것→ 산) amount(~로 오르다·이 르다, 도달하다, 총계 ~에 이르다. 총계, 총액) paramount(par(equal) +a<ad(to)+mount(정상에 오른 것과 같은→최고의, 주 요한)
surpass [sərpǽs] 	***v.*** exceed, outdo, excel sur(over) + pass(pass): '위로 통과하다' → 보다 낫다, 능 가하다, 뛰어나다 → (범위, 한계를) 넘다, 초월하다 The White House gave an excellent charity party that surpassed expectations.	~보다 낫다 passage 통과함, 통행, 경 과 passenger(통과하는 사람 →승객, 도로여행자) pastime(시간 보내기→오 락, 기분전환) passport(항구를 통과하는 것→여권) trespass(가로질러 통과하 다→침입하다, 어기다)

| 예 문 해 석 |

supernatural 초자연현상에 대한 믿음은 모든 초능력자에는 필수적이다.　**supremacy** 남성 우월주의는 더 이상 지배적인 신념이 아니다.　**surface** 오존은 지구표면으로
부터 20에서 50킬로미터 사이에 보호층을 형성한다.　**surmount** 당신의 역경을 극복할 방법을 찾으십시오.　**surpass** 백악관은 예상을 뛰어넘는 훌륭한 자선파티를 열었다.

surplus
[sə́ːrplʌs]

n. remainder, excess ↔ deficiency 부족
a. extra

sur(over) + plus(plus): '지나치게 더한 것' → 나머지, 과잉, 잔여 → 잉여금, 흑자 / 나머지의, 여분의, 과잉의

Farmers can now sell all surplus beef to the EU market.

n. 나머지, 잉여, 잔여
a. 여분의

plus(더한 것→더하기의)

plural(~에 더한→더 많은, 복수의(↔singular))

nonplus(non(not)+plus(더 이상 할 수 없게 하다→당황하게 하다, 난처하게 하다)

---

surrender
[səréndər]

v. give in, yield, submit, give way

sur(over) + render(give back): '위로 주다' → 넘겨 주다, 양도하다 → 항복하다

President Bush said the U.S. and its allies will never surrender to the terrorists.

넘겨 주다

---

surveillance
[səːrvéiləns]

n. watch, observation, vigil, supervision

sur(over) + veill(vigil) + ance: '위에서 감시하기' → 감시, 망보기

Police keep track of the convicts using electronic surveillance equipment.

감시

---

survey
[səːrvéi]

n. poll, study, research, review, inquiry

sur(over) + vey(see): '위에서 보다' → 바라보다 → 내려다보다 → 조사하다 → 측량, 조사

According to the survey, voter apathy is at an all time high.

조사

| 예 문 해 석 |

surplus 농부들은 이제 유럽연합시장에 잉여 소고기를 모두 팔 수 있다. **surrender** 부시대통령은 미국과 동맹국은 테러리스트들에게 결코 굴복하지 않을 것이라고 말했다.
surveillance 경찰은 전자 감시장비를 사용하여 죄인들을 계속 감시한다. **survey** 설문조사에 따르면, 투표자의 무관심은 사상 최고이다.

DAY 26

tac, tic = silent: 조용한

reticent
[rétəsənt]

a. taciturn, reserved

re(again) + tic(silent) + ent: '다시 조용한' → 과묵한, 말을 삼가는

Despite wide spread acknowledgement of the importance of his work, he remained reticent, avoiding contact with the press and colleagues.

과묵한

---

tacit
[tǽsit]

a. implicit, implied

tac < tacere(silent) + it(go): '말 없이 가는' → 말로 나타내지 않은, 무언의, 잠잠한 → 암묵적인, 넌지시 내비치는 → 《법률》 묵시적인(계약은 없으나 법의 발동으로 생기는)

The rebels in Afghanistan enjoyed the tacit support of the U.S. government.

말로 나타내지 않은

taciturn(말 없는→말이 적은, 과묵한, 무뚝뚝한)
taciturnity 말 없음, 과묵

tach, tack, tact, tang, ting, tag, tig = touch: 만지다

attain
[ətéin]

v. ① accomplish, achieve ② reach

at< ad(to) + tain(hold): '가까이 확보하다' → (목표, 장소에) 가까이 이르다 → 도달하다 → (목적을) 달성하다, 성취하다

He died tragically before he could attain greatness.

① 성취하다
② 도달하다

abstain(멀리 유지하다→삼가다, 억제하다)
contain(함께 두다→포함하다, 억제하다)
detain(아래로 유지하다→잡아두다)
retain(다시 유지하다→단단히 유지하다→보유하다, 기억 속에 간직하다)

| 예 문 해 석 |

reticent 그의 일의 중요성이 널리 알려졌지만, 그는 언론과 동료들과의 접촉을 피하며 침묵을 유지했다. tacit 아프가니스탄의 저항세력들은 미국의 암묵적인 지원을 받았다.
attain 그는 저명해지기 전에 비극적으로 죽었다.

contagious
[kəntéidʒəs]

a. communicable, infectious

con(together) + tag(touch) + ious: '함께 접촉하는' → (병이) 접촉 전염성의 → (사람이) 전염병을 감염시키는 → 잘 옮아가는

The common cold is highly contagious, but luckily it is usually mild.

접촉 전염성의

contagion(함께 접촉→접촉 전염, 감염)
contingent(함께 접촉된→부수적인, 혹시 있을 수 있는, 우연적인)

---

contaminate
[kəntǽmənèit]

v. infect, defile, pollute

con(together) + tamin < tangere(touch) + ate: '함께 접촉하게 하다' → (공기, 물, 혈액, 금속 등을) (오물, 불순물, 독물과의 접촉 혼합으로) 더럽히다, 불순하게 하다 → (성격 등을) (나쁜 것과의 접촉으로) 못되게 하다, 타락시키다, ~에 악영향을 미치다

If a nuclear power plant were to malfunction, it would likely contaminate thousands of square kilometers.

더럽히다

---

contiguous
[kəntígjuəs]

a. adjoining, adjacent, continuous

con(together) + tig(touch) + uous: '함께 접촉하고 있는' → (~과) 인접하고 있는 → (사건 등이) 끊임없는, 연속적인

He had seen every one of the 48 contiguous United States.

접촉하고 있는, 끊임없는

interruption 중단, 방해

---

detachable
[ditǽtʃəbl]

a. removable, separable

de(apart) + tach(touch) + able: '떼어 놓을 수 있는' → 분리할 수 있는

Some convertibles have detachable roofs.

분리할 수 있는

attach(~쪽으로 접촉하다→매다, 붙이다)
detach(접촉않다→떼어놓다)

---

intact
[intǽkt]

a. ① unbroken
② whole, in one piece
③ unchanged, unaffected

in(not) + tact(touch): '만지지 않은' → 손대지 않은 → 손상되지 않은 → 온전한 → 완전한 → 있는 그대로 → (의견 등이) 그대로 → 바뀌지 않은

Luckily the bullet remained intact and we were able to remove it quickly.

① 손상되지 않은
② 온전한, 그대로
③ 변함없는

contact(함께 만짐→접촉)
tact(만짐→촉감→날카로운 감각→재치, 요령)
tactile(만지기 쉬운→촉각의)
tactics(접촉 기술→전술, 병법)
tag(접촉한 것→꼬리표)

| 예 문 해 석 |

contagious 일반 감기는 전염성이 매우 높지만, 다행스럽게도 대개 증세가 가볍다. contaminate 핵발전소가 고장 난다면, 수천 평방킬로미터를 오염시킬 수 있을 것이다.
contiguous 그는 미국의 근접한 48개 주를 모두 보았다. detachable 몇몇 컨버터블 차들은 분리되는 지붕을 가지고 있다. intact 다행스럽게도 총알이 손상되지 않아서, 빨리 제거할 수 있었다.

| tangible
[tǽndʒəbəl]
 | **a.** ① material
  ② important, considerable, substantial
tang(touch) + ible < able(can): '접촉할 수 있는' → 만져서 알 수 있는, 실체적인, 실재하는 → 효과적인, 중요한 → (사실, 근거가) 명백한, 확실한

There is tangible evidence that the world economy is beginning to recover. | ① 실제로 있는, 실재하는
② 중요한

entangle(접촉하게 하다→얽히다, 혼란에 빠뜨리다)
tangent(접촉하는→접선의→코스에서 벗어난) |

tail = cut: 자르다

curtail [kəːrtéil] 	**v.** reduce, diminish, decrease, dock cur(short) + tail(cut): '짧게 자르다' → 생략하다 The U.S. government decided to curtail the number of troops being sent to Iraq.	생략하다
detail [díːteil] 	**n.** point, fact, feature, particular, respect de(down) + tail(cut): '아래로 자르다' → 세부, 사소한 일, 각각 Space shuttle missions are cancelled over the slightest details.	세부
entail [entéil] 	**v.** require, involve en(in) + tail(cut): '안에서 자르다' → (토지 등의) 상속을 한정하다, (특정한 사람들에게) 차례차례 물려주게 하다 → (논리적 필연으로) 함축하다 → 수반하다, 필요로하다 Such a policy would entail a huge political danger in the midst of the campaign.	함축하다 tailor(자르는 사람→재단사) retail(다시 자르다→소매하다) retailer 소매 상인

tain, ten(t), tin = hold: 잡다, 쥐다, 가지다

| abstain
[əbstéin]
 | **v.** refrain, forbear
abs(away) + tain(hold): '멀리 두다' → 삼가다, 억제하다

It is nearly impossible for an addict to abstain from using drugs. | 절제하다 |

| 예 문 해 석 |
tangible 세계경제가 회복되기 시작했다는 명백한 증거가 있다. curtail 미국정부는 이라크에 파병된 병력의 수를 줄이기로 결정했다. detail 우주선 비행은 매우 경미한 세부사항들로 인해 취소되었다. entail 이러한 정책은 선거운동 중간에 커다란 정치적 위험을 야기할 수도 있다. abstain 마약중독자들이 마약의 사용을 자제하는 것은 거의 불가능하다.

abstention [əbsténʃən]	***n.*** temperance, moderation, restraint abs(away) + ten(hold) + tion: '멀리 두는 것' → 절제, 자제 The number of abstentions is crucial in the national election.	절제
attain [ətéin]	***v.*** accomplish, achieve at(to) + tain(hold): '~로 잡다' → 도달하다, 달성하다 The desirable body has always been difficult to attain.	달성하다
contain [kəntéin]	***v.*** involve, include con(together) + tain(hold): '함께 두다' → (~을 그릇, 장 소 안에) 포함하다, 함유하다, 품다 → 감정을 잡아 두다 → 억제하 다, 억누르다 Swedish cheese contains much less fat than other cheese.	포함하다
content [kántent] [kəntént]	***n.*** subject matter, material, theme ***a.*** satisfied con(together) + tent(hold): '모두 가지고 있는 것' → 내 용물, 항목; 만족한 Due to graphic content, this movie will not be shown on television.	n. 내용물 a. 만족한
continue [kəntínjuː]	***v.*** keep on, go on, maintain, sustain con(together) + tin(hold) + ue: '함께 가지다' → 계속하다 Investment in the housing market continues to fall.	계속하다 continually 계속적인
detain [ditéin]	***v.*** hold, arrest, confine, restrain de(away) + tain(hold): '멀리 잡고 있다' → 못가게 붙들다 The law allows police to detain a suspect for up to 48 hours.	못가게 붙들다
entertain [èntərtéin]	***v.*** amuse, interest, please, delight enter(among) + tain(hold): '사이에 두다' → 대접하다, 환 대하다, 즐겁게 하다 Some comedy is designed to do more than just entertain.	즐겁게 하다

| 예 문 해 석 |

abstention 기권자의 수가 국민선거에서 결정적이다. attain 이상적인 몸매는 항상 달성하기 어려웠다. contain 스웨덴 치즈는 다른 치즈보다 지방을 훨씬 적게 함유하고 있
다. content 생생한 내용물 때문에 이 영화는 텔레비전에서 보여 지지 않을 것이다. continue 주택 시장에 대한 투자가 지속적으로 감소하고 있다. detain 그 법안은 경찰
이 용의자를 48시간까지 구금할 수 있도록 한다. entertain 일부 코미디는 오락보다 더 많은 것을 하도록 기획된다.

maintenance [méintənəns] 	***n.*** upkeep, keeping, care, repairs main(hand) + ten(hold) + ance: '손으로 잡고 있는 것' → 유지, 보존 Without regular maintenance a car will not last very long.	유지 maintain 유지하다
pertinent [pə́ːrtənənt] 	***a.*** relevant, related, appropriate per(through) + tin(hold) + ent: '완전히 갖고 있는' → 적 절한, 타당한, 관련된 Pertinent information should be forwarded to the White House for further review.	적절한
retain [ritéin] 	***v.*** keep, maintain, reserve, preserve re(back) + tain(hold): '뒤에 유지하다' → 간직하다, 보유하 다 → 존속시키다 → 마음에 간직하다 The intellectual community continues to retain a great respect for his work.	보유하다 obtain(~상대로 잡다→얻다, 획득하다) pertain(완전히 유지하다→속 해 있다, 관련있다, 적합하다)
sustain [səstéin] 	***v.*** maintain, support sus < sub(under) + tain(hold): '아래로 받치다' → 떠받 치다, 지탱하다 → (학설, 진술을) 뒷받침하다, 확증하다 → (생명을) 유지하다, (가족을) 부양하다 → 계속하다, 지속하다 → (무게를) 견 디다, (상처, 손실을) 겪다 Life can be sustained within the parameters of Earth's atmosphere.	유지하다
sustenance [səstənəns]	***n.*** livelihood, living sus < sub(under) + ten(hold) + ance: '아래로 떠받치 는 것' → 지탱, 지지, 유지 → 생명을 유지하는 것 → 양식, 음식, 영양(물) → 부양하는 것 → 생계, 살림 It taste terrible, but it provide the necessary sustenance to keep us going.	생계

| 예 문 해 석 |
maintenance 정기 점검을 받지 않으면 자동차는 오래 유지되지 않을 것이다. pertinent 관련 정보는 추가 검토를 위해 백악관으로 제출되어야 한다. retain 지식인 공동
체는 그의 일에 커다란 찬사를 계속 간직하고 있다. sustain 생명은 지구환경의 한도 내에서 유지될 수 있다. sustenance 그것은 맛이 좋지 않지만, 우리가 살아가는데 필요한
자양물을 공급해준다.

tenacious [tinéiʃəs] ▤	***a.*** stubborn, obstinate, inflexible, persistent ten(hold) + acious: '쥐고 있는' → 꽉 쥐고 놓지 않는, 몹시 집착하는; (사물이) 들러붙어 떨어지지 않는 → (사람이) 끈질긴, 집요한, 고집센 → (기억력이) 좋은, 좀처럼 잊지 않는 Reporters and interviewers from CNN are well known for their tenaciousness.	끈질긴
tenet [ténət] ▤	***n.*** doctrine, teaching, principle 원래 의미: '가지고 있는 것'의 뜻 → 주의, 교리, 가르침, 교훈 Non-violence was a central tenet of Gandhi.	주의

tect = cover: 덮다

detect [ditékt] ▤	***v.*** discover, find, uncover, track down de(off) + tect(cover): '덮개를 벗기다' → 발견하다, 탐지하다, 인지하다 The military developed a sensitive piece of equipment used to detect mines.	발견하다
protect [prətékt] ▤	***v.*** keep someone safe, defend pro(in front) + tect(cover): '앞에 덮다' → 보호하다, 막다 Thick furs help to protect wolves against cold winter temperatures.	보호하다

| 예 문 해 석 |
tenacious CNN의 리포터와 취재진은 집요하기로 유명하다. tenet 비폭력은 간디의 핵심 교리이다. detect 군은 지뢰 발견에 사용되는 예민한 장비를 개발했다. protect 두꺼운 털가죽은 차가운 겨울 온도로부터 늑대를 보호해준다.

ten, tend, tens = pull, stretch, thin: 당기다, 가는

attend
[əténd]

v. be present, go to, visit, frequent
at < ad(to) + tend(stretch): '~로 당기다' → ~에 가다,
출석하다, 참석하다

Millions of people are expected to attend the Pope's funeral.

출석하다

pretend(미리 뻗다→~인
체하다, 핑계로 삼다)
attenuate 가늘게 하다
extenuate 경감하다

---

contend
[kənténd]

v. compete, fight, struggle, clash
con(together) + tend(stretch): '함께 뻗다, 함께 겨루다'
→ 같은 방향을 향해 가다 → 경쟁하다, 다투다, 싸우다

It was time for the U.S. to contend with racism in the
presidential election.

경쟁하다

---

contentious
[kənténʃəs]

a. quarrelsome, argumentative
con(together) + ten(stretch) + tious: '함께 뻗어가는'
→ 경쟁하는 → 다투기 좋아하는 → 말썽이 끊이지 않는

Conflict between Israel and Palestine has been contentious.

말썽이 있는, 다투기
좋아하는

---

extend
[iksténd]

v. lengthen, reach, prolong, stretch
ex(out) + tend(stretch): '밖으로 뻗다' → 뻗치다, 내밀다
→ (도로 등을) 연장하다, (기간을) 늘이다 → (범위, 영토 등을) 넓히
다, 확장하다 → (뜻을) 확대 해석하다

The high-speed train service is planned to extend from
Daejeon to Busan.

잡아 늘이다

extensive 넓은, 광대한,
막대한
extent 넓이

---

intention
[inténʃən]

n. ① willingness ② purpose
in(into) + tent < tend(stretch) + ion: '안으로 뻗친 것'
→ ~할 작정 → 의도, 의향 → 계획 → 목적

It was not my intention to offend you.

① 의도, 의향, 의지;
   (~할) 작정
② (의도한) 목적, 목표

intend(마음 속으로 향하다→
~할 작정이다)

| 예 문 해 석 |
attend 수백만 명의 인파가 교황의 장례식에 참석할 것으로 보인다. **contend** 미국이 대통령 선거에서 인종차별과 씨름을 할 시기가 왔다. **contentious** 이스라엘과 팔레
스타인 간의 마찰은 논란의 대상이 되어 왔다. **extend** 고속열차 운행이 대전에서 부산까지 연장하기로 계획되었다. **intention** 당신의 기분을 상하게 하려는 의도가 아니었습니
다.

superintendent
[sùːpərinténdənt]

n. supervisor, director, manager, chief
super(over) + in(into) + tend(stretch) + end: '위에서 안쪽으로 향하는 것' → 감독, 관리

The suspect was caught at the train station by an assistant superintendent.

감독

superintend 감독하다, 관리하다

---

tendency
[téndənsi]

n. inclination, proneness, trend
tend(stretch) + ency: '뻗침' → ~로 향함 → ~하는 경향, 풍조, 추세 → 성향, 버릇 → 취향, 취지, 의도

The government showed a tendency towards diplomacy after a previously taking a hard stance against compromise.

경향

tend(뻗다/향하다→경향이 있다, 돌보다)

---

tension
[ténʃən]

n. pressure, strain
tens(stretch) + ion: '뻗침' → 팽팽함, 팽팽하게 늘이기 → (정신적, 감정적인) 긴장, 불안 → (정세, 관계 등의) 긴박, 긴장 상태

The war is long over, but there remains palpable tension.

팽팽함

tense 팽팽한

---

tentative
[téntətiv]

a. unconfirmed, provisional, indefinite, test
원래 의미: '시험하다' 의 뜻에서 → 시험적인, 임시의

Leaders from all around the world have reached a tentative agreement regarding emissions standards.

시험적인

---

tenuous
[ténjuəs]

a. thin, slender, narrow
ten(thin) + uous: '얇은' → 얇은, 가는

The cultural and historical connections between Spain and Catalonia were seen to be tenuous.

얇은

---

ter = earth, soil: 땅

inter
[intə́ːr]

v. bury, entomb
in(into) + ter(earth): '땅 안쪽으로 보내다' → 매장하다

The military will inter the bodies after they have been identified.

매장하다

| 예 문 해 석 |

superintendent 용의자는 열차 역에서 보조 관리자에 의해 붙잡혔다. tendency 정부는 이전에는 타협에 반대하는 강경한 입장을 취한 다음, 외교적 협상의 성향을 보여주었다. tension 전쟁은 오래 전에 끝났지만, 뚜렷한 긴장은 남아 있다. tentative 전 세계 지도자들은 배기가스의 기준마련에 관한 잠정적 합의에 이르렀다. tenuous 스페인과 카탈로니아의 문화적 역사적 관계는 빈약해 보였다. inter 군대는 사체들을 신원이 확인된 다음에 매장할 것이다.

subterranean

[sʌ̀btəréiniən]

a. underground

sub(under) + terr(earth) + anean: '땅 아래에 있는' →
지하의, 지하에 있는 → 숨은, 비밀의

The Vietnamese had hundreds of kilometers of subterranean
pathways.

지하의

extraterrestrial(땅 밖의
→지구 밖의, 우주의, 외계인
(E.T.))
Mediterranian(medi
(middle) + terr +
anian(땅 중간에 있는→지
중해의, 지중해)

---

territory

[térətɔ̀:ri]

n. land, region, zone, patch

terr(earth) + it + ory: '땅의 범위' → 영토 → 지역, 지방 →
영역, 분야 → 세력 범위, 담당 구역

The Congo government denies that any of its territory is
under Ugandan control.

영토

terrain(땅→지형, 지세)
terrestrial(땅의→지구의,
육지의, 현세의)

---

term, tern, termin = boundary, end: 경계, 끝

determine

[ditə́:rmin]

v. decide, calculate

de(off) + termin(boundary) + e: '경계를 떨어뜨리다' →
한정하다 → 정하다, 결심하다

Social status is usually determined by job.

결정하다

indeterminable 확정할 수
없는

---

eternal

[itə́:rnəl]

a. permanent, everlasting, endless
↔ temporary 일시적인

후기 라틴어 aeternalis에서.

aeternus(나이) + alis: '오랫동안 계속되는' → 불멸의, 신과
함께 하는 → 영원한, 영구의 → 시작도 끝도 없는, 무한한 / (보통
~s) 영원한 것, (the E-) 신(God)

The ancient Chinese emperor pursued an eternal youth.

a. 불멸의; 영원한;
  시작도 끝도 없는;
  무한한
n. 영원한 것, 신

---

term

[tə:rm]

n. period, season, span

원래 의미: '마지막, 한계'의 뜻 → 시간적 한계 → 기한, 학기, 임기 / 한
정하는 것 → 조건 / 상호 한정 → 관계, 친한 사이 / 상호 한정의 한쪽
→ 조항 → 전문용어 → 말씨

Some classes require term papers instead of written
examinations.

학기

terminology(한정하는 말
→술어, 전문용어)

| 예 문 해 석 |

subterranean 베트남은 수 백 킬로미터에 달하는 지하통로를 갖고 있었다. territory 콩고정부는 어떤 영토도 우간다의 통제 하에 있다는 것을 부인한다. determine 대
개 직업에 의해 사회적 지위가 결정된다. eternal 고대 중국황제는 영원한 젊음을 추구했다. term 몇몇 수업은 필기시험보다는 학기말 리포트를 요구한다.

terminate [tə́ːrmənèit] 	**v.** stop; finish, conclude termin(end) + ate: '끝내다, 한계 짓다' → 종결시키다, 마무리하다 → 경계 짓다, 한정하다 We reserve the right to terminate your employment at any time.	끝내다 terminal(끝나는→종점의, 종말의, 종점, 종말) terminator 끝내는 사람 terminable(끝마칠 수 있는→기한이 있는)

test = witness: 보다, 목격하다

attest [ətést] 	**v.** bear witness, testify, certify at(to) + test(witness): '~로 증언하다' → 입증하다, 증명하다 Police records attest to the suspect's long history of violence.	증명하다
contest [kántest] 	**n.** competition, struggle, dispute con(together) + test(witness): '함께 증언하다' → 경쟁, 경연 → 다툼, 싸움 → 논쟁 / 다투다, 논쟁하다 This year's annual beauty contest was held in Guatemala.	다툼 detest(아래로 증언하다→몹시 싫어하다) testimony(증언한 상태→증언, 증명)
protest [prətést] 	**v.** object, demonstrate, oppose, complain pro(in front) + test(witness): '공중 앞에서 증인이 되다' →항의하다, 이의를 제기하다 The students were protesting in front of the embassy.	항의하다

theo, thus = god: 신

enthusiastic [enθúːziæ̀stik] 	**a.** eager, passionate, vigorous, fervent en(in) + thus(god) + iastic: '안에 신이 있는' → 열광적인, 열성적인, 열심인 President Obama's speech was rather enthusiastic and combative.	열심인 atheist 무신론자
theocrasy [θiːákrəsi] 	**n.** cf. aristocracy 귀족 정치 theo(god) + cracy(govern): '신의 정치' → 신정, 제정 일치제 Medieval Europe was the absolute example of theocracy.	신정

| 예 문 해 석 |

terminate 우리는 당신의 고용을 언제라도 종료시킬 권한을 갖고 있다. **attest** 경찰기록은 그 용의자의 오랜 폭력전과를 증언한다. **contest** 올해의 연례 미인 대회는 과테말라에서 열렸다. **protest** 학생들은 대사관 앞에서 시위를 벌이고 있었다. **enthusiastic** 오바마 대통령의 연설은 패나 열정적이고 투쟁적이었다. **theocracy** 중세 유럽은 신권정치의 확실한 예이다.

theology [θiːálədʒi] ▦	***n.*** divinity theo(god) + logy(학문): '신학' → 신학, 종교 심리학 To be a cardinal priest, theology is required.	신학

thesis, thet = put, set: 두다, 놓다

antithesis [æntíθəsis] ▦	***n.*** opposite, contrast anti(against) + thesis(set): '반대로 둠' → 대조, 정반대 Murder is the antithesis of everything Jesus stood for.	대조 **parenthesis**(옆에 둔 것 →삽입구, 둥근 괄호) **photosynthesis**(빛의 합 성→광합성)
hypothesis [haipáθəsis] ▦	***n.*** theory, assumption hypo(under) + thesis(place): '아래에 둔 것' →가설, 가 정 → (조건 명제의) 전제 → 단순한 추측, 억측 Darwin's hypothesis has been proven to be correct.	가설 **hypocrisy**(아래에서 꾸밈 →위선, 위선적 행위)
synthetic [sinθétik] ▦	***a.*** artificial, fake, man-made syn(com) + thet(put) + ic: '함께 둔' → 종합의, 합성의, 인조의 Fabrics made from synthetic materials can be washed in a machine.	종합의
thesis [θíːsis] ▦	***n.*** proposition, theory, hypothesis, idea 원래 의미: '배열하기' 의 뜻 → 의미를 둠 → 논문 The thesis that Artificial Intelligence would rule the world has never been discarded.	논제, 논문

tic, tit = tickle: 간질이다

entice [entáis] ▦	***v.*** allure, attract, tempt 원래는 통속 라틴어 intitiar에서. en < in(into) + tice + titio(fire brand): '불타는 나무 안 에 넣다' → 불을 지피다 → 꼬드기다, (남을) (악한 일에) 유혹하다, 부추기다 → (남을) 달콤한 말로 유혹하여 ~ 시키다 Retailers have tried everything from cheap credit to free shipments to entice consumers to walk through their doors.	꼬드기다

| 예 문 해 석 |

theology 추기경이 되려면 신학이 필수다. **antithesis** 살인은 예수가 표방했던 모든 것에 반한다. **hypothesis** 다윈의 가설은 옳다고 증명되어왔다. **synthetic** 합성 재료들로 직물은 세탁기로 빨 수 있다. **thesis** 인공지능이 세상을 지배할 것이라는 논제는 결코 폐기된 적이 없다. **entice** 소매상들은 고객들을 상점으로 끌어들이기 위해, 저리 금융으로부터 무료 배송까지 모든 방안을 시도해왔다.

tickle
[tíkəl]

v. titilate

원래 의미: '만지다(touch)' 의 뜻에서 → 간지럽히다; 즐겁게 하다

It's always fun to tickle a baby.

간질이다; 기쁘게 하다

---

tort = twist: 꼬다

extort
[ikstɔ́ːrt]

v. extract, exact, force

ex(out) + tort(twist): '비틀어 내다' → 강제로 탈취하다

Confidential information was being used to extort money from government officials.

강제로 탈취하다

---

tortoise
[tɔ́ːrtəs]

n. cf. turtle 바다 거북

원래 의미: '꼬인(twisted), 껍질(shell)' 의 뜻 → 민물 거북, 남생이

Turtles and tortoises are very similar in shape.

남생이

---

torture
[tɔ́ːrtʃər]

n. torment, abuse, persecute, afflict

tort(twist) + ure: '비틀음' → 고문, 심한 고통

Despite our need for information, we must avoid the path of torture when interrogating prisoners.

고문

tortuous 구불구불한

---

tract, treat = draw, pull: 끌다, 당기다

abstract
[æbstrǽkt]

a. ↔ concrete 구체적인   **n.** summary

abs < ab(away) + tract(draw): '멀리서 끌어내는' → (사물, 생각 등이) 추상적인 → 공상적인 → (추상적이어서) 난해한 / 개요, 발췌

Love is an abstract concept that cannot be described easily.

a. 추상적인
n. 발췌, 요약

| 예문 해석 |

tickle 아기를 간지럼을 태우는 것은 언제나 재미있다. extort 정부 관료들로부터 돈을 갈취하기 위해 비밀정보들이 사용되고 있었다. tortoise 바다거북과 민물거북은 모양이 매우 비슷하다. torture 정보가 필요하더라도, 죄인을 심문할 때 고문은 피해야 한다. abstract 사랑은 쉽게 묘사할 수 없는 추상적인 개념이다.

attract
[ətrǽkt]
≡

v. appeal, allure, charm

at < ad(to) + tract(draw): '~으로 끌다' → (자력으로) 끌어당기다, (주의, 흥미를) 끌다 → (매력으로) 유인하다, 매혹하다

It is easy to attract men when you look as good as she does.

allure: 미끼를 던져 마음을 사로잡다
attract: 자력과 같은 힘으로 상대를 매혹하다
captivate: 사람의 마음을 사로잡다
charm: 마법과 같은 힘으로 상대의 마음을 사로잡다

매혹하다

attractive 매력적인
detract(끌어내리다→중상 모략하다)
distract(멀리 끌어내다→ 분산시키다)
extract 밖으로 끌어내다

---

contract
[kɑ́ntrækt]
≡

n. agreement, commitment, arrangement

con(together) + tract(draw): '함께 서로 끌다' → 계약, 약정

Contract violations are rampant in developing countries.

계약

---

portray
[pɔːrtréi]
≡

v. describe, present, depict

por(forth) + tray < tract(draw): '앞으로 꺼내다' → 그리다, 묘사하다

Early painting usually portrays a landscape or other natural phenomenon.

묘사하다

---

subtract
[səbtrǽkt]
≡

v. deduct, remove

sub(under) + tract(draw): '아래로 끌어 내리다' → 빼다, 덜다, 공제하다

It is wise to subtract taxes before spending your income.

공제하다

tractable(끌고 갈 수 있는 →다루기 쉬운)
protract(앞으로 끌다→연 장하다)
retract 밖으로 끌어내다

---

trait
[treit]
≡

n. characteristic, feature, quality, attribute

원래 의미: '그림(drawing), 솜씨(draft)'의 뜻에서 → 특징, 특성

Language is an inborn human trait.

특징

| 예 문 해 석 |

attract 당신이 그녀만큼 잘 생겼다면 남자들을 유혹하기가 쉬울 겁니다. contract 계약 위반은 개발도상국에서는 만연되어 있다. portray 초기 회화는 대개 경치나 다른 자연 현상을 묘사하고 있다. subtract 소득을 소비하기 전에 세금을 공제하는 것이 현명하다. trait 언어는 선천적인 인간의 특징이다.

V O C A B U L A R Y **TEST 9**

1. Obstruct

   (A) restructure
   (B) reject
   (C) exclude
   (D) impede

2. Subdue

   (A) limit
   (B) pronounce
   (C) conquer
   (D) convince

3. Suppress

   (A) check
   (B) cause
   (C) demonstrate
   (D) worsen

4. Assume

   (A) grant
   (B) take on
   (C) enlarge
   (D) stun

5. Consume

   (A) make
   (B) eat
   (C) radiate
   (D) waste

6. Surpass

   (A) exceed
   (B) match
   (C) maintain
   (D) announce

7. Surplus

   (A) tax
   (B) financial
   (C) remainder
   (D) precious

8. Tacitly

   (A) theoretically
   (B) purposely
   (C) instinctively
   (D) implicitly

9. Attain

   (A) declare
   (B) reach
   (C) combine
   (D) observe

10. Intact

   (A) broken
   (B) protective
   (C) unchanged
   (D) compact

11. Contain

   (A) institute
   (B) involve
   (C) attribute
   (D) deviate

12. Retain

   (A) expand
   (B) manage
   (C) cherish
   (D) keep

13. Sustain

   (A) restrain
   (B) weigh
   (C) catch
   (D) support

14. Detect

   (A) explain
   (B) estimate
   (C) discover
   (D) ignore

15. Extend

   (A) improve
   (B) duplicate
   (C) change
   (D) lengthen

16. Tendency

   (A) principle
   (B) potential
   (C) inclination
   (D) speculation

17. Subterranean

   (A) fossilized
   (B) unprotected
   (C) sublime
   (D) underground

18. Terminate

   (A) finish
   (B) turn
   (C) crack
   (D) rotate

19. Attest

   (A) testify
   (B) determine
   (C) hide
   (D) classify

20. Attract

   (A) appeal
   (B) detach
   (C) presume
   (D) ensure

Answer

1. D   2. C   3. A   4. B
5. B   6. A   7. C   8. D
9. B   10. C   11. B   12. D
13. D   14. C   15. D   16. C
17. D   18. A   19. A   20. A

trans = pass, across, through: 지나가다, 건너서

transaction
[trænsǽkʃ(ə)n]

n. deal, negotiation, business, enterprise
trans(through) + act(drive) + ion: '~을 통해 조종해 가는 것' → 거래, 매매

Gold can be a medium of exchange in many kinds of transactions.

거래

transcribe
[trænskráib]

v. copy, duplicate
trans(over) + scribe(write): '지나서 쓰다' → 베끼다

In medieval Europe, priests transcribed the bible in Latin.

베끼다

transfer
[trænsfə́ːr]

v. move, transmit
trans(across) + fer(carry): '가로질러 나르다' → 옮기다, 나르다, 전학시키다 → 전하다, 전달하다 → 양도하다

We will transfer the funds to your account later this evening.

옮기다

transform
[trænsfɔ́ːrm]

v. change, convert, alter
trans(across) + form: '모양을 옮기다' → 변형시키다, 변모시키다 → 바꾸다, 전환하다

Photosynthesis is the process of transforming food into energy.

바꾸다

transitory
[trǽnsətɔ̀ːri]

a. momentary, temporary, transient
trans(through) + it(go) + ory: '통하여 가는' → 과도기적인, 변환기의 → 일시적인, 잠시동안의 → 덧없는

Most juveniles' problems are transitory.

일시적인

translucent
[trænsljúːsənt]

a. transparent
trans(through) + lucent(shine): '빛이 통과하는' → 반투명한

The building is covered entirely with translucent glass.

반투명의

| 예 문 해 석 |
transaction 금은 많은 종류의 거래에서 교환의 매체가 될 수 있다. **transcribe** 중세 유럽에서는, 성직자가 성경을 라틴어로 옮겨 적었다. **transfer** 우리는 오늘 밤 늦게 당신의 계좌로 자금을 이전할 것이다. **transform** 광합성은 음식물을 에너지로 바꾸는 과정이다. **transitory** 대부분의 청소년 문제들은 일시적이다. **translucent** 그 빌딩은 온통 반투명 유리로 덮여있다.

transparent [trænspέərənt] 	***a.*** clear, limpid, sheer trans(through) + pare(show) + (e)nt: '통과하여 보이는' → 투명한 → 비칠 정도로 얇은 → 꾸밈 없는, 솔직한 → 명쾌한, 알기 쉬운 The corporation has to make its financing and accounting as transparent as possible.	투명한 **appear**(~쪽에 보이다→나타나다, ~처럼 보이다) **apparent**(~쪽에 보이는→눈에 보이는, 분명한, 외관상의)
transplant [trænsplǽnt]	***v.*** implant, transfer, graft trans(across) + plant(sow): '지나가서 심다' → 이식하다, 옮겨 심다 The sale of human organs for transplant is thoroughly banned by the government.	이식하다
transport [trænspɔ́ːrt]	***v.*** carry, convey, deport, ravish trans(across) + port(carry): '옮겨 나르다' → 나르다, 옮기다, 운송하다 → (죄수 등을) (원격지로) 추방하다 → (환희 등으로) 기뻐 날뛰게 하다 Budget surpluses should be invested to improve public transport.	나르다

trench, trunc = cut: 자르다

trench [trentʃ] 	***n.*** dogout, entrenchment 원래 의미: '잘라 치우다'의 뜻 → 참호, 방어 Trench warfare is an especially gruesome form of battle.	참호 **entrench** 참호로 에워싸다
trenchant [tréntʃənt]	***a.*** severe, harsh, keen trench(cut) + ant: '자르는' → 신랄한, 날카로운 President Lincoln wasn't shattered and bewildered by trenchant criticism.	신랄한

trit = rub: 문지르다

contrite [kəntráit]	***a.*** apologetic, repentant con(together) + trite(rub): '함께 문지르는' → 죄를 깊이 뉘우치는 It was a truly contrite apology, but the verdict was already decided.	죄를 깊이 뉘우치는

| 예 문 해 석 |

transparent 법인은 재정과 회계를 최대한 투명하게 만들어야 한다. **transplant** 이식을 위한 인간의 장기 판매는 정부에 의해 철저하게 금지된다. **transport** 잉여 예산은 대중교통을 향상시키는데 투자되어야 한다. **trench** 참호전은 특히 소름 끼치는 전투의 형태이다. **trenchant** 링컨 대통령은 신랄한 비판에 무너지거나 당황하지 않았다. **contrite** 그것은 진심으로 뉘우치는 사과이지만, 그러나 판결은 이미 정해졌다.

trite
[trait]

a. clichéd, common

원래 의미: '(비벼서) 낡은(worn), 흔한(familiar)'의 뜻 → 흔한, 진부한

The movies from the late 1990s are teeming with obvious and trite themes.

흔한

---

turb = confuse: 혼동시키다

disturb
[distə́:rb]

v. upset, trouble, distress

dis(away) + turb(whirl): '멀리 소용돌이 치다' → 마음, 일 등을 어지럽히다 → 혼란시키다, 방해하다 → 평화, 질서 등을 어지럽히다 → 교란시키다

Do not disturb is a polite way of saying keep out.

교란시키다

turbine(소용돌이 치는 기관→터빈기관)
perturb(완전히 소용돌이 치다→불안하게 하다, 당황케하다)

disturbance
[distə́:rbəns]

n. disorder, turmoil

dis(completely) + turn(confuse) + ance: '완벽한 혼동' → 소란, 동요

During the violent disturbance, three police officers were badly wounded.

소란, 동요

trouble
[trʌ́bəl]

n. bother, problems, concern, worry

원래 의미: '흐리게 하다'의 뜻에서 → 불편, 괴로움

Surrounded by the enemy, his soldiers were in serious trouble.

괴로움

---

und, unda = wave, flow: 흔들다, 흐르다

abound
[əbáund]

v. be filled with, be plentiful, thrive

ab(away) + ound < und(wave): '멀리 물결치다' → 많이 있다, 풍부하다, 가득 차다

Florence Italy abounds in famous and beautiful hotels.

~이 많다

| 예 문 해 석 |

trite 1990년대 말 이후의 영화들은 뻔하고 흔한 주제들로 넘쳐나고 있다. **disturb** '방해하지 마십시오.'라는 말은 '들어오지 마십시오.'라는 말의 공손한 표현이다. **disturbance** 폭력소동 중에, 경찰관 세 명이 심하게 부상당했다. **trouble** 그의 병사들은 적에게 둘러싸여서 심각한 곤경에 빠져 있었다. **abound** 이탈리아의 플로렌스에는 유명하고 아름다운 호텔들이 많다.

abundant [əbʌ́ndənt] 	***a.*** plentiful; rich, numerous, ample ↔ limited 제한된 ab < ad(to) + unda(flow) + nt: '~로 흘러 넘치는' → 풍부한, 많은 China has an abundant supply of cheap labor.	많은
inundate [ínəndèit] 	***v.*** flood, overflow in(into) + und(wave) + ate: '안으로 물결치다' → 물에 잠기게 하다 → 침수시키다 → 범람하다 → 넘치게하다 → 몰려오다 → 쇄도하다 The towns near the bank were inundated by the rising water of the Han River.	물에 잠기게 하다 undulate(물결치다→파도치다)
redundant [ridʌ́ndənt] 	***a.*** superfluous, extra, surplus, unnecessary re(again) + d + unda(wave) + nt: '다시 흐르는' → 여분의, 과다한; 말이 많은, 장황한 The development of technology has made once valuable skills redundant.	여분의

use, util = use: 사용하다

unusual [ʌnjúːʒuəl] 	***a.*** uncommon, extraordinary, strange, exceptional un(not) + usual(usual): '보통 아닌' → 비범한, 보기 드문 → 신기한, 유별난, 이상한 → 예외적인 Since the 1970s many rare and unusual species have been discovered.	보통 아닌
usage [júːsidʒ]	***n.*** practice, method, procedure, habit 원래 의미: '관습, 습관, 경험' 의 뜻에서. The chains of usage and custom are hard to be break.	관습

| 예 문 해 석 |

abundant 중국은 값싼 노동력이 풍부하다. inundate 둑 근처의 마을은 한강 수위의 상승으로 인해 물에 잠겼다. redundant 기술발전은 한때 귀중했던 기술들을 쓸모없게 만들어 왔다. unusual 1970년대 이래로, 희귀하고 특이한 생물 종들이 많이 발견되고 있다. usage 관습과 풍습의 고리는 깨지기 어렵다.

useful
[júːsfəl]

a. helpful, effective, valuable, practical, profitable

use(use) + ful: '사용할 만한' → 유용한

Well-trained dogs can be useful in searching for missing people.

유용한

---

utilitarian
[juːtilətέəriən]

a. practical, functional

ut(use) + il + it + arian: '이용하며 사는' → 실용적인, 실리적인

Modern design pursues both utilitarian and glamorous goals.

실용적인

utensil(이용하는 것→기구, 가정용품)

---

utilize
[júːtəlàiz]

v. employ, make use of, take advantage of

ut(use) + il + ize(make): '사용하게 하다' → 활용하다, 이용하다

Video engineers utilize a wide range of techniques to enhance the quality of filming.

이용하다

utilitarianism(실용주의, 공리주의)

utility(유익함→유용, 효용, 쓸모있는 것, 공익)

---

vac, van = empty: 텅 빈

avoid
[əvɔ́id]

v. stay(keep) away from, escape

a < ab(away) + void(empty): '텅 비운 채 멀어지다' → (의식적으로) 피하다, 회피하다 → (일어나는 것을) 막다, 예방하다 → 《법률》 무효로 하다

The pilot took evasive action to avoid a collision.

avoid: 의식적으로 위험/불쾌한 일로부터 멀어지다
elude: 절박한 상황에서 상대방을 피해 달아나다
escape: 위험/속박을 피해 달아나다
evade: avoid보다 더 적극적으로 수단을 써서 회피함

피하다

devoid(아래로 텅 빈→결여된, ~이 없는)

void 헛된

---

vacant
[véikənt]

a. empty, free, void

vac(empty) + ant: '텅 빈' → 빈, ~없는, 공허한 → (토지, 집, 방, 좌석이) 비어 있는, 사용되지 않는 → (직위, 지위가) 공석인, 결원인 → (마음, 머리, 표정이) 멍한, 얼빠진, 멍청한

Vacant buildings are a breeding ground for crime.

텅 빈

vacate(자리를 비우게 하다→ 〈집, 방, 좌석을〉 비우다, 〈직위, 지위를〉 물러나다)

vacation(자리를 비워둠→휴가, 방학, 공석)

vacuous(빈→공허한, 멍청한, 얼빠진)

vacuum(텅 빈 것→진공)

evacuate(밖으로 비우게 하다 →비우다, 철거하다, 퇴거시키다)

| 예 문 해 석 |

useful 잘 훈련된 개는 실종자들을 찾는데 유용할 수 있다. **utilitarian** 현대 디자인은 실용과 화려함을 둘 다 추구한다. **utilize** 비디오 기술자들은 촬영의 품질을 향상시키기 위해 광범위한 기술들을 활용한다. **avoid** 조종사는 충돌을 피하기 위해 회피책을 사용했다. **vacant** 빈 건물들은 범죄의 온상이다.

vain
[vein]

a. futile, useless, pointless, unsuccessful

원래 의미: '텅 빈'의 뜻 → 헛된, 공허한 → 허영적인, 자만심이 강한

Delegates from all countries struggled in a vain attempt to reach an agreement.

헛된

in vain 헛되이
vanity 허영심

vanish
[vǽniʃ]

v. disappear, dissolve, evaporate

van < vanus(empty) + ish: '텅비게 되다' → (보이던 것이 갑자기) 사라지다, 없어지다 → (빛, 색 등이) 희미해지다, 바래다, 소멸되다

Many ships have been claimed to vanish when entering the Bermuda Triangle.

사라지다

evanesce(밖으로 텅비게 하다 →밖으로 사라지다, 소실되다)
evanescent(밖으로 텅빈→사라져가는, 순간의, 덧없는)

---

vad, vas = go: 가다

evasive
[ivéisiv]

a. elusive

e(out) + vas(go) + ive: '밖으로 가는' → 회피적인

Politicians are famous for their evasive answers.

회피적인

evade(밖으로 가다→벗어나다, 피하다)

invade
[invéid]

v. move into, attack, assault

in(into) + vade(go): '안으로 들어가다' → 쳐들어가다 → 침입하다 → (병이) 침투하다 → (소리, 냄새가) 침투하다 → 퍼지다

In the 1950s the North Korean army invaded the rest of the Korean peninsula.

침략하다

pervade
[pərvéid]

v. penetrate ; spread

per(through) + vade(go): '관통해 가다' → 침투하다 → 배어들다 → 충만하다, 넘쳐나다 → 널리 퍼지다

Corruption pervades every stratum of the government.

침투하다

| 예 문 해 석 |

vain 모든 국가들의 대표단들은 합의에 도달하려고 씨름했지만 헛된 시도로 끝났다. **vanish** 많은 배들이 버무다 삼각해역에 진입했을 때 사라졌다는 주장이 있어왔다. **evasive** 정치인들은 회피적인 대답으로 유명하다. **invade** 1950년대에 북한군은 한반도의 나머지 부분을 침략했다. **pervade** 부정부패는 정부의 모든 층층마다 스며들어 있다.

DAY 29

val, vail, valu = value: 가치

prevailing
[privéiliŋ]

a. widespread, general, established, popular

pre(front) + vail(value) + ing: '가치가 앞서가는' → 널리 퍼진, 우세한, 보통의

The prevailing attitude was that nothing would ever need to change.

보급되는

prevalent 널리 퍼진, 우세한

---

valid
[vǽlid]

a. sound, good, reasonable, telling, convincing

원래 의미: '강한' 의 뜻.

A valid passport is required for international travel.

근거가 확실한

---

valuable
[vǽlju:əbəl]

a. very useful ↔ worthless, valueless

valu < value(value) + able: '금전적 가치가 있는' → 값비싼, 값진 → 귀중한, 가치 있는; 중요한; 유익한, 유용한

We should respect seniors because their experiences are very valuable.

invaluable: 평가할 수 없을 만큼 귀중한
precious: 돈으로 평가할 수 없는 큰 가치를 가진
priceless: 값을 매길 수 없는 아주 귀중한
valuable: 금전적 가치가 크고 유용한 것

가치 있는

---

vene, vent = come, go: 오다, 가다

advent
[ǽdvent]

n. arrival, introduction, beginning

ad(to) + vent(come): '~에 옴' → (중요한 인물, 사건의) 출현, 도래 → 그리스도의 재림

The advent of the computer revolutionized the workplace.

출현

misadventure(나쁘게 나온→불운)

vent(나오다→구멍, 배출구)

| 예 문 해 석 |

prevailing 지배적인 사고방식은 아무 것도 변화할 필요가 없다는 것이었다. **valid** 국제 여행을 위해서는 유효한 여권이 필수적이다. **valuable** 연장자들의 경험이 매우 소중하기 때문에 그들을 존경해야 한다. **advent** 컴퓨터의 출현은 업무현장에 혁신적인 변화를 초래하였다.

avenue [ǽvənjùː] ≣	***n.*** means, way a < ad(to) + ven(come) + ue: '~으로 오는 길' → (어떤 장소에) 다다르는 길 → (어떤 목적에 이르는) 수단, 방법, 길 → 큰 도로 Fund managers are focused on increasing their clients' wealth by any available avenue.	수단
circumvent [sə̀ːrkəmvént] ≣	***v.*** get round circum(around) + vent(come): '빙 둘러 오다' → 우회하다, 포위하다, 함정에 빠뜨리다 Military planners tried to circumvent the treaty.	돌다
convenient [kənvíːnjənt] ≣	***a.*** suitable, fit, handy, satisfactory con(together) + veni < vene(come) + ent: '다 함께 오는' → 일치하는 → 적절한 → 알맞은 → 편리한 A credit card is a flexible and convenient method of payment.	편리한
conventional [kənvénʃənəl] ≣	***a.*** typical, traditional, trite convention(tradition) + al: '관습적인' → 관례적인, 전통적인 → 보통 행하여지고 있는, 틀에 박힌 → 평범한, 진부한 Conventional wisdom is rarely sufficient to tackle the complexities of international disputes.	관습의 **convention** 모임, 집회, 협정, 관습
eventually [ivéntʃuəli] ≣	***ad.*** ultimately, finally, in time e(out) + vent(come) + ually: '밖으로 나온' → 결국 Eventually, the U.S. troops arrested Saddam Hussein in Iraq.	결국 **event**(밖으로 나온 것→사건, 결과)
intervene [ìntərvíːn] ≣	***v.*** interfere, meddle inter(between) + vene(come): '사이에 오다' → 사이에 들다 → 중재하다 → 간섭하다 → 방해하다 The riot calmed down when police forces intervened.	사이에 끼다 **convene** 소집하다
invent [invént] ≣	***v.*** devise in(into) + vent(come): '안으로 오다' → 마음 속에 떠오르다 → 고안하다 → 발명하다 → 연구하여 만들다 → 날조하다 Edison was not the first to invent the lightbulb.	고안하다 **inventory** 목록

| 예 문 해 석 |

avenue 펀드매니저들은 모든 가능한 수단을 이용해서 고객의 부를 증가시키는데 초점이 맞춰져 있다. **circumvent** 군사 계획가는 그 조약을 피해가려고 노력했다. **convenient** 신용카드는 유연하고 편리한 지불방법이다. **conventional** 전통적인 지혜는 국제 분쟁의 복잡성을 따지기에는 매우 불충분하다. **eventually** 결국, 미군은 이라크에서 사담 후세인을 체포했다. **intervene** 그 폭동은 경찰력이 개입하자 진정되었다. **invent** 에디슨은 전구를 최초로 개발한 사람이 아니었다.

prevent [privént] ≡	***v.*** stop, avoid, frustrate, hamper pre(before) + vent(come) : '미리 오다' → ~의 발생을 미리 막다 → 막다, 방해하다 The government tried to prevent the flu from spreading.	막다
revenue [révənjùː] ≡	***n.*** income, returns, profits, gain, yield re(back) + venue < vene(come): '되돌아오다' → 세입, 수입 All private revenue is subject to taxation.	세입, 수입
unconventional [ʌ̀nkənvénʃənəl] ≡	***a.*** unusual, extraordinary, uncommon un(not) + conventional(traditional): '관습/인습에 얽매이지 않는' → (태도, 복장 등이) 틀에 박히지 않는 → 특이한, 자유로운 To be sensational, one should be somehow unconventional.	관습에 얽매이지 않는
venture [véntʃər] ≡	***n.*** undertaking, project, enterprise, campaign adventure '지금부터 일어나려 하는 것'의 두음 소실 The international space station was a joint venture between many countries.	모험

ver, vera, veri = true, truth: 진실

aver [əvə́ːr] ≡	***v.*** declare, proclaim, assert ad(to) + ver(true): '~에 대한 진실' → 진실을 증명하다 → 단언하다 The defendants, who continue to aver their innocence, are expected to appeal.	단언하다
verdict [və́ːrdikt] ≡	***n.*** decision, judgment, conviction ver(true) + dict(say): '진실을 말하다' → 평결, 답신 The jury returned a unanimous guilty verdict.	평결
verify [vérəfài] ≡	***v.*** check, make sure, examine, monitor verit(true) + able: '진실스러운' → 실제의, 진실의 The suspect verified the alibi.	증명하다 veritable 실제의, 진실의

| 예 문 해 석 |

prevent 정부는 감기의 확산을 막으려고 노력했다. **revenue** 모든 개인 소득에는 세금이 부과된다. **unconventional** 세상을 놀라게 하려면, 어떻게든 관습에 얽매이지 말아야 한다. **venture** 국제우주정류장은 많은 나라들의 합작 사업이었다. **aver** 자신들의 무죄를 계속 주장한 피고들은 항소할 것으로 추정된다. **verdict** 배심원은 만장일치의 유죄평결을 회신했다. **verify** 그 용의자는 알리바이를 증명했다.

verb = words: 말, 단어

reverberate [rivə́:rbərèit]	**v.** echo, repeat, resound, resonate re(again) + verb(word) + erate: '다시 말이 돌아오다' → 반향하다, 울려퍼지다 The sound of gunshots continued to reverberate down the empty hallway.	반향하다
verbalize [və́:rbəlàiz]	**v.** express in words 원래 의미: '말로 표현하다' 의 뜻 → 언어화 하다 Breathtakingly beautiful scenery cannot be verbalized.	언어화하다 verbal(말의→구두의)
verbose [vəːrbóus]	**a.** wordy ↔ succinct 간결한 verb(word) + ose: '말 많은' → 다변의, 장황한 Many politicians are rather verbose.	말이 많은

verg, vers, vert = turn: 돌다, 회전하다

adversary [ǽdvərsèri]	**n.** opponent, contestant, enemy ad(to) + vers(trun) + ary: '~쪽으로 방향을 바꾸는 사람' → 적, 반대자 → (경기의) 상대자 The ruling party's adversaries were creating numerous problems.	적 adversity 역경
adverse [ædvə́:rs]	**a.** negative, not favorable, unfavorable ad(to) + verse(turn): '~쪽으로 방향을 바꾸는' → 거스르는, 반대의 → 반대하는, 적의를 품은 → 불리한, 불운한 Medications must be carefully combined to avoid adverse side effects.	반대하는 converse 반대
averse [əvə́:rs]	**a.** opposed to a < ab(off) + verse(turn): '떨어져 돌아서는' → 피하는 → 몹시 싫어하는, 반대하는 Some celebrities are averse to publicity. averse: 노상 싫다고 생각하는 disinclined: ~할 기분이 나지 않는 reluctant: 하고 싶지 않은 마음과 의무감의 갈등	싫어하여 aversion 몹시 싫어함, 반 감, 혐오

| 예 문 해 석 |

reverberate 총성이 텅 빈 복도 아래로 계속 울려 퍼졌다. verbalize 숨 쉴 수 없을 만큼 아름다운 풍경은 말로 표현할 수 없다. verbose 많은 정치인들은 꽤 장황하다. adversary 집권당의 적들이 많은 문제들을 일으키고 있었다. adverse 여러 의약의 투여는 부작용을 피하기 위해 주의 깊게 합쳐져야 한다. averse 일부 유명 인사들은 매스컴의 관심을 싫어한다.

avert [əvə́ːrt] 	***v.* prevent, turn away, avoid** a < ad(to) + vert(turn): '~쪽으로 향하게 하다' → (얼굴, 시선, 생각을) (~으로부터) 돌리다, 피하다 → (불행, 재난, 어려운 사태 등이) 생기는 것을 막다 / 피하다 This conference was called to hopefully avert financial disaster.	돌리다
controversy [kántrəvə̀ːrsi] 	***n.* contention, disagreement** contro(against) + vers(turn) + y: '반대로 돌리는 것' → 논쟁, 말다툼 Controversy followed the President throughout his four year term.	논쟁 controvert(거슬러서 돌다 →논박하다, 논쟁하다)
convertible [kənvə́ːrtəbəl] 	***a.* changeable, alterable** con(together) + vert(turn) + ible < able(can): '함께 바꿀 수 있는' → 바꿀 수 있는 A convertible may be fun, but it is not the most practical choice of car.	바꿀 수 있는 convert 바꾸다, 개종하다
diverge from [divə́ːrdʒfrʌm] 	***v.* separate from, move away from** di(away) + verge < verse(turn): '멀리 돌다' → (길, 선 등이 한 점에서) 갈라지다, 의견 등이 갈라지다 → 달라지다, (수열, 급수 등이) 발산하다 → 빗나가다, 벗어나다 Anthropologists believe that humans diverged from the apes between six and seven million years ago.	달라지다 converge(함께 돌다→한점에 모으다, 수렴하다) verge(도는 부분→가장자리, 경계) on the verge of ~에 직면하여, 바야흐로 ~하려 하여
diversify [divə́ːrsəfài] 	***v.* vary, change** di(away) + vers(turn) + ify: '멀리 돌리다' → 다른 종류로 하다 → 다른 것으로 만들다 → 여러 가지로 변화시키다 → 다양화하다 As demand has increased, manufacturers have been encouraged to diversify and improve quality.	여러 가지로 변화시키다
divert [divə́ːrt] 	***v.* distract, redirect** di(away) + vert(turn): '멀리 돌리다' → (주의 등을) 딴 데로 돌리다, 전환하다 → 기분을 전환시키다, 즐겁게 해주다 The President needed to divert national attention away from his economic failure.	기분을 전환시키다 subvert(아래에서 돌리다 →타도하다, 전복시키다)

| 예 문 해 석 |

avert 이번 회의는 금융 재난을 회피할 것을 기대하고 소집되었다. **controversy** 논쟁은 4년 임기 내내 대통령을 따라다녔다. **convertible** 컨버터블은 재미있을지는 몰라도 가장 실용적인 선택은 아니다. **diverge from** 인류학자들은 인간은 6~7백만 년 전 사이에 유인원으로부터 갈라져 나왔다고 믿는다. **diversify** 수요가 증가함에 따라, 제조 업체들은 다양화하고 질을 향상시키도록 고무되어 졌다. **divert** 대통령은 국민의 관심이 그의 경제실패로부터 다른 데로 돌리는 것이 필요했다.

extrovert [ékstrouvə̀ːrt]	***n.*** ↔ introvert 내향적인 사람 extra(outside) + vert(turn): '밖으로 도는' → 외향적인 사람 Leaders are usually extroverts.	외향적인 사람 introvert 안으로 향하게 하다
reverse [rivə́ːrs]	***v.*** overturn, annul re(back) + verse(turn): '뒤로 돌리다' → 거꾸로 하다, 뒤집 다 → 성질[경향]을 반대가 되게 하다, 완전히 바꾸다 → 〈명령, 판결 등을〉 파기하다, 무효로 하다 New policy would be needed to reverse the prevailing trend.	거꾸로 하다 transverse(옮겨 도는→횡 단하는)
revert [rivə́ːrt]	***v.*** go back, return, come back, resume re(back) + vert(turn): '뒤로 돌다' → 되돌아가다 Many who try to quit smoking easily get depressed and revert to their previous habits.	되돌아 가다
universal [jùːnəvə́ːrsəl]	***a.*** everywhere, general, common uni(one) + vers(turn) + al: '하나로 도는' → 존재하는, 보 편적인; 일반적인 The desire to look charming is universal.	보편적인 universal 우주의, 만물의, 보편적인 universe(하나로 도는 것→ 우주)
versatile [və́ːrsətl]	***a.*** ① many-talented, skilled ② adaptable vers(turn) + at(make) + ile: '(여러 곳으로) 돌릴 수 있는' → 다재다능한 → 다목적으로 쓰이는, 용도가 많은 → 변하기 쉬운, 불안정한, 변덕스런 The computer is an amazingly versatile instrument.	① 다재다능한 ② (도구, 물건이) 용도 가 많은

| 예 문 해 석 |

extrovert 지도자들은 대개 외향적인 사람들이다. reverse 지배적인 추세를 뒤바꾸려면 새로운 정책이 필요할 수 있다. revert 담배를 쉽게 끊으려고 시도하는 많은 사람들이
우울해지고 다시 예전의 습관으로 돌아간다. universal 매력적으로 보이려는 소망은 보편적이다. versatile 컴퓨터는 놀랄 만큼 다재다능한 도구이다.

vi, via, voy = way: 길

convey
[kənvéi]

v. transport, transmit, carry, move
con(together) + vey < via(way): '함께 길을 가다' →
(물건, 승객을) 나르다, 운반하다 → (소식, 통신을) 전달하다, (소리,
열 등을) 전하다, (전염병을) 옮기다

The airlines have extended their branches to convey as many
passengers as possible to destinations all over the world.

나르다

convoy(함께 길을 가다→호송
하다, 호위하다)
deviate(길 아래로 가다→벗어
나다, 이탈하다)
obviate(길을 막다→미연에 방
지하다, 위험/곤란을 세우다)

impervious
[impə́ːviəs]

a. resistant, tough, unaffected
im(not) + per(completely) + vi(way) + ous: '완전히
길을 가지 못하는' → (물건이) (액체, 가스 등을) 통과시키지 않는,
불침투성의 → (사람, 마음 등이) (~에) 영향을 받지 않는, (~을) 느
끼지 못하는, 둔감한 → (~에) 상하지 않는, 견디는

Throughout his career he remained impervious to criticism.

통과시키지 않는

voyage(길을 가는 것→항해)
pervious(완전히 길을 가는→
통과하는, 투과시키는)

obvious
[ábviəs]

a. evident, apparent, conspicuous, clear
ob(against) + vi < via(way) + ous: '맞은 편 길에 있는'
→ 환히 보이는 → 대번에 알 수 있는 → 분명한, 명백한

Determining how the Republican challenger would conduct
his presidency isn't obvious.

분명한

previous
[prí:viəs]

a. earlier, former, past, prior, preceding
pre(before) + vi(way) + ous: '먼저 길을 간' → 이전의,
앞의, 시기 상조의

The criminal was released on parole for not having any
previous convictions.

앞의

| 예 문 해 석 |
convey 항공사들은 가능한 한 많은 승객들을 전 세계 도착지로 실어 나르기 위해 지점을 확장해 왔다. impervious 임기 내내 그는 비판에 귀를 기울이지 않았다. obvious
공화당 도전자가 어떻게 대통령직을 수행할 것인지 결정하는 것은 분명하지 않다. previous 범인은 전과가 없었기 때문에 가석방으로 풀려났다.

trivial [tríviəl]	***a.*** unimportant, minor, worthless tri(three) + via(way) + l: 삼거리의 → 사람들이 모여드는 여느 곳의 → 흔해 빠진, 진부한, 평범한 Many people do not like to visit the doctor for trivial ailments.	하찮은, 진부한
via [váiə]	***a.*** in the way of, by way of; by means of 원래 의미: '길(road)' → ~을 거쳐, ~을 경유하여 → ~을 통해서, ~에 의해서 Police have foiled an attempt to smuggle marijuana into JFK airport via Mexico.	~을 지나서 viaduct(이끄는 길→육교, 고가도로)

vi, vil, viv = life, live: 삶, 살다

invalid [ínvəlid]	***a.*** void ↔ valid 유효한 in(not) + val(live) + id: '살지 못하게 하다' → 병약하게 하다 → 타당하지 않은, 실효성 없는 The U.S. immigration office takes a firm attitude toward invalid entry.	무효의, 실효성 없는
vigorous [vígərəs]	***a.*** energetic, forceful, strong vig(life) + or + ous: '살아 있는' → 활기있는, 격렬한 → 원기왕성한, 정력적인 → 강력한, 박력있는 Extremely vigorous exercise can increase the risk of heart attacks.	정력적인 vigor(살아 있음→원기, 정력)
vital [váitəl]	***a.*** important; essential vita(life) + l: '생명의' → 살아 있는, 생생한, 생기에 넘치는 → 생명의 유지에 필요한 → 극히 중대한, 절대 필요한 The heart and lungs are vital human organs.	아주 중요한 vitality 생명력, 활력, 활기, 원기 vitamin(vita+amine 아미노 화합물)(비타민→생물의 정상적인 생리 활동에 없어서는 안 될 유기 화합물)

| 예 문 해 석 |
trivial 많은 사람들은 사소한 병으로 의사를 찾는 것을 좋아하지 않는다. **via** 경찰은 멕시코를 경유해서 JFK공항으로 마리화나를 밀수하려는 시도를 좌절시켰다. **invalid** 미국 이민국은 불법입국에 대하여 강경한 입장을 갖고 있다. **vigorous** 극도로 격한 운동은 심장마비의 위험을 키울 수 있다. **vital** 심장과 폐는 생명 유지에 필수적인 인체 장기이다.

5th Week   **251**

vivid

[vívid]

a. bright, animated

viv(life) + id: '살아 있는' → (색, 빛 등이) 밝은, 선명한, 눈부신 → (사람, 성격 등이) 활기에 넘치는, 기운찬 → (묘사가) 살아 있는 듯한, 생생한

Vivid memories of confusion and chaos haunted war veterans.

선명한

vivify(살아 있게 하다→생기를 불어넣다, 활기차게 하다)
revive (다시 살다→소생시키다, 부활시키다)
survive(넘어서 살다→오래 살다, 살아 남다, 생존하다)

---

via, vid, vis = see, look: 보다

---

advise

[ædváiz]

v. recommend, suggest, urge, counsel, advocate

ad(to) + vis(see) + e: '~로 보다' → 알리다 → 도와주다 → 충고하다, 권하다

Guards advised the warden that the inmate should be transferred to a private room.

충고하다

advice 충고

---

envision

[invíʒən]

v. visualize, contemplate

en < in(into) + vis(see) + ion: '안으로 보이게 하다' → 마음에 그리다, 상상하다

Policy makers try to envision the outcome of government action.

마음에 그리다

---

evident

[évidənt]

a. obvious, clear, plain, apparent, visible

e(out) + vid(see) + ent: '밖으로 분명히 보이는' → 분명한, 명백한

The threat of high inflation is already evident in stock market.

분명한

---

improvised

[ímprəvàizd]

a. unplanned, extemporized

im(not) + pro(before) + vise(look) + d: '앞으로 내다 보지 않은' → 미리 대비하지 않은 → 즉흥적인, 즉석의

A good jazz musician can improvise with almost any accompaniment.

즉석의

devise((고개 숙이고) 아래로 보다→궁리하다, 고안하다)

| 예 문 해 석 |

vivid 혼란과 혼돈의 선명한 기억이 참전 용사들을 괴롭혔다. **advise** 경호원은 교도소장에게 그 수감자는 독방으로 옮겨져야 한다고 충고했다. **envision** 정책 결정자들은 정부 조치의 결과를 그려보려고 노력한다. **evident** 높은 물가상승률의 위험은 이미 주식시장에서 분명해졌다. **improvised** 훌륭한 재즈 음악가라면 거의 어떤 반주에도 맞춰서 즉흥 연주를 할 수 있다.

invisible [invízəbəl] ■	**a.** unseen, imperceptible, indiscernible in(not) + vis(see) + ible < able(can): '보일 수 없는' → 눈에 안 보이는 Adam Smith argued for the Invisible Hand in market.	눈에 안 보이는 visible(보일 수 있는→보이는) vision(보이는 것→시력, 시각) visual(보이는→시각의, 눈에 보이는)
provide [prəváid] ■	**v.** supply, distribute, donate pro(forth) + vide(look): '앞을 보다' → (장래를 보고) 대비 하다 → 준비하다 → 공급하다, 제공하다 → (법률이) 규정하다 The government was not in a position to provide refugees with food and shelter.	주다
provident [právədənt] ■	**a.** foresighted, prudent pro(forth) + vid(see) + ent: '앞을 보는' → 선견지명이 있 는, 신중한 Investing in Information Technology was thought to be a provident action.	선견지명이 있는
provision [prəvíʒən] ■	**n.** supplies, foodstuff, edibles pro(forth) + vis(see) + ion: '앞으로 필요한 것' → 준비, 공급 → 식량 The country's only provisions are those it can import from China.	식량
revise [riváiz] ■	**v.** correct, alter, amend, edit re(again) + vise(see): '다시 보다' → 개정하다, 변경하다 The IMF has been forced to revise its estimates of world economic growth downwards.	개정하다 revision 개정판
supervise [súːpərvàiz] ■	**v.** observe, oversee, monitor, look after super(over) + vise(see): '위에서 보다' → 감독하다 Professors at universities have refused to supervise students' examination.	감독하다 televise(멀리서 보게 하다 →방영하다)

| 예 문 해 석 |

invisible 아담 스미스는 시장에서의 보이지 않는 손을 지지하는 주장을 했다. provide 정부는 피난민들에게 음식과 숙소를 제공할 입장이 아니었다. provident 정보기술에 대한 투자는 선견지명 있는 행동으로 여겨졌다. provision 그 국가의 유일한 대비책은 중국으로부터 수입할 수 있는 것들뿐이다. revise 국제통화기금은 세계경제성장에 대한 평가를 하향으로 수정하도록 강요당해 왔다. supervise 대학교수들은 학생들의 시험을 감독하는 것을 거절해왔다.

survey [sə:rvéi] 	***n.*** study, research, examination sur(over) + vey(see): '위에서 보다' → 바라보다, 살펴보다 → 측량, 조사 CNN conducted a survey of the Iraq war.	조사
vista [vístə] 	***n.*** view, scene, prospect, landscape 원래 의미: '광경' 의 뜻 → 경치, 조망 Recent reports offered a bleak vista of the future.	조망, 전망

voc, vok = call: 부르다

advocate [ǽdvəkit] 	***v.*** recommend ***n.*** proponent ad(to) + voc(call) + ate: '~쪽으로 소리치다' → 주장하다, 지지하다 Long after retiring, he continued to be an advocate of the underprivileged and downtrodden.	v. 변호하다 n. 지지자 vociferous(소리를 나르는 →고함치는, 시끄러운)
equivocal [ikwívəkəl]	***a.*** ambiguous, unclear, indefinite equi(the same) + voc(call) + al: '같은 소리가 나는' → 같은 음의 → 두 가지 뜻으로 해석되는 → 확실치 않은 → 모호한 North Korea's equivocal response has done nothing to dampen speculation.	애매모호한 vocal 소리의 vocation(부름→사명감, 적성 →직업)
evoke [ivóuk]	***v.*** stimulate, create in mind, arouse e(out) + voke(call): '밖으로 불러내다' → (감정, 기억 등을) 일 깨우다, (웃음, 갈채 등을) 자아내다 → (죽은 사람의 혼을) 불러내다 The speech has evoked a storm of protest.	불러일으키다 convoke(함께 부르다→소집 하다) revoke(뒤로 부르다→취소하 다, 폐지하다) revocable(다시 부를 수 있 는→취소/폐지할 수 있는) irrevocable 되부를 수 없는

| 예 문 해 석 |

survey CNN은 이라크전쟁에 대해 설문조사를 실시했다. **vista** 최근 보고서들은 미래의 암울한 전망을 제시하였다. **advocate** 은퇴 후 오래도록, 그는 혜택을 받지 못하고 탄
압받는 사람들을 계속 옹호했다. **equivocal** 북한의 애매모호한 반응은 의심을 줄이는데 아무런 역할을 하지 못했다. **evoke** 그 연설은 시위의 광풍을 불러일으켰다.

provoke [prəvóuk] 	***v.*** incite, defy, anger pro(forth) + voke(call): '앞쪽에서 부르다' → 약올리다, 화 나게 하다 → 자극하여 ~시키다 → 야기하다, 유발하다 → (감정을) 불러 일으키다 The destruction of the temple has provoked anger throughout the world of Buddhism.	성나게 하다

vol = will, wish: 의지, 희망

benevolent [bənévələnt] 	***a.*** beneficent, charitable, humane, merciful bene(good) + vol(will) + ent: '좋은 의도를 가진' → 자비 로운, 인자한 Thankfully, benevolent motives were behind his initially hostile attitude.	자비로운 malevolent 악의 있는
unwillingly [ʌ̀nwíliŋli] 	***ad.*** unintentionally, reluctantly un(not) + will(wish) + ly: '의지가 없게' → 마지 못해, 본의 아니게 → 마음 내키지 않는 The solider unwillingly let the young enemy run away.	본의 아니게
volition [voulíʃən] 	***n.*** will, intention, purpose 원래 의미: '바라다' 의 뜻 → 의지 The runaway had gone to the police of his own volition.	의지
voluntary [váləntèri] 	***a.*** optional, open, unforced 원래 의미: '자유 의사' 의 뜻 → 자발적인 Service in the U.S. military is on a voluntary basis, but this has not always been the case.	자발적인
volunteer [váləntíər] 	***n.*** applicant vol(will) + unte + er(person): '의지가 있는 사람' → 지원 자, 자원 봉사자 Female soldiers in Korea are volunteers.	지원자, 지원병

| 예 문 해 석 |

provoke 그 절의 파괴는 전 세계 불교인들의 화를 불러 일으켰다. **benevolent** 고맙게도 자애적인 동기들이 그의 초기 적대적 태도의 뒤에 있었다. **unwillingly** 그 병사 는 본의 아니게 젊은 적군이 도망가게 했다. **volition** 탈주자는 자발적으로 경찰서에 갔다. **voluntary** 미국 복무는 지원에 따르지만, 항상 그런 것은 아니었다. **volunteer** 한국에서 여성 군인들은 지원병이다.

wh, wr = twist: 꼬다

wreck
[rek]

n. havoc   *v.* destroy, ruin

원래 의미: '난파, 파손' → 파괴, 부서진 것 → 파멸, 붕괴 → 완전히 망가진 사람, 폐인 / '파손하다' → 엉망으로 파괴하다 → (계획을) 망가뜨리다

The coalition hopes to wreck the governor's plans of reelection.

destroy: 쌓아올린 것을 파괴하여 못쓰게 하다
ruin: 복구가 불가능할 정도로 파괴하다
wreck: 난폭한 수단으로 부수다

n. 파괴

v. (물건을) 파괴하다;
　(계획 등을) 망가뜨리다

wreckage(난파→파괴, 파멸)
wrack 난파선, 잔해, 파멸

wrinkle
[ríŋkəl]

n. line, furrow, crow's-foot

wr(twist) + inkle: '꼬인 것' → 구부러진 것 → 주름

A wrinkle is a sign of aging skin.

주름

| 예 문 해 석 |
wreck 그 연합은 지사의 재선 계획을 깨트리기를 희망한다. wrinkle 주름살은 노화 피부의 신호이다.

V O C A B U L A R Y **TEST 10**

1. Transfer

(A) reproduce
(B) move
(C) change
(D) diffuse

2. Transform

(A) raise
(B) alter
(C) compliment
(D) devise

3. Transport

(A) carry
(B) reproduce
(C) facilitate
(D) manipulate

4. Disturb

(A) abolish
(B) upset
(C) placate
(D) disapprove

5. Utilize

(A) dedicate
(B) employ
(C) extend
(D) recur

6. Vacant

(A) costly
(B) empty
(C) small
(D) shady

7. Vanish

(A) disappear
(B) finish
(C) interrupt
(D) diminish

8. Invade

(A) move into
(B) neutralize
(C) cover
(D) deposit

9. Prevailing

(A) widespread
(B) occasional
(C) gentle
(D) most dangerous

10. Valuable

(A) available
(B) radical
(C) precise
(D) very useful

11. Advent

(A) arrival
(B) contention
(C) popularity
(D) welcome

12. Conventional

(A) sophisticated
(B) rigid
(C) traditional
(D) objective

13. Invent

(A) dictate
(B) devise
(C) enhance
(D) confront

14. Adverse

(A) negative
(B) quick
(C) admitted
(D) considerable

15. Diverge

(A) inhibit
(B) corroborate
(C) ignore
(D) separate

16. Divert

(A) confirm
(B) broaden
(C) enrich
(D) distract

17. Versatile

(A) adaptable
(B) flexible
(C) erratic
(D) chaotic

18. Previous

(A) certain
(B) novel
(C) prior
(D) obvious

19. Vigorous

(A) forceful
(B) popular
(C) reactive
(D) capricious

20. Advocate

(A) consider
(B) borrow
(C) release
(D) recommend

Answer

1. B	2. B	3. A	4. B
5. B	6. B	7. A	8. A
9. A	10. D	11. A	12. C
13. B	14. A	15. D	16. D
17. A	18. C	19. A	20. D

박정 iBT TOEFL
VOCABULARY

PART 2
주제별 어휘

1 개념으로 익히는 필수 어휘

session 01 생물학 Biology

어휘	의미	개념
asexual reproduction	무성 생식	성이 분화가 없이 체세포나 포자 등에 의한 생식.
hermaphrodite	자웅 동체, 양성 동물	하나의 동물 개체에 암수의 형질이 모두 발달하는 것
cyclostome	원구류	척추동물 중 가장 하등한 무리로, 보통 생김새는 뱀장어 모양이다.
biological clock	생체 시계	생물의 몸 속에 자리잡고 있다고 생각되는 시간을 측정하는 기구이다.
metabolism	신진대사	생물체 내에서 일어나는 물질의 화학 변화와 물질 변화의 모든 것.
COD	화학적 산소 요구량	물 속의 오염 물질을 산화제로 산화시키는 데 소비되는 산소의 양.
conjugation	접합	암수의 구별이 없는 생물이 세포의 융합이나 핵의 일부가 합체를 행하는 일.
DNA	디옥시리보핵산	주로 세포핵 속에 있는 중요한 유전물질.
embryo	태아(= fetus)	한 번 이상 세포분열을 하기 시작한 시기부터 하나의 완전한 개체가 되기 전까지의 발생 초기 단계이다.
fern	양치류	꽃이 피지 않고 포자로 번식하는 종류. 고사리류.
chordate	척색(척추 연골 물질) 동물	척추동물의 바로 이전 단계의 동물로써 이들이 가지고 있는 척색은 몸의 골격을 잡아주는 척추와 달리 단지 지지조직의 역할만을 수행.
sucker	흡지(吸枝), 흡근(吸根)	기생 식물의 뿌리에서 양분을 빨아들이는 기관.
sponge	해면 동물	해면동물(Porifera)은 원시적이고 움직이지 못하며, 대부분이 해양동물이다. 가장 기본적인 동물로 근육, 신경, 그리고 장기들이 존재하지 않는다.
natural selection	자연 선택	다윈의 학설. 생물은 다산성으로 생물체는 변이가 있고 변이의 일부가 자식에게 유전된다는 것. 많이 태어난 개체 중 근소밖에 자라지 못해 격심한 생존경쟁이 일어나고 각 환경에서 생존에 더 적합한 변이를 가진 개체가 자손을 남기기 쉽다는 학설.
eutrophicate	부영양화 되다	강·바다·호수 등의 수중 생태계의 영양물질이 증가하여 조류가 급속히 증식하는 현상.
camouflage	위장	나비·나방·카멜레온 등이 주변 환경과 비슷한 색으로 변하거나 자신의 몸과 비슷한 환경에 숨는 것.
fertilization	수정 작용	난자와 정자가 합일하여 핵을 만들어 내는 과정.
ruminant	되새김하는, 반추동물	되새김 동물이라고도 한다. 낙타과·사슴과·기린과·소과의 동물에서 볼 수 있다.
survival of the fittest	적자생존	환경에 가장 잘 적응하는 생물이나 집단이 살아남는다는 의미.
BOD	생물학적 산소 요구량	수중에 포함돼 있는 유기물이 미생물에 의해 분해될 때 필요로 하는 산소량.
homeostasis	항상성	생물의 신체 상태를 정상적인 범위 내에서 안정하게 유지하려는 경향.
arthropod	절지 동물	마디가 나뉘어 있는 동물 즉 곤충·거미·갑각류 등 현종 생물 종의 80% 이상이 여기에 속한다.

anabolism	동화 작용	생물이 물질을 섭취해서 합성하는 과정. 광합성 등이 여기에 속한다.
spore	포자	포자(胞子)는 식물 중에서 양치식물, 이끼식물, 조류(수생 생물), 균류(버섯, 곰팡이)의 생식 세포이다.
pollination	수분(授粉)	종자식물에서 수술의 화분(花粉)이 암술머리에 붙는 일.
alternation of generations	세대교번	한 생물의 생활사에서 유성세대와 무성세대가 주기적으로, 또는 불규칙적으로 교대하여 나타나는 현상.

어휘	의미	활용 예
arable	경작에 알맞은	arable land 경작지
rampant	울창한(= lush)	rampant vegetation 울창한 수목
culture	배양	culture of cotton 목화재배
dominant	우성의	dominant gene 우성 유전자
parasitic	기생하는	parasitic animal 기생동물
efflorescence	개화(開花)	the efflorescence of civilization 문명의 개화
membrane	막, 막 조직	the mucous membrane 점막
aquatic	수생의	aquatic plants 수초
enmity	적의, 불화	incur enmity 원한을 사다
hybrid	잡종	hybrid rice 유전자 교배 쌀
irrigate	물을 대다, 관개하다	irrigate the fields 논에 물을 대다
offspring	자손	offspring of the same forefather 한 자손
intake	섭취	an intake of oxygen 산소 흡입
exterminate	몰살하다	exterminate cockroaches 바퀴벌레를 근절하다
submerge	물속으로 잠기다	submerging roads 침수된 도로
terminate	끝내다	terminated due to lack of fund 자금부족에 의해 중단된
ferment	효소	ferment grapes into wine 포도를 발효시켜 와인으로 만들다
secretion	분비(작용)	excessive secretion 과잉분비
proliferate	증식하다(= propagate)	proliferate in rainy, humid conditions 비 오고 습도가 높을 때 번식하다
germinate	발아하다	a germinant willow 싹트는 버드나무
tentacle	촉수, 촉모	the tentacles of the octopus 문어발
weed	잡초	run to weeds 잡초로 뒤덮이다
annihilate	멸종시키다	The army annihilated the enemy 그 군대는 적을 말살시켰다.
primate	영장류	primate conservationist 영장류 보호자
wilt	시들다	If a plant wilts, it gradually bends downwards. 식물이 시들면 서서히 아래쪽으로 기운다.
eradicate	멸종시키다	unable to eradicate 뿌리뽑는게 불가능한
symbiotic	공생하는	symbiotic relationship 공생관계
trait	특질, 형질	inborn traits 선천적인 특질
uniformity	일치	genetic uniformity 유전적 일치
graft	접목, 이식	graft a shoot from an apple tree on an old tree 사과의 접수를 노목에 접붙이다

session 02 동물학 Zoology

어휘	의미	개념
scavenger	썩은 고기를 먹는 동물	독수리·하이에나 등이 대표적인 부육 동물.
cytology	세포학	세포의 형태 및 기능을 연구하는 학문.
incubation	배양, 부화	생물을 발생·증식시키거나 생물이 난막(egg membrane)을 깨고 태어나는 것.
aestivate	여름잠을 자다	생물이 심한 더위나 건조한 시기에 활동을 멈추고 가을을 기다리는 것.
predator	약탈자, 육식 동물	다른 동물을 먹이(prey)로 하는 육식 동물.
pupa	번데기	곤충의 개체발생과정에서 유충과 성충 사이에 오는 특수한 발육 단계.

어휘	의미	활용 예
fend	방어하다, ~을 부양하다	fend for oneself 스스로를 부양/방어하다
prey	먹이, 희생자	The zebra fell prey to the lion. 그 얼룩말은 사자의 먹이가 되었다.
hibernation	동면, 겨울잠	go into hubernation 동면에 들어가다
predatory	포식성의	A hawk is a predatory bird. 매는 포식성 조류이다.
perch	(새의) 횃대(roost)	The birds perched on the television aerial. 새들이 텔레비전 안테나에 앉아 있다.
vertebrate	척추 동물	Mammals, birds, reptiles and fishes are all vertebrates. 포유류, 조류, 파충류, 어류 등은 모두 척추 동물이다.
mandible	아랫턱, 큰 턱	Animal use their mandible to chew. 동물은 씹기 위해 아랫턱을 이용한다.
carcass	(짐승의) 시체	vultures picking at a lion's carcass 사자의 시체를 쪼아먹는 맹금들
flock	집단, 무리	a flock of wild geese 야생 거위 떼
live off	~에 기생하다	Aphids lives off the tree. 진딧물은 나무에 기생하고 있다.
procure	획득하다	procure evidence 증거를 입수하다
ferocious	사나운, 맹렬한	a ferocious beast 사나운 짐승

session 03 생태학 Ecology

어휘	의미	개념
acid rain	산성비	ph5 이하를 나타내는 비(ph:수소 이온의 농도를 수치화 한 것).
desertification	사막화	어느 한 지역이 사막(desert)처럼 강수량도 줄고 식생이 줄어드는 현상.
global warming	지구 온난화	화석연료(fossil fuel) 사용 증가와 삼림 훼손으로 인한 온실효과(green house effect).
greenhouse effect	온실 효과	행성대기의 영향(주로 CO2와 CFC)으로 그 표면의 온도가 상승하는 효과.
photochemical smog	광화학 스모그	지표에서 광화학 옥시던트(phtochemical oxidant) 농도가 높아지는 현상.

어휘	의미	활용 예
aboriginal	원주민의(특히 호주에 거주)	aboriginal culture 원주민 문화, 토착 문화
contamination	오염	radioactive contamination 방사능 오염
noxious	유해한, 유독한	noxious substances 유해한 물질
reclamation	재개발, 개간	reclamation for industrial use 산업 용도를 위한 토지 개간
tract	토지의 넓이, 지역	huge tract of forest 방대한 지역의 숲
tarnish	흐려지다	mirrors that have tarnished with age 오래되어 흐릿해진 거울
purification	정화	a water-purification plant 물을 정화시키는 식물

session 04 · 천문학/기상학 Astronomy/Meteorology

어휘	의미	개념
supergiant star	초거성	별 중 질량이 가장 큰 별.
supernova	초신성	항성 진화의 마지막 단계에 이른 별이 많은 에너지를 동반한 폭발로 인하여 밝기가 평소의 수억 배에 이르렀다 서서히 어두워지는 별.
apogee	원지점	지구 둘레를 도는 위성(satellite)이 궤도 상에서 지구와 가장 가까워지는 점.
asteroid	소행성	태양을 궤도로 하여 돌고 있는 태양계(solar system)의 한 구성원인 작은 천체.
cluster	성단	은하보다 작은 규모로, 수백 개에서 수십만 개의 별로 이루어진 집단.
white dwarf star	백색 왜성	항성 진화 마지막 단계에서 표면층 물질의 방출 뒤 잔물질이 축적돼 형성된 흰색 별.
nebula	성운	가스, 먼지 등으로 이루어진 대규모의 성간 물질.
comet	혜성	큰 질량, 태양에 대하여 타원 또는 포물선 궤도를 갖는 태양계의 작은 천체.
convection	대류	유체가 부력에 의한 상하 운동으로 열을 전달하는 과정.
meteor	유성, 운석(= meteorite)	유성체가 대기 중에서 완전히 소멸되지 않고 지상에까지 떨어진 광물.
neutron star	중성자별	중성자의 축퇴압이 중력과 균형이 잡혀 있는 초고밀도의 별.
magnetic storm	자기 폭풍	태양면의 폭발로 수 시간에서 수 일 동안 지속되는 지구 자기장의 일시적 변화.
eccentricity	이심률	원형 곡선이 원에서 벗어나는 정도. 작을수록 원, 클수록 직선에 가깝다.
geyser	간헐천	뜨거운 물과 수증기 등을 일정한 간격을 두고 주기적으로 분출하는 온천.
interstellar matter	성간 물질	별과 별 사이의 공간에 존재하는 물질.
proton	양성자	중성자와 함께 원자핵을 구성하는 소립자.
repulsion	척력	두 물체가 서로 밀어내는 힘. 인력(attraction)의 반대말.
sunspot	흑점	태양의 표면에서 주변보다 온도가 낮아 일어나는 현상.
trough	기압골	등압선에서 저기압 쪽을 향하여 휘어진 부분.
trade wind	무역풍	위도 20도의 지역에서 연중 일정하게 부는 바람. 과거 해상 무역에 용이한 바람.
monsoon	계절풍	여름과 겨울에 대륙과 해양의 온도차로 인해 반년 주기로 풍향이 바뀌는 바람.

어휘	의미	활용 예
arid	건조한	the arid deserts of Africa 아프리카의 건조한 사막
sweltering	무더운	a sweltering hot summer day 무더운 여름날
precipitation	강수량	the annual precipitation 연강수량
orbit	궤도	the earth's orbit round the sun 태양 주위의 지구의 궤도
eclipse	(해, 달의) 식(蝕)	an observation of a solar eclipse 일식의 관찰
inundation	범람, 홍수	the inundation of low-lying land 저지대의 침수
cosmic	우수의	Physics is governed by cosmic laws 물리학은 우주의 법칙에 지배된다.
celestial	천체의	celestial bodies 천체
inverted	거꾸로 된, 역의, 전도된	an inverted triangle 역삼각형
tempest	폭풍우	a calm before the tempest 폭풍 전의 고요
stellar	별의	a stellar night 별이 총총한밤
blackout	통신두절	news blackout 뉴스 통신두절
blast-off	(로켓, 미사일의) 발사	Blast off is in 30 seconds. 발사가 30초 안에 있다.
evaporate	증발하다	The water evaporated in the sunshine. 물이 햇빛으로 증발했다.
concentration	농도	high ion concentration in the water 물속의 높은 이온 농도
condense	응축	condense a gas to a liquid 기체의 액체로의 응축
frigid zone	한대(寒帶)	the frigid zones near the poles 극지방 주위의 극한대

session 05 지질학 Geology

어휘	의미	개념
plate tectonics	판구조론	고체 지구의 표면이 10여개의 판에 덮여 있고 그들의 운동에 의해 지각 운동이 발생.
sand dune	사구(砂丘)	바람에 의하여 이동된 모래가 퇴적하여 형성된 언덕이나 둑 모양의 지형.
trench	해구(海溝)	대륙 사면과 대양저 경계 부근에 있는 좁고 긴 도랑 모양의 해저 지형.
watershed	분수령	물이 나뉘어지는 분수계가 되는 산마루나 산맥.
lagoon	개펄, 석호(潟湖)	연안 천해의 일부가 사주·연안사주·사취 등으로 외해와 분리되 생긴 얕은 호소.
bulge	융기(하다)	어떤 지역의 지층(rift)이나 지반이 주변에 대하여 상대적으로 상승하는 것.
cape	해각, 곶(headland)	바다에 돌출한 육지의 선단부.
delta	삼각주	하천을 따라 운반된 퇴적물이 바다와 같은 물살이 약한 곳에 퇴적되어 형성된 지형.
lava	용암	지하로부터 상승한 마그마(magma)가 지표로 분출되어 용융 상태로 있는 것. cf. lava bed(용암층)
mason	석수	석재를 채굴하거나 가공하는 기능인.
meridian	자오선	북극점과 남극점을 지나는 큰 원에 어떠한 지점을 지나는 경선을 그 지점의 자오선이라 하며, 런던의 그리니치 천문대를 지나는 경도 0도의 경선을 본초 자오선이라 한다. 이를 기준으로 동경·서경을 나눈다.

Pangaea	판게아	고생대에 지구상 존재했을거라 짐작되는 단 하나의 초대륙.
stalagmite	석순	종유동굴 바닥에서 물 속의 탄산 칼슘으로 인해 커져가는 침전석(反 종유석).
estuary	(간만의 차가 있는) 큰 강의 어귀	강물이 바다로 흘러 들어갈 때 민물과 바다물이 혼합되는 곳. 기수역.

어휘	의미	활용 예
ridge	능선, 산마루 융기 부분	the soft curves of the distant hills 먼 산등성이의 완만한 곡선
slope	경사면	a ski slope 스키장/스키장 경사면
stratum	지층(地層)	geological limestone stratum 지질 석회암층
unconformity	(지층의) 부정합	due to unconformity of plate, rifts are formed 지층의 부정합으로 단층이 생긴다
chasm	간격, 갈라진 틈	a bottomless and deep chasm 깊고 끝이 안보이는 틈
erosion	침식	glacial erosion 빙하로 인한 침식
meander	굽이쳐 흐르다	The brook meandors through fields. 개천이 들판을 따라 꾸불꾸불 흐른다.
eruption	(화산의) 폭발, 분화	a volcanic eruption 화산 폭발
terrain	지형	mountanious terrain 산이 많은 지형
weather	풍화시키다	rocks weathered by winds and water 바람과 물에 풍화된 바위들

session 06 해양학 Oceanography

어휘	의미	개념
circulation	순환	각 대양(ocean)에 공통된 해류(current)의 규칙적 순환.
mooring	계류, 정박	선박의 운항을 정지하고 항구에 계류하는 것.
downwelling	용하(↔용승)	바닷속에서 상층의 물이 어떠한 원인에 의해서 바닥으로 침강하는 운동.
continental shelf	대륙붕	해안의 간조선에서 난바다로 향할 때 깊이가 갑자기 깊어지는 곳.

어휘	의미	활용 예
current	조류	an underwater current 해류
salinity	염분, 염도	the high salinity of the soil 토양의 높은 염도
upwelling	(심해수 등의) 용승	Nutrients are moved due to upwelling. 용승을 통해 영양염은 이동된다.

session 07 화학 Chemistry

어휘	의미	개념
acceptor	수용체	일반적으로 감응 반응에 있어서의 유도물질에 의해 반응을 일으키는 물질.
alchemy	연금술	중세시대에 퍼진 자연학으로 비금속을 귀금속으로 전환하려던 시도의 총체.
filter	여과하다	유동성이 있는 고체·액체혼합물을 다공성 여과재(filter medium)를 지나게 하여 고체와 액체를 분리시키는 일.
fiber optics	광섬유, 광학	빛의 전반사(total reflection)성질을 이용한 차세대 광힉 섬유 에니지 손실이 적으며 송신하는 데이터의 손실도 적음.
bichloride	이염화물	두 가지의 염으로 이루어진 화학 물질.
antigen	항원	생체 내 투여되면 이것에 대응하는 항체(antibody)를 혈청(serum) 속에 형성시켜 그 항체와 득이적으로 반응하는 싱질을 가진 물질.
neutralize	중화하다	산(acid)과 염기(base)를 같은 양씩 반응시켜 그 둘의 성질을 잃게 하는 현상.
isotope	동위 원소	원자 번호는 같지만 질량 수가 다른 원소.
catalyst	촉매	반응 속도를 증가 또는 감소시키는 효과를 나타내고 반응 종료 후에도 원래의 상태로 돌아갈 수 있는 물질.
reduction	환원, 변형	원자·분자·이온 등이 전자를 받아들여 산화수가 감소하는 현상.
sublimation	승화	고체가 액체를 거치지 않고 직접 기체로 변하거나 그 반대의 현상.
malleability	가단성	고체가 압력 같이 외부에서 작용하는 힘에 의해 외형이 변하는 성질.
replacement	(다른 원자로 바뀌는) 치환	화합물 분자에 포함되는 원자·원자단이 다른 원자·원자단로 바뀌어지는 반응.
liquefaction	액화	기체 물질이 에너지를 방출하고 응축(condense)되어 액체로 변하는 현상.
volatile	휘발성의	액체나 고체의 표면에서 분자가 떨어져 나오는 현상.

어휘	의미	활용 예
incandescent	백열의	incandescent lights 백열등
crude	가공되지 않은	crude oil 원유
coinage	(화폐 등) 주조물	medieval coinage 중세의 주화
combustion	연소	an internal combustion 내연기관
stable	(화합물이 화학적으로) 안정된	Magnesium is stable in dry air. 마그네슘은 건조한 공기에서는 안정적이다.
decomposition	분해	We use energy, produced by photosynthesis in the mean of decomposition. 우리는 광합성으로 생성된 에너지를 분해를 통해 소비한다.
dilution	희석	dilution of alcohol 알코올의 희석
viscous	점착성의, 찐득찐득한	a highl viscous fluid 대단히 점성이 강한 액체
evaporation	증발	the evaporation process 증발 과정
phosphate	인산염	phosphate-free washing powder 인산염이 없는 세제
property	(물건 고유의) 특성, 특질	Certain plants have medicinal properties. 일부 식물은 약재 특질이 있다.
solvent	용매	solvent cleanser 용해력 있는 세제 cf. solute(용질)
insulation	단열, 보온	Glass fiber is often used as roof insulation. 유리 섬유는 지붕 절연제로 쓰인다.

물리학 Physics

어휘	의미	개념
capillarity	모세관 현상	액체 속에 가는 관을 세우면 속의 액체가 외부 액면보다 상승·하강 하는 효과.
fission	(핵) 분열	무거운 원자핵(nucleus)에서 일어나는 핵반응(nuclear action)의 하나로, 크기가 비슷한 원자핵 2개로 분열하는 핵 반응.
specific gravity	비중	각 물질의 질량이 그것과 같은 부피를 가진 표준물질의 질량의 배수를 나타낸 수치.
spectrum	스펙트럼	가시광선을 분광기로 분해했을 때 얻어지는, 파장 순으로 늘어선 빛의 모양.
hydrostatic law	유체 역학	액체와 기체의 운동을 연구하는 학문.
inertia	관성	물체가 외력의 작용을 받지 않는 한 정지·운동의 상태를 지속하려는 성질.
surface tension	표면장력	표면에서 그 표면적이 작아지도록 작용하는 힘, 비누방울 등이 해당된다.
wave length	파장	파동의 마루에서 다음 마루까지 또는 골에서 다음 골까지의 거리.
theory of relativity	상대성 이론	일반적으로 일반 상대성 이론을 말하며 원천적으로 비교한다는 것이 내포됨. 시간·공간이 절대적인 것으로 움직일 수 없는 것이 아니라 상대적으로 느려질 수도 혹은 빨라질 수도 있다는 이론.
neutron	중성자	소립자(elementray particle)의 한 종류로 전하가 없는 중성 입자.
meson	중간자	소립자(elementray particle) 가운데 질량이 전자·양자의 중간값을 가지는 것.
proton	양성자	보통의 물질을 구성하고 있는 양전하를 가진 입자.
quantum	양자	어떤 물리량의 값이 기초량의 정수배로 주어지는 경우 그 기초량.

어휘	의미	활용 예
cohesive	응집성의	cohesive attraction among molecules 분자간의 응집력 있는 인력
radiation	방사, 복사선	nuclear radiation 원자력 방사선
reflection	반사	an angle of reflection 반사각
refraction	굴절	an angle of refraction 굴절각
resonance	(파장의) 공진, 공명	a resonance chamber 공명상자(주파수 증폭 기구)
buoyancy	부력	Vessels float due to buoyancy. 선박은 부력으로 뜬다.
density	밀도	the density of aluminium 알루미늄의 농도
deviation	(광선의) 굴곡, 편향	The principle of prism is deeply related with deviation of lights. 프리즘의 원리는 빛의 굴절과 깊은 연관이 있다.
elasticity	탄성	the modulus of elasticity 탄성 계수
discharge	방전	Lightning is caused by clouds discharging electricity. 번개는 방전하는 구름이 일으킨다.
diffusion	확산	diffusion of gases 기체의 확산
friction	마찰	Heat is produced by friction. 열은 마찰에 의해 발생한다.
magnetism	자기, 자력	Here are some of natural magnetic field due to terrestrial magnetism. 지구 자기장으로 인하여 몇몇 자연적인 자기장이 있다.
magnetic field	자장(자기장)	
fusion	융합	nuclear fusion energy 핵융합 에너지

session 09 수학 Mathematics

어휘	의미	개념
digit	아라비아 숫자	전세계적으로 우리가 사용하고 있는 널리 사용되고 있는 숫자 표현 기호.
composite	합성수	1과 그 자신 이외의 수를 약수(divisor)로 가지는 자연수(natural number).
grade	기울기(직각의 1/100각도)	수평선(horizontal line) 또는 수평면(horizontal plane)에 대한 기울어짐 정도를 나타내는 값.
cardinal	기수의	두 집합이 일대일 대응 관계를 가질 때 대응되는 원소 숫자의.
natural consonant	자연상수	1, 2, 3 등과 같이 수의 발생과 동시에 있었다고 생각되는 가장 소박한 수.
prime	소수(素數)	1과 자기 자신만으로 나누어지는 1보다 큰 양의 정수.
parabola	포물선	하나의 정점과 정직선로부터 같은 거리, 그 둘 사이에 있는 점들의 집합.
arc	호	원주(circumference)상의 두 점 사이의 부분.

어휘	의미	활용 예
binary	둘의	binary system 이진법
figure	도형, 숫자	round off figures 반올림 한 숫자들
convergent	한 점에 모이는	convergent series 수렴 급수(수렴하는 숫자들)
periphery	둘레	on the periphery 둘레에
permutation	순열	even permutation 짝수 순열 odd permutation 홀수 순열
ratio	비율	a student:teacher ratio of 20:1 학생 대 선생 비율은 20:1
reckon	계산하다	reckon the total revenue 총 수입을 계산하다
naught	무(舞), 0	Two naughts after a six make six hundred. 6 뒤에 0이 두개면 600이다.

session 10 공학/컴퓨터 Engineering/Computer Science

어휘	의미	개념
conduit	도관	물이나 수증기 따위의 유체가 흐르도록 한 관·통로.
pneumatic	기체의, 공기 압축에 의한	공기 압축 등에 관련한 말(代 자동차 타이어).
grounding	지(어스)공사, 접지공사	전기 회로를 동선 따위의 도체로 땅에 연결함.
thermosetting	열경화성의	열을 강화해 경화 성형하면 다시 열을 가해도 형태가 변하지 않는다.
prototype	시제품	설계 또는 성능, 구현 가능성, 운용 가능성을 평가하거나 요구 사항을 좀 더 잘 이해하고 결정하기 위하여 전체적인 기능을 간략한 형태로 구현한 초기 모델.
tensile	장력	줄에 걸리는 힘의 크기를 줄의 장력이라고 한다.

transistor	트랜지스터(증폭장치)	실리콘이나 게르마늄으로 만들어진 반도체를 세 겹으로 접합하여 만든 전자회로 구성요소로 전류나 전압 흐름을 조절하여 증폭, 스위치 역할을 함.
IC(Integrated Circuit)	집적 회로	특정 기능을 수행하는 전기 회로와 반도체를 하나의 칩에 모아 구현한 것.
CPU(Central Processing Unit)	중앙 처리 장치	명령어의 해석과 자료의 연산, 비교 등의 처리를 제어하는 컴퓨터 시스템의 핵심적인 장치.
assembler	부호번역기	영자(英字)를 조합한 기호, 즉 기호언어(symbolic language)로 쓰인 프로그램을 컴퓨터가 직접 해독할 수 있는 코드(기계어)로 고치기 위한 프로그램.
binary code	이진 부호	컴퓨터에서 0과 1로만 표현되는 코드.

어휘	의미	활용 예
propulsion	추진	jet propulsion in the moon rocket 달 로켓의 제트 추진
abrasion	마모, (물리적) 부식	suffer cuts and abrasions 긁히고 마모된 것
breakthrough	돌파, 타결	a breakthrough in negotitations 협상의 돌파구
obsolete	쓸모 없이 된, 구식의	obsolete equipment 구식 장비, 쓸모없게 된 장비
soldering	땜질	soldering iron 땜질용 인두
corrosion	(화학적) 부식	Zinc is used to protect other metals from corrosion. 아연은 다른 금속의 부식 방지용으로 쓰인다.
leakage	누출, 누전	a leakage of toxic waste 유독 폐기물의 유출
patent	특허	patent medicines 특허 의약품
pilot	시험적인	a pilot project 시험 계획
compatible	호환성이 있는	The following models are compatible with your hardware. 다음 모델은 사용자의 하드웨어와 호환될 수 있습니다.
equivalent	~에 해당하는	A mile is equivalent to about 1.6 kilometers. 1마일은 약 1.6킬로미터에 상당한다.

session 11 건강/의학 Health/Medicine

어휘	의미	개념
asthma	천식	기관지에 경련이 일어나는 병. 숨이 가쁘고 기침이 남.
autonomic imbalance	자율 신경 실조증	교감 신경과 부교감 신경 사이의 긴장도가 평형을 잃은 상태. 자율 신경이 그 기능을 잃음으로써 현기증, 발한, 설사, 구토, 성적 불능증 따위의 증상을 나타냄.
carrier	보균자	병원균을 몸 안에 지니고 있어 다른 사람에게 병원균을 옮길 가능성이 있는 사람.
coma	혼수 상태	외부의 자극에 전혀 반응하지 않고, 반사작용도 거의 소실된 의식장애의 최고도의 상태.
electrocardiogram	심전도	심장의 수축에 따른 활동 전류 및 활동 전위차를 파상 곡선으로 기록한 도면. 보통 심전계를 사용하여 몇 개의 심전 곡선으로 나타내며, 심장 질환의 진단에 매우 중요함.

eugenics	우생학	유전 법칙을 응용해서 인간 종족의 개선을 연구하는 학문. 인류의 유전적 소질을 향상시키고 감퇴시키는 사회적 요인을 연구하여 유전적 소질의 개선을 꾀함.
hyperopia	원시(= hypermetropia)	망막 뒤쪽에 물체의 상이 맺혀서 먼 곳은 잘 보이나 가까운 곳은 잘 보이지 않는 눈.
insomnia	불면증	수면을 이루지 못하는 수면장애 증세로 습관적으로 잠을 이루지 못하며, 짧고 단속적인 수면, 얕은 수면, 꿈을 많이 꾸는 수면 등 수면의 양이나 질이 문제가 되는 경우를 포함함.
latency period	잠복기	병원체가 몸 안에 들어가서 증상을 나타내기까지의 기간. 질병에 따라 일정하지 않음. cf. latent(잠복하는)

어휘	의미	활용 예
acute	급성의	become acutely inflamed 급성 염증을 일으키다
administer	투약하다	administer a dose of medicine to -에게 투약히다
aggravate	악화시키다	aggravate an illness 병을 악화시키다
cardiac	심장의	cardiac transplantation 심장 이식
choke	숨이 막히다	choke to death 질식사하다
chronic	만성의	have an attack of one's chronic disease 만성병이 도지다
complexion	안색	a pale complexion 창백한 안색
contagious	전염성의	Yawns are even more contagious than the common cold. 하품은 보통 감기보다 더 잘 전염된다.
diagnosis	진단	That doctor never makes a wrong diagnosis. 그 의사의 진단은 백발백중이다.
disinfect	소독하다	disinfect by the sun's rays 일광으로 소독하다
dose	(약의) 1회 복용량	A single dose of the new medicine is said to relieve symptoms for up to 72 hours. 신약은 한 번 복용으로 최고 72시간 동안 증상을 완화시킨다고 한다.
epidemic	전염병, 유행병	be attacked with an epidemic 유행병에 걸리다
fit	발작	have a fit[attack] 발작을 일으키다
inflammation	염증	cause inflammation 염증을 일으키다
lethal	치명적인	a lethal dose (약의) 치사량
mutation	돌연변이	Smoking increases the chance of a very dangerous mutation occurring. 흡연은 위험한 돌연변이의 발생을 증가시킨다.
paralysis	마비, 중풍	He suffered a stroke and partial paralysis. 그는 뇌일혈로 쓰러져 부분 마비가 왔다.
prescription	처방전	write out a prescription 처방을 쓰다
secrete	분비하다	secrete saliva 타액을 분비하다
skeleton	골격, 해골	be wasted to a skeleton 말라서 뼈만 엉성하다
stroke	뇌졸증	have a stroke of apoplexy 뇌졸중으로 쓰러지다
transfusion	수혈	a donor of blood for transfusion 수혈의 제공자
vein	정맥	strike a vein of ore 맥을 찾아내다

미국사 American History

어휘	의미	개념
anecdote	일화	세상에 그다지 알려져 있지 않으며 흔히 교훈이나 오락을 위한 이야기.
American revolution	미국 독립 전쟁	영국 본국의 가혹한 지배와 중상주의 정책에 반항하여 미국 13주(州) 식민지가 협력하여 독립을 달성한 전쟁과 식민지 내부의 사회 개혁을 포함한 전쟁.
bonanza	일확천금, 노다지	캐내려 하는 광물이 많이 묻혀 있는 광맥 또는 손쉽게 많은 이익을 얻을 수 있는 일감을 비유적으로 이르는 말.
bootlegging	(주류) 밀조, 밀매	미국 역사에서 주류(酒類)의 제조·판매·수송에 관한 법적 제한을 위반하고 이루어지던 불법 주류 거래.
carpetbagger		남북 전쟁 후 이익을 노리고 남부로 건너온 북부 출신자.
doctrine	교의, 주의	교리·교훈·주의·학설 따위의 뜻으로 사회에서 한 나라가 공식적으로 표방하는 정책상의 원칙.
electoral college	선거인단	국가 수반이나 정부 수반을 선거하는 경우에 그 선거권을 소유한 선거인들로 이루어진 단체.
Emancipation Proclamation	노예 해방 선언	1863년 1월 1일 미국 대통령 에이브러햄 링컨이 연방정부에 대항하던 남부 연합 정부에 노예 해방을 선포한 포고령.
federalism	연방주의	각기 독립된 국가나 서로 다른 형태를 가진 정권들을 하나의 포괄적인 정치체제로 통합하되, 각 구성체가 본래의 기본적인 정치 형태를 유지할 수 있도록 허용하는 정치제도.
Caste system	인도의 계급 제도	전근대 사회에서 나타났던 문화, 사회적 현상. 일정 신분계층의 지위를 세습하도록 하는 제도로 주로 인도의 신분계층을 가리키는 용어로 사용.
Indian reservation	인디언 보호 거주지	1830년부터 1906년까지 연방정부의 감독 하에 인디언 부족이 몇 가지 관할권을 가질 수 있다는 조건. 그들을 강제 이주시킨 지역 5.
Quaker	퀘이커 교도	17세기에 등장한 기독교의 한 종파로 친우회(형제들의 단체, Society of Friends)란 뜻을 가짐.
Prohibition	금주(禁酒)법(1920~30)	법적 조치를 통해 부분적 혹은 전체적인 금주를 달성하려는 목적으로 취해진 주류의 제조·판매·수송에 대한 법적 금지.
Maexican War	멕시코 전쟁	미국의 텍사스 합병(1845)에 대한 멕시코인들의 분노와 텍사스의 경계가 뉴에이서스 강인지(멕시코의 주장) 아니면 리오그란데 강인지(미국의 주장)를 둘러싼 분규에서 비롯됨.
steel magnate	철강왕, 철강재벌	철강업에서 많은 수익을 얻은 사람을 일컫는 말.
Roaring Twenties	격동의 20년대	제1차 세계대전 직후 미국의 1920년대로 돈과 환락이 동일시 되고 물질주의가 이상주의를 압도한 시기.
the Navajos(Navajos)	나바호족 (북아메리카 인디언)	북아메리카 인디언으로 농사를 가장 중요한 생활기반으로 삼는 점과 한 곳에 정착하려는 경향은 푸에블로 인디언들에게서 영향을 받은 부분이라 할 수 있음. 양·염소·소를 길렀으며, 곳에 따라서는 목축이 농사짓기보다 앞선 생계수단이 되기도 함.
the Bill of Rights	권리장전	1791년 12월 15일 미국 의회가 가결한 헌법수정안. 식민지의 투쟁, 미국민들 사이에 확산된 평등의 개념을 바탕으로 개인의 권리보장을 강화하고 있으며 연방정부와 주 정부의 권한에 제약을 가하고 있다.
feudalism	봉건주의	토지 소유와 인간 관계에 바탕을 둔 권리와 의무에 관한 사회제도.

어휘	의미	활용 예
agrarian	토지의, 토지 보유의	an agrarian reformer 농지 개혁자
locomotive	기관차	a steam locomotive 증기 기관차
armistice	휴전, 정전(truce)	an armistice agreement 휴전 협정
convention	관습, 대회, 협정	be a slave to convention 관습에 사로잡히다
monument	기념비, 기념관	set up a monument to the memory 추모하여 비를 세우다
famine	굶주림, 기근	Disease and famine are often legacies of war. 질병과 기근은 흔히 전쟁이 남기는 유산이다.
tactic	전술	a brilliant piece of tactic 교묘한 전술
deity	신위, 신성	offer a sacrifice to a deity 신에게 제물을 바치다
integration	통합, 인종 차별 폐지	There is something behind the integration of the global economy. 세계 경제의 통합 이면에는 뭔가 이유가 있다.
plantation	대농장	a coffee plantation 커피 농장
hardship	고난	bear hardships 고난을 견디다
redemption	다시 사들이기, (약속)이행	the term of redemption 상환 기한
regime	정권, 제도	The regime persists in the unwelcome education policy. 그 정권은 인기 없는 교육 정책을 고집하고 있다.
annex	(영토 등을) 병합하다	Texas was annexed to the United States in 1845. 텍사스는 1845년 미합중국에 합병되었다.
migrate	이주하다	Some birds migrate to warmer countries in winter. 어떤 새들은 겨울에는 따뜻한 지방으로 이주한다.
persecute	박해하다	persecute a religion 종교를 박해하다
trial and error	시행착오	In general, every achievement requires trial and error. 일반적으로 모든 업적은 시행 착오를 거치게 된다.
domesticate	길들이다	Cow was the most important animal to be domesticated. 소는 길들여져야 할 가장 중요한 동물이다.
consolidate	강화하다	consolidate the foundation 기반을 굳히다
promulgate	(법률 등을) 공포하다	The new law was finally promulgated in the autumn of last year. 새 법이 작년 가을에 드디어 공포되었다.
provision	조항, 규정	under the provision ~의 규정에 의거하여

📗 session 13 인류학/고고학 Anthropology/Archaeology

어휘	의미	개념
Mesolithic	중석기 시대의	구석기 시대와 신석기 시대의 중간 시대로 정착 생활을 시작하였으며 간단한 토기와 잔석기도 만들기 시작함.

cuneiform	쐐기 모양의, 설형문자의	기원전 3000년 경부터 메소포타미아를 중심으로 고대 오리엔트에서 광범위하게 쓰인 문자. 회화 문자에서 생긴 문자로, 점토 위에 갈대나 금속으로 새겨 썼기 때문에 문자의 선이 쐐기 모양으로 보임.
Neolithic	신석기 시대의	문화 발전 단계에서 금속기 사용 이전의 시대. 간석기를 사용하였으며, 토기와 직물을 만들기 시작하였고, 생산 단계가 수렵에서 농경과 목축으로 이행함.
Paleolithic	구석기 시대의	신석기 시대에 앞선 석기 시대. 구석기를 사용하고 동물을 사냥하거나 나무 열매를 채집하여 식생활을 함.
Scythian	스키타이인(의)	기원전 8세기부터 기원전 3세기까지 중앙 아시아에서 러시아 남부지방으로 이주했던 유목민족. 오리엔트 · 그리스의 금속 문화의 영향을 받아 무기 · 마구(馬具) 따위를 발달시킴.
glacial epoch	빙하기	지구의 기후가 오랜 기간 동안 온도가 하강하여 남북 양극과 대륙, 산 위의 얼음층이 확장되는 시기를 의미함.
ammonite	암모나이트	고생대의 연체 동물 화석. 연체동물 두족류 화석종의 하나로 고생대에서 중생대까지의 지층에서 발견되며 특히 중생대에 많음. 껍데기에 국화 같은 주름이 있는 것이 특징.
anachronism	시대 착오	고의적으로든 실수로든 시간적 관계를 무시하거나 곡해하는 것.
animism	애니미즘, 정령 숭배	자연계의 모든 사물에는 영적, 생명적인 것이 있으며, 자연계의 여러 현상도 영적인 것의 작용으로 보는 세계관 또는 원시 신앙.
hieroglyph	상형문자	물건의 모양을 본떠 만든 회화 문자에서 발전하여 단어 문자로 된 것.
pluralism	다원론	사회 · 정치사상에서 종교단체 · 노동조합 · 전문직업조직 · 소수민족 등 한 사회 안의 서로 다른 집단들이 누리는 자율성을 가리키는 말.
stratal	지층의	알갱이의 크기 · 색 · 성분 따위가 서로 달라 위아래의 퇴적암과 구분되는 퇴적암체.
Iron Age	철기시대	인류 물질문화 발전 단계에서 연모를 철기로 만들어 썼던 시기.
epic	서사시	역사적 사실이나 신화, 전설, 영웅의 사적 따위를 서사적 형태로 쓴 시.
trilobite	삼엽충	고생대에 바다나 바다 밑의 진흙 따위에서 살았는데, 각 지질 시대에서 각각 특유한 종류를 볼 수 있는 표준 화석.

어휘	의미	활용 예
aboriginal	원주민의	You can buy beautiful paintings made by Aboriginal artists. 원주민 예술가가 그린 아름다운 그림을 살 수 있다.
acquired	후천적인, 학습된	acquired ability 후천적인 능력
authentic	진짜의, 진품의	There is a big difference between authentic pottery and its imitations. 진짜 도자기와 모방품 사이에는 큰 차이가 있다.
turmoil	소란, 소동, 소요	The political turmoil in India is at an end as a new Prime Minister is nominated. 신임 총리가 지명됨에 따라 인도의 정치 혼란은 일단락 되었습니다.
relics	유물	ancient relics 고대의 유물
extinct	멸종한	extinct animals 멸종한 동물들
radical	근본적인, 급진적인	make a radical reform 근본적인 개혁을 단행하다
flowering	번영	the flowering of civilization 문명의 번영
prevalent	널리 퍼져 있는	In that country the idea that men are superior to women is still prevalent. 그 나라에서는 남존여비의 사상이 아직도 널리 퍼져 있다.
unprecedented	전례 없는	an unprecedented event 전례 없는 사건

artifact	인공 유물	The artifact was very fragile. 유물은 손상되기 쉽다.
implement	도구	agricultural implements 농기구
adjustment	조절, 적응, 순응	the year-end adjustment of taxes 세금의 연말 조정
lineage	일족, 부족, 종족	carry on a family lineage 부족을 잇다
regime	정권, 제도	The regime was in power for a very short period of time. 그 정권은 삼일천하였다.
remains	유물	The remains were accidentally discovered. 그 유물은 우연히 발견되었다.
restoration	부흥	the father of the national restoration 민족 부흥의 주역
specimen	표본	specimens in spirits 알코올에 담근 표본
weathering	풍화 작용	chemical weathering 화학적 풍화 작용
attest	~을 증명하다, 증인하다	These facts all attest to his innocence. 이러한 사실들은 그의 결백을 입증한다.
decipher	(난해한, 희미한 문자를) 판독하다	decipher an old manuscript 고문서를 판독하다
engrave	(금속, 동 등에) 새기다	He engraved[inscribed] his name on the stone. 그는 돌에 자기 이름을 팠다.
excavate	발굴하다	excavate a tomb 고분을 발굴하다
flourish	(문명이) 번영하다	flourish for a while 한때 번영하다
polish	윤내다, 마모시키다	polish one's shoes 구두를 닦다
testify to	증명하다, 증거가 되다	testify to a person's ability 능력을 증명하다
subject to	~에 당하다, 훼손하다	be subject to a misconstruction 오해를 받다

session 14 정치학 Politics

어휘	의미	개념
bicameral	양원제의	의회가 2개의 합의체로써 구성되고, 원칙적으로 각 합의체가 각각 독립하여 결정한 의사가 일치하는 경우에 그것을 의회의 의사로 간주하는 의회제도.
aristocracy	귀족정치	혈통 또는 문벌·교양·재산 등을 이유로 특권을 인정받은 소수자가 지배하는 정치체제.
cabinet	내각	주요 각료나 행정수반 자문역들의 합의체로 의원내각제에서의 내각은 행정권의 귀속체이며 국회에 대하여 연대책임을 지게 된다. 대통령제에서의 내각은 대통령을 보좌하는 기관이며, 의결권이 없는 것이 원칙으로 되어 있다.
communism	공산주의	사유재산 제도의 부정과 공유재산 제도의 실현으로 빈부의 차를 없애려는 사상.
consul	영사	외국에 있으면서 외무부장관과 특명전권대사·공사의 지시를 받아 자국의 무역통상 이익을 도모하고, 주재국에 있는 자국민을 보호하는 것을 주요 임무로 하는 공무원.
parliament	(영국) 국회(= congress)	영국의 입법기관.
suffrage	참정권, 투표	국가에 중요 공무원을 선출하는 선거인단에 참여할 수 있는 국민의 권리 또는 자격.
totalitarianism	전체주의	개인적인 자유를 전혀 허용하지 않고 개인생활의 모든 측면을 정부의 권위에 종속시키고자 하는 정부 형태.
referendum	국민 투표	헌법 개정안이나 국가의 중요한 일 등을 국민의 표결에 붙여 최종적으로 결정하는 제도.

어휘	의미	활용 예
unanimous	만장일치의	We are unanimous for reform. 우리는 개혁에 대해 만장일치이다.
throng	군중	The street was thronged with people. 거리는 군중으로 들끓고 있었다.
rehabilitation	복직, 부흥	The remarkable rehabilitation of postwar Korea has caught the attention of the whole world. 전후 한국의 눈부신 부흥은 세계의 이목을 끌었다.
abolition	폐지	the abolition of slavery 노예 제도의 폐지
abstention	기권	abstention from voting 투표의 기권
anarchy	무정부	Anarchy prevailed in Russia at that time. 당시 러시아는 무정부 상태였다.
hegemony	패권, 지배권	compete for regional hegemony 지역의 패권을 잡기 위해 경쟁하다
inaugural	대통령 취임 연설	The president made his inaugural address last Saturday. 부시 대통령은 지난 토요일 취임 연설을 했습니다.
canvass	유세	canvass for a candidate 후보자를 위해 운동하다
inaugurate	취임식을 거행하다	inaugurate a president 대통령의 취임식을 거행하다
ratify	비준하다	The Senate ratified that treaty in September. 상원은 9월에 그 조약을 비준했습니다.

session 15 경제학 Economics

어휘	의미	개념
recession	경기 후퇴	경기후퇴의 초기 국면에서 경기가 하강 과정으로 들어서는 전환 단계.
bond	보세 물품	관세의 징수를 일시적으로 보류한 물품.
check and balance	견제와 균형	국가권력의 집중을 방지하고 국민의 자유와 권리를 보장하기 위하여, 국가권력을 분할하여 상호견제 하게 함으로써 균형을 유지시키는 통치조직 상의 원리.
bidding	입찰	상품의 매매나 도급 계약을 체결할 때 여러 희망자들에게 각자의 낙찰 희망 가격을 서면으로 제출하게 하는 일.
value added tax	부가가치세	생산 및 유통 과정의 각 단계에서 창출되는 부가가치에 대하여 부과되는 조세.
functionalism	기능주의	온갖 현상을 끊임없는 생성소멸의 과정으로 이해할 것을 강조한 19세기 말에 대두한 방법론.
stagnation	침체, 불경기	자본주의 경제 하에서 생산이나 소비 등의 경제활동의 침체를 나타내는 상태.
deflation	통화긴축	통화량의 축소에 의하여 물가가 하락하고 경제활동이 침체되는 현상.
inflation	통화 팽창	화폐가치가 하락하여 물가가 전반적·지속적으로 상승하는 경제 현상.

어휘	의미	활용 예
declare	과세품을 신고하다	declare one's (annual) earnings for income tax 납세 신고를 하다
gratuitous	무료의	a gratuitous conveyance 무상 양도
advance	선불하다	advance money to a person ~에게 돈을 선불하다

futility	무익	an exercise in futility 부질없는 행동
appraise	값을 매기다, 평가	appraise property for taxation 과세하기 위해 재산을 감정하다
retail	소매	buy wholesale and sell at retail 도매로 받아 소매로 팔다
discrepancy	모순	discrepancy in opinions 견해의 차이
transaction	상거래	drop money over a transaction 거래에서 손해를 보다
forge	위조하다	forge signature on a check 수표의 서명을 위조하다
levy	부과하다, 징수하다	levy a large fine 많은 벌금을 부과하다
deficit	적자	make up the deficit 적자를 메우다
fiscal	국고의, 화폐의	open upon a fiscal question 국고 문제기 기론되기 시작히디
counterfeit	가짜의	pass a counterfeit note 위조 지폐를 사용하다
fiasco	대실패	The effort ended in fiasco. 그 노력은 대실패로 끝났다.
buoyant	(시세가) 오를 기미의	The market is buoyant. 시장이 활발하다.
appropriation	유용, 착복	The maximum appropriation for building is eighty million won. 건축비의 최대한도는 8천만 원이다.
detriment	손해	to the detriment of ~에 손해를 주어
increment	이윤	unearned increment (땅값 등의) 자연 이윤
endorse	배서하다	Would you endorse your name on the check? 수표에 배서해 주시겠습니까?

session 16 법률 Law

어휘	의미	활용 예
alleged	(증거 없이) 주장된	the alleged murderer 살인 혐의자
feasible	실행할 수 있는	a feasible plan 실행 가능한 계획
penal	형법의, 형사상의	penal responsibility 형사상 책임
preferential	특혜를 주는	receive preferential treatment 특혜를 받다
proprietary	독점의	The coffee house is serving up a proprietary blend of caffeine and cookies. 이 커피 전문점은 커피와 쿠키를 묶은 독점 상품을 제공하고 있습니다.
amnesty	특사	They were favored with special amnesty. 그들은 특사의 은전을 입었다.
conspiracy	음모, 공모	be party to a conspiracy 음모에 가담하다
custody	보호, 구류, 구금	keep a person in custody 구류하다
decree	법령	a decree that slavery should be abolished 노예제도 폐지 법령
felony	중범죄	commit a felony 중죄를 범하다
implication	연류, 관련	Their implication of her in the crime was obvious. 그들이 그녀를 범죄에 연루시킬 것임은 명백했다.
innocence	무죄	allege (one's) innocence 무죄를 주장하다
liquidation	파산(= bankruptcy)	Lots of employees lost their jobs because the company went into liquidation. 회사가 파산했기 때문에 많은 직원들이 직장을 잃었다.

mischief	손해, 해악	inflict great mischief on the community 사회에 큰 해악을 끼치다
outlay	소비	balance one's income and outlay 수지를 맞추다
plea/defense	변호	The man is pleading self-defense. 그 남자는 자신을 변호하고 있다.
principal	원금	include interest to principal 원금에 이자를 가산하다
revenue	세입, 세무서	Taxes provide most of the government's revenue. 세금이 세입의 대부분을 차지한다.
sentence	선고	The accused was sentenced to life imprisonment. 피고는 무기형의 선고를 받았다.
sovereignty	주권	violate the sovereignty 주권을 침해하다
suspicion	용의	have one's suspicions 용의를 두다
warrant	근거	The boss fired him without warrant. 상사는 그를 정당한 근거도 없이 해고 시켰다.
address	변론하다	The attorney was sitting quietly in the courtroom while the one opposing him was addressing the jury. 반대편 변호인이 법정에서 배심원들에게 변론을 펴는 동안 그 변호사는 잠자코 앉아 있었다.
convict	유죄를 입증하다	There is enough evidence to convict him. 그를 유죄라고 인정할 만한 증거가 있다.
enforce	시행하다	enforce a law 법을 시행하다
indict	기소하다	He was indicted on charges of tax evasion. 그는 탈세 혐의로 기소되었다.
manipulate	조작하다	manipulate public opinion 여론을 조작하다
offset	상쇄하다	offset losses by gains 이익으로 손실을 상쇄하다
speculate	투기하다	I speculated in shares. 나는 증권에 투기를 했다.
stipulate	약정하다	It was stipulated in writing. 그것은 계약서에 약정되어 있었다.
waive	포기하다	waive an option 선택권을 포기하다

session 17 문학 Literature

어휘	의미	개념
allegory	풍유, 우화, 비유한 이야기	A를 말하기 위하여 다른 주제 B를 사용하여 그 유사성을 암시하면서 주제를 나타내는 수사법.
cliche	판에 박은 문구, 진부한 표현	새롭지 않은 표현이나 문구.
epic	서사시	민족이나 국가의 웅대한 정신을 신(神)이나 영웅을 중심으로 하여 읊은 시.
existentialism	실존주의	개인으로서의 인간의 주체적 존재성을 강조하는 철학.
materialism	유물론	만물의 근원을 물질로 보고, 모든 정신 현상도 물질의 작용이나 그 산물이라고 주장하는 이론.
metaphor	은유	사물의 상태나 움직임을 암시적으로 나타내는 수사법.
protagonist	〈소설〉 주인공	문학작품에 등장하는 중심인물.
rhetoric	수사학, 수사법	사상이나 감정 따위를 효과적·미적으로 표현할 수 있도록 문장과 언어의 사용법을 연구하는 학문.
sonnet	소네트(14행시)	14행의 짧은 시로 이루어진 서양 시가.
cynicism	냉소주의	사회의 관습·전통·도덕·법률·제도 따위를 부정하고, 인간의 본성에 따라 자연스럽게 생활할 것을 주장하는 태도나 사상.

어휘	의미	활용 예
decadence	타락, 퇴폐	a decadence film 퇴폐적인 영화
anonymous	익명의	an anonymous letter 익명의 편지
posthumous	사후의	posthumous fame 사후의 명성
lyric	서정시의, 서정적인	lyric poetry 서정시
allusion	암시	make an indirect allusion 넌지시 말하다
archetype	전형	"The Iliad" is regarded as the archetype of epic poetry. '일리아드' 는 서사시의 전형으로 여겨지고 있다.
eulogy	찬사, 칭송	Fellow actors chanted the eulogies of her. 동료 연기자들이 그녀를 칭송했다.
ellipsis	생략, 생략부호	Adds ellipsis if the text doesn't fit in the space. 텍스트가 공간에 맞지 않으면 생략부호를 추가하시오.
denouement	(소설, 희극의) 대단원	the denouement of a play 연극의 대단원
narrative	이야기, 소설(story)	a narrative of one's personal experience 경험담
parody	패러디, 풍자적으로 개작	Parody is a method of criticism. 패러디는 비평의 한 방법이다.
terse	(문제, 표현이) 간결한	a terse sentence 간결한 문장
abridge	(책, 이야기 등을) 요약하다	abridge a long story 긴 이야기를 요약하다
recite	암송하다	recite a poem 시를 낭송하다
piracy	표절	literary piracy 저작의 표절

session 18 철학 Philosophy

어휘	의미	개념
dialectic	변증법	문답에 의해 진리에 도달하는 방법.
dichotomy	이분법	어떤 집합을 특정한 성질이나 속성을 갖고 있는 하나의 하위집합과 그렇지 않은 다른 하나의 하위집합으로 나누는 논리적 분류방식.
deduction	연역법	어떤 명제로부터 추론 규칙에 따라 결론을 이끌어 냄. 또는 그런 과정. 일반적인 사실이나 원리를 전제로 하여 개별적인 사실이나 보다 특수한 다른 원리를 이끌어 내는 추리.
empiricism	경험론	인식의 바탕이 경험에 있다고 보아, 경험의 내용이 곧 인식의 내용이 된다는 이론.
hedonics	쾌락설	쾌락을 가장 가치 있는 인생의 목적이라 생각하고 모든 행위의 궁극적인 목적 내지 도덕의 원리로 생각하는 사상.
materialism	유물론	정신적인 것(영혼 · 정신 · 마음 · 사고 · 의식 등)보다는 물질적인 것(자연 · 물질 · 신체 · 물질적 활동 · 존재 등)이 근원적이며 제1차적이라고 하는 입장 또는 사상.
ontology	존재론	존재 그 자체, 즉 모든 실재의 기본 특성에 대한 이론.
pantheism	범신론	자연과 신의 대립을 인정하지 않고, 일체의 자연은 곧 신이며 신은 곧 일체의 자연이라고 생각하는 관점.

어휘	의미	개념
inconsistency	모순	개별적인 특수한 사실이나 원리를 전제로 하여 일반적인 사실이나 원리로서의 결론을 이끌어 내는 연구 방법.
positivism	실증 철학	모든 초월적인 사변(思辨)을 배격하고 관찰이나 실험으로써 검증할 수 있는 지식만을 인정하려는 태도.
sophism	궤변(= word-splitting)	상대편을 이론으로 이기기 위하여 상대편의 사고(思考)를 혼란시키거나 감정을 격앙시켜 거짓을 참인 것처럼 꾸며 대는 논법.
premise	전제	추리를 할 때, 결론의 기초가 되는 판단.

어휘	의미	활용 예
incompatible	양립할 수 없는	Capitalism is incompatible with socialism. 자본주의와 사회주의는 양립할 수 없다.
affirmative	긍정적인	give an affirmative answer 긍정적으로 대답하다
attribute	속성	an intrinsic attribute 본질적 속성
demonstrate	증명하다	He demonstrated that the earth is round. 그는 지구가 둥글다는 것을 증명했다.
perceive	지각하다	perceive the truth 진리를 깨닫다
paradigm	범례	Today's workers should adapt themselves to shifting paradigms of the labor market. 오늘날의 노동자들은 노동시장의 패러다임에 적응해야 한다.

session 19 윤리학 Ethics

어휘	의미	개념
polygamy	일부다처	남편이 복수(複數)의 아내를 동시에 가지는 결혼 형태로 과거는 물론 현재도 이슬람교나 아프리카 · 오세아니아 · 아시아 등의 미개사회에서는 종종 제도화되어 있음.

어휘	의미	활용 예
ambivalent	양면 가치의	Most voters are ambivalent about the war. 대부분의 유권자들 사이에 그 전쟁에 대한 찬반이 공존한다.
candid	솔직한(= unvarnished)	I always try to be candid. 나는 항상 솔직하려고 노력한다.
misgiving	의혹	have misgivings about ~에 대하여 의혹을 품다
debunk	폭로하다	The study was not meant to debunk the plot. 그 연구는 사건을 폭로하기 위한것이 아니었다.
oath	맹세, 서약	The knights swore an oath of loyalty to their king. 기사들은 왕에게 충성할 것을 맹세하였다.
feign	~인 체하다(= shame)	However much I asked, he persisted in feigning ignorance. 아무리 물어봐도 그는 모른다고 잡아뗐다.

session 20 종교 Religion

어휘	의미	개념
Easter	부활절	교회력에서 그리스도의 부활을 기념하는 축일.
New Testament	신약성서	예수 그리스도의 언행을 기록한 4권의 복음서, 그 제자들의 전도 행각에 관한 기록, 여러 사도들의 편지글 및 예언서등 27서로 구성되어 있음.
Old Testament	구약성서	기독교의 경전. 예수가 나기 전의 이스라엘 민족의 역사와 하나님의 계시 등을 기록한 것으로, 창세기에서 말라기까지 39권으로 되어 있음.
eschatology	종말론	세계 및 그 안에 존재하는 인간이나 자연이 마지막에는 어떻게 되는가에 대한 종교적 견해.
persecution	종교적 박해	주로 국가권력의 힘을 빌려 정신적, 특히 육체적으로 그리스도교 신자에게 가하는 탄압.
apocalypse	묵시, 계시(= revelation)	종교에서 신 또는 성스러운 존재나 그 뜻이 인간에게 밝혀지는 것.

어휘	의미	활용 예
contemplation	명상, 묵상	be lost in contemplation 묵상에 잠기다
foresight	선견지명	He had the foresight to invest his money wisely. 그는 돈을 현명하게 투자하는 신중함이 있었다.
salvation	구제	The cross is the symbol of salvation. 십자가는 구원의 표상이다.
spell	주문, 마력, 매력	chant a spell 주문을 외우다
convert	개종시키다	convert a person to Christianity 그리스도교로 개종시키다
mundane	세속의(= secular, profane)	the mundane matters such as eating and drinking 먹고 마시는 것과 같은 속된 일

session 21 미술 Fine Arts

어휘	의미	개념
Gothic	(건축, 회화) 고딕 양식의	12세기 중엽에서 15세기까지의 중세 유럽의 미술 양식.
Surrealism	초현실주의	현실 세계를 초월한 비현실의 세계를 그림이나 조각으로 나타내는 미술의 흐름.
Art Deco	아르데코	1920년대의 장식 양식. 화려한 색채, 기하학적인 무늬 미술사.
Art Nouveau	아르누보	19세기말~20세기 초에 유행한 미술 디자인의 한 양식.
caricature	풍자학	사건의 양상이나 인간의 자태 등의 특징을 잡아 익살스럽게 표현한 그림이나 문장.
Post-impressionism	후기인상주의(세잔, 고흐 등)	개성적인 방향을 모색함으로써 내부에서 인상주의를 수정하려는 경향.
profile	측면도	서양 미술에서 인물의 측면만 그리는 장르.

Renaissance	르네상스, 문예부흥	고대의 그리스 · 로마 문화를 이상으로 하여 이들을 부흥시킴으로써 새 문화를 창출해 내려는 운동.
Expressionism	표현파, 표현주의	20세기 초, 특히 독일에서 유행한 주관을 극도로 강조한 예술 운동.
Fauvism	야수파, 포비즘	20세기 초, 프랑스 회화의 한 유파로 강렬한 색채의 대비와 거친 필치가 특징.
Cubism	입체파	대상을 기하학적 형태로 분해하여 입체적으로 여러 방향에서 본 상태를 평면적으로 한 화면에 표현하는 것.
environmental art	환경예술	관객과 빛, 소리, 색채 등 모든 소재를 활용하는 예술 양식.
fresco	프레스코 화법	건물의 벽과 천장 등에 그림을 그리는 벽화기법.
Futurism	미래파	1910년경 이탈리아에서 비롯된 예술의 새 양식.
Symbolism	상징파, 상징주의(운동)	상상력을 통해 인간의 직관적인 느낌을 풍부한 색채와 보다 충동적이고 자유스러운 데생을 추구하는 것.
tempera	템페라 화법	계란이나 아교질 · 벌꿀 · 무화과나무의 수액 등을 재료로 하는 화법.
Rococo	로코코양식	18세기 프랑스에서 생겨난 예술형식으로 화려한 색채와 섬세한 장식, 건축의 유행.
Dadaism	다다이즘	20세기 초 유럽, 과거 모든 예술 양식과 가치를 부정한 예술 변형.
lithograph	석판화	물과 기름이 섞이지 않는 성질을 이용하여 석판에 그림을 그려 찍어 내는 평판화.
optical art	광학적 미술	시각적 착각 효과를 노리는 추상 미술의 한 양식.
Pointillism	(신인상파가 쓴) 점묘화법	여러 색깔의 점을 멀리서 바라보았을 때 서로 섞인 것 처럼 보이게 하는 기법.
pop art	팝 아트	일상생활 용구 따위를 소재로 삼아 전통적인 예술 개념을 타파하는 미술 운동. 대표 화가 Andy Warhol.
pathology	병리 기술학	병의 원리를 밝히기 위하여 병의 상태나 병체의 조직 구조, 기관의 형태 및 기능의 변화 등을 연구하는 기초 의학.
performance art	행위 예술	육체 행위를 음악, 영상 등으로 표현하려는 1970년대에 시작된 예술.

어휘	의미	활용 예
luster	광택	Her eyes lost their luster. 그녀의 눈은 광채를 잃었다.
deformation	변형	Deformation occurs as a result of loading. 변형은 적재의 결과로 일어난다.
hue	색조	all the hues of the rainbow 무지개의 모든 색
mason	석공	A mason builds with stone, brick or similar materials. 석공은 돌, 벽돌 혹은 유사한 재료로 건축을 한다.
blur	희미해지다	Fog blurred our view of the hills. 안개 때문에 언덕의 경치가 잘 보이지 않았다.
emboss	새기다(= carve)	The cup is embossed with a design of flowers. 컵에는 꽃무늬가 새겨져 있었다.

session 22 음악 Music

어휘	의미	개념
blues	블루스 음악	19세기 중엽에 미국 흑인들 사이에서 발생한 대중가곡 및 그 형식.
ad libs	즉흥연주	음악에서 일정한 템포에 맞추어 즉흥적으로 연주하는 것.
concerto	협주곡	화려한 연주기교를 구사하는 독주악기와 관현악을 위해 작곡된 기악곡.
fingering	운지(법)	악기를 연주할 때 손가락을 사용하는 방법.
overture	서곡	오페라 · 발레 · 모음곡 등의 첫부분에서 연주되어 후속부로 도입 역할을 하는 기악곡.
polyphony	다성 음악	독립된 선율을 가지는 둘 이상의 성부로 이루어진 음악.
refrain	후렴	어떤 악곡 속에서 규칙적으로 되풀이되는 부분.
pantomime	무언극	대사를 일체 사용히지 않고 몸짓만으로 표현하는 연극.

어휘	의미	활용 예
scale	음계	a pentatonic scale 5음 음계
score	악보	a piano score 피아노 악보
popularity	대중성	the popularity of fine arts 예술의 대중성
accompaniment	반주	sing with piano accompaniment 피아노에 맞추어 노래하다
contemporary	현대의	contemporary dance 현대무용
chord	화음	The Surprise Symphony has very loud chords to wake up the audience. 놀람 교향곡 은 청중들을 깰 정도로 매우 요란한 화음을 갖고 있다.
movement	악장	The ending of this movement is wonderful. 이 악장의 끝 부분이 훌륭하다.
tune	가락, 선율	a song out of tune 가락이 안 맞는 노래
arrange	편곡하다	This music for the violin is also arranged for the piano. 이 바이올린 곡은 피아노로도 편곡되어 있다.

session 23 영화 Film

어휘	의미	개념
avant-garde	전위적인, 전위의	1920년대 유럽에서 시작된 추상적이고 초현실적인 내용의 실험 영화.
indie	인디펜던트 영화, 독립 영화	소자본으로 만들어진 영화. 이윤 확보를 1차 목표로 하는 일반 상업영화와 달리 창작자의 의도가 우선시 되는 영화.
montage	몽타쥬(합성 사진)	영화의 편집구성의 한 방법. 따로따로 촬영한 화면을 적절하게 떼어 붙여서 하나의 새로운 장면이나 내용으로 만드는 일.
nouvelle vague	누벨바그	1950~60년대 프랑스에서 일어난 영화 운동으로 20~30대의 젊은 영화인들이 전통적인 영화에 대항하여 새로운 영화 제작을 시도함.

어휘	의미	활용 예
sentimental	감상적인	She became sentimental listening the song. 그녀는 그 노래를 듣고 감상적인 기분이 되었다.
adaptation	각색	The film is an adaptation of a novel. 그 영화는 소설을 각색한 것이다.
prop(= property)	소품	a prop(erty) man 소품 담당
restricted	17세 미만 입장 금지	This movie is rated restricted; anyone under the age of 18 must be accompanied by an adult. 이 영화는 R 등급으로, 18세 미만인 자는 반드시 어른을 동반해야 합니다.
shot	장면	a running shot 주행 중인 차량에서의 장면

2 | 주제별 필수 어휘 플러스⁺

생물학 Biology

형용사

aerobic	유산소의
anaerobic	무산소의
botanic	식물의
defunct	멸종된
feral	야생의
insectivorous	벌레를 먹는
lymphatic	임파액의
nocturnal	야행성의
streamline	유선형(의)
torpid	휴면하는, 동면하는

명사

algae	조류, 말
amber	호박(화석)
anchorage	서식처
animal kingdom	동물계
annul ring	나이테
assimilation	동화 작용
bark	나무 껍질
beak	(새의) 부리
biochemistry	생화학
biped	2족 동물
bloom	꽃(=blossom)
botany	식물학
bough	큰 나뭇가지(=branch)
bouquet	꽃다발
bud	싹, 봉오리
budding flower	싹이 트기 시작하는 꽃
bunch	송이(=cluster)
carnivore	육식 동물
cellulose	섬유소
cherry	벚나무
chestnut	밤나무
chlorophyll	엽록소
chromosome	염색체

class	(분류학상의) 강
claw	(갈고리 모양의) 발톱
cob	옥수수 속
colloid	콜로이드, 교질
conifer	침엽수
context	(버섯의) 육질
crust	껍질
crustacea	갑각류
deciduous trees	낙엽수
dinosaur	공룡
echinoderm	극피동물
egg (cell)	난자, 난세포
entomology	곤충학
enzyme	효소
evolution	진화
family	(동식물의 분류에서) 과
flora	식물군
foliage	잎, 군엽
fungus	균, 진균 식물
game	사냥감
gene	유전자
genetics	유전학, 유전적 특질
genus	종류, 속(屬)
glucose	포도당
herbivore	초식 동물
host	(기생 동식물의) 숙주
husk	(과일이나 땅콩의 마른) 껍질
invertebrate	무척추 동물
ivy	담쟁이 덩굴
kernel	(과실의) 인
kingdom	(자연계를 3대 구분한) 계
larva	애벌레
lead poisoning	납중독
lettuce	상추
lichen	이끼
lineage	혈통, 계통
lumber	재목
maize	옥수수

maple	단풍나무
marshland	습지
meadow	목초지
microbe	미생물
mineral	무기질
moose	무스(북미산 큰 사슴)
naturalist	박물학자
nectar	화밀(花蜜, 꽃속의 꿀), 과즙
nest	둥지
niche	적소, 서식지
nucleus	핵
nutrient	양분, 영양소
oak	떡갈나무
orchid	난초
order	(동식물 분류상의) 목
organism	유기체
ornithology	조류학
osmosis	삼투
paleontology	고생물학
pancreas	이자, 췌장
parasite	기생충
perennial	다년생 식물
petal	꽃잎
photosynthesis	광합성
phylum (division)	문
plant kingdom	식물계
plough	쟁기(=plow), 경작지
protoplasm	원형질
quadruped	4족 동물
recessive	열성의
reproduction	생식, 번식
resin	(나무의) 진

roost	(새가 앉는) 나무, 홰
sap	수액
sapling	어린 묘목
seedling	묘목
shrub	키 작은 나무
soft tissue	부드러운 조직
species	종
sperm	정액
starch	전분
stem	줄기
stoma	기공
stubble	그루터기
taxonomy	분류, 분류법(학)
thorn	가시
timber	(건축용) 재목
tobacco	담배
trunk	줄기
turf	잔디
twig	잔가지
underbrush	덤불
wheat	밀
yeast	이스트, 효모

동 사

angle	낚시질하다
burgeon	싹을 트다
infest	(해충이나 병이) 만연하다
prune	(가지를) 잘라내다
shed	떨구다
sprout	싹이 트다
squash	으깨다, 과즙음료

동물학 Zoology

형 용 사

chambered	실이 있는
cold-blooded	냉혈의
dormant	잠자는, 동면의
muscular	근육의
omnivorous	잡식성의
raw	날 것의

명 사

agility	민첩
alligator	악어
amphibian	양서류
antelope	영양
arachnid	절지 동물 중 거미류
beetle	투구 풍뎅이, 딱정 벌레
beaver	비버

bill	부리
bison	들소
buffalo	물소
camel	낙타
caterpillar	애벌레
cattle	소
centipede	지네
chrysalis	번데기(집)
cicada	매미
cockroach	바퀴벌레
cocoon	누에고치
coelenterate	강장 동물(해파리, 말미잘 등)
compound eye	복안
coral	산호
crocodile	악어
crow	까마귀
clam	대합조개
den	굴, 우리
dolphin	돌고래
dragonfly	잠자리
drosophila	초파리
endoskeleton	내골격
exoskeleton	외골격(갑각류의 겉껍질)
falcon	송골매
fin	지느러미
firefly	반딧불
flea	벼룩
flesh-eating animal	육식 동물
flounder	넙치류
fowl	닭, 가금
grasshopper	여치, 메뚜기
grazing	방목
habitat	번식지, 서식지
hay	건초
herd	무리, 떼(=grouping)
humming bird	벌새
insect	곤충
jelly fish	해파리
ladybug	무당벌레

lair	(야수의) 굴, 은신처
livestock	가축
lizard	도마뱀
locust	메뚜기
mammal	포유동물
mayfly	하루살이
mollusk	연체동물
mosquito	모기
moth	나방
omnivore	잡식 동물
owl	올빼미
pollen	꽃가루, 화분
raptor	맹금(매, 부엉이 따위)
reptile	파충류
rodent	설치류
seal	바다표범
shell	(알 등의) 껍데기, 단단한 외피
school	(물고기 등의) 떼
snake	뱀
spider	거미류
spiracle	(곤충의) 숨구멍, 기문
squirrel	다람쥐
starfish	불가사리
swallow	제비
tadpole	올챙이
whale	고래

동 사

breed	(동물이) 번식하다
burrow	숨다, 파고들다
capture	포획하다
hatch	(알, 병아리를) 까다, 부화하다
hobble	절름거리다
lacerate	잡아 찢다
mate	짝을 짓다
swoop	급습하다(=grab)

생태학 Ecology

명 사

conservationist	(자연 환경 등의) 보호론자
consumer	(생태계의) 소비자

decomposer	분해자(박테리아, 균류 등)
deforestation	삼림 파괴
ecocide	환경 파괴

ecosystem	생태계	reservoir	저수지
emission	방출, 배출	salvage	해난 구조, 폐품 회수
endangered species	멸종 위기의 동식물	sewage	하수
food chain	먹이 사슬	soil contamination	토양 오염
industrial waste	산업 폐기물	synthetic fuel	합성 연료
kerosene	등유	vegetation	식물, 초목
landfill	쓰레기 매립지	wildlife	야생 동물
LPG	액화 천연 가스		
nuclear power plant	원자력 발전소	**동 사**	
oil spill	(해상의) 석유 유출		
pest	해충, 유해생물	recycle	재활용하다
pollutant	오염물질	replant	다시 심다, 고쳐 심다
public hazards	공해	reprocess	재생하다, 재가공하다
rain forest	열대 우림	ruin	폐허화하다

천문학/기상학 Astronomy/Meteorology

형 용 사

bleak	차고 음산한	astronomy	천문학
chilly	차가운, 냉담한	atmosphere	대기
dreary	황량한, 음산한	atmospheric pressure	기압
halcyon	고요하고 평화로운	avalanche	눈사태
lunar	달의	axis	축
nebular	성운의	balloon satellite	기구 위성
parched	바싹 마른, 목타는	barometer	기압계
saturated	흠뻑 젖은	barometric pressure	기압
scorching	태우는, 몹시 뜨거운	blast	돌풍
serene	맑고 고요한	blizzard	눈보라
soaked	흠뻑 젖은	booster (rocket)	다단식 추진 로켓의 발사용 로켓
solar	태양의	broadcasting satellite	방송 위성
stationary	정지된	celestial sphere	천구
stuffy	통풍이 안되는, 무더운	Celsius	섭씨
sultry	찌는 듯이 더운	circumlunar flight	달 궤도 비행
torrid	매우 더운	cloud-burst	소나기
		cold front	한랭전선
		constellation	별자리, 성위
명 사		continental climate	대륙성 기후
		cosmic ray	우주광선
aerospace	항공 우주(산업)	crystal	결정
air current	기류	damp	습기
air mass	기단	deluge	대홍수
air resistance	공기 저항	dew	이슬
anticyclone	고기압권	discomfort index	불쾌지수
astrology	점성학	downfall	폭우
astronautics	우주비행학	drizzle	이슬비
		droplet	작은 물방울

drought	가뭄	revolution	공전
Earth	지구	rotation	자전
ecliptic	황도	satellite	위성, 인공위성
equinox	주야(晝夜) 평분시. 춘분, 추분	Saturn	토성(농업의 神)
Fahrenheit	화씨	shower	소나기
flood	홍수	sleet	진눈깨비
fog	안개	solar eclipse	일식
forecast	예상, 예보	solar system	태양계
frigid	추운	sprinkle	가랑비
front	전선(前線)	squall	돌풍, 스콜
frost	서리	subarctic climate	아한대 기후
galaxy	은하수(the Milky Way)	subtropical climate	아열대 기후
hail	우박, 싸락눈	temperate climate	온대성 기후
hailstorm	우박을 동반한 폭풍	thunderstorm	뇌우
haze	아지랑이	tornado/cyclone	대선풍, 강력한 폭풍
heat wave	열파	torrential rain	호우
highland climate	고산성 기후	transparency	투명도
hurricane	폭풍, 허리케인	tropical climate	열대성 기후
humidity	습도	typhoon	태풍
icecap	만년설	universe	우주
inclement	(날씨가) 험한, 혹독한	Uranus	천왕성(天神)
Jupiter	목성(主神, 그 아내는 Juno)	Venus	금성(美의 神)
leap year	윤년	vessel	비행물체
lightening-rod	피뢰침	warm front	온난전선
lunar eclipse	월식	water particle	물의 미립자
meteorology	기상학	Weather Bureau	기상국
Mars	화성(軍神의 이름)	weightlessness	무중력 상태
Mercury	수성(여러 神들의 심부름꾼)	westerlies	편서풍
mist	연무, 옅은 안개	wind velocity	풍속
naked eye	육안	winter solstice	동지
Neptune	해왕성(海神)		
observatory	관측소		
perigee	근지점		
planet	행성		
Pluto	명왕성(하계의 神)		
polar climate	극지적 기후		
polestar	북극성(=the polaris)		
pollution index	공해지수		

동 사

congeal	얼다
observe	관찰하다, 관측하다
overcast	구름으로 가리다, 흐림
shiver	떨다
track	추적하다, 찾아내다

지질학 Geology

명 사

		bluff	절벽
aurora	극광, 오로라	brine	소금물, 해수, 바다
basin	분지	canal	운하
beach	해변, 물가	cavern	큰 동굴

canyon	협곡	lowland	저지
coast	연안, 해안	magma	마그마
colliery	탄광	mantle	맨틀
crater	분화구	metamorphosis	변형(작용)
core	(지구의) 중심핵	molten	용해된
crust	지각	natural levee	자연제방
clay	점토	peak	산봉우리, 정상
cliff	절벽	peninsula	반도
desert	사막	plain	평지
dune	사구, 모래언덕	Richter scale	(리히터) 지진계의 눈금, 진도
earthquake	지진	rift	단층
epicenter	진원지	river basin	유역
equator	적도	river-bed	하천바닥
fault	단층	sedimentary rock	퇴적암
geography	지리학	seismic intensity	(지진의) 진도(震度)
geyser	간헐천	seismic wave	지진파
glacier	빙하	shale	셰일, 이판암
gorge	골짜기	strait	해협
granite	화강암	stream	시내, 조류
gulf	만	submarine ridge	해저산맥
harbor	항구	subterranean river	지하천
hot spring	온천	swamp	소택지
hill	언덕	tectonic plate	지각의 플레이트(표층)
iceberg	빙산	tremor	진동
inlet	후미, 강어구	upwarp	곡융(曲隆)
latitude	위도	valley	골짜기
limestone	석회암	volcanic eruption	화산 폭발
longitude	경도	volcano	화산

해양학 Oceanography

형 용 사

Antarctic	남극의
Arctic	북극의
counterclockwise	반시계 방향의
submersible	잠수할 수 있는

명 사

Antarctic Ocean	남극해
Arctic Ocean	북극해
Atlantic Ocean	대서양
continent	대륙
coral island	산호섬
hemisphere	반구
gyre	회전, 소용돌이
Northern Hemisphere	북반구
ocean floor	해저
salinometer	염도계
tidal energy	조수 에너지 cf. tide 조수

화학 Chemistry

형용사

anti-fungal	항균의
exothermic	발열의, 발열성의
inorganic	무기물의
insoluble	용해되지 않는
molecular	분자의
precise	정밀한
toxic	중독의
unstable	불안정한
venomous	독이 있는

명사

additive	첨가제
alkalinity	알칼리성
alloy	합금
amylum	녹말
antioxidant	산화방지제
bleach	표백
calcium	칼슘
carbon	탄소
carbohydrate	탄수화물
chemical reaction	화학반응
chlorine	염소
composition	합성
compound	화합물
concentration	농도
content	함유량
coolant	냉각제
cooper-oxide	산화구리
density	밀도
dioxide	이산화물
element	원소
experimental animal	실험용 동물
fertilizer	비료
helium	헬륨
hydrochloric acid	염산
hydrogen	수소

insecticide	살충제
insulator	절연체
manganese	망간
matter	물질
mercury	수은
moldy	곰팡이 낀
molecule	분자
nitrogen	질소
oxygen	산소
periodic table	주기율표
pesticide	살충제
poison	독
protein	단백질
reagent	시약
resistance	저항력
silicon	규소
solution	용액
steam	수증기
sulfuric acid	황산
texture	직물
thermometer	온도계
tin	주석
vaporization	기화 cf. vapor 증기
variable	변수
zinc	아연

동사

condense	농축하다
deposit	침전하다
inject	주입하다
oxidize	산화하다
plate	도금하다
react	반응하다
refine	정제하다
solidify	굳다, 응고하다
spray	뿌리다

물리학 Physics

형 용 사

electromagnetic	전자기의, 전자석의
impulsive	순간력의, 비연속의
infrared	적외선의
spatial	공간의, 장소의
static	정적인
ultraviolet	자외선의

명 사

accelerated velocity	가속도(=acceleraton)
acoustics	음향학
anode	양극
application	응용, 적용
boiling point	비등점
cathode	음극 ↔ anode 양극
centrifugal force	원심력
centripetal force	구심력
charge	충전 ↔ discharge 방전
concave	오목한
concave lens	오목렌즈
convex lens	볼록렌즈
dynamics	역학
electrode	전극
electromagnet	전자석
electron	전자
electronics	전자공학
flexibility	신축성
fluctuation	파동
fluid	유동체
force	힘

foundation	기초
freezing point	빙점
gas	기체
general principle	일반원칙
gravity	중력(=gravitation)
infrared rays	적외선
kinetic energy	운동 에너지
laser	레이져
lever	지렛대
liquid	액체
mass	질량
mechanics	역학
melting point	융(해)점
motion	운동
optics	광학
pendulum	진자, 추
pressure	압력
solid	고체
sound wave	음파
strain	당김, 찌그러짐, 변형
torsion	염력, 비트는 힘
ultraviolet rays	자외선
universal gravitation	만류인력
vacuum	진공 (pl. vacua)
velocity	속도
vibration	진동
virtual	가상의 일
visible rays	가시광선
voltmeter	전압계
volume	부피(=bulk)

수학 Mathematics

형 용 사

level	수평의
odd	홀수의 ↔ even 짝수의
parallel	평형의

perpendicular	직각을 이루는
seriatim	하나하나, 차례로
square	정사각형의, 제곱의
vertical	수직의

명 사

absolute value	절대치	ellipse	타원
addition	덧셈	fraction	분수
algebra	대수	geometry	기하학
algorithm	연산(법)	hexagon	육각형
arithmetic	산수	index	지수
calculation	계산	octagon	팔각형
calculus	미적분학	par	동등
central angle	중심각	pentagon	오각형
circumference	원주, 주변 길이	plane	평면
cone	원뿔, 원추	plus	플러스, ~에 더하여
cube	정육면체, 입방체	polygon	다각형
cylinder	원통, 원기둥	probability	확률
decimal system	십진법	quadrangle	사각형
degree	(각의 단위) 두	radius	반경
diagonal	대각선	rectangle	직사각형
diameter	지름	sector	부채꼴
dimension	치수, 부피, 차원	sphere	구
division	나눗셈	statistic	통계학
dozen	12	triangle	삼각형
equation	방정식, 균등화	trigonometry	삼각법
		width	넓이

공학/컴퓨터 Engineering/Computer Science

명 사

access time	접속에 걸리는 시간	peripheral device	주변 장치
bulk	용적	pioneer work	개척작업
compression	압축, 응축	polymer	고분자
conductor	전도체	reception	수신
cure	(수지, 고무의) 경화	reinforcing	강화
electroniture	전자식 사무용 집기	scramble	교란
endoscopy	내시경 검사법	selective tuning	선택동조
FA(factory automation)	공장 자동화	semiconductor	반도체
information retrieval	정보 검색	superconductor	초전도체
knee top	휴대용(무릎) 컴퓨터	teleprinter	전신 인쇄기
laboratory	실험실	teletex	문자 다중 방송
micro millennium	마이크로 시대	terminal	단말기
mold	틀, 성형, 금형	throughput	일정 시간 내에 처리할 수 있는 작업량
office automation	사무 자동화(OA)	thrust	추진력
		transmission	전송

건강/의학 Health/Medicine

형 용 사

barren	불임의
corporal	육체의
dizzy	현기증
nasal	코의
pharmaceutical	조제의, 약학의, 약제(사)의

명　사

abortion	낙태(=feticide)
aftereffect	후유증
amnesia	기억 상실, 건망증
anatomy	해부학
anemia	빈혈
anesthetic	마취제(=narcotic)
antibody	항체
antidote	해독제
antiseptic	방부제, 소독약
aorta	대동맥
artery	동맥
arthritis	관절염
athlete's foot	무좀
belly	배, 복부(=abdomen)
bile	담즙
biovular twins	이란성 쌍둥이
bleeding	출혈
bloodstream	혈류
bosom	(육체, 내면) 가슴
bowel	장
brain fag	신경 쇠약
brain waves	뇌파
brain-storm	정신 착란
brain-washing	세뇌
breast-cancer	유방암
bronchi	기관지
bruise	타박상
caesarean section	제왕 절개 수술
cataract	백내장
cerebellum	소뇌
cerebrum	대뇌
chest	가슴
circulatory system	순환계
coagulation	(혈액의) 응고
connecting nerve cell	연결 신경 세포

constipation	변비
contraceptive	피임약
cranium	두개골(=skull)
delivery	분만
denture	틀니, 의치
depression	우울증
dermatology	피부과
diabetes	당뇨병
diarrhea	설사
dyspepsia	소화불량
epidermis	외피, 표피
excrement	배설물
gastric ulcer	위궤양 cf. ulcer 궤양
germ	세균
gland	(땀샘 등의) 선(腺)
hepatitis	간염
hormone	호르몬
hygiene	위생학
hypnosis	최면
immunity	면역
indigestion	소화불량
infirmary	학교 부설 진료소
influenza	독감(=flu)
ingredient	성분
internist	내과의사
intestine	창자(=gut, viscera)
intoxication	중독
joint	관절
kidney	신장(콩팥)
larynx	후두
leprosy	문둥병
lethargy	무기력, 나른함, 혼수(상태)
leukemia	백혈병
limb	팔, 다리, 날개
liver	간
low-sodium	저염
lung	폐
malnutrition	영양 실조
marrow	골, 골수
meager	여윈, 마른(=lean)
measles	홍역
medical excuse	질병 사유서
menopause	폐경기
mental disease	정신병
miscarriage	유산

motor nerve cell	운동 신경 세포	scurvy	괴혈병
myopi	근시안	seasoning	조미료
nausea	구역질	sedative	진정제
nerve cell	신경세포	sensory nerve cell	지각 신경 세포
neuralgia	신경통	sex reversal	성전환
neurosis	노이로제	side effect	부작용
nostril	콧구멍	smallpox	천연두
nursing staff	간호진	sneeze	재채기
nutritionist	영양사	sore	상처, 종기
obesity	비만	sore throat	인후염
obsession	강박관념	spinal cord	척수 cf. spine 척추
obstetrics and gynecology	산부인과	sputum	가래
ophthalmology	안과	sterilization	살균, 소독, 불임
organ	기관	stethoscope	청진기
orthopedics	정형외괴	stomach	위, 복부
otolaryngology	이비인후과	surgeon	외과의사
ovary	난소	surgery	외과, 수술
pain-killer	진통제	surgical instrument	수술기구
panacea	만병통치약	syncope	기절
pediatrics	소아과	the system of nerves	신경 조직
pharmaceutics	조제학	therapy	치료
physician	의사	tissue	조직
plague	흑사병	tranquilizer	신경 안정제
plastic surgery	성형외과	treatment	치료
pneumonia	폐렴	tuberculosis	결핵
polio	소아마비	tumor	종양
pregnancy	임신	vegetable	식물 인간
processed food	가공 음식	vegetarian	채식주의자
psychiatry	정신과	venereal disease	성병
regimen	식이 요법	vertigo	현기증
respiration	호흡 작용	virus	바이러스
saliva	침	ward	병실
sanitary	위생적인	wisdom tooth	사랑니
scale	치석, (피부의) 딱지		

 미국사 American History

명 사

Ancient Times	고대	casualty	사상자(수)
baron	봉신, 지방 호족	cavalry	기병대
benefactor	후원자	ceasefire	휴전
Capitol	미국 국회의사당	circuit court	순회 재판소
captive	포로, 사로 잡힌	class-warfare	계급 투쟁
carnage	대학살, 살육	colonization	식민지화
		commoner	평민

confederacy	동맹국, 연합	philanthropist	박애주의자, 자선가
covered wagon	포장마차(초기 개척기 사용)	Pilgrim Fathers	1620년 미국에 이주한 청교도
corn	옥수수	polytheism	다신론
cucumber	오이	prestige	위상, 명성
disarmament	군비 감축	privilege	기본적인 인권
dismemberment	(국토 등의) 분할	public domain	토지 공유지
dynastic change	왕조의 교체	Pulitzer Prize	퓰리처상
early settlers	초기의 정착민들	Puritan	청교도
emperor	황제	racial discrimination	인종 차별
era	시대	ranch	목장
Federal government	(미)연방정부	Reformation	종교개혁
framer	입안자, 고안자	renewal	(도시 등의) 재개발, 일신
Gettysburg Address	게티스버그 연설	Representative	하원의원
Great Depression	대공황	segregation	격리, 인종차별
greenback	미국 지폐(뒷면이 녹색)	settlement	정착지
hierarchy	계급 조직	slavery	노예제도
imperialism	제국주의	social upheaval	사회적 대변동
Independence Day	미국 독립 기념일	suppression	탄압, 억압
infant nationhood	신생국	Supreme Court	대법원
infidel	이교도, 이단자	the Civil War	남북전쟁
institution	제도, 관습	the Declaration of Independence	독립선언서
itinerant preacher	순회 설교자	the masses	대중
massacre	대량학살	the Mayflower	메이플라워 호
Middle Ages	중세	thrall	노예
Modern Ages	근세	toboggan	터보건(썰매)
monarch	군주정치, 군주제	turkey	칠면조
muckraker	추문 폭로자	Union	북군
musket	구식 소총	uprising	폭동
pasture	목초지	women's suffrage	여성 참정권
peer	귀족		

인류학/고고학 Anthropology/Archaeology

형 용 사

legitimism	정통주의
matrilineal	모계(주의)의
medieval	중세의
monogamous	일부일처의
monumental	기념비적인
nomadic	유목의, 방랑의
ominous	불길한
primeval	원시의, 태고의
pristine	오염되지 않은, 원시시대의
skeletal	해골의

명 사

antiquity	고대
ape	유인원
archaeology	고고학
archive	옛기록, 공문서
aristocrat	귀족
Bronze Age	청동기 시대
burial mound	매장식 흙둔덕
charcoal	목탄
chronology	연대기
clan	씨족사회

community	공동체	phenomena	현상
depredation	약탈	philology	문헌학
diggings	광산, 금광, 발굴물	pillar	기둥, 지주
dolmen	고인돌	plebeian	(고대 로마의) 서민
dwelling	거주	polyphony	다성음악
enigma	수수께끼	pottery	도자기
equal retaliation	동등한 앙갚음, 복수	prehistoric times	선사시대
folk story	민간 설화	primitive people	원시인
forebears	선조 조상	progenitor	(동식물의) 원조, 조상
fragment	파편, 조각	progeny	후손, 자손
funerary monument	장례식 추도문	religious cults	종교 의식
geometric shape	기하학 무늬들	ruins	유적, 유물
haft	손잡이	sanctuary	신성한 장소, 성역
hominoid	유인원	scraper	긁어 내는 도구
Homo erectus	직립 원인	sculpture	조각, 조각술
indigenous people	원주민의	speculations	추론들
juxtaposition	병렬	status	신분, 지위
legend	전설	Stone Age	석기 시대
mammoth-tus	맘모스 어금니	stratigraphy	지층학
matriarchy	모계 사회	tribal chieftains	부족의 족장들
mound	고분	tribe	부족, 종족
mummy	미이라	ups and downs	영고 성쇠
mythology	신화	watercourse	물줄기, 수류
paleontology	고생물학, 화석학	worship	숭배, 예배
patriarchy	부계제		
patrician	(고대 로마의) 귀족		

정치학 Politics

명 사

address	연설	hard-liner	강경파
aide	조력자, 보좌관	independent	무소속 국회의원
appointment	임명	intransigent	비타협적인 사람
autarchy	독재권	minority	소수파
ballot-box	투표함	official	공무원
by-election	보궐 선거	opposition party	야당
campaign	선거 운동	ouster	추방, 축출, 몰수
candidate	입후보자	petition	청원, 탄원
congress	의회	plurality	과반수, 겸직
delegat	대표자	poll	투표(=suffrage)
demagogue	선동가	protocol	조약, 원안
deputy	대리인	racialism	인종 차별주의(=racism)
election	선거	realism	현실주의
frontier	국경	riot	분규, 폭동
		secession	탈당
		senator	상원 의원

slavery	노예 소유
social disorder	사회 불안
social integration	사회 통합
social security	사회 보장 제도
stalemate	교착 상태, 궁지
status quo	현상(現狀)

stopgap	미봉책
subject peoples	피지배민족
summit conference	정상 회담
the House	상원, 하원
vote	투표
welfare	복지

경제학 Economics

형용사

ethnic	민족의

명사

a state of boom	호황
audit	회계감사
avocation	부업
bankruptcy	도산
bargain	매매 계약
bill	(약속)어음
black ink balance	흑자
blue chips	우량주
budget(bill)	예산(안)
bystander	방관자
cession	양도
clearing house	물물교환소, 어음 교환소
commodity	상품, 필수품
covenant	계약
crisis	경제 공황
current price	시가
depreciation	가치 하락
depression	불황
devaluation	평가절하
donation	기부
due	지불되어야 함
equilibrium	균형, 안정
extravagance	낭비
fiat money	불환(不換) 화폐

fluctuation	변동
fund	기금
gains	수익
generalization	일반화
glut	공급 과잉
imbalance	불균형(상태)
incorporation	합병(=consolidation)
installment	분할 불입금
interest	이자
inventory	명세서, 재고품 목록
monopoly and oligopoly	독과점
national treasury	국고
objectivity	객관성
panic	공황
practice	관례, 관습
public goods	공공재
rapid growth	급진 성장
recover	회복
recruit	신입사원, 신참
slump	침체
small and medium enterprises	중소기업
stock	주식
stock-talking	재고 조사
subcontract	하청(계약)
trade cycle	경기 순환
tycoon	실업계의 거물, 재벌
walkout	동맹파업
wholesale	도매

법률 Law

명 사

abolitionist	(법률의) 폐지
accessory	방조자, 종범
accuser	원고
act	법령, 조례
administration	관리, 경영, 행정
administration of amendment	(법률의) 수정안
appeal	항소
arbitator	중재자
arson	방화(범)
atrocity	극악무도, 잔인성
attorney	변호사
bail	보석금
barrister	법정 변호사
bench	판사석
bugging	도청(=tapping)
by-law	내규
capital punishment	사형
chancellor	사법부
civil law	민법
civil suit	민사소송
code	법전
complaint	고소(=accusation)
congressman	국회의원
constitution	헌법
contingency	우발적 사건
conviction	선고
cop	경찰(=officer)
court	법정
criminal law	형법
criminal record	전과
culprit	주범, 범죄자
defendant	피고
delinquency	범죄(비행)
detective	형사
double jeopardy	일사부재리의 원칙
due process of law	법적 절차
ex-convict	전과자
Executive	행정부
feminism	여권주의
fine	벌금
fraud	사기(=humbling)
hearing	심의공청회
homicide	살인

imprisonment	금고
indemnity	배상
iniquity	불이익, 불의
interrogation	심문
invalidity	무효
jail bird	전과자
judge	재판장
jurisdiction	사법
judiciary	사법부
jury	배심원단
juvenile delinquency	청소년 범죄
larceny	도둑질(=theft)
law court	법정
lawsuit	소송(=suit)
legislation	입법
legislature	입법부
life imprisonment	무기징역
line	사업
lucre	이익
misdemeanor	경범죄
monetary system	금융 제도
moratorium	지불 유예
ordinance	법령
outlaw	죄인
output	생산고
paper note	지폐
passbook	은행 통장
penalty	형벌, 벌금
pension	연금(=annuity)
perjury	위증
plaintiff	원고
pledge	담보물
precedent	판례
procedure	소송절차
prosecution	구형
public prosecutor	검사
pumping priming	경기 부양책
rape	강간
reconciliation	화해
reimbursement	상환, 변제
robbery	강도
rush	급수요, 주문쇄도
sampling	표본추출
securities	유가 증권
security	보증, 담보

securitiy industry	경비 산업
separate	별거
search-warrant	가택 수색 영장
sergeant	경사
sexual harassment	성희롱
shut-down	공장 폐쇄
subsidy	보조금
summons	소환(장)
surplus	잉여물

take the Fifth	묵비권
tariff	관세
testimony	증언
trial	재판
verdict	판결
vigilance and weight	경계와 압력
violence	폭행
voucher	영수증
witness	증인

문학 Literature

명 사

alliteration	두운(법)
annotation	주석(=gloss)
anthology	시선집, 전집
authorship	원작자임
bibliography	저자 목록, 서지학
biography	전기
catharsis	카타르시스
censorship	검열
chronicle	연대기
compendium	개요
copyright	판권, 저작권
crib	표절(물)
deconstruction	해체주의
derivative verse	파생적인 운문
dialect	방언, 지방사투리
draft	초안
elegy	애가, 비가
epigram	경구
epitome	요약
excerpt	인용구, 발췌
fable	우화
fiction	소설
folklore	민간 전승, 민속(학)
hue and cry	고함소리, 심한 비난
installment	(연재물의) 1회분
irony	빈정댐, 풍자, 반어, 빗댐
libel	비방하는 글
literacy	읽고 쓰는 능력
macabre horror	섬뜩한 공포

masterpiece	걸작, 명작
newsstand	신문 판매대
ode	송시
orthography	철자
paradox	역설, 패러독스
phonetics	음성학
pirate	저작권 침해자
prelude	서막, 전주곡
prose	산문
reputation	평판
royalty	특허 사용료
satire	풍자, 풍자 문학, 풍자작
scoop	특종기사
setting	(작품의) 배경
stenography	속기
stereotype	상투적인 문구, 고정관념
style	문체
tragedy	비극
version	번역(서)
wit	기지, 위트

동 사

innuendo	암시, 풍자하다
paraphrase	바꾸어 말하다, 바꾸어 말하기
plagiarize	(남의 문장이나 사상을) 도용하다
proof-read	교정보다
punctuate	돋보이게 하다, 구두점을 찍다
revise	교정하다
subscribe	정기 구독하다

철학 Philosophy

명 사

abnegation	극기(=stoicism)
analogy	유추
argument	추론
awareness	지각, 인식
connotation	내포
contradiction	모순 논리
determinism	결정론
drive	동기
egocentrism	자기중심(주의)
egoism	이기주의
extrovert	외향적인 사람
feedback	반응, 점검
hang-up	콤플렉스
humanism	인본주의
hypothesis	가설, 가정
identity crisis	자아 상실
ideology	이념

implication	암시
induction	귀납법
inference	추론(=reasoning)
intention	의도, 개념, 관념
introvert	내성적인 사람
parallelism	유사성, 평행, 비교
pessimism	비관론
proposition	명제
resistance	반감
skeptic	회의론자
skepticism	회의론
stimulus	자극
structuralism	구조주의
substance	실체
syllogism	3단 논법
theism	유신론
universal	보편적인
utilitarianism	공리주의

윤리학 Ethics

형 용 사

cryptic	비밀의
ethical	윤리적인
moral	도덕적인
sureptitious	은밀한(=clandestine)
untidy	부정한

명 사

caprice	변덕(=whim)
comity	예의

decency	예의바름
dubiety	의심
precept	교훈, 금언
propriety	예절(=decorum)
rectitude	정직
seclusion	격리
self-esteem	자존심
trait	특징, 특성
true-blue	지조가 굳은 (사람)
true lie	새빨간 거짓말(=downright lie)
white lie	선의의 거짓말

종교 Religion

형 용 사

fabulous	전설적인
heterodox	이단의
orthodox	정통적인, 공인된

명 사

advent	도래, 출현
atheism	무신론
authenticity	신빙성
benediction	축복
Buddhism	불교
Catholicism	가톨릭교
Christianity	기독교
Confucianism	유교
crucify	십자가에 못박다
deification	신격화
doom	파멸
fairy	요정(=nymph)
Hinduism	힌두교
immolation	희생, 제물

inquisition	종교재판
Islam	이슬람교
Judaism	유대교
Lord	신
malediction	저주, 악담
martyr	순교자
Mass	미사
mission	전도(하다), 포교(하다)
omnipotence	전능
pastor	목사
piety	신앙심
pilgrim	순례자
pious fraud	포교를 위한 선의의 거짓말
Protestantism	신교
resurrection	부활절
ritual	종교적 의식
sanctity	신성
sect	종파
Taoism	도교
The Crown of Thorns	가시 면류관
theology	신학

미술 Fine Arts

형 용 사

aesthetic	미적인, 미학의
chromatic	색체의
limped	투명한(=pellucid)
lucent	빛나는, 반투명의
luminous	밝은
lurid	타는 듯이 붉은
motley	잡색의
obscure	어두운
opaque	불투명한
progressive	점차적인
transparent	투명한

명 사

abstract painting	추상화
antique	골동품(=curio)
appreciation	(예술품의)평가, 이해
art history	미술사
azure	하늘색
brush stroke	붓칠
brushwork	화풍, 화법
bust	반신상
canvas	캔버스, 화포
chiaroscuro	명암법
connoisseur	(예술품의 감식) 전문가, 감정가
constriction of space	공간의 축소
contour line	외곽선, 등고선
copperplate	동판화
engraving	조각술, 조판술, 판화

etching	부식 동판술, 에칭(화)	portrait	인물화, 초상화
fine arts	미술사	rendering	표현
formative arts	조형 미술	sculpture	조각
gallery	관람석, 관객, 화랑	still picture	정물화
Impressionism	인상주의, 인상파	vandal	예술품 파괴자
manner	(미술 문학) 형식, 양식	vantage point	관점
monochrome	단색화	wash drawing	담채(화)
mural painting	벽화	watercolor	수채물감
pigment	안료, 그림물감	wood carving	목각(술)
plaster cast	석고상	woodprint	목판화

음악 Music

형용사

andantino	조금 느리게
major	장음계의
side-blown	옆으로 부는
symphonic	교향악의
tone-deaf	음치의

명 사

aisle	(극장 등의) 통로	improvisation	즉흥연주
ballet	발레	instrument	악기
bare stage	텅빈 무대	inventiveness	독창성
beat	박자	march	행진곡
cacophony	불협화음	marine band	해군 군악대
chamber music	실내악	masquerade	가면 무도회
choreography	(발레의) 안무	musical literature	음악 서적
clef	음자리표	musical notation	기보법
composer	작곡가	national anthem	국가
conservatory	음악학교, 예술학교	note	음표 음조
enthusiasm	열정	percussion	타악기
execution	연주솜씨	philharmonic	교향악단
fiddle	바이올린	presentation	발표
folk tune	민요음	skill	숙련
		solemn	장엄한
		solo	독주, 독창
		string quartet	현악 4중주
		symphony	교향악
		threnody	비가(悲歌)
		undertone	저음
		variation	편곡, 변주
		word	가사

영화 Film

명 사

close-up	근접 촬영
comedy	희극
commentary	논쟁, 논평
continuity	촬영 대본, 콘티
criticism	비평
documentary film	기록 영화
dramatist	극작가
exclusive	미성년자 관람 금지
filmdom	영화 산업
first runner	개봉관
monochrome film	흑백 영화
performance	연극공연
preview	시사회, 시연
rating	영화의 등급
revival	재 개봉관
scenery	풍경
ticket agency	예매소
usher	극장 안내원

The iBT TOEFL Series

박정 토플

iBT TOEFL®

iBT 핵심 기출어휘 900

Vocabulary

PJ BOOKS
LANGUAGE PROFICIENCY

TOMATO
Publishing Company

iBT 토플 기초부터 700
VOCABULARY

iBT 핵심 기출어휘 900

1st WEEK ▶ ▶

DAY 1

Entry	Synonym	Meaning
001 **abandon** [əbǽndən]	*v.* desert, give up, surrender abandon one's plan 계획을 포기하다	버리다, 포기하다
002 **aberrant** [əbérənt]	*a.* abnormal, odd, extraordinary	정도를 벗어난, 비정상인, 변종의
003 **abound in** [əbáund ən]	*v.* be plentiful, be abundant, flourish abound in marine products 수산물이 풍부하다	풍부하다, 충만하 다, 넘칠 듯하다
004 **abruptly** [əbrʌ́ptli]	*ad.* suddenly, all of a sudden, unexpectedly	갑자기
005 **absorbing** [əbsɔ́ːrbiŋ]	*a.* learning, engaging, intriguing	흡수하는: 〈학문, 사 상을〉 받아들이는
006 **absurd** [əbsə́ːrd]	*a.* ridiculous, silly, unreasonable an absurd opinion 얼빠진 소리	불합리한, 어리석은
007 **abundance** [əbʌ́ndəns]	*n.* plenty, bounty, profusion an abundance of grain 많은 곡물	다량, 다수, 풍부, 충만
008 **abundant** [əbʌ́ndənt]	*a.* plentiful, bountiful; numerous an abundant supply of water 풍부한 물의 공급 be abundant in 풍부하다	풍부한; 많은

009 accessible
[æksésəbəl]

a. ① obtainable   ② easy to reach, reachable

① 사용하기 쉬운
② 접근하기 쉬운

---

010 accordingly
[əkɔ́ːrdiŋli]

ad. consequently, therefore

따라서, 그러므로

---

011 account for
[əkáunt fɔːr]

v. explain, cause

account for the accident 사고를 설명하다

설명하다, 원인을 제시하다; 비율을 차지하다

---

012 accumulate
[əkjúːmjəlèit]

v. build up; collect, gather

accumulate money 돈을 모으다

모이다, 집결하다, 쌓다, 축적하다

---

013 accurately
[ǽkjərətli]

ad. correctly, precisely, exactly

accurately at five 정확히 5시 정각에

정확하게, 틀림없이

---

014 acknowledge
[əknálidʒ]

v. recognize, admit, allow

acknowledge oneself to be wrong 자신의 잘못을 시인하다

인정하다, 시인하다, 감사하다

---

015 acquire
[əkwáiər]

v. obtain, get, gain

acquire a foreign language 외국어를 습득하다

얻다, 취득하다, 획득하다

---

016 adept
[ədépt]

a. skillful, expert, proficient

be an adept at~ ~에 숙달된

숙련된, 숙달된

---

017 adequate
[ǽdikwit]

a. sufficient, ample, abundant

an adequate supply of food 식량의 충분한 공급

알맞은, 충분한, 상응하는

---

018 adhere
[ædhíər]

v. stick, attach, cling

adhere to N N에 들러붙다
adhere to neutrality 중립을 지키다

들러붙다, 부착하다

---

019 adjacent
[ədʒéisənt]

a. adjoining, neighboring, nearby

adjacent houses 서로 이웃한 집들

이웃의, 인접한

020 adopt
[ədápt]

v. begin to use, take on, follow

adopt a policy 정책을 채택하다

채용하다, 채택하다;
차용하다

021 adorn
[ədɔ́:rn]

v. decorate, array, embellish

adorn oneself with jewels 보석으로 치장하다

꾸미다, 장식하다

022 advent
[ǽdvent]

n. arrival, coming; beginning

the advent of a new age 새 시대의 도래

출현, 도래; 시작

023 advocate
[ǽdvəkit]

v. support, recommend, propose

advocate peace 평화를 주장하다

옹호하다,
지지하다

024 affluent
[ǽflu(:)ənt]

a. wealthy, rich, prosperous

in affluent circumstances 유복하게

풍부한, 부유한

025 afford
[əfɔ́:rd]

v. manage; provide, offer

cannot afford the expense 비용을 감당할 수 없다

~할 여유 있다; 제공
하다, 공급하다

026 aftermath
[ǽftərmæ̀θ]

n. result, effects, outcome

the aftermath of the war 전쟁의 여파

여파, 결과

027 aggregate
[ǽgrigèit]

v. collect, combine, assemble

aggregate demand 총 수요

모으다, 합계가 ~
이 되다

028 aggravate
[ǽgrəvèit]

v. make worse, intensify, exaggerate

feel aggravated 화나다

악화시키다, 심화시
키다, 가중시키다

029 akin to
[əkín tu:]

a. similar to; alike, resembling

akin to love 사랑과 가까운

유사한, 비슷한(to);
혈족의, 동족의(to)

030 albeit
[ɔ:lbíːit]

conj. even though; although, though

~이기는 하지만;
~라 할지라도

Entry	Synonym	Meaning
031 **allegiance** [əlíːdʒəns]	*n.* loyalty, fidelity, obedience swear allegiance 충성을 맹세하다 allegiance to N N에 대한 충성	(국가, 군주에 대한) 충성; 충실, 헌신
032 **allied** [əláid]	*a.* related, united, linked allied nations 동맹국	동맹한, 연합한, 같은 계통인
033 **allocate** [æləkèit]	*v.* designate, assign, distribute allocate enough memory 충분한 메모리를 할당하다	(일, 임무 등에) 배치 하다, 지명하다
034 **allocation** [æləkéiʃən]	*n.* assignment, allowance, allotment	할당, 배당; 배치; 배분; 배당량
035 **allude** [əlúːd]	*v.* suggest, refer, mention allude to a historical event 고사를 인용하다 allude to N N에 대해 넌지시 말하다	넌지시 말하다, 언급 하다, 암시하다
036 **allure** [əlúər]	*v.* appeal, attract, entice allure a person from ~ 사람을 ~로 사로잡다	매혹하다, 사로잡다
037 **alter** [ɔ́ːltər]	*v.* change, transform, revise *vt.* alter a house into a store 주택을 점포로 개조하다 *vi.* alter for the better 개선하다	바꾸다, 고치다
038 **alternative** [ɔːltə́ːrnətiv]	*n.* substitute, choice, preference an alternative plan 대안책	대안, 양자택일

039 altogether
[ɔ́ːltəgéðər]

ad. completely, absolutely, totally

모두, 완벽하게

040 ambiguous
[æmbígjuəs]

a. uncertain, vague, obscure
an ambiguous reply 애매모호한 대답

두 가지 뜻을 지닌;
모호한; 분명치 않은

041 amiss
[əmís]

ad. wrong, faulty, defective
come amiss 잘못되다

나쁘게, 잘못하여

042 ample
[ǽmpl]

a. plentiful, abundant; more than enough
ample funds 풍부한 자금

풍부한; 충분한

043 amplify
[ǽmpləfài]

v. increase, enlarge, expand
amplified through a loudspeaker 확성기를 통해 증폭되다

확대하다, 증대하다

044 analogous
[ənǽləgəs]

a. similar, comparable
analogous figures 닮은 꼴

닮은, 유사한

045 anarchy
[ǽnərki]

n. disorder, lawlessness, confusion

무정부 상태; 혼란,
무질서

046 anchor
[ǽŋkər]

v. hold in place

고정시키다,
붙들어 매다

047 ancient
[éinʃənt]

a. early, old, primordial
ancient civilization 고대 문명

옛날의, 태고적부터,
아주 오래된

048 annihilate
[ənáiəlèit]

v. remove, eliminate
The law was annihilated. 그 법률은 폐지되었다.

전멸시키다, 무효화
하다, 폐기하다

049 annual
[ǽnjuəl]

a. yearly, once a year
an annual income 연소득

매년의, 해마다의

050 anomaly
[ənáməli]

n. irregularity, exception, eccentricity

social anomalies 사회 부조리

예외, 변칙, 이례적
인 것

051 antagonistic
[æntǽgənístik]

a. competing, adverse, hostile

be antagonistic to religion 종교와 서로 상극이다

반대의, 상반되는;
적대하는

052 anticipate
[æntísəpèit]

v. expect, look forward to

anticipate a victory 승리를 예상하다

예상하다, 기대하다

053 antique
[æntí:k]

a. ancient, classical, primeval

an antique shop 골동품 가게

과거의, 고대의, 고풍
의, 시대에 뒤진

054 anxiety
[æŋzáiəti]

n. worry, concern, doubt

be in great anxiety 큰 근심하고 있다

불안, 걱정, 염려;
갈망

055 anxious
[ǽŋʃʃʌs]

a. worried, concerned, yearning

anxious about ~ ~에 대하여 걱정하다

걱정하는, 근심하는;
갈망하는, 바라는

056 apex
[éipeks]

n. crest, peek, summit

the apex of a triangle 삼각형의 꼭짓점

정점, 정상; 최고조,
절정

057 apparatus
[æpəréitəs]

n. equipment, device, machinery

a chemical apparatus 화학적 장비

기구, 용구, 장치,
설비

058 apparent
[əpǽrənt]

a. evident, obvious; seeming

apparent to the naked eye 육안으로 확실히 보이는
apparent to N N에 명백한

확실히 보이는, 명백
한; 외관상의

059 application
[æplikéiʃən]

n. use, utilization

a rule of general application 일반적으로 통용되는 규칙

적용, 이용, 사용,
응용

060 appreciable
[əprí:ʃiəbl]

a. noticeable; significant, considerable

an appreciable change 뚜렷한 변화

쉽게 판단할 수 있는,
분명한; 상당한

1st WEEK ▶▶
DAY 3

Entry	Synonym	Meaning
061 **appreciably** [əprí:ʃiəbli]	*ad.* noticeably, obviously, evidently	뚜렷하게, 두드러지게
062 **appreciate** [əprí:ʃièit]	*v.* understand, perceive, realize appreciate the danger of a situation 사태의 위험함을 이해 하다	정당하게 평가하다, 이해하다, 분간하다
063 **approach** [əpróutʃ]	*n.* method, way, process a new approach to English 영어의 새 학습법	(학문 등의) 접근법, 길잡이, 방법
064 **appropriate** [əpróuprièit]	*a.* suitable, apt, proper an appropriate choice 적절한 선택	적합한, 어울리는, 타당한
065 **approximate** [əpráksəmèit]	*a.* close, near a approximate estimate 어림셈 ⑪ **approximately** *ad.* about, around, nearly 대체로, 대략	근사한, 대체의, 대략의
066 **archaic** [ɑ́:rkéiik]	*a.* old, outdated, obsolete an archaic word 고어	오래된, 구식의
067 **archetypal** [ɑ́:rkitàipəl]	*a.* ideal, typical, prototypic archetypal fossil 원형적인 화석	원형의, 원형적인; 모범의
068 **arduous** [ɑ́:rdʒuəs]	*a.* difficult, strenuous; laborious make arduous efforts 끈질긴 노력을 기울이다	정력적인, 끈기 있는; 〈일이〉 몹시 힘드는

069 arid
[ǽrid]

a. dry, barren, sterile

arid ground 풀이 나지 않는 땅

(토지가) 물 부족으로
불모의, 건조한

---

070 article
[á:rtikl]

n. object, item; essay

article of food 식료품

품목, 물건; 기사,
논문

---

071 artificial
[à:rtəfíʃəl]

a. man-made, synthetic, plastic

artificial rain 인공비

인공의, 모조의; 부자
연스러운; 인위적인

---

072 artisan
[á:rtəzən]

n. craftspeople, master, technician

장인, 기능공

---

073 ascend
[əsénd]

v. raise, climb, soar

vi. ascended into the clouds 구름 속으로 상승하다
vt. ascend the throne 왕위에 오르다

오르다, 상승하다,
높아지다

---

074 assert
[əsə́:rt]

v. declare, claim, state

assert one's right 자신의 권리를 주장하다

단언하다, 주장하
다

---

075 assertive
[əsə́:rtiv]

a. supportive, positive, insistent

a self-assertive person 콧대가 센 사람

단호한, 단정적인,
단언적인; 고집하는

---

076 assess
[əsés]

a. evaluate, estimate, rate

assess a tax on a person ～에게 세금을 부과하다

(과세액 결정을 위해
재산 등을) 평가하다

---

077 assessment
[əsésmənt]

n. evaluation, estimate, analysis

assessment of a person's character 사람의 성격 판단

(과세를 위한 자
산) 평가, 사정

---

078 assimilate
[əsíməlèit]

v. absorb, adaptation

vt. assimilate the Western civilization 서양 문명을 흡수하다
vi. food will assimilate 음식은 소화될 것이다

동화시키다, 일치시
키다, 흡수하다

---

079 assist with
[əsíst wið]

v. help with, aid, cooperate with

돕다, 도와주다

080 assume
[əsjúːm]

v. ① suppose; think, believe ② take on, adopt

assumed that the express would be on time
열차가 제 시간에 올 것이라 생각했다
assume the chair 의장이 되다

① 가정하다; 당연하다
고 생각하다
②(책임, 임무를) 떠맡
다, 인수하다, 지다

081 assure
[əʃúər]

v. guarantee, ensure, confirm

assure of ~ ~를 확신하다

확실하게 하다

082 astonish
[əstániʃ]

v. amaze, astound, stun

The news astonished us. 그 뉴스를 우리를 깜짝 놀라게 했다.

놀라게 하다, 깜짝 놀
래다

083 astonishing
[əstániʃiŋ]

a. amazing, astounding, surprising

astonishing news 깜작 놀랄 소식

깜짝 놀라게 하는,
놀라운, 뜻밖의

084 astounding
[əstáundiŋ]

a. amazing, bewildering, staggering

astounding discovery 놀라운 발견

크게 놀라게 하는,
놀라운, 대경 실색케
하는

085 astute
[əstjúːt]

a. insightful, shrewd, clever

an astute reply 날카로운 대답

통찰력 있는, 날카로
운, 빈틈없는

086 attain
[ətéin]

v. reach; achieve, accomplish

vt. attain one's goal 목표를 달성하다
vi. attain to N / attain to glory 영예를 얻다

달성하다; (노력, 세월
의 경과 따라) 도달하
다

087 attainment
[ətéinmənt]

n. achievement, triumph, exploit

a man of attainment 박학다식한 사람

달성, 획득, 도달,
위업

088 attempting
[ətémptiŋ]

a. trying, struggling, aiming

시도하는, 꾀하는,
노리는

089 attest (to)
[ətést tuː]

v. confirm, testify, certify

vt. attest a document 문서를 증명하다
vi. attest to N / attest to his innocence 그의 결백을 입증하다

증명하다, 입증하다

090 attributable (to)
[ətríbjutəbəl tuː]

a. caused by, ascribable to

기인하는, ~에 원인
을 돌릴 수 있는

V O C A B U L A R Y TEST 1

1. absurd

(A) vague
(B) ridiculous
(C) evident
(D) stubborn

2. adjacent

(A) independent
(B) obscured
(C) nearby
(D) within

3. adopt

(A) spread
(B) regulate
(C) begin to use
(D) count on

4. aggregate

(A) suggest
(B) collect
(C) increase
(D) support

5. akin to

(A) contrast to
(B) resultant to
(C) similar to
(D) accustomed to

6. allocate

(A) revise
(B) cut off
(C) give up
(D) designate

7. alter

(A) omit
(B) reproduce
(C) compose
(D) change

8. ample

(A) limited
(B) plentiful
(C) barren
(D) mature

9. amplify

(A) clap
(B) increase
(C) evaluate
(D) declare

10. analogous

(A) seeming
(B) similar
(C) unknown
(D) surprising

11. anarchy

(A) disorder
(B) powerlessness
(C) violence
(D) assignment

12. annihilate

(A) agitate
(B) completely remove
(C) suspect
(D) surmise

13. appreciable

(A) numerous
(B) noticeable
(C) obtainable
(D) reachable

14. arid

(A) dry
(B) fruitful
(C) remote
(D) distant

15. artificial

(A) insulating
(B) man-made
(C) unadorned
(D) complex

16. artisan

(A) craftsman
(B) manufacturer
(C) predecessor
(D) trader

17. ascend

(A) exploit
(B) recur
(C) supersede
(D) raise

18. assert

(A) negatively state
(B) declare
(C) accentuate
(D) entreat

19. assimilate

(A) absorb
(B) designate
(C) desert
(D) access

20. astute

(A) bold
(B) insightful
(C) odd
(D) sensual

Answer

1. B   2. C   3. C   4. B
5. C   6. D   7. D   8. B
9. B   10. B   11. A   12. B
13. B   14. A   15. B   16. A
17. D   18. B   19. A   20. B

1st WEEK ▶▶

DAY 4

Entry	Synonym	Meaning
091 **attribute** [ǽtrəbjùːt]	*n.* characteristic, nature, property, trait political attributes of the Pentagon 미 국방부의 정치적 특징	특징, 특성, 속성
092 **attribute A to B** [ətríbjuːt tuː]	*v.* ascribe A to B attribute a disaster to a criminal 참사를 범인 탓으로 돌리다	A를 B탓이라고 생각 하다; A를 B에 귀속 시키다
093 **authentic** [ɔːθéntik]	*a.* genuine, real authentic report 근거 있는 보도	진짜의, 진품의
094 **authority** [əθɔ́ːriti]	*n.* expert, specialist, master the military authority 군 당국	권위, 권위자; 대가; 능숙한 솜씨
095 **autonomous** [ɔːtánəməs]	*a.* independent, sovereign, self-sufficient a local autonomous body 지방 자치체	자치권의, 자율적인
096 **awkward** [ɔ́ːkwərd]	*a.* clumsy, unskilled feel awkward 거북하게 여기다	서투른, 솜씨 없는, 어 색한, 다루기 어려운
097 **barely** [béərli]	*ad.* just, scarcely, hardly She is barely 16. 그녀는 겨우 16세이다.	겨우, 드러내놓고; 오로지, 다만
098 **barren** [bǽrən]	*a.* lifeless, sterile, unproductive a barren stamen 꽃가루가 생기지 않는 수술	불임의, 불모의; 내용 이 빈약한, 메마른

099 barrier
[bæriər]

n. obstacle, blockade, barricade

the language barrier 언어 장벽

(통행, 출입을 막는)
목책, 방벽, 장애물

100 (be) inclined to
[bi: inkláind tu:]

v. tend to, apt to

~하는 경향이 있다

101 belch
[beltʃ]

v. suddenly emit, give off, release

vt. Volcanoes belched carbon dioxide.
화산이 이산화탄소를 내뿜었다.

내뿜다, 분출하다;
내뱉다

102 belittle
[bilítl]

v. disregard, underestimate

belittle the influence of communism
공산주의의 영향을 경시하다

과소평가하다, 경시
하다, 작게 하다

103 beneficial
[bènəfíʃəl]

a. helpful, useful, profitable

a beneficial insect 익충

이익이 되는, 득이
되는, 유익한

104 bizarre
[bizáːr]

a. strange, unusual, weird

a taste for bizarre things 별난 취미

괴한, 별난, 기묘한

105 blossom
[blásəm]

v. flourish, thrive, prosper

the blossom of youth 청춘의 개화기

꽃 피다, 번창하다,
번영하다

106 blur
[bləːr]

v. make less distinct

a blur of human voice 희미하게 들리는 사람 소리

흐리게 하다; 희미하
게 하다

107 boast
[boust]

v. show off, pride oneself on

boast of being rich 부자라 자랑하다

자랑하다, 뽐내다

108 bombard
[bɑmbáːrd]

v. strike, assault, attack

bombard atom with a particle 원자에 입자로 충격을 가하다

(원자 등에) 입자로
충격을 가하다

109 boon
[buːn]

n. great benefit, blessing, gift

a boon companion 마음 맞는 친구

혜택, 은혜, 이익

110 breakthrough
[bréikθrù:]

n. sudden advance, development

scientific breakthrough 과학적 업적

비약적 발전, 큰 발명, 타개

111 brittle
[brítl]

a. breakable; easily broken, fragile

a brittle glass 깨지기 쉬운 유리잔

부서지기 쉬운, 깨지기 쉬운

112 broadly
[brɔ́:dli]

ad. generally, usually, typically

broadly speaking 대체로 말하면

대략적으로, 대체로, 널리

113 broke
[brouk]

a. penniless, bankrupt, ruined

The company is now broke. 그 회사는 현재 파산상태이다.

한푼 없는, 빈털터리의, 파산한

114 buffer
[bʌ́fər]

v. protect, safeguard, shield

a buffer zone 완충지대

(충격 따위로부터) 보호하다, 지키다

115 bulk
[bʌlk]

n. majority, large quantity, mass

체적, 크기, 대부분, 주요 부분, 대량

116 burst
[bəːrst]

v. break out, erupt, rush

vi. burst into fragments 터져서 조각이 되다
vt. burst the door open 문을 쾅 하고 열다

터지다, 별안간 나타나다, 갑자기 ~하다

117 bustling
[bʌ́sliŋ]

a. lively, crowded, active

a bustling life 바쁜 생활

분주히 움직이는, 부산스러운, 바쁜 듯한

118 calculatedly
[kǽlkjəlèitədli]

ad. deliberately, intentionally

계산적으로, 계획적으로, 고의적으로

119 camouflage
[kǽmuflɑ̀:ʒ]

v. hide, disguise, blind

a camouflaged chameleon 위장한 카멜레온

위장하다, 속이다, 숨기다

120 candid
[kǽndid]

a. honest, frank, trustful

candid hearing 편견 없이 듣는

솔직한, 숨김없는, 거리낌 없는

1st WEEK ▶▶

DAY 5

Entry	Synonym	Meaning
121 **capacity** [kəpǽsəti]	*n.* ability, capability a man of capacity 해결사	수용력; 지적 능력, 재능
122 **capture** [kǽptʃər]	*v.* trap, arrest, seize	붙잡다, 포획하다, 사로 잡다
123 **cargo** [káːrgou]	*n.* shipment, load, baggage ship the cargo 선적하다	짐, 뱃짐
124 **cautious** [kɔ́ːʃəs]	*a.* careful, tentative, prudent be very cautious 용의주도하다	조심하는, 주의하는, 신중한
125 **cease** [siːs]	*v.* stop, finish, halt cease fire 사격중지	중지하다, 그만두다, 끝나다
126 **celebrated** [séləbrèitid]	*a.* famous, renowned, well-known the celebrated renaissance painter 유명한 르네상스 화가	유명한
127 **challenge** [tʃǽlindʒ]	*v.* question, dispute, defy a challenge to violence 폭력에의 도전	문제 삼다, 의심하다; 도전하다; 도전, 과제
128 **champion** [tʃǽmpiən]	*v.* support, defend, advocate a champion of peace 평화의 옹호자	지키다, 옹호하다, 지지하다

129 chancy
[tʃǽnsi]

a. risky, dangerous, hazardous

chancy business (결과가) 불확실한 사업

불확실한, 위험한;
운이 좋은

130 chaotic
[keiátik]

a. disorganized, disordered, confused

chaotic state 혼돈 상태

대혼란[무질서]의,
난잡한, 혼돈된,
어지러운

131 characteristic
[kæ̀riktərístik]

n. quality, feature, property

the characteristics of iron 철의 특징

특성, 특질, 특징

132 chief
[tʃiːf]

a. major, primary, supreme

Chief Executive Officer; CEO 최고경영자

최고의, 주요한,
제1의

133 choosing
[tʃúːziŋ]

a. opting, selecting, electing

고르는, 선택하는

134 chronic
[kránik]

a. persistent, constant, perpetual

a chronic disease 만성병

여러 해 전부터의;
끊임없는, 〈병이〉 만
성인

135 circuitous
[səːrkjúːitəs]

a. indirect, roundabout, rambling

circuitous road 우회 도로

우회하는, 에두르는,
완곡한

136 circumstance
[sə́ːrkəmstæns]

n. condition, situation, state

under normal circumstances 보통은

주위의 사정, 상황, 일
의 형편, 사건, 조건

137 cite
[sait]

v. mention, refer

literature cited 참고 문헌

인용하다, 예로 들다,
언급하다

138 classic
[klǽsik]

a. typical, standard, ideal

classic Oxford 유서 깊은 옥스포드

고전적인, 모범적인;
전통적인, 전형적인

139 clear
[kliər]

v. remove, clarify

clear the debt 빚을 청산하다

분명히 하다, 정리
하다, 제거하다

140 **cling** [kliŋ]	**v.** stick, adhere cling to one's position 입장을 고수하다	들러붙다, 집착하다
141 **clue** [kluː]	**n.** information, indication a clue for tracking down the criminal 범인을 추적할 단서	(문제 해결의) 단서, 실마리; (발전의) 계기
142 **cluster** [klʌ́stər]	**n.** group, gathering, collection a cluster of stars 성단	무리, 집단
143 **cognitive** [kɑ́gnətiv]	**a.** mental, intellectual, rational baby's cognitive power 어린 아이의 인지력	인지의, 인지에 관한
144 **coincidentally** [kouìnsədéntəli(ː)]	**ad.** at the same time, simultaneously, concurrently	우연히 일치하여, 동시에 발생하여
145 **collaborate** [kəlǽbərèit]	**v.** cooperate, work together, participate	공동으로 하다, 협력 하다, 함께 일하다
146 **collectively** [kəléktivli]	**ad.** together, unitedly	집합적으로, 집단적 으로, 함께
147 **commission** [kəmíʃən]	**v.** order, appoint, authorize commission of powers to a person ~에의 권한 위임	임명하다, 위임하다, 주문하다, 권한을 주다
148 **commonly** [kɑ́mənli]	**ad.** generally, universally, normally be commonly accurate 대체로 정확하다	보통으로, 일반적으로
149 **compacted** [kəmpǽktid]	**a.** compressed, condensed compacted type font 폭이 좁은 활자체	밀집된, 응축된, 압 축된
150 **comparable** [kɑ́mpərəbəl]	**a.** equivalent, equal comparable to others 다른 것들과 비교해서	비교할 수 있는, 유사 점이 있는, 비슷한

Entry	Synonym	Meaning
151 **compelling** [kəmpéliŋ]	*a.* convincing, forceful compelling argument 설득력 있는 논지	설득력이 있는, 마음 을 끄는
152 **compensate** [kámpənsèit]	*v.* adjust, recompense （파） **compensate for** *v.* balance, offset 상쇄하다, 벌충하다; 보상하다 compensate a person for loss ~에게 손실을 배상하다	보상하다, 평형[상쇄] 이 되도록 보정(補正) 하다
153 **complaint** [kəmpléint]	*n.* protest, objection expected complaint 예상한 불평	불평, 불만, 푸념
154 **complex** [kəmpléks]	*a.* complicated, elaborate, intricate complex security problem 복잡한 안보 문제	복잡한, 뒤얽힌
155 **complex** [kámpleks]	*n.* region, network, organization sports complex 종합운동장	복잡함, 복합체; 종합 빌딩, 복합지역
156 **complicated** [kámpləkèitid]	*a.* complex, perplexed a complicated fracture 복합 골절	복잡한, 뒤얽힌
157 **component** [kəmpóunənt]	*n.* constituent, part a component ratio 구성 비율	성분, 구성요소
158 **composite** [kampázit]	*n.* mixture, compound, complex the composite price index of stocks 종합주가 지수	합성물, 혼합물, 복합 물; 합성 사진

159 comprehensive
[kàmprihénsiv]

a. thorough, broad, complete

a comprehensive term 뜻이 넓은 말

범위가 넓은, 광범한, 포괄적인; 이해력 있는

---

160 compress
[kəmprés]

v. crush, squeeze, squash

compress air 공기를 압축하다

압축하다, 꽉 누르다

---

161 comprise
[kəmpráiz]

v. be made up of, consist of; include

comprises 50 states 50개 주로 구성되다

구성하다, ~으로 이루어지다; 포함하다

---

162 concede
[kənsí:d]

v. grant, admit

concede an election defeat 선거에서 패배를 인정하다

인정하다, 시인하다; 허용하다, 주다

---

163 concentrate on
[kánsəntrèit ɑn]

v. focus on, pay attention to

concentrate on a problem 문제에 집중하다

모으다, 집중시키다; 응축하다

---

164 concentrated
[kánsəntrèitid]

a. gathered, condensed, intense

concentrated juice 농축 주스

집중된, 밀집한, 농축된

---

165 concern
[kənsə́:rn]

n. interest, care, attentiveness

a matter of the utmost concern 매우 중대한 사건

관계, 이해관계; 관심사; 염려, 걱정

---

166 concern
[kənsə́:rn]

v. worry, care, anxiety

concern about environmental matter 환경 문제에 대해 걱정하다

관계하다, 관여하다; 걱정하다, 염려하다

---

167 conclude
[kənklú:d]

v. make a final judgment, come to the end, terminate

결말을 짓다, 결론을 내리다, 결정하다

---

168 conclusive
[kənklú:siv]

a. definitive, decisive; clear

conclusive evidence 확실한 증거

〈사실, 증거 등이〉 결정적인; 확실한

---

169 confidence
[kánfidəns]

n. certainty, trust, faith

have confidence in the future 장래에 확신이 있다

자신, 확신; 신용; 정확성

170 configuration
[kənfìgjəréiʃən]

n. arrangement, form

system configuration 시스템 구성

상대적 배치, 외형, 형상

---

171 confine
[kənfáin]

v. limit, restrict, restrain

confine to an area 지역을 제한하다

가두다, 한정하다, 제한하다

---

172 confirm
[kənfá:rm]

v. ascertain, ratify, sanction

confirm reservation 예약을 확인하다

확증하다, 확인하다, 승인하다

---

173 conforming
[kənfɔ́:rmiŋ]

a. obeying, following

conforming prototype 견본을 따라서

따르는, 순응하는; 일치하는

---

174 confront
[kənfrʌ́nt]

v. challenge, face, oppose

be confronted with ~ ~에 직면하다

직면하다, 맞서다

---

175 congeal
[kəndʒí:l]

v. solidify, freeze

Blood starts to congeal. 피가 응고되다.

굳어지게 하다, 고정화시키다

---

176 conjuncture
[kəndʒʌ́ŋktʃər]

n. combination

at this conjuncture 이 중대한 때에

결합, 접합, 얽힘

---

177 conquer
[kɑ́ŋkər]

v. defeat, overcome, beat

stoop to conquer 수치를 무릅쓰고 목적을 달성하다

정복하다, 이기다, 무찌르다

---

178 conjecture
[kəndʒéktʃər]

v. speculate, consider, guess

leave to conjecture 짐작에 맡기다

추측하다, 억측하다

---

179 consensus
[kənsénsəs]

n. agreement, unanimity

consensus of opinion 의견의 일치

(의견 등의) 일치, 대다수의 의견, 합의, 여론

---

180 consent
[kənsént]

v. agree, approve, permit

consent to give a lecture 강연할 것을 동의하다

동의하다, 승낙하다, 허가하다; 따르다

VOCABULARY TEST 2

1. attribute

(A) contradiction
(B) predictability
(C) characteristic
(D) benefit

2. autonomous

(A) independent
(B) planetary
(C) multiple
(D) constrictive

3. awkward

(A) clumsy
(B) astute
(C) harsh
(D) acute

4. barely

(A) twice
(B) just
(C) beyond
(D) approximately

5. barrier

(A) amendment
(B) regulation
(C) obstacle
(D) division

6. belittle

(A) adopt
(B) disregard
(C) stick
(D) amaze

7. blossom

(A) fluctuate
(B) flourish
(C) go unrewarded
(D) be undermined

8. boon

(A) great benefit
(B) expansion
(C) apparatus
(D) crest

9. breakthrough

(A) band
(B) symmetry
(C) sudden advance
(D) depression

10. bulk

(A) majority
(B) assignment
(C) text
(D) rest

11. camouflage

(A) captivate
(B) cover
(C) correct
(D) hide

12. candid

(A) repeated
(B) expert
(C) honest
(D) proud

13. cargo

(A) diction
(B) shipment
(C) branch
(D) limit

14. champion

(A) decline
(B) support
(C) convey
(D) integrate

15. circuitous

(A) inadvertent
(B) earnest
(C) optimal
(D) indirect

16. clue

(A) apparatus
(B) urge
(C) crest
(D) information

17. cluster

(A) habitat
(B) kind
(C) group
(D) cohesion

18. compelling

(A) observing
(B) bothering
(C) preparing
(D) convincing

19. concentrate on

(A) count on
(B) focus on
(C) lecture about
(D) argue about

20. confront

(A) encourage
(B) monitor
(C) develop
(D) challenge

iBT TOEFL VOCABULARY

Entry	Synonym	Meaning
181 **consequence** [kánsikwèns]	*n.* ① result ② importance, significance	① 결과 ② 중요성
182 **consequent** [kánsikwènt]	*a.* later, resultant consequent impact 뒤따른 충격 ⑪ **consequently** *ad.* therefore, as a result, subsequently 그 결과로서, 따라서	결과로 일어나는
183 **conserve** [kənsə́:rv]	*v.* save, preserve, keep conserve water 물을 아껴쓰다	보존하다
184 **considerable** [kənsídərəbəl]	*a.* ① significant, substantial ② large	① 고려 할만한, 상당한, 중요한 ② 큰
185 **considerably** [kənsídərəbli]	*ad.* greatly, remarkably, substantially considerably warmer 꽤 더운	상당히, 매우, 꽤
186 **considering** [kənsídəriŋ]	*a.* taking into account, in view of considering the historical fact 역사적인 사실을 고려하면	~을 고려하면, ~을 생각하면
187 **consistently** [kənsistəntli]	*ad.* regularly, steady, constantly	변함없이, 일관되게
188 **conspicuous** [kənspíkjuəs]	*a.* noticeable, obvious, evident conspicuous star 특히 눈에 띄는 별	확실히 보이는, 뚜렷한, 두드러진

---

189 constant
[kánstənt]

a. unchangeable, perpetual, incessant

constant temperature 일정한 온도

⑪ **constantly** *ad.* always, all the time, continually 끊임
없이, 계속

꾸준한, 불변하는

---

190 constellation
[kànstəléiʃən]

n. galaxy; combination

milky way constellation 은하수

별자리, 성운; 화려한
무리; 사람들의 무리

---

191 contiguous
[kəntíɡjuəs]

a. neighboring, adjacent, continuous

contiguous states 인접국가들

인접하고 있는,
근접한, 이웃한

---

192 constitute
[kánstətjùːt]

v. make up, form, compose

constitute society 사회를 구성하다

구성하다, 설립하다

---

193 constrain
[kənstréin]

v. restrict, confine, constrict

constrain oneself 자제하다

강요하다, 구속하다,
억압하다, 제약하다

---

194 consume
[kənsúːm]

v. use up; eat; destroy

consume gas 가스를 사용하다

소비하다; 다 먹다;
소멸시키다, 파괴하다

---

195 contemplate
[kántəmplèit]

v. consider, ponder, reflect

contemplate nature 자연을 관찰하다

주의 깊게 관찰하다,
심사숙고하다

---

196 contemporary
[kəntémpərèri]

a. current, recent, modern

American contemporary literature 미국 현대 문학

동시대의, 현대의

---

197 contemptuous
[kəntémptʃuəs]

a. scornful, mocking, sarcastic

contemptuous of colored people 유색인종을 멸시하는

경멸적인, 모욕적인,
업신여기는

---

198 contend
[kənténd]

v. argue, maintain, assert

vi. contend for freedom 자유를 위해 싸우다
vt. contend that절 that 이하를 주장하다

싸우다, 다투다;
논쟁하다

---

199 contentious
[kənténʃəs]

a. disputed, argumentative, quarrelsome

a contentious case 논쟁을 일으키는 사건

논쟁적인, 논쟁을
불러일으키는

---

200 contract
[kəntrǽkt]

v. shorten, constrict, confine

wood contracts as it dries 목재는 마르면 줄어든다

긴장시키다, 축소하다, 축약하다

201 convention
[kənvénʃən]

n. usually practiced custom

an annual convention 연차 총회

대회, 집회; 협정; 관습, 관례

202 conventional
[kənvénʃənəl]

a. customary; usually practiced

conventional power plant 재래식 발전소

전통적인, 재래의, 관례의

203 converge
[kənvə́:rdʒ]

v. come together, meet, combine, ↔ diverge

converge into a single ridge 모여서 하나의 산등성이를 이루다

(한 점에) 모이다, 수렴하다

204 converse
[kənvə́:rs]

a. opposite, facing, contrary

the converse proposition 전환 명제

정반대의, 거꾸로의, 뒤바뀐

205 convert
[kənvə́:rt]

v. change, transform, alter

convert sugar into alcohol 설탕을 알코올로 변환시키다

변환하다, 개조하다, 개종시키다

206 convey
[kənvéi]

v. transmit, carry, bring

convey the light 빛을 전달하다

나르다, 운반하다; 전달하다; 전염시키다

207 conviction
[kənvíkʃən]

n. strong belief, faith, creed

hold a strong conviction 강한 확신을 갖다

확신, 신념; 설득(력); 납득; 유죄 판결

208 cope with
[koup wið]

v. deal with, handle, manage

cope with a difficulty 어려운 문제를 처리하다

대처하다, ~를 다루다

209 copious
[kóupiəs]

a. abundant, plentiful, ample

copious rain 풍부한 강수

다량의, 다수의, 풍부한, 넉넉한

210 core
[kɔːr]

n. central idea, gist, nucleus

(과일, 옥수수 등의) 속, (문제의) 핵심

Entry	Synonym	Meaning
211 **cornerstone** [kɔ́:rnərstòun]	*n.* foundation; basic element cornerstone of modern civilization 근대 문명의 토대	초석; 기초, 토대
212 **corroborate** [kərábərèit]	*v.* confirm, fortify, verify corroborating evidence 보강 증거	강하게 하다; 확인하다; 확증하다
213 **costly** [kɔ́:stli]	*a.* expensive, highly-priced a costly enterprise 비용이 드는 사업	비용이 드는, 값비싼
214 **counterpart** [káuntərpà:rt]	*n.* equivalent, opposite number	사본, 등본; (쌍을 이루는) 한쪽
215 **cramped** [kræmpid]	*a.* confined, restricted, congested cramped muscles 경련이 난 근육 too cramped for comfort 비좁아서 답답한	경련을 일으킨; 비좁고 갑갑한
216 **creative** [kri:éitiv]	*a.* inventive, originative, imaginative creative power 창의력	창조력 있는, 창작력 있는, 창조적인
217 **credible** [krédəbəl]	*a.* believable, plausible, conceivable from a credible source 믿을 만한 출처에서	믿을 수 있는, 신용할 수 있는; 확실한
218 **critical** [krítikəl]	*a.* important, essential, crucial in a critical condition 위독한 상태에 있는	중대한, 결정적인

219 **crucial**
[krúːʃəl]

a. important, decisive, central

crucial resource 중요 자원

⑩ **crucially** *ad.* decisively, importantly 결정적으로, 매우 중요하게

결정적인, 매우 중요한

---

220 **crude**
[kruːd]

a. primitive, unrefined, raw

crude oil 원유

천연 그대로의; 날것의; 미숙한, 미완성의

---

221 **cumbersome**
[kʌ́mbərsəm]

a. awkward, difficult to handle

부담이 되는, 성가신, 거추장스러운

---

222 **current**
[kə́ːrənt]

a. present, contemporary, up-to-date

the current issue 현재의 문제

현재의, 지금의, 최신의

---

223 **debris**
[dəbríː]

n. fragment, remains, ruins

debris of the fire 잿더미

파괴의 자취, 조각, 파편

---

224 **deceiving**
[disíːviŋ]

a. misleading, cheating, tricking

속이는, 사기치는, 현혹시키는

---

225 **decimate**
[désəmèit]

v. destroy, demolish, devastate

a population decimated by disease 병으로 격감한 인구

열명에 한 명을 뽑아 죽이다, 1/10을 제거하다; 파괴하다

---

226 **decimation**
[désəmèiʃən]

n. destruction, demolition, havoc

죽임, 제거, 다수의 살해

---

227 **decisive**
[disáisiv]

a. significant, crucial, critical

decisive vote 결선 투표

결정적인, 중대한, 단호한

---

228 **decline**
[dikláin]

v. refuse; decrease, reduce

decline a person's offer ~의 제의를 거절하다

거절하다, 사퇴하다; 쇠퇴하다, 떨어지다

---

229 **decline**
[dikláin]

n. weakening, reduction, deterioration

a decline in the power of Europe 유럽 세력의 쇠퇴

약화, 쇠퇴; 하락, 감소; 종말

230 **deduce**
[didʒúːs]

v. infer, conclude, gather

deduce a conclusion from premise 전제에서 결론을 추론하다

추정하다, 추론하다;
연역하다

---

231 **deem**
[diːm]

v. consider, contemplate, ponder

deem highly of a person's honesty ~의 정직함을 존경하다

~라고 생각하다,
간주하다

---

232 **deeply ingrained**
[díːpli ingréind]

a. firmly established

Morals tend to be deeply ingrained. 도덕은 깊게 배어드는
경향이 있다

깊게 뿌리 내린, 깊이
배어든, 깊게 천착한

---

233 **dejected**
[didʒéktid]

a. depressed, discouraged, mournful

with a dejected air 기죽은 모습으로

기가 죽은, 풀 죽은,
의기 소침한, 낙담한

---

234 **deliberate**
[dilíbərèit]

a. intentional, planned, calculated

a deliberate choice 신중한 선택

의도적인, 깊이 생각
한, 신중한

---

235 **deliberation**
[dilíbəréiʃən]

n. discussion, argument, debate

be taken into deliberation 심의되다

숙고, 협의, 토의;
신중함, 세심함

---

236 **delineate**
[dilínièit]

v. outline, draft, trace

delineate of the picture 그림 윤곽을 그리다

윤곽을 그리다; 그림으
로 나타내다, 그리다

---

237 **deluxe**
[dəlúks]

a. lavish, extravagant, wasteful

a deluxe edition 호화판

호화로운, 사치스런

---

238 **demise**
[dimáiz]

n. end, death, decease

meet one's demise 죽음을 맞이하다

사망, 서거, 소멸,
종료

---

239 **dense**
[dens]

a. crowded, compact, condensed

a dense forest 밀림

농후한, 짙은, 밀집한

---

240 **depend on**
[dipénd ɑn]

v. rely on, count on

depend on another for help 타인의 원조에 의존하다

믿다, 신뢰하다,
의지하다, 의존하다

2nd WEEK ▶▶

DAY 9

Entry	Synonym	Meaning
241 dependable [dipéndəbl]	*a.* reliable, trustworthy, faithful from a dependable source 믿을 만한 출처로부터	믿음직한, 신뢰할만한
242 depict [dipíkt]	*v.* portray, describe, illustrate depict American Civil War 미국 남북 전쟁을 묘사하다	묘사하다, 그리다
243 deposit [dipázit]	*v.* lay down, place deposit sand on the bank 모래를 강둑에 퇴적시키다	(특정 장소 등에) 놓다, 두다, 퇴적시키다
244 derive [diráiv]	*v.* ① originate, arise ② obtain derive inspiration from ~ ~로부터 영감을 얻다	① 이끌어내다, 유래 하다, ② ~에서 얻다
245 designate [dézignèit]	*v.* identify, denote, name designate someone as something 누구를 어느 자리로 지명 하다	지적하다, 명시하다, 나타내다, 부르다, 지명하다
246 destitute of [déstətjùːt əv]	*a.* lacking, in want destitute of food 식량이 없는	~을 가지지 않은, ~없는; 가난한
247 detect [ditékt]	*v.* discover, recognize detect a person ~ing 누가 ~하는 것을 발견하다	찾아내다, 발견하다, 정체를 간파하다
248 detrimental [dètrəméntl]	*a.* harmful, hazardous, destructive detrimental to society 사회에 해로운	해로운, 이롭지 못한

249 devastation
[dèvəstéiʃən]

n. destruction, ruin, havoc

economic devastation 경제 악화

황폐, 파괴

---

250 deviate
[díːvièit]

v. turn aside, depart, divert

벗어나다, 빗나가다

---

251 deviation
[dìːviéiʃən]

n. departure, withdrawal, removal

the standard deviation 표준 편차

탈선, 일탈

---

252 devise
[diváiz]

v. create, invent, formulate

devise a scheme 계획을 강구하다

〈방법 · 장치 등을〉 궁리[연구, 고안, 발명]하다

---

253 devour
[diváuər]

v. consume, swallow, gulp

The fire devoured two hundred houses. 불은 200채의 집을 소실시켰다.

게걸스레 먹다, 삼켜버리다

---

254 dictate
[díkteit]

v. determine, command, demand

dictate foreign policy 외교 정책을 결정짓다

결정짓다, ~을 (권위를 갖고) 명령[결정]하다

---

255 differential
[dìfərénʃəl]

a. uneven, odd, remarkable

differential duties 차별 관세

구별적인, 특이한; 차별적인

---

256 diffuse
[difjúːz]

v. distribute, spread, dispense

diffuse heat 열을 발산하다

흩뜨리다, 퍼뜨리다, 유포시키다

---

257 diligently
[díləʤəntli]

ad. carefully, industriously

공들여, 애써서

---

258 dim
[dim]

a. faint, overcast, dismal

have a dim recollection 어렴풋이 기억하고 있다

어둑한, 침침한; 흐릿한, 어렴풋한

---

259 diminish
[dəmíniʃ]

v. decrease, reduce, lessen

The country has diminished in population. 그 나라는 인구가 감소하였다.

줄이다, 감소하다

260 disband
[disbǽnd]

v. dismiss, dispel

disband a party 정당을 해체하다

해체하다, 해산하다

---

261 discard
[diská:rd]

v. reject, expel, disregard

go into the discard 버림받다, 잊혀지다

버리다, 포기하다,
물리치다, 저버리다

---

262 discern
[disə́:rn]

v. detect, identify, recognize

discern good from bad 선악을 분별하다

알아보다, 인식하다,
차이를 분간하다

---

263 discount
[dískaunt]

v. ignore, overlook, disregard

give a discount 할인을 하다

할인하다; 얕잡아보다,
무시하다

---

264 discrete
[diskrí:t]

a. separate, isolated, detached

따로따로 떨어진,
분리된, 별개의

---

265 disentangle
[dìsentǽŋgl]

v. disband, unravel, unwind

disentangle a complicated matter 갈등을 해소하다

(엉킨 것을) 풀다

---

266 disgust
[disgʌ́st]

v. distaste, nauseate, sicken

be disgusted with ~ ~에 넌더리가 나다

구역질 나게 하다,
혐오감을 일으키
다

---

267 dismantle
[dismǽntl]

v. take apart, demolish; disassemble

vt. dismantle military facilities 군사 시설을 철거하다
vi. This bed dismantles easily. 이 침대는 쉽게 분해된다.

벗기다, 설비를 제거
하다; 분해하다, 해체
하다

---

268 disparity
[dispǽrəti]

n. inequality, unevenness, disproportion

a disparity in economic power 경제력의 차이

불일치, 불균형, 차이

---

269 disperse
[dispə́:rs]

v. spread, scatter, distribute

disperse a demonstration 데모를 해산시키다

퍼뜨리다, 전파하다

---

270 displace
[displéis]

v. make out of position, expel

people displaced by violence 폭력에 의해 퇴거된 사람

강제 퇴거시키다,
추방하다; 파면하다

VOCABULARY TEST 3

1. constellation
- (A) effect
- (B) combination
- (C) introduction
- (D) agreement

2. contemptuous
- (A) circuitous
- (B) lively
- (C) mental
- (D) scornful

3. converge
- (A) cooperate
- (B) come together
- (C) astonish
- (D) belch

4. cope with
- (A) conform to
- (B) deal with
- (C) compensate for
- (D) focus on

5. cornerstone
- (A) foundation
- (B) apex
- (C) boon
- (D) significance

6. crude
- (A) large
- (B) primitive
- (C) practical
- (D) sturdy

7. debris
- (A) bark
- (B) fragment
- (C) article
- (D) clay

8. decimate
- (A) destroy
- (B) astonish
- (C) boast
- (D) conjecture

9. delineate
- (A) be inclined to
- (B) cite
- (C) outline
- (D) conjecture

10. deluxe
- (A) lavish
- (B) chancy
- (C) bustling
- (D) intact

11. dense
- (A) hot
- (B) large
- (C) crowded
- (D) broad

12. depict
- (A) distort
- (B) commemorate
- (C) portray
- (D) emphasize

13. deposit
- (A) repress
- (B) lay down
- (C) buffer
- (D) demise

14. derive
- (A) originate
- (B) adopt
- (C) evaluate
- (D) create

15. destitute of
- (A) myriad
- (B) paramount
- (C) lacking
- (D) radical

16. detrimental
- (A) lucid
- (B) deductive
- (C) delusive
- (D) harmful

17. devastation
- (A) development
- (B) destruction
- (C) complication
- (D) fragility

18. devise
- (A) demand
- (B) create
- (C) diagnose
- (D) allow

19. diffuse
- (A) yield
- (B) start
- (C) distribute
- (D) travel

20. disgust
- (A) diverge
- (B) belittle
- (C) compress
- (D) distaste

Answer
1.B 2.D 3.B 4.B
5.A 6.B 7.B 8.A
9.C 10.A 11.C 12.C
13.B 14.A 15.C 16.D
17.B 18.B 19.C 20.D

2nd WEEK ▶▶

DAY 10

Entry	Synonym	Meaning
²⁷¹ **dispose of** [dispóuz ɑv]	**v.** get rid of, remove, eliminate dispose of blown canned goods 상한 통조림을 폐기하다	(최종적으로) 처리하다; 치우다; 처분하다
²⁷² **disseminate** [disémənèit]	**v.** disperse, diffuse, spread disseminate false reports 거짓 기사를 유포하다	유포하다, 퍼뜨리다
²⁷³ **dissipated** [dísəpèitid]	**a.** dispersed, scattered lead a dissipated life 방탕한 생활을 하다	흩어진, 분산된
²⁷⁴ **distinct** [distíŋkt]	**a.** separate, different; definite a distinct difference 뚜렷한 차이	다른, 분리된; 분명한
²⁷⁵ **distinctive** [distíŋktiv]	**a.** characteristic, peculiar, idiosyncratic a distinctive feature 뚜렷이 구분되는 특징	뚜렷한 구별이 되는, 독특한, 특유한
²⁷⁶ **diverge** [divə́:rdʒ]	**v.** separate, detach, disjoin diverge from the right way 옆길로 빠지다	갈라져 나오다; 달라지다
²⁷⁷ **diverging** [divə́:rdʒiŋ]	**a.** separating, divided, disconnected two diverging culture 두 개의 다른 문화	(한 점에서) 갈라져 나오는, 벗어나는
²⁷⁸ **diversion** [divə́:rʒən]	**n.** distraction, deviation, digression diversion from the main issue 원래 논점에서 전환하다	전환, 화제 전환, 기분 전환

279 diversity
[divə́ːrsəti]

n. variety, difference, multiplicity

cultural diversity 문화의 다양성

다양(성), 상이(점)

280 divest
[divést]

v. deprive, strip; dispossess

divest a person of his rights 권리를 빼앗다

옷을 벗기다; 빼앗다, 박탈하다

281 dramatic
[drəmǽtik]

a. striking, sensational, climatic

a dramatic action 생동감 있는 연기

㉮ **dramatically** *ad.* greatly, remarkably, considerably
극적으로; 엄청나게, 상당히

극적인; 생동적인, 박진감 넘치는

282 drastically
[drəmǽtikəli]

ad. severely, extremely, seriously

drastic measures 과감한 수단

강렬하게, 격렬하게, 철저하게, 과감하게

283 drawn by
[drɔːn bai]

a. attracted, appealing, alluring

be drawn by hospitality 환대에 매료되다

이끌리는, ~에 끌린

284 dryness
[dráinis]

n. aridity, drying

메마름, 건조함, 가뭄

285 dual
[djúːəl]

a. double, matched, duplex

dual nationality 이중국적

2의, 두 성질이 있는, 두 개로 이루어진

286 duplicate
[djúːpləkit]

v. reproduce, copy; repeat

duplicate key for in case 만약을 위해 열쇠를 복사하다

복사하다, 복제하다; 되풀이하다

287 durable
[djúərəbəl]

a. long-lasting, resistant, sturdy

durable cloth 질긴 옷감

오래 가는, 영속성 있는

288 duration
[djuəréiʃən]

n. span, length, extent

duration of flight 활공 시간

계속 기간, 존속 기간

289 eager
[íːgər]

a. anxious, enthusiastic, zealous

eager for knowledge 지식욕에 불타는

갈망하는, 열망하는, 열렬한

290 ease (into)
[iːz íntu]

v. loosen, slowly enter, untie

느슨해지다, 신중히
안으로 움직이다

---

291 eccentric
[ikséntrik]

a. unusual, peculiar, outlandish

eccentric person 괴팍한 사람

정도를 벗어난, 비정
상적인, 엉뚱한, 별난

---

292 eclectic
[ekléktik]

a. various, selecting, choosing

eclectic mix of cinemas 잘 선정된 영화들

취사 선택하는, 절충
주의의, 다방면의

---

293 eerie
[íəri]

a. strange, frightening, weird

으스스한, 무시무시한,
이상한

---

294 efface
[iféis]

v. wipe out, eliminate, delete

effaced from his mind 그의 마음속에서 지워지다

지워 없애다, 삭제하다

---

295 elaborate
[ilǽbərət]

a. ① complicated, complex   ② detailed

① 복잡한
② 자세한, 정교한

---

296 elegant
[éləgənt]

a. sophisticated but simple, delicate

life of elegant ease 화사한 생활

우아한, 세련된,
멋진

---

297 elongate
[ilɔ́ːŋgeit]

v. lengthen, extend, expand

길게 하다,
연장하다

---

298 emanate
[émənèit]

v. emerge, stem, derive

emanated from the news 뉴스에서 비롯되다

(~에서) 발산하다,
〈소문, 생각 등이〉
나오다

---

299 embark (on)
[embáːrk ɑn]

a. starting, board ship, go aboard

embarking on a business 사업에 착수하다

배/비행기에 태우는;
착수하는, 종사하는

---

300 embed
[imbéd]

v. implant, enclose, insert

embed into a document 문서에 포함하다

(물건을) 박아 넣다,
끼워 넣다, (꽃을) 심
다

2nd WEEK ▶▶

DAY 11

Entry	Synonym	Meaning
301 **embellishment** [imbéliʃmənt]	*n.* decoration, adornment, elaboration an expensive embellishment 비싼 장식	장식, 수식, 꾸미기
302 **embodiment** [embádimənt]	*n.* concrete example, materialization embodiment of ideology 이데올로기의 구체화	구체화, 형상화, 구현
303 **emerge** [imɔ́:rdʒ]	*v.* appear, come out, turn up emerge from horizon 수평선에서 나타나다	나타나다
304 **eminently** [émənəntli]	*ad.* exceptionally, prominently, outstandingly depicted eminently 뛰어나게 묘사된	뛰어나게, 매우, 대단히
305 **emphasize** [émfəsàiz]	*v.* stress, highlight, underline emphasize the point 중점을 역설하다	강조하다, 중요시하다
306 **employ** [emplɔ́i]	*v.* use, utilize, exert employ A as B A를 B의 역할(용도)로 쓰다	고용하다, 부리다; 이용하다, 쓰다
307 **empirical** [empírikəl]	*a.* related to observation empirical philosophy 경험 철학	경험에 의한, 실험에 의한, 경험상의
308 **enable** [enéibəl]	*v.* allow, permit, empower enable him to return to society 그를 재활시키다	〈사물이 사람에게〉 할 수 있게 하다, 허 용하다

309 encompass
[inkʌ́mpəs]

v. include, contain, embrace

encompass more members 더 많은 회원을 포함하다

~을 둘러싸다, 포함하다

310 endow
[endáu]

v. grant; donate, award

endow a scholarship 장학금을 기부하다

주다, 부여하다, 기부하다

311 endowing
[endáuiŋ]

a. providing, donating

endowing A with B A에게 B를 주는

주는, 부여하는, 기부하는

312 enduring
[indʒúəriŋ]

a. lasting, permanent, long-term

an enduring fame 불후의 명성

오래 지속되는, 영속적인

313 enigma
[inígmə]

n. mystery, riddle, puzzle

수수께끼, 이해할 수 없는 사건/상황

314 enjoy
[endʒɔ́i]

v. experience, relish, delight in

enjoy ~ing ~을 즐기다

즐기다, 향유하다, 맛보다, 경험하다

315 equilibrium
[ìːkwəlíbriəm]

n. balance, stability, symmetry

equilibrium of force 힘의 평형

균형, 평형; 평정, 침착

316 essentially
[isénʃəli]

ad. basically, mainly, primarily

본질적으로, 본래, 기본적으로

317 evaluate
[ivǽljuèit]

v. judge, estimate, calculate

evaluate the cost of the damage 손해액을 사정하다

평가하다, 수치를 구하다

318 evoke
[ivóuk]

v. produce, arouse, stir up

evoke much criticism 물의를 빚다

불러일으키다, 자아 내다, 재현하다

319 engage
[engéidʒ]

v. hire, employ; involve

engage oneself in art 예술에 종사하다

고용하다; 끌어 넣다, 관련을 갖게 하다

320 **engender**
[endʒéndər]

v. cause, produce, give rise to

engendered a lot of controversy 논란을 야기하다

낳다, 생기게 하다;
발생시키다, 야기시
키다

321 **enhance**
[enhǽns]

v. improve, reinforce, boost

enhance the value 가치를 높이다

향상시키다, 증가시
키다

322 **enigmatic**
[ènigmǽtik]

a. puzzling, perplexing, abstruse

an enigmatic smile of Mona Lisa 모나리자의 알 수 없는 미소

수수께끼 같은,
정체를 알 수 없는

323 **enormous**
[inɔ́ːrməs]

a. huge, large, great

an enormous rainforest 거대한 열대 우림

큰, 거대한, 막대한

324 **ensuing**
[ensúːiŋ]

a. subsequent, succeeding, following

ensuing crop 뒤따른 수확

뒤따라 일어나는

325 **entail**
[entéil]

v. cause, require, demand

entail great expense 큰 비용이 필요하다

~을 수반하다, 일으
키다, 필요로 하다

326 **enthusiastic**
[enθúːziǽstik]

a. eager, vigorous, avid

draw enthusiastic applause 열광적인 갈채를 받다

열심인

327 **entice**
[entáis]

v. tempt, lure, induce

entice the female 암컷을 유인하다

유혹하다, 유인하다,
꾀어 들이다

328 **entire**
[entáiər]

a. whole, complete, total

entire freedom 완전한 자유

전체의, 전부의

329 **envision**
[invíʒən]

v. imagine, visualize, envisage

The painting envisions despair. 그 그림은 절망을 그리고 있다.

상상하다, 마음에
그리다

330 **ephemeral**
[ifémərəl]

a. temporary, living for a short time

ephemeral life 하루살이 인생

하루뿐인, 단명한

2nd WEEK ▶ ▶

DAY 12

Entry	Synonym	Meaning
³³¹ **episode** [épəsòud]	*n.* event, affair, incident a heartrending episode 애처로운 이야기	삽화적인 사건, 에피 소드; 삽화, 삽입곡
³³² **epitomize** [ipítəmàiz]	*v.* exemplify, condense, summarize epitomize as follows 다음과 같이 요약하다	요약하다, 축약적으로 나타내다, 전형이 되다
³³³ **eradicate** [irǽdəkèit]	*v.* completely remove, eliminate, destroy eradicate disease 질병을 극복하다	근절하다, 박멸하다, 뿌리뽑다
³³⁴ **erect** [irékt]	*v.* raise, upright, set up stand erect 똑바로 서다	똑바로 세우다, 짓다, 쌓다
³³⁵ **erratic** [irǽtik]	*a.* unpredictable, irregular, unstable an erratic behavior 엉뚱한 행위	별난, 이상한, 침착 하지 못한, 변덕스런
³³⁶ **essential** [isénʃəl]	*a.* vital, fundamental, principal an essential character 본질적 형질	본질적인, 기본적인, 불가결한
³³⁷ **evacuate** [ivǽkjuèit]	*v.* remove, send to a safe place evacuate the wounded 부상병을 후송하다	비우다, 피난시키다, 주민을 옮기다
³³⁸ **eventual** [ivéntʃuəl]	*a.* ultimate, overall, last an eventual consequence 궁극적인 결론	언젠가 일어나는; 최후의, 궁극적인

339 eventually
[ivéntʃuəli]

ad. in time, finally, in the end

collapsed eventually 결국 무너진

결국, 마침내

---

340 evident
[évidənt]

a. apparent, obvious, clear

evident proof 명백한 증거

분명한, 명백한

---

341 excavate
[ékskəvèit]

v. dig out, mine, scoop out

excavate an ancient city 고대 도시를 발굴하다

파다, 퍼내다, 발굴
하다

---

342 exceed
[iksíːd]

v. go beyond, surpass, be over

exceed one's authority 월권 행위를 하다

능가하다, ~보다
낫다, 한계를 넘다

---

343 excessive
[iksésiv]

a. extreme, unreasonable, immoderate

excessive secretion 과잉 분비

지나친, 과도한,
극단적인

---

344 exclusively
[iksklúːsivli]

ad. entirely, only, solely

monopolize exclusively 전적으로 독점하다

배타적으로, 독점적으
로, 전적으로, 오로지

---

345 excrete
[ikskríːt]

v. expel, discharge, issue

excreted from the body 몸에서 배설된

배설하다, 분비하다

---

346 execute
[éksikjùːt]

v. perform, produce, carry out

execute a contract 계약을 실행하다

수행하다, 실행하다

---

347 exert
[igzɔ́ːrt]

v. apply, wield, utilize

exert power 권력을 행사하다

행사하다, 강력히
발휘하다

---

348 exhausted
[igzɔ́ːstid]

a. used up, consumed, dissipated

다 써버린, 소모된,
기진 맥진한

---

349 exhibit
[igzíbit]

v. show, display, unveil

전시하다, 나타내다,
제시하다

---

350 expansion
[ikspǽnʃən]

n. spread, enlargement, development

the coefficient of thermal expansion 열 팽창률

확대, 팽창, 발전,
전개

351 expansive
[ikspǽnsiv]

a. large, broad, extensive

an expensive review of topic 문제에 대한 포괄적 검토

팽창력 있는; 광활한,
광범위한, 풍부한

352 explicit
[iksplísit]

a. obvious, straightforward, frank

explicit scenes 노골적인 장면

명쾌한, 숨김없는,
솔직한

353 exploit
[iksplɔ́it]

v. take advantage of, make use of; utilize

exploit mineral resources 광물 자원을 개발하다

(이익, 영리를 위해)
이용하다, 활용하다

354 exploitation
[èksplɔitéiʃən]

n. use, abuse, manipulation

the exploitation of ocean resources 해양 자원의 개발

개발, 개척; 이기적
이용, 착취

355 extant
[ekstǽnt]

a. surviving, remainder, existing

extant relic of the Stone Age 잔존하는 석기시대 유물

현존해 있는, 잔존하는

356 extended
[iksténdid]

a. long, outstretched, spacious

an extended vacation 연장된 휴가

뻗은, 펼쳐진, 연장한,
광대한

357 extensive
[iksténsiv]

a. widespread, vast, large-scale

an extensive influence 광범위한 영향력

넓은, 광대한; 광범위
한; 막대한, 대단한

358 extent
[ikstént]

n. range, scope, degree

to some extent 어느 정도까지, 다소

넓이, 크기, 범위,
정도

359 extinct
[ikstíŋkt]

a. dead, vanished, gone

an extinct volcano 사화산

단절된, 소멸된,
폐지된

360 extract
[ikstrǽkt]

v. draw, remove, pull out

extract a confession 자백을 받아내다

뽑다, 뽑아내다,
추론하다, 끌어내다

V O C A B U L A R Y TEST 4

1. dispose of
(A) get rid of
(B) cope with
(C) build up
(D) turn aside

2. diversion
(A) scorn
(B) fragment
(C) complaint
(D) distraction

3. drastically
(A) virtually
(B) severely
(C) primarily
(D) conveniently

4. duplicate
(A) borrow
(B) purchase
(C) reproduce
(D) rewrite

5. durable
(A) highly prized
(B) long-lasting
(C) ancient
(D) hard

6. eager
(A) anxious
(B) periodical
(C) thorough
(D) systematic

7. eerie
(A) strange
(B) aberrant
(C) clumsy
(D) equivalent

8. elongate
(A) imagine
(B) belch
(C) lengthen
(D) collaborate

9. embark on
(A) start
(B) cope with
(C) stick to
(D) cease

10. embed
(A) isolate
(B) implant
(C) enhance
(D) enlarge

11. encompass
(A) allocate
(B) include
(C) boost
(D) release

12. enigmatic
(A) detrimental
(B) complicated
(C) puzzling
(D) vital

13. ensuing
(A) changing
(B) subsequent
(C) inspecting
(D) converting

14. ephemeral
(A) aberrant
(B) significant
(C) chaotic
(D) temporary

15. eradicate
(A) completely remove
(B) exploit
(C) organize
(D) operate

16. evacuate
(A) remove
(B) divest
(C) efface
(D) deduce

17. excavate
(A) swell
(B) provide
(C) dig out
(D) donate

18. exhausted
(A) used up
(B) attributable to
(C) easily broken
(D) made up of

19. explicit
(A) obvious
(B) exhaustive
(C) complicated
(D) gross

20. extract
(A) draw
(B) differentiate
(C) detach
(D) descend

Answer

1. A 2. D 3. B 4. C
5. B 6. A 7. A 8. C
9. A 10. B 11. B 12. C
13. B 14. D 15. A 16. A
17. C 18. A 19. A 20. A

3rd WEEK ▶▶

DAY 13

Entry	Synonym	Meaning
³⁶¹ **exude** [igzú:d]	*v.* release; give off, ooze out exude confidence 자신감을 풍기다	〈땀을〉 스며 나오게 하다; 〈냄새 등을〉 내다
³⁶² **fabricate** [fǽbrikèit]	*v.* produce, forge, frame fabricate a house 주택을 조립하다	제작하다, 조립하다, 꾸며내다, 조작하다
³⁶³ **facilitate** [fəsílətèit]	*v.* aid, help, make easy facilitate the understanding 이해하기 쉽게 하다	촉진시키다, 용이 하게 만들다; 돕다
³⁶⁴ **far-reaching** [fɑːr-ríːtʃ]	*a.* broad, extensive far-reaching effect of the research 그 연구의 폭넓은 영향	넓은 범위에 걸치는, 멀리까지 미치는
³⁶⁵ **fascinating** [fǽsənèitiŋ]	*a.* extremely attractive, captivating, intriguing fascinating collection of art 미술의 매혹적인 모음	황홀하게 하는, 매혹 하는, 흥미를 끄는
³⁶⁶ **fashion** [fǽʃən]	*n.* way, trend, vogue in a warlike fashion 호전적으로	유행, 방식, 스타일, 양식
³⁶⁷ **feasible** [fíːzəbəl]	*a.* practicable, achievable, possible a feasible plan 실행 가능한 계획	실행할 수 있는; 그럴싸한, 있음직한
³⁶⁸ **feature** [fíːtʃər]	*n.* characteristic, trait, facet a notable feature 현저한 특징	두드러진 점, 특징, 특질, 요점

369 figure out
[fígjər aut]

v. determine, find out, resolve

figure out the cost 원가를 따지다

알다, 이해하다;
해결하다, 생각해내다

370 flag
[flæg]

n. banner *v.* lessen, diminish

signal with flag 수기 신호를 하다

n. 깃발
v. 축 늘어지다,
　약해지다

371 flatter
[flǽtər]

v. praise, compliment, butter up

flatter the powerful 권력자에게 아첨하다

아첨하다; 남을 치켜세
우다, 마구 칭찬하다

372 flaw
[flɔ:]

n. fault, weakness, defect

a character flaw 성격상의 결함

결점, 결함, 흠

373 flee
[fli:]

v. run away from, escape, take off

flee from temptation 유혹에서 피하다

달아나다, 도피하다;
재빨리 움직이다

374 flexible
[fléksəbəl]

a. pliable, adaptable, adjustable

work flexible hours 자유 근무시간제로 일하다

구부리기 쉬운,
융통성 있는,
적응성 있는

375 flourish
[flə́:riʃ]

v. do well, prosper, thrive

Animals flourish in this region. 이 지역에서는 동물이 잘 자란다.

꽃피우다, 번창하다,
성공하다

376 flow
[flou]

n. movement, stream, current

a flow of water 물의 흐름

흐름, 유입, 유출,
흐르는 것; 에너지
이동

377 fluctuation
[flʌ̀ktʃuéiʃən]

n. variation, variety, change

the fluctuation of temperature 기온의 고저

변화, 변동, 오르내
림, 흥망성쇠

378 forage
[fɔ́:ridʒ]

v. feed; search for food

forage among the villages 여러 마을로 식량을 찾아 다니다

(먹이를) 찾다; 먹이를
모으다

379 forerunner
[fɔ́:rrʌ̀nər]

n. predecessor, ancestor, forebear

forerunner of spring 봄의 징조

선인, 선조; 징조,
전조; 선구자

380 formidable
[fɔ́:rmidəbəl]

a. threatening, impressive, terrific

a formidable appearance 무시무시한 모습

무서운, 겁먹게 하는;
엄청난, 강력한

381 forum
[fɔ́:rəm]

n. public area, law court, symposium

the forum of conscience 양심에 의한 재판

공공 광장; 법정,
재판소; 좌담회

382 foster
[fɔ́(:)stər]

v. encourage, promote, further

foster exports 수출을 촉진하다

(발전 따위를) 촉진
시키다, 조장하다,
키우다

383 found
[faund]

v. establish, institute, set up

found a college 대학을 설립하다

기초를 쌓다, 세우다

384 fracture
[fræktʃər]

n. rupture, split, fragment, splinter

a compound fracture 복잡 골절

골절, 깨지기, 부서
지기; 갈라진 틈

385 fragile
[frǽdʒəl]

a. delicate, vulnerable, unstable

fragile habitus 허약 체질

부서지기 쉬운;
허약한

386 fragment
[frǽgmənt]

v. break up, split up

fragment into small pieces 산산조각으로 부서지다

산산조각이 되다,
산산이 부수다

387 fragmented
[frǽgməntid]

a. divided, shattered, devastated

be fragmented into~ ~로 산산조각 난

산산조각 난, 부서진,
분해된

388 fragmentation
[frǽgməntéiʃən]

n. destruction, wreckage, devastation

fragmentation bomb 파편 폭탄

분열, 붕괴, 파괴

389 frankly
[frǽŋkli]

ad. honestly, candidly; openly

testimony frankly 솔직히 진술하다

솔직히; 숨김없이

390 friction
[fríkʃən]

n. conflict, hostility, discord

friction with another country 타국과의 불화

마찰, 충돌, 불화,
갈등

Entry	Synonym	Meaning
391 **frigid** [frídʒid]	*a.* cold, freezing, chilly a frigid climate 매우 추운 기후	극심하게 추운
392 **full-fledged** [ful-fledʒd]	*a.* well developed, mature a full-fledged professor 교수다운 교수	깃털이 완전히 자란; 완전히 자립할 수 있는
393 **fundamental** [fʌndəméntl]	*a.* basic; essential, primary fundamental human right 기본적 인권	기본적인; 기초적인, 토대를 이루는; 중요한
394 **furnish** [fə́ːrniʃ]	*v.* provide, supply, present furnish a library with books 도서관에 서적을 갖추다	공급하다, 제공하다; 설비를 갖추다
395 **furthermore** [fə́ːrðərmɔ̀ːr]	*ad.* in addition, moreover, besides	게다가, 더구나
396 **fuse** [fjuːz]	*v.* combine, blend, mix fuse iron 철을 녹이다	녹이다, 용해시키다; 융합시키다, 혼합시키다
397 **gear** [giər]	*v.* connect, fit, adjust	적합하게 하다; 맞게 조정하다; 서로 맞물리다
398 **generate** [dʒénərèit]	*v.* produce, create, cause generates heat 열을 생성하다	일으키다, 초래하다, 발생시키다

399 give rise to
[giv raiz tu:]

v. cause, bring about, result

give rise to demonstration 데모를 일으키다

야기하다, 일으키다

---

400 grasp
[græsp]

v. understand, realize, catch on

Grasp all, lose all. 〈속담〉 다 잡으려다 다 놓친다.

꽉 쥐다[잡다], 움켜쥐다, 이해[파악]하다

---

401 groom
[gru(:)m]

v. clean, brush, rub down

a well-groomed lawn 손질된 잔디밭

깔끔하게 다듬다, 손질하다, 깨끗이 하다

---

402 grossly
[grously]

ad. entirely, totally, absolutely

총계로, 전부, 전체적으로, 철저하게

---

403 groundwork
[gráundwə̀:rk]

n. foundation, base, substructure

solidify the groundwork 기초 공사를 단단히 하다

토대, 기초(공사); 기본[근본] 원리

---

404 habitat
[hǽbətæt]

n. environment, surroundings, home

underground habitat 지하 거주지

서식 환경, 서식지, 거주 장소

---

405 hallmark
[hɔ́:lmɑ̀:rk]

n. sure signal, trademark, sign

hallmark of quality 품질보증

검증인; 품질 증명, 보증 마크; 특질

---

406 halt
[hɔ:lt]

v. stop, stand still, break off

bring to halt 정지시키다

멈추다, 정지하다

---

407 hamper
[hǽmpər]

v. ① impede ② restrict

hamper the progress 진행을 저지하다
hamper development 발달을 제한하다

① 방해하다, 저지하다
② 제한하다

---

408 haphazard
[hǽphæ̀zərd]

a. random, casual, desultory

a haphazard lie 아무렇게나 하는 거짓말

계획성 없는, 되는대로, 무작정의

---

409 harness
[hɑ́:rnis]

v. put into use, utilize, exploit

harness water power 수력을 이용하다

(태양, 열, 물 등을) 동력화하다, 이용하다

410 hasty
[héisti]

a. hurried, quick, rushed

a hasty decision 성급한 결정

급한, 신속한, 서두르는, 성급한

---

411 hazard
[hǽzərd]

n. danger, risk, hazard

beyond hazard 안전한

위험, 모험

---

412 hazardous
[hǽzərdəs]

a. dangerous, risky, insecure

Smoking is hazardous. 흡연은 해롭다.

위험한, 모험적인; 운에 맡기는

---

413 head for
[hed fər]

v. go forward, make for

plane head for Los Angeles LA로 향하는 비행기

~로 향하다

---

414 hence
[hens]

ad. consequently, therefore, thus

그 때문에, 그러므로, 따라서

---

415 heritage
[héritidʒ]

n. inheritance; tradition, legacy

cultural heritage 문화유산

상속 재산, 유산; 전통, 전승

---

416 heterogeneous
[hètərədʒíːniəs]

a. varied, diverse, mixed

이종의, 이질적인, 다른 부분으로 이루어진

---

417 heyday
[héidèi]

n. golden age; high point

the heyday of the silent movies 무성 영화의 전성기

한창때, 절정; 전성기

---

418 highlight
[háilàit]

v. emphasize, show up, spotlight

눈에 띄게 하다, 강조하다

---

419 hint
[hint]

n. clue, implication, indication

hints on cooking 요리 지시사항

힌트, 암시; 단서; 지시

---

420 huge
[hjuːdʒ]

a. enormous, immense, vast

a huge tidal wave 큰 파도

(부피, 모양, 양 등에서) 매우 큰, 막대한

Entry	Synonym	Meaning
421 **hurdle** [hə́:rdl]	*n.* obstacle, barrier, obstruction jump the hurdle 장애물을 뛰어넘다	허들, 장애물, 장애
422 **hypothetical** [hàipəθétikəl]	*a.* supposed, assumed hypothetical situation 가정된 상황	가설의, 가정된; 가정적인
423 **ice sheets** [ais ʃi:t]	*n.* glaciers melting ice sheets due to global warming 지구 온난화로 인해 녹는 빙하	빙하
424 **idiosyncrasy** [ìdiəsíŋkrəsi]	*n.* peculiarity, extraordinariness	개인에게 특유한 성질; 경향; 특성
425 **illuminate** [ilú:mənèit]	*v.* light, brighten, shine be poorly illuminated 조명이 나쁘다	비추다, 밝게 하다, 분명히 하다
426 **immediate** [imí:diit]	*a.* ① nearest ② instant an immediate neighbor 바로 옆집 사람 an immediate reply 즉답	① (장소) 아주 가까운 ② (시간) 당장의
427 **immense** [iméns]	*a.* large, tremendous, massive immense Russian territory 광활한 러시아 영토	매우 큰, 거대한; 헤아릴 수 없는
428 **immensely** [iménsli]	*ad.* extremely, enormously, tremendously	막대하게, 몹시, 매우, 굉장히

429 immerse [imə́:rs]	**v.** cover, dip, submerge immerse oneself in study 연구에 몰두하다	(액체에) 담그다, 파묻다, 몰두시키다
430 immobile [imóubəl]	**a.** unable to move, stationary, fixed	움직이지 않는: 움직 일 수 없는, 정지된
431 immoral [imɔ́(:)rəl]	**a.** improper, wicked, unethical immoral conduct 부도덕한 행동	부도덕한, 품행이 나쁜
432 immune [imjú:n]	**a.** absent; exempt, free immune against ~ ~에 면역이 된	면역이 된: (세금, 공 격으로부터) 면제된
433 immutable [immjú:təbəl]	**a.** unchangeable, unalterable, invariable immutable truth 만고불변의 진리	변치 않는, 바꿀 수 없는, 불변의
434 impart [impá:rt]	**v.** give, bestow, present impart knowledge 지식을 주다	알리다, 전하다: 주다, 나누어 주다
435 impede [impí:d]	**v.** inhibit, hinder, obstruct	방해하다, 훼방 놓다: 지체시키다
436 impediment [impédəmənt]	**n.** obstacle, obstruction, hindrance an impediment to progress 진보의 장애	방해, 장애
437 impending [impéndiŋ]	**a.** approaching, imminent, upcoming an impending crisis 절박한 위기	곧 일어날 듯한, 절박한
438 impermeable [impə́:rmiəbəl]	**a.** impenetrable, impassable a coat impermeable to rain 빗물이 스며들지 않는 코트	통과시키지 않는, 불침투성의
439 impetus [ímpətəs]	**n.** stimulus, motivation, impulse give impetus to the new movement 신 운동을 촉진하다	자극, 충동

440 **implant** [implǽnt]	**v.** insert, graft, fix heart implant 심장 이식	심다, 이식하다; 불어 넣다
441 **implausible** [implɔ́:zəbəl]	**a.** unbelievable, unlikely, doubtful an implausible alibi 믿기 어려운 알리바이	그럴듯하지 않은, 이상한
442 **implement** [ímpləmənt]	**n.** tool, instrument, device agriculture implement 농기구	도구, 기구; 수단, 방법; 이행하다
443 **implication** [ìmpləkéiʃən]	**n.** suggestion, hint, inference an implication of dishonesty 불성실에 대한 암시	포함, 함축; 암시; 밀접한 관계
444 **imply** [implái]	**v.** indicate, suggest, hint an implied rebuke 암묵의 비난	내포하다, 암시하다
445 **impose** [impóuz]	**v.** force, compel, oblige impose taxes 세금을 부과하다	(세금을) 부과하다; (의무를) 지우다; 강요하다
446 **imposing** [impóuziŋ]	**a.** impressive; heavy an imposing skyscraper 눈에 띄는 고층건물	인상적인, 눈을 끄는, 두드러진, 으리으리한
447 **imprecise** [ìmprəsáis]	**a.** inexact, vague, obscure an imprecise contract term 애매한 계약 조건	부정확한
448 **inadvertently** [ìnədvə́:rtəntli]	**ad.** unintentionally; without knowing inadvertently happened 부주의하게 일어난	부주의하게, 무심코
449 **incentive** [inséntiv]	**n.** motivation, inspiration, stimulus an extra incentive 추가 동기부여	유인, 자극, 동기
450 **incidentally** [ìnsədéntəli]	**ad.** by the way, in passing	우연히; 그런데, 말이 난 김에 말인데

VOCABULARY TEST 5

1. fabricate

(A) desert
(B) produce
(C) copy
(D) store

2. facilitate

(A) allure
(B) deem
(C) aide
(D) encompass

3. fashion

(A) fragment
(B) apparatus
(C) experiment
(D) way

4. feasible

(A) ambivalent
(B) essential
(C) creative
(D) practicable

5. flourish

(A) settle
(B) decline
(C) accomplish
(D) prosper

6. fluctuation

(A) recovery
(B) fall
(C) improvement
(D) variation

7. forage

(A) fly
(B) assemble
(C) feed
(D) rest

8. formidable

(A) crucial
(B) impressive
(C) obvious
(D) appreciable

9. foster

(A) discharge
(B) commemorate
(C) encourage
(D) encompass

10. fragment

(A) hold down
(B) break up
(C) characterize
(D) distinguish

11. furnish

(A) replace
(B) provide
(C) consume
(D) supplement

12. groundwork

(A) foundation
(B) cargo
(C) diversion
(D) apparatus

13. halt

(A) stop
(B) repair
(C) convert
(D) solidify

14. hasty

(A) hurried
(B) shrewd
(C) habitual
(D) chronological

15. heritage

(A) fate
(B) inheritance
(C) heresy
(D) emission

16. heyday

(A) rebirth
(B) allegiance
(C) high point
(D) embellishment

17. hypothetical

(A) supposed
(B) bountiful
(C) chancy
(D) definitive

18. immoral

(A) improper
(B) imperfect
(C) inspiring
(D) important

19. impetus

(A) stimulus
(B) obstacle
(C) reason
(D) delay

20. imposing

(A) particular
(B) important
(C) impressive
(D) effective

3rd WEEK ▶ ▶

DAY 16

Entry	Synonym	Meaning
⁴⁵¹ **inclement** [inklémənt]	*a.* unfavorable, harsh, severe inclement weather 악천후	(기후가) 혹독한, 동정심 없는, 냉혹한
⁴⁵² **incompatible** [ìnkəmpǽtəbl]	*a.* in conflict with, compete in incompatible color 부조화한 색깔	화합이 안 되는, 양립할 수 없는, 모순되는
⁴⁵³ **incorporate** [inkɔ́:rpərèit]	*v.* include, combine, embrace incorporate a business 사업을 회사조직으로 만들다	포함하다, 통합시키다, 합병하다
⁴⁵⁴ **indeed** [indí:d]	*ad.* actually, certainly, in fact	정말, 참으로; 사실은, 실제로
⁴⁵⁵ **indigenous** [indídʒənəs]	*a.* native, natural feelings indigenous to human beings 인간 고유의 감정	토착의, 고유한
⁴⁵⁶ **indispensable** [ìndispénsəbəl]	*a.* essential, necessary, vital things indispensable to life 생필품	절대 필요한, 필수의, 없어서는 안될
⁴⁵⁷ **induce** [indjú:s]	*v.* persuade; bring, cause This medicine induces sleep. 이 약은 졸음을 유발한다.	설득하여 ～하게 하다; 야기하다, 유발하다
⁴⁵⁸ **inevitable** [inévitəbəl]	*a.* unavoidable; certain	피할 수 없는; 반드시 일어나는

459 inflate
[infléit]

v. enlarge, swell, distend

inflate the lungs 폐를 확장하다

부풀리다, 팽창시키다,
확장하다

460 inflation
[infléiʃən]

n. expansion, increase

soaring inflation 치솟는 물가상승

팽창, 부푼 상태;
물가 폭등; 자만심

461 ingenious
[indʒíːnjəs]

a. very clever, brilliant, shrewd

an ingenious device 독창적인 장치

독창적인, 착상이
좋은, 영리한

462 ingenuity
[ìndʒənjúːəti]

n. cleverness, shrewdness

a device of ingenuity 비상하게 정교한 장치

발명의 재간; 창의력;
교묘한 발명

463 inhabit
[inhǽbit]

v. occupy, dwell in

inhabit a forest 숲에 서식하다

살다, 거주하다

464 inherent
[inhíərənt]

a. essential, intrinsic, innate

inherent in child intelligence 아이의 지능에 내재되어 있는

본래의, 타고난;
본질적인

465 inhibit
[inhíbit]

v. hinder; restrict, constrain

inhibit one's desire for power 권력욕을 억제하다

억제하다, 억누르다;
방해하다, 저지하다

466 initial
[iníʃəl]

a. first, primary, introductory

the initial stage 첫 단계

⑭ **initially** *ad.* first, originally, mainly 처음에, 첫머리에

처음의, 첫머리의;
원래의

467 initiate
[iníʃièit]

v. begin, start, launch

initiate a new business 새 사업을 시작하다

시작하다, 개시하다

468 initiative
[iníʃiətiv]

n. start, lead, enterprise

have the initiative 주도권을 가지다

개시, 선도; 결단;
기업심; 독창력

469 innate
[inéit]

a. inborn, native, intrinsic

an innate instinct 타고난 본능

타고난, 선천적인,
고유의, 본질적인

470 innovative
[ínoʊvèitiv]

a. original, novel, clever

innovative technology 혁신적인 기술

기발한, 혁신적인,
새로운

---

471 inordinate
[inɔ́ːrdənət]

a. excessive, exorbitant, unreasonable

an inordinate demand 터무니없는 요구

지나친, 과도한,
극단적인

---

472 instantaneous
[ìnstəntéiniəs]

a. immediate, prompt, quick

instantaneous death 즉사

순간적인, 즉각적인

---

473 instigate
[ínstəgèit]

v. cause, incite, agitate

instigate N to V N에 V하도록 부추기다

선동하다, 부추기다,
부추겨 일으키다

---

474 instructive
[instrʌ́ktiv]

a. informative, educational

an instructive experience 유익한 경험

교육적인, 교육상
유익한

---

475 intact
[intǽkt]

a. ① unaffected, unchanged ② undamaged,
unbroken ③ whole, complete; in one piece

keep a thing infact 손대지 않은 상태로 그대로 두다

① 변함없는
② 손상되지 않은
③ 완전한, 온전한

---

476 intangible
[intǽndʒəbəl]

a. nonmaterial, untouchable

intangible cultural treasure 무형 문화재

만질 수 없는, 실체
없는; 분명치 않은

---

477 integral
[íntigrəl]

a. essential, fundamental

the integral works of a writer 작가의 전집

없어서는 안 될;
완전한

---

478 integrate
[íntəgrèit]

v. interconnect, incorporate, merge

integrate technology 기술을 통합하다

통합하다, 완전한
것으로 하다;
적분하다

---

479 integration
[ìntəgréiʃən]

n. union, unification, blend

integration of effort 노력의 통합

통합, 조화, 융합;
적분

---

480 intense
[inténs]

a. extreme, powerful, supreme

intense in one's application 열심히 공부하여

극도의, 강렬한,
격렬한

3rd WEEK ▶ ▶
DAY | 17

Entry	Synonym	Meaning
481 **interlocked** [ìntərlákt]	*a.* linked	포개진, 서로 맞물린
482 **intermediate** [ìntərmí:diit]	*a.* in-between, middle, mid the intermediate examination 중간 시험	중간의; 중급의
483 **intermittently** [ìntərmítəntli]	*ad.* periodically, sporadically, on and off geyser intermittently 간헐적으로 분출하다	간헐적으로, 주기 적으로
484 **interplay** [íntərplèi]	*v.* interact interplay with states 국가 간 상호작용	상호 작용하다; 서로 영향을 미치 다
485 **interval** [íntərvəl]	*n.* period, pause, span after a long interval 오랜만에	간격, 사이; 짬, 기간; 거리
486 **intimate (with)** [íntəmit wið]	*a.* be familiar with, be closely related to	친숙한, 친밀한, 밀접한 관계 있는
487 **intricate** [íntrəkit]	*a.* complicated, complex, elaborate the intricate wheels 복잡한 회전	복잡하게 얽힌; 복잡[난해]한
488 **intrigue** [intríːg]	*v.* conspire; interest; fascinate intrigue against him 그에 대해 음모를 꾸미다	음모를 꾸미다; 흥미를 끌다

489 intriguing
[intrí:giŋ]

a. fascinating; interesting

an intriguing book 흥미진진한 책

음모를 꾸미는; 흥미를 끄는, 매력적인

---

490 intrinsic
[intrínsik]

a. inherent, instinctive

an intrinsic attribute 본질적 속성

본질적인, 고유한

---

491 intrusive
[intrú:siv]

a. interfering, incursive

an intrusive rock 관입암

침입적인, 강요하는

---

492 invade
[invéid]

v. trespass, assault, raid

invade a person's privacy 사생활을 침해하다

침입하다, 침해하다, 침범하다

---

493 invariable
[invέəriəbəl]

a. constant, perpetual, incessant

the invariable principle 불변의 법칙

변화하지 않는; 일정 불변의

---

494 invariably
[invέəriəbli]

ad. always, without exception, constantly

변함없이, 언제나, 예외 없이

---

495 inviolable
[inváiələbəl]

a. allowing no exception

불가침의, 신성한; 침범할 수 없는

---

496 invoke
[invóuk]

v. call upon, appeal to, petition

invoke the power of the law 법의 힘에 호소하다

신의 도움을 기원하다, 호소하다, 청하다

---

497 involved
[inválvd]

a. complicated, intricate, confused

involved style 난해한 문체

복잡한, 뒤얽힌, 말려든; 혼란한

---

498 irrevocable
[irévəkəbəl]

a. permanent, eternal, perpetual

an irrevocable youth 돌아오지 않는 젊음

취소할 수 없는, 돌이킬 수 없는; 영원한

---

499 jettison
[dʒétəsən]

v. release, discharge

내던지다, 불필요하여 버리다

500 juncture
[dʒʌ́ŋktʃər]

n. connection, link, bond

a critical juncture 중요한 시기

접속, 연결

---

501 justified
[dʒʌ́stəfàid]

a. right, reasonable, fair

정당한, 옳은

---

502 justify
[dʒʌ́stəfài]

v. support, defend, warrant

justify oneself for N N에 대하여 자신을 정당화하다

옳다고 하다, 정당
화하다; 적법성을
보이다

---

503 justly
[dʒʌ́stli]

ad. obviously, clearly, fairly

올바르게; 정확히;
공정하게

---

504 key
[kiː]

a. important, crucial, vital

the key industries 기간 산업

중요한, 불가결한,
중대한

---

505 laborious
[ləbɔ́ːriəs]

a. difficult, industrious, diligent

a laborious affair 힘든 일

근면한, 부지런히
일하는; 힘드는,
어려운

---

506 lag
[læg]

v. delay, linger, hang back

lag behind in N N에 있어서 뒤쳐지다

뒤처지다, 진행이
느리다, 꾸물거리다

---

507 landscape
[lǽndskèip]

n. scenery, view, scene

a fairy-tale landscape 아름다운 경치

경관, 풍경

---

508 lavish
[lǽviʃ]

a. rich, abundant, copious

lavish expenditure 낭비

마음이 후한; 사치스
러운; (~을) 아끼지
않는

---

509 legitimately
[lidʒítəmitly]

ad. properly, legally, accurately

be legitimately claimed 적법하게 요구된

적법하게, 이치에
맞게, 적절하게

---

510 lethal
[líːθəl]

a. dangerous, deadly, fatal

a lethal dose (약의) 치사량

치명적인

Entry	Synonym	Meaning
⁵¹¹ **limited** [límitid]	*a.* restricted, confined, constrained limited resources 한정된 자원	한정된, 유한한, 제한을 받는; 부족한
⁵¹² **linger** [língər]	*v.* remain, hang around linger over one's work 일을 우물쭈물 하다	꾸물거리다, 질질 끌다, 잔존하다
⁵¹³ **link to** [liŋk tu:]	*v.* connect, join, bind	잇다, 연결하다
⁵¹⁴ **locate** [loukéit]	*v.* find, position, settle Locate LA on map. 지도에서 LA를 찾으세요.	위치하다, 위치를 알아내다, 소재를 파악하다
⁵¹⁵ **lucrative** [lú:krətiv]	*a.* profitable, productive, advantageous lucrative business 돈이 되는 사업	유리한, 돈이 벌리는
⁵¹⁶ **luminous** [lú:mənəs]	*a.* brilliant, intelligent, clever a luminous remark 알기 쉬운 설명	빛나는, 총명한, 명백한
⁵¹⁷ **luxuriant** [lʌgzúəriənt]	*a.* rich, fertile, lavish a luxuriant forest 울창한 숲	무성한, 울창한, 풍부한; 호화로운
⁵¹⁸ **magnify** [mǽgnəfài]	*v.* enlarge, expand, boost magnify an object 1000 diameters 물체를 천 배 확대하다	확대하다, 크게 보이게 하다

519 **magnitude**
[mǽgnətjùːd]

n. size; amount, volume

the magnitude of the universe 우주의 거대함

(수량적인) 크기, 규모; 대량; 중요성

---

520 **mainstay**
[méinstèi]

n. important part, chief, support

주요 지지물, 대들보, 크게 의지하는 것

---

521 **majestic**
[mədʒéstik]

a. magnificent, superb, splendid

majestic Grand Canyon 웅대한 Grand Canyon

위엄 있는, 당당한, 장엄한

---

522 **malleable**
[mǽliəbəl]

a. flexible, pliable, docile

malleable plastic 구부러지는 플라스틱

적응성 있는, 유순한

---

523 **manageable**
[mǽnidʒəbəl]

a. controllable, manageable

관리할 수 있는, 처리하기 쉬운, 다루기 쉬운

---

524 **mandate**
[mǽndeit]

n. order, command, instruction

a competency of mandate 위임 권한

위임, 지시, 명령

---

525 **manner**
[mǽnər]

n. way, fashion, method

in a British manner 영국 풍습으로

방법, 방식, 풍습

---

526 **manifestation**
[mæ̀nəfestéiʃən]

n. indication, symptom, mark

a manifestation of the popular will 민의의 표시

명시, 표시, 표현, 징후

---

527 **manipulate**
[mənípjəlèit]

v. control, exploit, handle

manipulate accounts 계정을 조작하다

잘 다루다, 솜씨 있게 처리하다

---

528 **marked**
[mɑːrkt]

a. considerable, noticeable, striking

a marked difference 현저한 차이

ⓟ **markedly** *ad.* noticeably, conspicuously, considerably 현저하게, 눈에 띄게

두드러진, 현저한

---

529 **massive**
[mǽsiv]

a. enormous, huge, very large

a massive dose 정량 이상의 일회분

크고 무거운, 큰, 억센

| 530 **mastery**
[mǽstəri] | *n.* control, dominant, supremacy

a mastery of Chinese 중국어의 정통함 | 숙달, 정통; 우월,
우세; 지배, 통제 |

| 531 **materialize**
[mətíəriəlàiz] | *v.* appear, embody | 형태를 주다, 구체
화하다, 실현되다,
사실이 되다 |

| 532 **meager**
[míːgər] | *a.* scarce; scanty, rare

a meager salary 얼마 안 되는 월급 | 부족한, 빈약한, 결핍
한; 여윈, 홀쭉한 |

| 533 **mechanism**
[mékənìzəm] | *n.* method for evaluating, process, system | 장치, 구조, 짜임새;
무의식적 수단 |

| 534 **meet**
[miːt] | *v.* encounter, confront, deal with

make ends meet 수입과 지출의 균형을 맞추다 | 만나다; 대항하다,
대처하다; 직면하다 |

| 535 **menacing**
[ménəsiŋ] | *a.* threatening, frightening

a menacing cloud 위협적인 구름 | 위협적인, 협박하는 |

| 536 **merely**
[míərli] | *ad.* simply, only, solely | 오직, 단지 |

| 537 **merge**
[məːrdʒ] | *v.* blend, combine

merge two companies 두 회사를 합병하다 | 합병하다, 혼합하다 |

| 538 **meticulous**
[mətíkjələs] | *a.* careful, cautious, scrupulous

meticulous care 세심한 주의 | 작은 일에 신경 쓰는,
주의 깊은 |

| 539 **mingle with**
[míŋgəl wið] | *v.* associate with, socialize, consort

mingle with N N과 잘 융합되다 | 섞이다, 혼합되다;
어우러지다; (남과)
교제하다 |

| 540 **migrate**
[máigreit] | *v.* move around, travel, journey

migrating birds 철새 | 이주하다, 이동하다 |

VOCABULARY TEST 6

1. inclement

(A) unexpected
(B) unfavorable
(C) unlikely
(D) unpredictable

2. indispensable

(A) captivating
(B) essential
(C) enriching
(D) uncertain

3. induce

(A) bring
(B) stop
(C) interact with
(D) increase

4. inevitable

(A) unwilling
(B) impartial
(C) irrational
(D) unavoidable

5. innate

(A) interminable
(B) inadvertent
(C) inborn
(D) inevitable

6. instantaneous

(A) heterogeneous
(B) immutable
(C) immediate
(D) feeble

7. integral

(A) equitable
(B) profitable
(C) essential
(D) pleasant

8. intricate

(A) lengthy
(B) expensive
(C) complex
(D) remarkable

9. invade

(A) trespass
(B) neutralize
(C) cover
(D) deposit

10. juncture

(A) connection
(B) embodiment
(C) deviation
(D) fracture

11. irrevocable

(A) abundant
(B) significant
(C) permanent
(D) unpredictable

12. lethal

(A) incurable
(B) extensive
(C) deadly
(D) inconsistent

13. linger

(A) displace
(B) flag
(C) prosper
(D) remain

14. luminous

(A) frank
(B) eclectic
(C) brilliant
(D) instructive

15. magnitude

(A) concern
(B) determination
(C) carelessness
(D) amount

16. malleable

(A) fragile
(B) flexible
(C) dense
(D) unique

17. manipulate

(A) stretch
(B) represent
(C) control
(D) attain

18. meager

(A) scarce
(B) dull
(C) adjacent
(D) enigmatic

19. menacing

(A) threatening
(B) distrustful
(C) fierce
(D) impudent

20. meticulous

(A) careful
(B) ultimate
(C) irregular
(D) pragmatic

Answer

1. B 2. B 3. A 4. D
5. C 6. C 7. C 8. C
9. A 10. A 11. C 12. C
13. D 14. C 15. D 16. B
17. C 18. A 19. A 20. A

4th WEEK ▶▶
DAY 19

Entry	Synonym	Meaning
[541] **milestone** [máilstòun]	*n.* important event, significant incident important milestone 중요한 이정표	마일 표석; (역사, 인생의) 획기적인 사건
[542] **mimic** [mímik]	*v.* imitate, parody, caricature a mimic stage 광대극	흉내 내다, 흉내 내어 멸시하다
[543] **miniature** [míniətʃər]	*a.* small, minute, diminutive a miniature of the White House 백악관의 모형	축소된, 소형의, 소규모의; 축소 모형
[544] **minute** [mainjúːt]	*a.* tiny, very small minute particles 미립자	미세한, 아주 작은, 상세한
[545] **minutely** [mainjúːtli]	*ad.* in detail, particularly explain it minutely 상세히 설명하다	미세하게, 상세히, 엄밀하게
[546] **modest** [mádist]	*a.* limited; not large, moderate in a modest way 제한적으로	제한적인, 많지 않은
[547] **mold** [mould]	*v.* shape, frame, produce mold on the prototype 시제품을 본떠서 만들다	틀에 넣어 만들다, ~을 만들다, 주형을 만들다
[548] **momentous** [mouméntəs]	*a.* significant, critical, crucial a momentous decision 중대한 결정	중요한, 중대한

549 monotonous [mənátənəs]	*a.* unvaried, tedious, dull the monotonous scenery 단조로운 풍경	단조로운, 지루한, 변화가 없는
550 moreover [mɔːróuvər]	*ad.* additionally, furthermore, as well	게다가, 더구나
551 motif [moutíːf]	*n.* design, theme, idea a musical motif comes into one's mind 음악적 심상이 떠 오르다	동기, 테마; 주조(主調), 특색
552 mounting [máuntiŋ]	*a.* increasing; growing	오르는, 상승하는; 증가하는
553 mundane [mʌ́ndein]	*a.* ordinary, earthly, secular in one's mundane life 속세의 삶에서	현세의, 속세의, 평범한, 보통의
554 myriad [míriəd]	*a.* countless, innumerable, countless myriads of stars 무수한 별	1만의, 무수한; 〈그리스 어〉 1만
555 naively [nɑːíːvli]	*ad.* plainly, purely, ingenuously	순진하게, 고지식 하게
556 necessary [nésəsèri]	*a.* required, compulsory, mandatory things necessary for daily life 일상 생활의 필수품	필요한, 필수의, 불가피한
557 nevertheless [nèvərðəlés]	*ad.* in spite of, despite, regardless of	그럼에도 불구하고
558 norm [nɔːrm]	*n.* rule, standard, pattern vary from the norm 규범에서 벗어나다	표준, 기준, 규범
559 notable [nóutəbəl]	*a.* outstanding, remarkable, important a notable exception 주목할 만한 예외 ⑪ **notably** *ad.* particularly, especially 현저하게, 명백하게; 특히	주목할만한, 두드러진, 훌륭한; 중요한

560 novel
[návəl]

a. innovative, new

a novel economic system 새로운 경제 시스템

새로운, 신기한, 기발한

561 objective
[əbdʒéktiv]

n. purpose, aim, unbiased

educational objective 교육 목표

목적, 목표; 목적어; 객관적인

562 obscure
[əbskjúər]

a. unclear; uncertain

an obscure passage 뜻이 모호한 구절

불분명한; 불확실한

563 obscured
[əbskjúərd]

a. hidden, concealed, unseen

obscured hostility 숨겨진 적의

덮어 감추어진; 숨겨진; 불명료해진

564 obsession with
[əbséʃən wið]

n. fixation on, preoccupation, mania

obsession with drug 약에 대한 집념

집념, 강박관념; 들러붙음

565 obstacle
[ábstəkəl]

n. barrier, block, impediment

raise an obstacle 장애물을 설치하다

방해, 장애

566 obtain
[əbtéin]

v. acquire, attain, accomplish

obtain knowledge through study 연구를 통해 지식을 얻다

획득하다, 손에 넣다

567 obvious
[ábviəs]

a. evident, conspicuous

obvious proof 명백한 증거

분명한, 명백한

568 offset
[ɔ́(:)fsét]

v. balance, counterbalance

offset losses by gains 이익으로 손실을 상쇄하다

맞추다, ~에 대하여 상쇄하다

569 ongoing
[ángòuiŋ]

a. continued, developing, in progress

ongoing negotiation between North and South 남북간에 진행중인 협상

계속하고 있는, 진행 중인

570 onset
[ánsèt]

n. start, outbreak, commencement

an onset of labor pains (산기) 진통의 시작

개시, 출반, 착수; 돌격

iBT TOEFL VOCABULARY

Entry	Synonym	Meaning
571 **opaque** [oupéik]	**a.** unclear, vague, obscure an opaque body 불투명체	불투명한, 불명료한
572 **optimal** [áptəməl]	**a.** ideal, supreme, most satisfactory an optimal physical condition 최적의 신체 상태	최선의, 최상의; 가장 바람직한
573 **optimum** [áptiməm]	**a.** most favorable, ideal, supreme optimum money supply 적정 통화량	최적 조건의, 최적의
574 **option** [ápʃən]	**n.** choice, alternative, selection make one's option 선택하다	선택의 자유; 선택, 선택권
575 **orchestrate** [ɔ́ːrkəstrèit]	**v.** coordinate, organize, put together orchestrate negotiations 협상을 조정하다	(생각을) 조정하다, 통제하다
576 **orientation** [ɔ̀ːrientéiʃən]	**n.** introduction, induction orientation course 예비 교육 과정	적응 지도; 예비 교육; 방침
577 **ornamental** [ɔ̀ːrnəméntl]	**a.** decorative, embellishing ornamental writing 장식 문자	장식적인
578 **outcome** [áutkʌm]	**n.** result, consequence, conclusion give instant outcome 즉효가 있다	결과, 성과

579 outstanding
[àutstǽndiŋ]

a. remarkable, conspicuous, noticeable

an outstanding figure 두드러진 인물

두드러진, 현저한

---

580 overlie
[òuvərlái]

v. cover, veil

~위에 가로놓이다;
~위에 눕다

---

581 overly
[óuvərli]

ad. excessively, exorbitantly, unreasonably

지나치게, 너무 과도
하게

---

582 overview
[óuvərvjù:]

n. summary, outline

give an overview 개괄하다

개관, 개요, 요약

---

583 overwhelming
[òuvərhwélmiŋ]

a. powerful, stunning

an overwhelming disaster 불가항력적 재해

압도적인, 대항할 수
없는

---

584 owing to
[óuiŋ tu:]

a. due to, because of

~ 덕분에, ~ 때문에;
~ 탓으로 돌려야 할

---

585 palatial
[pəléiʃəl]

a. magnificent, splendid

a palatial residence 굉장한 저택

궁궐의, 궁궐 같은,
웅장한, 호화로운

---

586 paradox
[pǽrədὰks]

n. contradiction, conflict

the organizational paradox 구조적 모순

역설, 모순

---

587 paradoxical
[pæ̀rədάksikəl]

a. seemingly contradictory, incompatible

sound paradoxical 모순처럼 들리다

역설적인, 모순적인

---

588 paramount
[pǽrəmàunt]

a. supreme, primary

the lady paramount 여왕

최고의; 최고 지위의,
가장 중요한, 탁월한

---

589 partake
[pɑːrtéik]

v. consume, share, participate

partake in N with ~ ~와 함께 N에 참가하다

참가하다, 나누어
갖다; 함께 먹다

590 **particular**
[pərtíkjələr]

a. specific, peculiar, special

be particular about~ ~에 까다롭게 굴다

특유의, 독특한, 개별적인; 특별한

591 **patent**
[pǽtənt]

a. evident, apparent, manifest

apply for a patent 특허를 출원하다

명백한, 분명한; 특허

592 **penchant**
[péntʃənt]

n. inclination, liking, taste

have a penchant for sports 스포츠를 매우 좋아하다

강한 기호, 경향; 취미

593 **peril**
[pérəl]

n. danger, risk, hazard

the perils of the sea 바다의 위험

위험, 위기, 모험

594 **periodically**
[pìəriádikəli]

ad. regularly, occasionally, sporadically

geyser periodically 주기적으로 분출하다

정기적으로, 주기적으로, 가끔씩

595 **periphery**
[pərífəri]

n. boundary, border, margin

a periphery-center theory 주변–중심 이론

주변, 표면, 외면

596 **perishable**
[périʃəbəl]

a. not permanent, easily broken

perishable goods 부패하기 쉬운 물건

썩기 쉬운; 소멸하기 쉬운, 영속하지 않는

597 **perpetually**
[pərpétʃuəli]

ad. continually, constantly, incessantly

consolidated perpetually 영구히 굳어진

영구히, 영원히; 부단히, 끊임없이, 언제나

598 **persist**
[pəːrsíst]

v. continue, remain, keep up

persist in one's opinion 자기 의견을 고집하다

지속하다, 잔존하다

599 **persistent**
[pəːrsístənt]

a. long lasting, perpetual

a persistent headache 지속적인 두통

끝까지 해내는, 지속적인, 영속적인

600 **perspective**
[pəːrspéktiv]

n. point of view, viewpoint

linear perspective 직선 원근화법

투시도, 전망, 시각, 통찰력; 원근법

Entry	Synonym	Meaning
601 **persuasively** [pərswéisivli]	*ad.* convincingly, effectively	설득력 있게, 납득할 수 있게
602 **pertinent** [pə́ːrtənənt]	*a.* relevant, related, fitting pertinent details 관련 항목	~에 해당하는, ~와 관계가 있는
603 **pervasive** [pərvéisiv]	*a.* widespread, prevalent, extensive pervasive image 보편적인 이미지	보급하는, 퍼지는
604 **phenomenal** [finámənəl]	*a.* extraordinary, unusual, exceptional make a phenomenal recovery 놀랍도록 빨리 회복하다	현상의, 뛰어난, 굉장한
605 **phenomenon** [finámənàn]	*n.* occurrence, incident a natural phenomenon 자연현상	현상, 사건
606 **pillar** [pílər]	*n.* column, post, support a pillar of the liberty 자유의 지주	기둥, 지주; 대들보, 중심, 요점; 중심 인물
607 **pinpoint** [pínpɔ̀int]	*v.* locate exactly; clearly identify pinpoint the location 장소를 정확히 말하다	정확히 겨누다; 정확히 지적하다[설명하다]
608 **pioneer** [pàiəníər]	*v.* first start, discover, initiate the pioneer days 초창기	개척하다, 선구자가 되다, 착수하다

609 plausible
[plɔ́:zəbəl]

a. believable; possible

a plausible conclusion 타당하다고 생각되는 결론

그럴듯한, 정말 같은

610 plentiful
[pléntifəl]

a. abundant, ample, copious

a plentiful harvest 풍작

풍부한

611 plug
[plʌg]

v. fill up, stuff, cram

plug a gap 구멍을 막다

메우다, 틀어막다; 밀어 넣다; 마개

612 pool
[pu:l]

n. pond; combination, cartel

물웅덩이; 기업 연합; 공동 출자하다

613 portrait
[pɔ́:rtrit]

n. picture, bust, statue

portrait of Mona Lisa 모나리자의 초상화

초상(화), 얼굴그림, 흉상, 인물상

614 pose
[pouz]

v. present, posture

pose as a rich man 부자인 척하다

자세를 취하다, 제안하다, 일으키다

615 postulate
[pʌ́stʃəlèit]

v. hypothesize, assume

the claims postulated 요구 사항

요구하다, 주장하다, 가정하다

616 potent
[póutənt]

a. powerful, strong

potent influence 강력한 영향

유력한, 강력한

617 potential
[pouténʃəl]

a. possible, promising, latent

a potential share 권리주(權利株)

가능성 있는, 가능한, 잠재적인

618 potentially
[pouténʃəli]

ad. possibly, perhaps, maybe

잠재적으로, 가능성 있게; 어쩌면

619 precarious
[prikɛ́əriəs]

a. unstable, uncertain

a precarious assumption 근거 없는 추측

불안정한, 위험한, 남에게 달린

620 precede
[priːsiːd]

v. come before, go before, lead

precedes thunder 천둥 전에

앞서다; (시간적으로)
〜보다 먼저 일어나다

621 precious
[préʃəs]

a. valuable, invaluable, priceless

precious metal; gold, silver 귀금속; 금, 은

귀중한, 값어치 있는

622 precipitated
[prisípətèitid]

v. brought about, prompted

precipitate a political crisis 정치적 위기를 촉진하다

〜을 재촉하다, 촉진하
다; 던져 떨어뜨리다

623 precise
[prisáis]

a. exact, correct, accurate

the precise meaning 정확한 의미

정확한; 바로 그,
딱 들어맞는

624 preclude
[priklúːd]

v. prevent; rule out, hamper

preclude all doubts 의심의 여지가 없다

막다, 방해하다

625 predominant
[pridámənənt]

a. principal, dominant, prominent

a predominant trait 눈에 띄는 특징

우수한, 우월한;
주요한, 현저한;
널리 퍼진

626 predominantly
[pridámənəntli]

ad. mainly, largely, chiefly

present predominantly 현저하게 존재하는

주요하게; 현저하게,
우세하게

627 preeminent
[priémənənt]

a. foremost, supreme, prime

preeminent historian 뛰어난 역사가

우위의, 현저한;
탁월한, 출중한

628 premise
[prémis]

n. assumption, proposition, postulation

a major premise 대전제

전제, 가정

629 preoccupied with
[priːákjəpàid wið]

a. concentrated on, focused on

preoccupied with Sony Sony로 이미 선점된

선점된, 열중한,
몰두한

630 preposterous
[pripástərəs]

a. unbelievable, absurd

a preposterous demand 터무니없는 요구

불합리한, 상식을
벗어난, 터무니없는

V O C A B U L A R Y TEST 7

1. milestone

(A) important event
(B) initial step
(C) universal concept
(D) obstruction to progress

2. mimic

(A) ignore
(B) imitate
(C) hear
(D) understand

3. monotonous

(A) monthly
(B) daily
(C) exacting
(D) unvaried

4. mundane

(A) carved
(B) beautiful
(C) ordinary
(D) heavy

5. norm

(A) rule
(B) implement
(C) peril
(D) earnest

6. notable

(A) farsighted
(B) important
(C) attracting
(D) inconsequential

7. objective

(A) ingenuity
(B) purpose
(C) fluctuation
(D) relic

8. onset

(A) inclination
(B) start
(C) force
(D) threat

9. orchestrate

(A) diverge
(B) exploit
(C) promote
(D) coordinate

10. ornamental

(A) medicinal
(B) diverse
(C) decorative
(D) constructive

11. out of sight

(A) abrupt
(B) hidden
(C) brittle
(D) radical

12. outstanding

(A) exhaustive
(B) charitable
(C) remarkable
(D) widespread

13. overlie

(A) recur
(B) diverge
(C) cover
(D) suspend

14. palatial

(A) myriad
(B) full-fledged
(C) inadvertent
(D) magnificent

15. phenomenal

(A) unexpected
(B) consistent
(C) successful
(D) extraordinary

16. plausible

(A) believable
(B) immanent
(C) conspicuous
(D) elaborate

17. potent

(A) pure
(B) powerful
(C) poisonous
(D) permanent

18. precipitate

(A) accompany
(B) worsen
(C) cover up
(D) bring about

19. premise

(A) stipulation
(B) impact
(C) assumption
(D) creed

20. preposterous

(A) absorbing
(B) exciting
(C) unbelievable
(D) immoral

Answer

1. A 2. B 3. D 4. C
5. A 6. B 7. B 8. B
9. D 10. C 11. B 12. C
13. C 14. D 15. D 16. A
17. B 18. D 19. C 20. C

4th WEEK ▶▶

DAY 22

Entry	Synonym	Meaning
631 **prerequisite** [prì:rékwəzit]	*n.* requirement, demand the first prerequisite 첫째 조건	사전에 필요한 것, 필요조건, 전제조건
632 **preserve** [prizə́:rv]	*v.* retain, maintain, sustain well-preserved 나이치고 젊어 보이는	보존하다, 유지하다, 지속하다
633 **prestige** [préstidʒ]	*n.* status, reputation, fame national prestige 국위	명성, 위신, 저명함, 평판
634 **presume** [prizú:m]	*v.* believe, suppose, conjecture presume N to be ~ N이 ~할 것이라고 추정하다	가정하다, 추정하다; ~로 간주하다, ~라고 믿다
635 **presuppose** [prì:səpóuz]	*v.* assume, presume An effect presupposes a cause. 원인 없이 결과가 생기지 않는다.	미리 가정하다, ~을 전제로 하다
636 **prevail** [privéil]	*v.* be dominant, be prevalent prevail over a person ~에게 이기다 ⑩ **prevailing** *a.* widespread, dominant 널리 퍼진: 우세한, 지배적인	널리 퍼져 있다, 만연되다, 지배적이다
637 **prevalent** [prévələnt]	*a.* widespread; most common Influenza is prevalent. 유행성 감기가 돈다.	널리 퍼진, 유행하는
638 **previously** [prí:viəsli]	*ad.* formerly, beforehand, earlier	미리, 전에

639 **primarily** [praimérəli]	*ad.* mainly, mostly, chiefly	주로, 근본적으로, 처음으로

640 **prime** [praim]	*n.* peak, climax, zenith in the prime of the life 한창 나이 때	전성기, 한창 때, 초기

641 **primitive** [prímətiv]	*a.* early, primordial, primeval a primitive man 원시인	원시의, 일찍이

642 **primordial** [praimɔ́:rdiəl]	*a.* the beginning, earliest, first primordial forms of life 원시 생물	원시의, 시작의, 최초의, 근본의

643 **principal** [prínsəpəl]	*a.* main, dominant; most important a principal cause of the failure 실패한 주요 원인	주요한, 주된; 중요한

644 **principle** [prínsəpl]	*n.* basic method, morals, standards the principles of economics 경제학원론	원리, 원칙, 법칙

645 **prior to** [práiər tu:]	*ad.* before, previously, formerly prior to convoy's arrival 사절의 도착 전에	~보다 전에, ~에 앞서서

646 **pristine** [prísti:n]	*a.* pure, primitive, original pristine environment 원시 환경	초기의, 원시 시대의, 순박한, 천진한

647 **probe** [proub]	*v.* investigate, explore, look into probe into the causes 원인을 조사하다	탐침으로 조사하다, 철저히 조사하다

648 **proficient** [prəfíʃənt]	*a.* skillful, adroit, expert be proficient at ~ ~에 능숙한	숙달된, 숙련된, 능숙한

649 **profound** [prəfáund]	*a.* significant; far-reaching a profound doctrine 난해한 학설	깊은, 격심한, 의미심장한

650 **profuse**
[prəfjúːs]

a. abundant, plentiful

profuse praise 아낌없는 칭찬

아낌없는, 마음이
후한, 풍부한

651 **progressive**
[prəgrésiv]

a. increasing, advanced, radical

make a progressive advance 전진하다

진보적인, 전진적인,
발전하는, 누진적인

652 **prohibitive**
[prouhíbətiv]

a. extreme; unaffordable

prohibitive tax 금지세

금지의; 〈값이〉 터무니
없는, 엄청난

653 **projection**
[prədʒékʃən]

n. protrusion, estimate, computation

돌출, 발사; 투영;
추정, 견적

654 **proliferation**
[proulífəréiʃən]

n. increase; growth

nuclear proliferation 핵 확산

증식, 만연, 확산

655 **prolific**
[proulífik]

a. fertile; abundant

a period prolific in great composers 위대한 작곡가들이
많이 있던 시대

다산의, 다작의;
결실이 많은

656 **prolong**
[proulɔ́ːŋ]

v. extend, lengthen, stretch

prolong one's stay abroad 해외 체류 기간을 연장하다

연장하다; ~을 늘
리다

657 **prominence**
[prámənəns]

n. importance, distinction, fame

come into prominence 두드러지게 하다

두드러짐, 탁월, 저명,
중요; 돌출

658 **prominent**
[prámənənt]

a. outstanding, noticeable

a prominent writer 특출한 작가

주요한, 유명한,
탁월한

659 **promote**
[prəmóut]

v. encourage, boost

promote metabolism 신진대사를 촉진시키다

촉진시키다

660 **promptly**
[prámptli]

ad. quickly, immediately

cured promptly 즉시 치료되다

신속히, 즉석에서

4th WEEK ▶ ▶
DAY 23

Entry	Synonym	Meaning
661 **prone** [proun]	**a.** likely, liable, inclined prone to anger 화내기 쉬운	~의 경향이 있는, ~하기 쉬운; 엎드린
662 **pronounced** [prənáunst]	**a.** notable; striking, strongest, marked	뚜렷한, 현저한
663 **propel** [prəpél]	**v.** force out, drive, thrust propelling power 추진력	나아가게 하다, 몰아대다, 재촉하다
664 **proper** [prápər]	**a.** suitable, appropriate at proper time 적절한 시기에	적합한, 알맞은
665 **property** [prápərti]	**n.** ① belongings, estate ② characteristic, trait	① 재산, 부동산 ② 고유성, 속성, 특성
666 **proportion** [prəpɔ́ːrʃən]	**n.** percentage, ratio, balance out of proportion to~ ~와 균형이 잡히지 않는	비율, 크기, 정도, 양; 균형, 조화
667 **prosperous** [práspərəs]	**a.** flourishing, thriving, wealthy a prosperous economy 번영하고 있는 경제	번영하는, 성공하고 있는; 순조로운
668 **providing** [prəváidiŋ]	**conj.** if, given that, as long as	~라는 조건으로, 만약 ~이면

669 provoke
[prəvóuk]

v. anger, irritate, incite

provoke a person to fury ~을 격분시키다

성나게 하다; 자극하여 ~시키다; ~을 자아내다

---

670 prowess
[práuis]

n. ambition; ability, competence

exhibit one's prowess 능력을 보이다

용기, 대담한 행위; 뛰어난 능력

---

671 proximity
[prɑksíməti]

n. closeness, nearness

proximity of blood 근친

가까움, 근접, 접근

---

672 puzzling
[pʌ́zliŋ]

a. difficult to explain, perplexing, abstruse

a puzzling problem 난해한 문제

수수께끼 같은, 난해한, 당혹스러운

---

673 quantify
[kwɑ́ntəfài]

v. measure, assess, calculate

분량을 정하다; 양을 재다, 양을 명시하다

---

674 quarters
[kwɔ́:rtərz]

n. residences, dwelling

막사, 병영, 숙소, 방; 구역, 지구

---

675 radical
[rǽdikəl]

a. fundamental; drastic

a radical party 급진[과격]파

근본적인; 급격한, 엄청난

---

676 randomness
[rǽndəmnes]

n. lack of pattern, haphazardness

마구잡이, 무작정, 엉터리

---

677 rapid
[rǽpid]

a. fast, speedy, swift

a rapid train 급행 열차

빠른, 신속한, 민첩한

---

678 rather
[rǽðər]

ad. instead, alternatively

rather dangerous 다소 위험한

오히려; 다소

---

679 rather than
[rǽðər ðæn]

ad. instead of, more ~ than

sultry rather than warm 따뜻하기보다 덥다

그 보다, 오히려 ~보다

---

680 **ratio** [réiʃou]	**n.** proportion, rate, percentage in the ratio of ~ ~의 비율로	비율
681 **readily** [rédəli]	**ad.** easily, effortlessly, quickly readily consent 선뜻 승낙하다	쉽사리
682 **realm** [relm]	**n.** area, sphere, territory the realm of nature 자연계	영역, 범위, 분야
683 **reasonable** [ríːzənəbəl]	**a.** sensible, logical, plausible a reasonable excuse 이치에 맞는 변명	이치에 맞는, 합당한; 이성 있는, 분별 있는
684 **rebound** [ribáund]	**v.** recovery, bounce A ball rebounds from a wall. 공이 벽에 맞아 되돌아오다.	되튀다; 되튐, 메아리; 되돌아오기, 회복; 반동
685 **recall** [rikɔ́ːl]	**v.** remember, recollect recall to one's mind 생각해내다	생각나게 하다, 회상 하다; 불러들이다
686 **reconcile** [rékənsàil]	**v.** bring together, reunite, conciliate reconcile N with ~ N을 ~와 화해시키다	화해시키다, 중재하다, 조화시키다
687 **recurring** [rikə́ːriŋ]	**a.** repeated, reproduced keep recurring 되풀이 되다	다시 발생하는; 되풀 이되는, 되살아나는
688 **redundant** [ridʌ́ndənt]	**a.** superfluous, surplus, extra be made redundant 해고되다	여분의, 과잉의; 넘칠 정도의
689 **refine** [rifáin]	**v.** improve, purify, clarify refine iron ore 철광석을 제련하다	정제하다, 갈고 닦다, 개량하다
690 **refinement** [riːfáinmənt]	**n.** small improvements, polishing a refinement of logic 논리의 치밀한 점	세련, 고상함; 제련, 정제

Entry	Synonym	Meaning
691 **refrain from** [rifréin frʌm]	*v.* avoid, evade, bypass refrain from greasy food 기름진 음식을 삼가다	삼가다; 억제하다; 참다, 그만두다
692 **regard** [rigá:rd]	*v.* consider, esteem, deem regard the situation as serious 사태를 중대시하다	간주하다, 생각하다; 고려에 넣다; 존경하다
693 **regulate** [régjəlèit]	*v.* adjust, control, govern regulate the temperature 온도를 조절하다	규제하다, 규정하다, 조절하다, 조정하다
694 **reinforce** [rì:infɔ́:rs]	*v.* strengthen, fortify reinforce a supply 공급을 늘리다	강화하다, 한층 강력 하게 하다
695 **release** [rilí:s]	*v.* free, discharge, loose release POWs 전쟁포로를 석방하다	석방하다, 풀어주다, 떼어놓다
696 **relevant** [réləvənt]	*a.* applicable, related matters relevant to the subject 그 문제에 관련된 사항	관계가 있는, 적절한
697 **relic** [rélik]	*n.* remain, vestige, trace the Roman relics 로마 유적	유물, 유적; 자취; 잔존물, 유품
698 **relish** [réliʃ]	*v.* enjoy, like relish a long journey 긴 여행을 즐기다	음미하다, 즐기다, 맛을 음미하다

699 **reluctant**
[rilʌ́ktənt]

a. unwilling, hesitant, loath

be reluctant to~ 마지못해 ~하는

마음 내키지 않는,
마지못한

---

700 **remarkable**
[rimáːrkəbəl]

a. notable, striking

a remarkable recovery 현저한 회복

주목할만한, 눈에 띄
는, 현저한

---

701 **remnant**
[rémnənt]

n. remain, remainder, rest

one's remnant existence 여생

나머지, 잔여물,
유물, 자취

---

702 **remote**
[rimóut]

a. distant, faraway, abroad

the remote corners of the earth 지구의 끝

먼, 멀리 떨어진,
외딴

---

703 **renowned**
[rináund]

a. famous, notable, celebrated

highly renowned 명성이 높은

유명한, 명성 있는

---

704 **repercussion**
[rìːpərkʌ́ʃən]

n. effect, impact

spark repercussions 〈사건의 영향 등이〉 번지다

되튀기, 반동;
영향, 반향

---

705 **reproduce**
[rìːprədjúːs]

v. copy, replicate, duplicate

reproduce a severed branch 잘려나간 가지를 재생하다

복사[복제]하다,
모조[모사]하다

---

706 **repudiate**
[ripjúːdièit]

v. reject, refuse, deny

repudiate a claim 요구를 거부하다

~을 물리치다;
거절하다, 부인하다;
거부하다

---

707 **requisite**
[rékwəzit]

a. essential, necessary, indispensable

requisite to life 생활에 필수적인

필수의, 꼭 필요한

---

708 **residue**
[rézidjùː]

n. remains, remainder, remnant

for the residue 그 밖의 것에 대해서는

나머지, 잔여, 잔재,
잔류물

---

709 **resilient**
[rizíljənt]

a. elastic, quick to recover

a resilient price index 탄력있는 물가

되튀는, 탄력 있는;
곧 회복하는

---

710 restrict
[ristríkt]

v. limit, regulate, restrain

restrict freedom of speech 언론의 자유를 제한하다

제한하다, 한정하다

711 retain
[ritéin]

v. maintain, keep; preserve

retain one's right 권리를 보유하다

보유하다, 유지하다;
간직하다

712 retard
[ritá:rd]

v. slow down, hinder, impede

retard growth 발육을 저해하다.

더디게 하다, 늦추다,
방해하다

713 retrieve
[ritrí:v]

v. bring back; get back, regain

retrieve oneself 갱생하다

회수하다, 가져오다;
회복하다

714 reveal
[riví:l]

v. show; make known, disclose

reveal a secret 비밀을 폭로하다

명백히 하다, (분명히)
나타내다, 밝히다

715 rigid
[rídʒid]

a. strict, fixed, stringent

rigid rules 엄격한 규칙

굳은, 딱딱한; 생각이
굳은, 완고한, 엄격한

716 ritual
[rítʃuəl]

a. ceremonial, conventional, habitual

religious ritual 종교 의식

의례적인; 의식에
관한; 의식, 관례

717 robust
[roubʌ́st]

a. healthy, strong, hardy

강건한, 기운찬,
굳센; 거친

718 roughly
[rʌ́fli]

ad. approximately, nearly, almost

roughly estimated 대략 개산하여

대략, 개략적으로

719 roundabout
[ráundəbàut]

a. indirect, devious, implied

빙도는, 간접의

720 routinely
[ru:tí:nli]

ad. regularly, usually, habitually

write a journal routinely 정기적으로 일지를 쓰다

일상적으로,
정기적으로

VOCABULARY TEST 8

1. prerequisite

- (A) reason
- (B) theory
- (C) requirement
- (D) technique

2. primordial

- (A) assertive
- (B) feasible
- (C) contemptuous
- (D) beginning

3. pristine

- (A) urgent
- (B) unbounded
- (C) inimitable
- (D) pure

4. probe

- (A) investigate
- (B) hypothesize
- (C) excrete
- (D) intervene

5. profound

- (A) significant
- (B) heavy
- (C) beautiful
- (D) low

6. profuse

- (A) eminent
- (B) robust
- (C) persistent
- (D) abundant

7. prolific

- (A) specific
- (B) spectacular
- (C) abundant
- (D) magnificent

8. prolong

- (A) invigorate
- (B) anticipate
- (C) extend
- (D) aggregate

9. property

- (A) interpretation
- (B) location
- (C) characteristic
- (D) virtue

10. providing

- (A) conforming
- (B) if
- (C) albeit
- (D) impending

11. random

- (A) patterned
- (B) innovative
- (C) constant
- (D) unsystematic

12. realm

- (A) presence
- (B) base
- (C) area
- (D) position

13. reinforce

- (A) express
- (B) stress
- (C) strengthen
- (D) form

14. relevant

- (A) abundant
- (B) essential
- (C) applicable
- (D) imposing

15. relic

- (A) remain
- (B) terrain
- (C) spell
- (D) barrier

16. renowned

- (A) confident
- (B) humble
- (C) frank
- (D) celebrated

17. repudiate

- (A) bombard
- (B) overwhelm
- (C) corroborate
- (D) reject

18. retard

- (A) slow down
- (B) prevent
- (C) disturb
- (D) strain

19. retrieve

- (A) bring back
- (B) tend to
- (C) compensate for
- (D) move around

20. rigid

- (A) flexible
- (B) thin
- (C) uneven
- (D) strict

Answer

1. C 2. D 3. D 4. A
5. A 6. D 7. C 8. C
9. C 10. B 11. D 12. C
13. C 14. C 15. A 16. D
17. D 18. A 19. A 20. D

5th WEEK ▶ ▶

DAY | 25

Entry	Synonym	Meaning
721 rudimentary [rùːdəméntəri]	*a.* basic, elementary, introductory a rudimentary organ 흔적 기관	근본의, 초보의
722 ruthlessly [rúːθlisli]	*ad.* without mercy, cruelly, pitilessly treat ruthlessly 무자비하게 다루다	무정하게, 무자비 하게, 사정 없이
723 sacred [séikrid]	*a.* holy, blessed, divine a sacred building 신전	신성한, 거룩한; 종교적인
724 saturate [sǽtʃərèit]	*v.* soak, overwhelm, swamp saturate N in ~ N을 ~에 몰입시키다	흠뻑 스며들게 하다; 젖게 하다; 몰두시키다
725 scatter [skǽtər]	*v.* distribute, spread, diffuse scatter seeds 씨를 뿌리다	뿌리다, 흩뜨리다
726 scope [skoup]	*n.* extent, range, capacity beyond one's scope 역량 범위 밖의	(능력, 이해, 응용 등 의) 범위, 한계
727 score [skɔːr]	*n.* a large number of, grade the average score 평균 득점	득점, 점수, 20, 다수
728 scorn [skɔːrn]	*v.* ridicule, despise, disdain scorn telling a lie 거짓말 하는 것을 수치로 여기다	깔보다, 경멸하다; 무시하다, 비웃다

729 scrutiny
[skrú:təni]

n. examination, investigation

make a scrutiny into ~ ~를 자세히 조사하다

정밀 조사

730 seamless
[sí:mlis]

a. perfectly smooth

seamless team 완벽한 팀

이음매 없는, 솔기가
없는; 틈 없는

731 secrete
[sikrí:t]

v. produce, discharge, exhaust

secrete toxic 유독 물질을 분비하다

분비하다, 배출하다

732 sedentary
[sédəntèri]

a. settled, fixed

a sedentary statue 좌상

앉은 자세의, 앉아
지내는; 정착하고
있는

733 seek after
[si:k ǽftər]

v. desire, pursuit of

seek after pleasure 행복을 추구하다

추구하다

734 seemingly
[sí:miŋli]

ad. apparently, outwardly, ostensibly

keep calm seemingly 겉으로는 아무렇지도 않다

겉보기에, 외관상

735 sequence
[sí:kwəns]

n. order, succession, series

sequence of murder 살인의 순서

연속, 순서, 차례

736 sequentially
[sikwénʃəli]

ad. consecutively, successively

연속적으로; 계속하여;
잇따라

737 set
[set]

a. fixed, steady, unwavering

a set policy 고정된 정책

정해진, 규정된;
틀에 박힌, 고정된,
단호한

738 shatter
[ʃǽtər]

v. destroy, demolish, wreck

ships shattered by storms 폭풍에 파괴된 배들

산산이 부수다,
박살내다; 분쇄하다

739 shift
[ʃift]

v. change, relocate, displace

shift N to ~ N을 ~으로 이동시키다

이동하다, 옮기다,
바꾸다, 변화하다

740 shortcoming
[ʃɔ́ːrtkʌ̀miŋ]

n. disadvantage, fault, defect

결점, 단점; 불충분
한 점

741 shriveled
[ʃríːvəld]

a. dried up, withered, wilted

balloon shriveled 풍선이 쭈그러들다

시들어 주름진,
시든, 쭈그러진

742 signal
[signl]

v. communicate, sign, beckon

signal for a rescue boat 구조선 요청 신호를 보내다

신호하다,
신호로 알리다

743 significant
[signífikənt]

a. ① substantial, important　② large

a significant day 중요한 날

① 중요한; 상당한;
　현저한
② 큰

744 significantly
[signífikəntli]

ad. considerably, substantially

의미있는 듯이, 의
미심장하게; 상당
히

745 simultaneously
[sàiməltéiniəsli]

ad. at the same time, together, concurrently

simultaneously born identical twins 동시에 출산된 일란성
쌍둥이

동시에

746 size up
[saiz ʌp]

v. evaluate, estimate, calculate

size up the cost of the damage 손해액을 사정하다

치수를 재다, 평가하다,
판단하다

747 skeptical
[sképtikəl]

a. doubtful, unclear, dubious

skeptical claim 의심스런 주장

회의적인, 의심 많은

748 sleek
[sliːk]

a. smooth, glossy, lustrous

윤기 나는, 매끈한;
온화한

749 slightly
[sláitli]

ad. somewhat, a little

slightly different 약간 다른

약간, 조금

750 snaking
[sneikiŋ]

a. winding, meandering

snaking path through the woods 숲 속의 구불구불한 길

뱀처럼 휘어지는,
굽이치는

박정 iBT TOEFL VOCABULARY

Entry	Synonym	Meaning
751 **sole** [soul]	**a.** only, single, exclusive a sole agent 독점 대리인	유일한, 단 하나의
752 **solely** [sóulli]	**ad.** only, exclusively	혼자서, 단독으로; 오직, 오로지, 다만
753 **solid** [sάlid]	**a.** fixed, firm, sturdy a solid body 고체	고체의, 튼튼한, 견고 한; 확고한
754 **solitary** [sάlitèri]	**a.** alone, lonely, isolated a solitary cell 독방	혼자뿐인, 고독한
755 **sophisticated** [səfístəkèitid]	**a.** ① complex ② highly developed sophisticated technique 정교한 기술	① 복잡한, 정교한 ② 세련된
756 **spark** [spɑːrk]	**v.** flash, bring about, trigger make the spark fly 격한 논쟁을 일으키다	불꽃 튀기다; 자극하 여 ~일으키다; 불꽃; 생기
757 **spectrum** [spéktrəm]	**n.** range, scope, orbit a wide spectrum of 광범위한	연속체, 분포 범위
758 **speculate** [spékjəlèit]	**v.** hypothesize, conjecture, consider speculate on the origin of the universe 우주의 기원에 관해 서 추측하다	심사 숙고하다, ~라고 추측하다; 투기하다

759 spell [spel]
n. a certain period of time, period
a spell of fine weather 한동안의 좋은 날씨
한 동안의 기간; 계속되는 기간

760 splendid [spléndid]
a. marvelous, magnificent, majestic
splendid talents 뛰어난 재능
호화로운, 화려한; 웅대한, 훌륭한

761 splendor [spléndər]
n. magnificence, solemnity, majesty
the splendor of one's attire ~의 호화로운 의상
호화, 화려, 웅대함; 빛남

762 spontaneous [spɑntéiniəs]
a. unplanned, impromptu, natural
a spontaneous cure 자연 치유
자연히 일어나는, 자연 발생적인

763 sporadic [spərǽdik]
a. occasional, infrequent, periodic
a sporadic meteor 산발 유성
드문, 이따금 일어나는, 산발적인

764 spot [spɑt]
v. see, detect, observe
spot the start of the fire 불의 원인을 찾다
〈소재를〉 알아내다, 찾아내다, 발견하다

765 spur [spəːr]
v. stimulate, incite, prompt
spur consumer demand 소비자 수요를 자극하다
〈말에〉 박차를 가하다; 자극하다; 고무하다

766 staggering [stǽgəriŋ]
a. overwhelming; shocking
a staggering trade deficit 엄청난 무역 적자
머뭇거리는, 비틀거리는; 압도적인

767 stamp out [stæmp aut]
v. eliminate, extinguish, put out
stamp out N thoroughly N을 철저히 박멸하다
밟아서 뭉개다, 끄다; 진압하다, 박멸하다

768 standstill [stǽndstil]
n. complete stop, suspension, abeyance
cardiac standstill 심장 정지
정지; 정체; 교착 상태; 정지된, 정지시키는

769 staple [stéipəl]
n. basic item, important factor, element
staple food 주요 식품
주요 상품, 기본 식품; 주요한 품목[요소/성분]

88

770 startling
[stá:rtliŋ]

a. surprising, amazing, astonishing

a startling surprise 깜짝 놀람

깜짝 놀라게 하는

771 state
[steit]

v. indicate, express, demonstrate

as stated above 상술한 바와 같이

분명히 말하다,
공표하다; 정하다

772 static
[stǽtik]

a. unchanging, invariable, immutable

정적인, 정지된,
거의 변화하지 않는

773 status
[stéitəs]

n. importance, prestige, authority

a social status 사회적 지위

지위, 신분, 높은 지위;
정세

774 steadfast
[stédfæst]

a. enduring, lasting, permanent

be steadfast in one's faith 신념을 굽히지 않다

확고한, 변치 않는,
고정된

775 stimulate
[stímjəlèit]

v. promote, encourage, provoke

stimulate N to do ~ N으로 하여금 ~하도록 격려하다

자극하다, 격려하다;
자극하여 ~시키다

776 stipulate
[stípjəlèit]

v. require, contract, insist

be stipulated by law 법률로 정해지다

조건으로 요구하다,
계약으로 ~을 규정
하다

777 stockpile
[stákpàil]

v. store up, reserve, retain

stockpile for a possible war 전쟁을 대비해 비축하다

비축하다, 저장하다

778 strategy
[strǽtədʒi]

n. method, scheme, plan

nuclear strategy toward Soviet Union 대(對)소련 핵 전략

병법, 전략, 전술,
방책

779 stratify
[strǽtəfài]

v. layer, tier, grade

stratified rock 성층암

층으로 하다, 계층화
하다; 층을 이루다

780 strenuous
[strénjuəs]

a. intense, fierce, tough

make strenuous efforts 무척 노력하다

활발한, 정력적인;
격렬한; 고생스러운

5th WEEK ▶▶

DAY 27

Entry	Synonym	Meaning
781 **strew** [stru:]	**v.** scatter, disperse, diffuse strew sand 모래를 뿌리다	흩뿌리다, 퍼뜨리다, 유포하다
782 **striking** [stráikiŋ]	**a.** remarkable, outstanding, conspicuous striking news clip 놀라운 뉴스	주의를 끄는, 인상적인
783 **stringent** [stríndʒənt]	**a.** strict, severe, rigid stringent laws 엄한 법률	엄한, 엄격한, 강제적인
784 **sturdy** [stɔ́:rdi]	**a.** well built, hardy, substantial a sturdy piece of furniture 튼튼한 가구	강건한, 튼튼한, 견고한
785 **subject to** [sʌ́bdʒikt tu:]	**a.** likely to, prone to subject to change 변하기 쉬운	~받기 쉬운, ~입기 쉬운; 종속하는
786 **subsequent** [sʌ́bsikwənt]	**a.** later, following, ensuing subsequent event 차후의 일	뒤이어 일어나는, 다음의, 차후의
787 **subsequently** [sʌ́bsikwəntli]	**ad.** afterward, later	그 후에, 그 다음에
788 **subsidiary** [səbsídièri]	**a.** less important, secondary, auxiliary subsidiary business 부업	보조의, 종속하는, 부차적인

789 subsist [səbsíst]	**v.** exist of presence, be present, remain subsist upon scanty food 근소한 식량으로 살아나가다	존재하다, 존속하다; 생존하다; 살아가다
790 subsistence [səbsístəns]	**n.** survival, existence, being on the margin of bare subsistence 겨우겨우 살아가는	존재, 생존; 부양; 최저 생계
791 substantial [səbstǽnʃəl]	**a.** significant, considerable, large substantial sum of money 상당한 액수의 돈	충분한, 상당한; 중요한
792 substantiate [səbstǽnʃièit]	**v.** confirm, prove, verify substantiate a charge 용의점을 입증하다	확증하다, 입증하다; 구체화하다
793 subtraction [səbtrǽkʃən]	**n.** decrease, reduction, dwindling a subtraction of workers 노동인원 삭감	빼기, 감하기; 삭제; 뺄셈
794 succession [səkséʃən]	**n.** sequence, series, cycle the law of succession 상속법	잇따라 일어나기, 연속, 계속
795 sufficient [səfíʃənt]	**a.** enough, adequate, satisfactory sufficient to do ~ ~을 하기에 충분한	충분한, 부족함이 없는
796 superficially [sù:pərfíʃəli]	**ad.** apparently, externally, seemingly	표면적으로, 피상적 으로, 외관상
797 supersede [sù:pərsi:d]	**v.** replace, displace, substitute supersede A with B A 대신에 B하다	~의 자리를 빼앗다; 대신하다, 대체하다
798 supplant [səplǽnt]	**v.** replace, substitute, take over supplant with another 다른 사람을 구하다	대신하다, 대체하다
799 suppress [səprés]	**v.** hold back; stop by force, subdue suppress one's laugh 웃음을 참다	진압하다, 저지하다; 억제하다, 억누르다

800 surmise [sərmáiz]	**v.** guess, infer, suspect Silence often surmise consent. 침묵은 종종 동의의 표시이다.	추측하다, 짐작하다
801 surpass [sərpǽs]	**v.** exceed, excel, outstrip surpass description 형언할 수 없이 뛰어나다	능가하다, 넘다, 초월하다
802 surplus [sə́:rplʌs]	**n.** extra, excess, surfeit a surplus population 과잉 인구	나머지, 잉여, 잔여
803 surveillance [sə:rvéiləns]	**n.** observation, supervision, inspection under surveillance 감독 하에	감시, 사찰, 감독
804 suspend [səspénd]	**v.** hang, attach; postpone suspend one's judgment 판결을 보류하다	매달다, 허공에 떠 있게 하다; 보류하다
805 sustain [səstéin]	**v.** support, uphold, bear sustain a conversation 대화를 계속하다	유지하다, 지속하다, 떠받치다
806 sustained [səstéind]	**a.** constant, uninterrupted, perpetual sustained nature 한결 같은 자연	지속된, 한결 같은
807 swell [swel]	**v.** increase, expand, grow	부풀다, 팽창하다; 수량이 늘다, 증대하다
808 swift [swift]	**a.** quick, rapid, prompt be swift of foot 걸음이 빠르다	빠른, 재빨리 오는, 갑작스러운
809 synthesis [sínθəsis]	**n.** combination, mixture, blend photosynthesis 광합성	종합, 합성, 통합
810 tacit [tǽsit]	**a.** implicit, implied, suggested tacit approval 묵인	암묵의, 넌지시 비치는, 무언의, 말없는

V O C A B U L A R Y TEST 9

1. rudimentary

(A) basic
(B) human
(C) complex
(D) intelligible

2. ruthlessly

(A) without mercy
(B) clearly
(C) artfully
(D) gradually

3. scatter

(A) distribute
(B) disdain
(C) disguise
(D) distract

4. scrutiny

(A) curiosity
(B) approval
(C) insistence
(D) examination

5. seemingly

(A) apparently
(B) obviously
(C) relatively
(D) mostly

6. skeptical

(A) chancy
(B) resilient
(C) immobile
(D) doubtful

7. slightly

(A) deliberately
(B) elaborately
(C) somewhat
(D) distinctively

8. spark

(A) bring about
(B) surround
(C) send out
(D) follow

9. speculate

(A) hypothesize
(B) doubt
(C) estimate
(D) agree

10. splendid

(A) magnificent
(B) naive
(C) opaque
(D) intrinsic

11. staggering

(A) compelling
(B) exceeding
(C) overwhelming
(D) unwilling

12. standstill

(A) terrain
(B) proliferation
(C) ingenuity
(D) complete stop

13. staple

(A) great delicacy
(B) basic item
(C) fastener
(D) highlight

14. startling

(A) initial
(B) corresponding
(C) estimated
(D) surprising

15. stockpile

(A) sell
(B) store up
(C) trade
(D) restrain

16. stringent

(A) straightforward
(B) strict
(C) expanded
(D) efficient

17. subject to

(A) akin to
(B) likely to
(C) obsessed with
(D) preoccupied with

18. supersede

(A) replace
(B) exploit
(C) recur
(D) integrate

19. surmise

(A) guess
(B) care
(C) argue
(D) notice

20. tacit

(A) theoretical
(B) fragile
(C) instinctive
(D) implicit

Answer

1. A 2. A 3. A 4. D
5. A 6. D 7. C 8. A
9. A 10. A 11. C 12. D
13. B 14. D 15. B 16. B
17. B 18. A 19. A 20. D

5th WEEK ▶▶

DAY 28

Entry	Synonym	Meaning
811 **tactic** [tǽktik]	*n.* strategy, scheme, ploy a military tactic 군사 전략	작전, 책략
812 **tame** [teim]	*v.* domesticate, obey Dogs are tamed animals. 개는 길들여진 동물이다.	길들이다, 복종시키다, 억누르다
813 **tantalizing** [tǽntəlàiziŋ]	*a.* teasing; tempting, alluring tantalizing problems in education 교육의 난제	흥미를 돋우는, 애타게 하는
814 **tenacity** [tənǽsəti]	*n.* stubbornness, obstinacy have tenacity of~ ~할 강한 의지가 있다	집착, 끈질김, 고집, 완고함
815 **tend** [tend]	*v.* incline; take care of Water tends to fall. 물은 떨어지려는 성질이 있다.	경향이 있다; 도움이 되다; 지키다, 보살피다
816 **tension** [ténʃən]	*n.* strain, pressure, anxiety a headache caused by tension 긴장에서 비롯된 두통	팽팽함, 긴장, 불안; 압력, 팽창력
817 **tentatively** [téntətivli]	*ad.* uncertainly, unconfirmed, temporarily a tentative theory 가설	임시적으로; 불확실 하게, 우유 부단하게
818 **tentativeness** [téntətivnis]	*n.* hesitation, unwillingness, reluctance a tentativeness pause 더듬거려 이야기가 끊어짐	임시적임; 불확실; 자신 없음; 머뭇거림

819 terminal
[tə́ːrmənəl]

a. final, last

the positive terminal of the battery 배터리의 양극

끝에 있는, 최종적
인, 맨 끝에 오는;
종점인

---

820 terrain
[təréin]

n. landscape; land, ground

impracticable terrain 통행 불가능 지역

지형, 지대, 지역;
분야

---

821 terrestrial
[təréstriəl]

a. earthly, worldly

terrestrial heat 지열

지구의, 육지의;
이 세상의, 현세의

---

822 thoroughly
[θə́ːrouli]

ad. completely, totally, absolutely

inspected thoroughly 철저히 조사된

완전히, 철저히

---

823 though
[ðou]

conj. however, although, while

그렇지만, 그러나

---

824 threshold
[θréʃhòuld]

n. entrance, start, limit

at the threshold of~ ~의 시초에

문지방, 시발점,
발단; 한계점

---

825 thriving
[θráiviŋ]

a. prosperous, flourishing, blooming

a thriving business 번창하는 사업

번성하는, 성공하는,
무럭무럭 자라는

---

826 thus
[ðʌs]

ad. consequently, therefore, hence

이와 같이, 그렇게;
그러므로, 따라서

---

827 timid
[tímid]

a. fearful, shy, bashful

a timid manner 주저하는 태도

겁이 많은, 자신이
없는, 소심한

---

828 toil
[tɔil]

v. work hard, struggle, strive

toil at a task 부지런히 일하다

힘써 일하다, 수고
하다, 고생하다

---

829 toxic
[táksik]

a. noxious, poisonous, harmful

toxic ingredient to body 인체에 유해한 성분

유독한, 독성이 있는

⁸³⁰**track** [træk]	**v.** observe, pursue, chase tracking down the suspect 용의자 추적	자취를 쫓다, 추적 하다, 탐지하다
⁸³¹**traditionally** [trədíʃənəli]	**ad.** typically, usually, generally	전통적으로, 관례적으로; 보통
⁸³²**transform** [trænsfɔ́ːrm]	**v.** change, convert, alter transform society 사회를 일신하다	변화시키다
⁸³³**transition** [trænzíʃən]	**n.** change, conversion, metamorphosis a transition period 과도기	변화, 변천, 전환
⁸³⁴**transitory** [trǽnsətɔ̀ːri]	**a.** short-lived, transient, momentary	일시적인, 오래가지 않는, 순식간의
⁸³⁵**transmit** [trænsmít]	**v.** convey, pass on, transfer transmit N by ~ (운송수단 등) ~편으로 N을 보내다	보내다, 나르다, 옮기다; 전염시키다
⁸³⁶**transplant** [trænsplǽnt]	**v.** remove; place with other context a heart transplant 심장 이식	옮겨 심다, 이식하다; 옮기다
⁸³⁷**trapped** [træpt]	**a.** caught, arrested, seized	덫으로 잡힌; 갇혀진
⁸³⁸**trauma** [trɔ́ːmə]	**n.** damage, injury, wound PTDS: Post Traumatic Stress Disorder 외상 후 스트레스 장애	외적 상처; 정신적 충격; 쇼크
⁸³⁹**trend** [trend]	**n.** tendency, vogue, fashion set a trend 유행을 창출하다	대세, 경향, 추세
⁸⁴⁰**trespass** [tréspəs]	**v.** invade, assault, raid trespass upon/on one's territory 누구의 영역에 침범하다	불법 침입하다; 침범하다, 침해하다

5th WEEK ▶▶
DAY 29

Entry	Synonym	Meaning
841 **trigger** [trígər]	**v.** activate; initiate, bring about trigger the production of melanin 멜라닌 생성을 촉진하다	활성화시키다, 야기 시키다; 방아쇠
842 **truism** [trú(:)izəm]	**n.** self-evidence, cliché, stereotype	뻔히 아는 일; 진부한 말
843 **turbulence** [tə́:rbjələns]	**n.** agitation, disturbance, riot air turbulence 난기류	사나움, 소란, 동요, 격동
844 **turbulent** [tə́:rbjələnt]	**a.** agitated; violent, tumultuous turbulent waves 노도	〈날씨, 풍파 등이〉 사나운, 동요한, 소란한
845 **turmoil** [tə́:rmɔil]	**n.** unrest, confusion, disorder in the midst of turmoil 혼란 와중에	소란, 혼란, 불안
846 **ultimately** [ʌ́ltəmitli]	**ad.** in the end, finally, at last terminated ultimately 마침내 끝난	결국, 최후로, 마침내
847 **unaccounted-for** [ʌ̀nəkáuntid fɔ̀:r]	**a.** not explained, unexplained, inexplicable an unaccounted-for explosion 원인불명의 폭발	설명되지 않은, 원 인 불명의
848 **unadorned** [ʌ̀nədɔ́:rnd]	**a.** simple, plain, unembellished unadorned cloth 무늬 없는 천	꾸미지 않은, 장식되지 않은

849 unconsolidated
[ʌ̀nkənsálədèitid]
a. loose, insecure, slack
굳어지지 않은, 단단하지 않은, 약한

850 undergo
[ʌ̀ndərgóu]
v. experience, suffer, endure
undergo changes 여러 가지 변화를 겪다
경험하다, 겪다, 당하다; 견디다, 참다

851 undermine
[ʌ̀ndərmáin]
v. weaken, subvert, disable
undermine the situation 사태를 약화시키다
밑을 파다, 토대를 허물다, 서서히 약화시키다

852 underrate
[ʌ̀ndəréit]
v. undervalue, underestimate, disparage
underrate one's ability 남의 능력을 깔보다
과소 평가하다, 깔보다

853 undisputed
[ʌ̀ndispjú:tid]
a. acknowledged, evident, apparent
an undisputed world champion 의론의 여지가 없는 챔피언
의심할 바 없는, 명백한, 당연한

854 uniformly
[júːnəfɔ̀ːrmli]
ad. consistently, regularly, permanently
한결같이

855 unique
[juːníːk]
a. distinct; without variation
an unique type of butterfly 독특한 나비
오직 하나뿐인, 특유한, 독특한

856 unleash
[ʌ̀nlíːʃ]
v. release, set free, discharge
unleash race horses 경주마를 풀어주다
가죽 끈을 풀다; 놓아주다; 속박을 풀다

857 unprecedented
[ʌ̀nprésədèntid]
a. not seen before; new; initial
unprecedented event 전례가 없는 사건
전례 없는

858 unresolved
[ʌ̀nrizálvd]
a. undecided, unsettled
an unresolved problem 미해결 문제
미정의, 미해결의; 결심이 서지 않은

859 unsophisticated
[ʌ̀nsəfístəkèitid]
a. simple; innocent, naive
an unsophisticated girl 때묻지 않은 소녀
세상 물정 모르는; 순진한; 복잡하지 않은

860 **unsuitable** [ʌ̀nsúːtəbəl]	*a.* inappropriate, inapt, improper an unsuitable dress for a funeral 장례식에 어울리지 않는 복장	부적당한, 어울리지 않는
861 **unthinkable** [ʌ̀nθíŋkəbəl]	*a.* inconceivable, impossibe, unreasonable unthinkable size of the universe 상상도 할 수 없는 거대한 우주	생각할 수 없는, 상상도 못 할
862 **unwieldy** [ʌ̀nwíːldi]	*a.* awkward, delicate, difficult	다루기 어려운, 거추장스러운; 어색한
863 **updated** [ʌpdéitid]	*a.* newer, latest, up-to-date updated fashion 최신 패션	최신의, 최신식의; 새로운
864 **urbane** [əːrbéin]	*a.* cultivated, refined, elegant an urbane manner 세련된 태도	도시 풍의, 세련된, 우아한, 고상한
865 **utilize** [júːtəlàiz]	*v.* employ, use, make use of utilize one's knowledge 지식을 활용하다	이용하다
866 **utterly** [ʌ́tərli]	*ad.* completely, totally, absolutely heal utterly 완치되다	아주, 완전히, 철저하게
867 **vanish** [vǽniʃ]	*v.* disappear, fade away, melt away vanish from sight 시야에서 사라지다	사라지다, 소멸되다
868 **variation** [vɛ̀əriéiʃən]	*n.* difference, diversity, diversion a temperature variation 온도 변화	변화, 차이
869 **variety** [vəràiəti]	*n.* diversity; type, variation a variety of opinion 갖가지 의견	다양성; 종류
870 **vast** [væst]	*a.* enormous, huge, immense a vast universe 방대한 우주	광대한, 거대한, 막대한

5th WEEK ▶▶
DAY 30

Entry	Synonym	Meaning
871 **vastly** [vǽstli]	*ad.* greatly, hugely	거대하게, 엄청나게, 크게, 대단히
872 **vehicle** [víːikəl]	*n.* means, channel, medium	운송 수단, 전달 수단, (목적 달성의) 수단
873 **verging** [vəːrdʒiŋ]	*a.* bordering, marginal, peripheral the verge of a desert 사막의 가장자리	가장 자리에 있는, 접해 있는, 근접한
874 **verify** [vérəfài]	*v.* confirm, prove, validate verify a spelling 철자를 확인하다	증명하다, 입증하다; 확인하다
875 **versatile** [vəːrsətl]	*a.* adaptable, flexible, all-round a versatile tool 다목적 도구	다재 다능한, 융통성 있는, 용도가 많은
876 **vertical** [vəːrtikəl]	*a.* upright, erect vertical motion 상하 운동	수직의, 직립한; 똑바로 위에 있는
877 **viability** [vàiəbələti]	*n.* feasibility	생존 능력, 생존 가능성
878 **viable** [váiəbəl]	*a.* be able to survive viable economy 자립경제	살아갈 수 있는, 실행 가능한

879 **vibrant** [váibrənt]	**a.** active; vivid, brilliant a city vibrant with life 활기찬 도시	진동하는; 자극적인, 생생한; 활기찬, 활 발한
880 **vicinity** [visínəti]	**n.** ① area ② closeness the vicinity of Seoul 서울 주변에 the vicinity of 50 50세 전후	① 부근, 주변 ② 가까움, 근접
881 **vigor** [vígər]	**n.** energy, strength, spirit lose one's vigor 활기를 잃다	활력, 생기, 정력, 기세
882 **virtually** [və́:rtʃuəli]	**ad.** ① actually ② nearly, almost	① 사실상, 실제적으로 ② 거의
883 **vital** [váitl]	**a.** essential, necessary, crucial vital power 생명력	생명의, 활기 있는; 아주 중요한, 필수 적인
884 **vivid** [vívid]	**a.** bright, brilliant, realistic a vivid description 생생한 묘사	선명한, 강렬한, 산뜻한
885 **voracious** [vouréiʃəs]	**a.** insatiable, greedy, avaricious a voracious appetite 왕성한 식욕	대식하는, 식욕이 왕성한, 탐욕스런
886 **vow** [vau]	**v.** promise, pledge, swear vow not to smoke 금연을 맹세하다	맹세하다, 단언하다
887 **vulnerable** [vʌ́lnərəbəl]	**a.** easily to be damaged, weak vulnerable spot 급소	상처 입기 쉬운, 공격 당하기 쉬운
888 **whereas** [hwέərὰ̀z]	**conj.** while, on the other hand	~에 비하여, ~이 지만, ~ 반면에
889 **whereby** [hwɛərbài]	**ad.** through, because of, by what	무엇에 의하여, 그것에 의하여, 그것으로 인해

890 **wholesale** [hóulsèil]	*a.* extensive, total, mass by/at wholesale 도매로, 대대적으로	도매의, 대규모의, 대량의
891 **wholly** [hóu/li]	*ad.* completely, entirely, fully grasp the problem wholly 포괄적으로 문제를 파악하다	완전히, 아주; 전체로서, 포괄적으로
892 **widely** [wáidli]	*ad.* extensively, broadly widely speaking 대체로 말하면	널리, 광범위하게, 현저하게
893 **widespread** [wáidspréd]	*a.* common, general, popular widespread pest 널리 퍼진 흑사병	광범하게 퍼진; 널리 받아들여진; 흔한
894 **wield** [wi:ld]	*v.* use, manage, handle wield arms 무력을 휘두르다	〈권력 등을〉 휘두르다, 행사하다
895 **withstand** [wiðstǽnd]	*v.* resist, tolerate, stand up to withstand pressures 압력을 견디다	저항하다, 잘 견디다, 버티어내다
896 **witness** [wítnis]	*v.* observe, notice, watch witness for a person ~에게 유리하게 증언을 하다	목격하다, 눈앞에 보다, 목격하다
897 **wrought** [rɔ:t]	*a.* created, made, worked highly wrought 정교한	만들어진, 공들여 마무리된
898 **yardstick** [já:rdstìk]	*n.* measure, gauge, scale	야드 자; 판단 기준, 척도
899 **yearning** [jə́:rniŋ]	*a.* longing, craving, ambitious a yearning heart 모정	동경하는, 사모하는, 갈망하는
900 **yield** [ji:ld]	*v.* ① produce ② surrender sheep yield wool 양에서 양모가 나온다 yield N to ~ ~에게 N을 내주다	① 산출하다, 내다 ② 포기하다, 내주다

VOCABULARY TEST 10

1. tend

(A) make use of
(B) give rise to
(C) run away from
(D) take care of

2. tentatively

(A) substantially
(B) uncertainly
(C) roundabout
(D) overly

3. terrestrial

(A) earthly
(B) archetypal
(C) crucial
(D) spontaneous

4. timid

(A) fearful
(B) passionate
(C) cautious
(D) frightening

5. toil

(A) endure
(B) replace
(C) compensate
(D) work hard

6. transplant

(A) shatter
(B) relish
(C) postulate
(D) remove

7. truism

(A) prediction
(B) self-evidence
(C) theory
(D) norm

8. unleash

(A) release
(B) tame
(C) snake
(D) flag

9. urbane

(A) inevitable
(B) bustling
(C) appreciable
(D) cultivated

10. vehicle

(A) trauma
(B) repercussion
(C) juncture
(D) means

11. versatile

(A) adaptable
(B) flexible
(C) erratic
(D) chaotic

12. vertical

(A) seamless
(B) upright
(C) expansive
(D) circuitous

13. vicinity

(A) closeness
(B) trace
(C) section
(D) landscape

14. virtually

(A) unfortunately
(B) nearly
(C) statistically
(D) surprisingly

15. voracious

(A) unnecessary
(B) insatiable
(C) energetic
(D) tremendous

16. vow

(A) promise
(B) tantalize
(C) stipulate
(D) fracture

17. vulnerable

(A) persuaded
(B) appeased
(C) programmed
(D) easy to be damaged

18. widespread

(A) precious
(B) beneficial
(C) remarkable
(D) common

19. withstand

(A) discharge
(B) reduce
(C) resist
(D) withhold

20. witness

(A) participate in
(B) observe
(C) hear about
(D) resist

Answer

1. D   2. B   3. A   4. A
5. D   6. D   7. B   8. A
9. D   10. D   11. A   12. B
13. A   14. B   15. B   16. A
17. D   18. D   19. C   20. B

박정토플 Vocabulary